Werner · Saenger | Fälle für Fortgeschrittene im Bürgerlichen Recht

Fälle für Fortgeschrittene im Bürgerlichen Recht

Von
Dr. Olaf Werner
em. Professor an der Friedrich-Schiller-Universität Jena

Dr. Ingo Saenger
Professor an der Westfälischen Wilhelms-Universität Münster

5., neu bearbeitete Auflage

Verlag Franz Vahlen München 2015

Zitiervorschlag: *Werner/Saenger* Fälle für Fortgeschrittene BGB

www.vahlen.de

ISBN 978 3 8006 5041 5

© 2015 Verlag Franz Vahlen GmbH
Wilhelmstraße 9, 80801 München
Druck: Druckhaus Nomos
In den Lissen 12, 76547 Sinzheim

Satz: R. John + W. John GbR, Köln
Umschlagkonzeption: Martina Busch Grafikdesign, Homburg Kirrberg

Gedruckt auf säurefreiem, alterungsbeständigem Papier
(hergestellt aus chlorfrei gebleichtem Zellstoff)

Vorwort

Mit dem vorliegenden Band wird an die demnächst bereits in 13. Auflage vorliegenden »Fälle für Anfänger im Bürgerlichen Recht« von *Olaf Werner* angeknüpft. Enthalten sind Original-Klausuren und Hausarbeiten vom Schwierigkeitsgrad der Übung für Fortgeschrittene bzw. Abschlussklausuren entsprechender Lehrveranstaltungen. Den Studierenden höherer Semester soll die Möglichkeit eröffnet werden, sich gezielt auf diese Klausuren im Bürgerlichen Recht vorzubereiten und die Anforderungen zu erkennen, die an sie gestellt werden.

Adressaten sind solche Studierende, die nicht nur die Vorlesung zum Schuldrecht gehört haben, sondern auch mit den übrigen Büchern des BGB und insbesondere dem Sachenrecht vertraut sind. Demzufolge berühren die vorgestellten 24 Fälle alle Teile des BGB. Fragen der Stellvertretung aus dem Allgemeinen Teil werden ebenso angesprochen wie schuldrechtliche Probleme, etwa die Haftung im vorvertraglichen Schuldverhältnis, Verkehrssicherungspflichten, Forderungsabtretung, Sachmängelhaftung, Reisevertragsrecht und Bürgschaftsrecht. Behandelt werden weiterhin das Recht des Verbraucherschutzes sowie das Bereicherungs- und Deliktsrecht. Sachenrechtliche Bezüge ergeben sich im Hinblick auf den Eigentums- und Besitzschutz sowie das Hypothekenrecht und das Pfandrecht an Rechten. Im Zusammenhang mit dem Erbrecht werden die gesetzliche Erbfolge und Herausgabeansprüche des Erben ebenso problematisiert wie das Vermächtnis an Miteigentumsanteilen. Auch Randgebiete des BGB wie das Vereinsrecht sind berücksichtigt. Neu hinzugekommen sind zwei klassische Klausurprobleme, nämlich zu mietrechtlichen Klauseln über Schönheitsreparaturen einerseits und zur Abgrenzung von Schenkung und Schenkungsversprechen von Todes wegen andererseits.

Alle hier dargestellten Fälle dienten in Lehrveranstaltungen für den angesprochenen Interessentenkreis als Besprechungsfälle oder wurden als Klausuren bzw. Hausarbeiten zur Bearbeitung gestellt. Die Erfahrungen aus diesen Veranstaltungen konnten bei der Darstellung berücksichtigt werden. Den bei den Hörern erkannten Schwierigkeiten wurde durch eine ausführliche Erörterung des jeweiligen Stoffes zu begegnen versucht. Dies bedingt an zahlreichen Stellen eine verbreiternde Darstellung, die über die Erfordernisse der stringenten Lösung einer Klausur bzw. Hausarbeit hinausgeht. Diese Ausführlichkeit beruht auf den von den Hörern aufgezeigten und geäußerten Verständnis- und Darstellungsproblemen. Um die Konzeption eines Übungsfalles nicht zu sprengen, wurden ergänzende Hinweise in die Fußnoten verwiesen.

Für ihre Unterstützung bei der Aktualisierung und Ergänzung des Manuskripts ist vor allem den Münsteraner Mitarbeitern, Herrn *Johannes Sandhaus* und Herrn *Marius Klotz*, zu danken, ferner Frau *Andrea Freund*.

Münster und Jena, im April 2015

Olaf Werner
Ingo Saenger

V

Inhaltsverzeichnis

Abkürzungsverzeichnis

aA (AA) . . . . anderer Ansicht
Abs. . . . . Absatz
AcP . . . . Archiv für die civilistische Praxis (Band, Seite)
aE . . . . am Ende
AEUV . . . . Vertrag über die Arbeitsweise der Europäischen Union
aF . . . . alte Fassung
AG . . . . Amtsgericht, Aktiengesellschaft
AGB . . . . Allgemeine Geschäftsbedingungen
Alt. . . . . Alternative
aM . . . . anderer Meinung
allgM . . . . allgemeine Meinung
Anh. . . . . Anhang
Anm. . . . . Anmerkung
Art. . . . . Artikel
AT . . . . Allgemeiner Teil
Aufl. . . . . Auflage

BAG . . . . Bundesarbeitsgericht
BayObLG . . . . . . Bayerisches Oberstes Landgericht
BB . . . . Betriebsberater (Jahr, Seite)
BBiG . . . . Berufsbildungsgesetz
Bd. . . . . Band
BGB . . . . Bürgerliches Gesetzbuch
BGBl. . . . . Bundesgesetzblatt
BGH . . . . Bundesgerichtshof
BGHZ . . . . Entscheidungen des BGH in Zivilsachen (Band, Seite)
BKR . . . . Zeitschrift für Bank- und Kapitalmarktrecht
bspw. . . . . beispielsweise
BT . . . . Besonderer Teil
BT-Drs. . . . . Bundestags-Drucksache
BVerfG . . . . Bundesverfassungsgericht
BVerfGE . . . . . . Entscheidungen des Vundesverfassungsgerichts (Band, Seite)
bzgl. . . . . bezüglich
bzw. . . . . beziehungsweise

ca . . . . circa.
c.i.c. . . . . culpa in contrahendo

DAR . . . . Deutsches Autorecht (Zeitschrift des ADAC)
DB . . . . Der Betrieb
ders. . . . . derselbe
dh . . . . das heißt
dies. . . . . dieselbe(n)
DNotZ . . . . Deutsche Notar-Zeitschrift (Jahr, Seite)
DZWIR . . . . Deutsche Zeitschrift für Wirtschafts- und Insolvenzrecht (Jahr, Seite)

Einf. . . . . Einführung
Einl. . . . . Einleitung
EGBGB . . . . Einführungsgesetz zum Bürgerlichen Gesetzbuch
ErbGleichG . . . . . Erbrechtsgleichstellungsgesetz
EuGH . . . . Europäischer Gerichtshof
EUR . . . . Euro

evtl. . . . . eventuell
EWiR . . . . Entscheidungen zum Wirtschaftsrecht (Jahr, Seite)

f. . . . . folgende
FamRZ . . . . Zeitschrift für das gesamte Familienrecht (Jahr, Seite)
ff. . . . . fortfolgende
Fn. . . . . Fußnote
FS . . . . Festschrift
FÜR . . . . Familie Partnerschaft Recht – Zeitschrift für die Anwaltspraxis (Jahr, Seite)

GbR . . . . Gesellschaft bürgerlichen Rechts
gem. . . . . gemäß
GG . . . . Grundgesetz
GmbH . . . . Gesellschaft mit beschränkter Haftung
GmbHG . . . . GmbH-Gesetz
GoA . . . . Geschäftsführung ohne Auftrag
grds. . . . . grundsätzlich
GS . . . . Großer Senat

Halbbd. . . . . Halbband
HGB . . . . Handelsgesetzbuch
hM . . . . herrschende Meinung
Hs. . . . . Halbsatz

idR . . . . in der Regel
iE . . . . im Ergebnis
iHv . . . . in Höhe von
insbes. . . . . insbesondere
inkl. . . . . inklusive
iSd . . . . im Sinne des/dieser
iSv . . . . im Sinne von
iVm . . . . in Verbindung mit

JA . . . . Juristische Arbeitsblätter (Jahr, Seite)
JR . . . . Juristische Rundschau (Jahr, Seite)
Jura . . . . Juristische Ausbildung (Jahr, Seite)
JuS . . . . Juristische Schulung (Jahr, Seite)
JZ . . . . Juristenzeitung (Jahr, Seite)

Kfz . . . . Kraftfahrzeug
KG . . . . Kammergericht, Kommanditgesellschaft

LG . . . . Landgericht
lit. . . . . litera

mAnm. . . . . mit Anmerkungen
mzustAnm. . . . . . mit zustimmender Anmerkung
MDR . . . . Monatsschrift für Deutsches Recht (Jahr, Seite)
Mio. . . . . Million(en)
MüKoBGB . . . . . Münchener Kommentar zum Bürgerlichen Gesetzbuch
mwN . . . . mit weiteren Nachweisen

NJW . . . . Neue Juristische Wochenschrift (Jahr, Seite)
NJW-RR . . . . NJW-Rechtsprechungsreport (Jahr, Seite)
Nr. . . . . Nummer
NZV . . . . Neue Zeitschrift für Verkehrsrecht (Jahr, Seite)

og . . . . oben genannte(r, s)

OLG . . . . Oberlandesgericht
OLGZ . . . . Entscheidungen der Oberlandesgerichte in Zivilsachen einschließlich der Freiwilligen Gerichtsbarkeit

PflVG . . . . Gesetz über die Pflichtversicherung für Kraftfahrzeughalter
pFV . . . . positive Forderungsverletzung
ProdhaftG . . . . . . Produkthaftungsgesetz
pVV . . . . positive Vertragsverletzung

RG . . . . Reichsgericht
RGZ . . . . Entscheidungen des RG in Zivilsachen (Band, Seite)
RL . . . . Richtlinie
Rn. . . . . Randnummer
Rpfleger . . . . Der Deutsche Rechtspfleger (Jahr, Seite)
RRa . . . . ReiseRecht aktuell (Jahr, Seite)
r+s . . . . recht und schaden (Jahr, Seite)
Rspr. . . . . Rechtsprechung

S. . . . . Satz, Seite
s. . . . . siehe
SchuldR . . . . Schuldrecht
ScheckG . . . . Scheckgesetz
SGB . . . . Sozialgesetzbuch
sog. . . . . sogenannte(r)
SpuRt . . . . Zeitschrift für Sport und Recht (Jahr, Seite)
StGB . . . . Strafgesetzbuch
str. . . . . streitig, strittig
stRspr. . . . . ständige Rechtsprechung
StudK . . . . Studienkommentar zum BGB, Erstes bis Drittes Buch
StVG . . . . Straßenverkehrsgesetz
StVO . . . . Straßenverkehrsordnung

UN . . . . United Nations
unstr. . . . . unstreitig
UrhG . . . . Urheberrechtsgesetz
UStG . . . . Umsatzsteuergesetz
usw. . . . . und so weiter

v. . . . . von
Var. . . . . Variante
Verbrauchsgüter
kauf-RL . . . . Verbrauchsgüterkauf-Richtlinie
VerbrKrG . . . . . . Verbraucherkreditgesetz
VerbrKrRL . . . . . Verbraucherkredit-Richtlinie
VersR . . . . Versicherungsrecht (Jahr, Seite)
vgl. . . . . vergleiche
Vorbem. . . . . Vorbemerkung
VuR . . . . Verbraucher und Recht (Jahr, Seite)
VVG . . . . Versicherungsvertragsgesetz

WG . . . . Wechselgesetz
WM . . . . Wertpapiermitteilungen (Jahr, Seite)

zB . . . . zum Beispiel
ZBB . . . . Zeitschrift für Baurecht und Bankwirtschaft (Jahr, Seite)
ZEV . . . . Zeitschrift für Erbrecht und Vermögensnachfolge (Jahr, Seite)
ZfS . . . . Zeitschrift für Schadensrecht (Jahr, Seite)
ZGS . . . . Zeitschrift für Vertragsgestaltung, Schuld- und Haftungsrecht (Jahr, Seite)

Literaturverzeichnis

Bamberger, H.G./Roth, H., Kommentar zum Bürgerlichen Gesetzbuch, 3. Aufl. 2012 (zit.: Bamberger/Roth/*Bearbeiter*)

v. Bar, E., Verkehrspflichten, 1980 (zit.: v. *Bar* Verkehrspflichten)

Baumbach, A./Hopt, K., Kommentar zum Handelsgesetzbuch, 36. Aufl. 2014 (zit.: Baumbach/Hopt/ *Bearbeiter*)

Baur/Stürner, Sachenrecht, 18. Aufl. 2009 (zit.: *Baur/Stürner* SachenR)

Blank, H./Börstinghaus, U.P., Miete, Kommentar, 4. Aufl. 2014 (zit.: Blank/Börstinghaus/*Bearbeiter* Miete)

Brox, H./Walker, W.-D., Allgemeiner Teil des BGB, 38. Aufl. 2014 (zit.: *Brox/Walker* BGB AT)

Brox, H./Walker, W.-D., Allgemeines Schuldrecht, 38. Aufl. 2014 (zit.: *Brox/Walker* SchuldR AT)

Brox, H./Walker, W.-D., Besonderes Schuldrecht, 38. Aufl. 2014 (zit.: *Brox/Walker* SchuldR BT)

Bülow, P./Artz, M., Verbraucherkreditrecht, 8. Aufl. 2014 (zit.: Bülow/Artz)

Dauner-Lieb, B./Heidel, T./Lepa, M./Ring, G., Das neue Schuldrecht, 2002 (zit.: DHLR/Bearbeiter Neues SchuldR)

Dauner-Lieb, B./Arnold, A./Dötsch, W./Kitz, V., Fälle zum neuen Schuldrecht, 2002 (zit.: *DADK* Fälle Neues SchuldR)

Deutsch, E., Haftungsrecht, Bd. 1 Allgemeine Lehren, 1976 (zit.: *Deutsch* HaftungsR I)

Diederichsen, U./Wagner, G., Die BGB-Klausur, 9. Aufl. 1998 (zit.: *Diederichsen/Wagner* BGB-Klausur)

Ebenroth, C.T./Boujong, K./Joost, D./Strohn, L., Kommentar zum Handelsgesetzbuch, Bd. 2, 3. Aufl. 2015 (zit.: EBJS/*Bearbeiter*)

Eckert, H.-W., Schuldrecht Allgemeiner Teil, 4. Aufl. 2005 (zit.: *Eckert* SchuldR AT)

Enneccerus, L./Lehmann, H., Recht der Schuldverhältnisse, 15. Aufl. 1958 (zit.: *Enneccerus/Lehmann* SchuldR)

Enneccerus, L./Nipperdey, C., Allgemeiner Teil des Bürgerlichen Rechts, 15. Aufl. 1960 (zit.: *Enneccerus/Nipperdey* BGB AT)

Erman, Handkommentar zum Bürgerlichen Gesetzbuch, 14. Aufl. 2014 (zit.: Erman/*Bearbeiter*)

Esser, J./Schmidt, E., Schuldrecht, Bd. I Allgemeiner Teil, Teilbd. 1, 8. Aufl. 1995, Teilbd. 2, 8. Aufl. 2000 (zit.: *Esser/Schmidt* SchuldR AT I/II)

Faust, F. Allgemeiner Teil des BGB, 4. Aufl. 2014 (zit.: *Faust* BGB AT)

Fikentscher, W./Heinemann, H., Schuldrecht, 10. Aufl. 2006 (zit.: *Fikentscher/Heinemann* SchuldR)

Fischer, T., StGB, Kommentar, 61. Aufl. 2014.

Flume, W., Allgemeiner Teil des bürgerlichen Rechts, Bd. 2, Das Rechtsgeschäft, 4. Aufl. 1992 (zit.: *Flume* BGB AT II)

Gernhuber, J., Die Erfüllung und ihre Surrogate sowie das Erlöschen der Schuldverhältnisse aus anderen Gründen, 2. Aufl. 1994

Hentschel, P./König, P./Dauer, P., Straßenverkehrsrecht, 42. Aufl. 2013 (zit.: Hentschel/König/Dauer/ *Bearbeiter*)

Hübner, H., Allgemeiner Teil des Bürgerlichen Gesetzbuches, 2. Aufl. 1996 (zit.: *Hübner* BGB AT)

Jauernig, O., Bürgerliches Gesetzbuch, 15. Aufl. 2014 (zit.: Jauernig/*Bearbeiter*)

Lange, H./Kuchinke, K., Erbrecht, 5. Aufl. 2001 (zit.: *Lange/Kuchinke* ErbR)

Larenz, K., Lehrbuch des Schuldrechts, Bd. 1 Allgemeiner Teil, 14. Aufl. 1987 (zit.: *Larenz* SchuldR AT)

Larenz, K., Lehrbuch des Schuldrechts, Bd. 2 Besonderer Teil, 1. Halbbd., 13. Aufl. 1986 (zit.: *Larenz* SchuldR BT I)

Larenz, K./Canaris., C.-W., Lehrbuch des Schuldrechts, Bd. 2 Besonderer Teil, 2. Halbbd., 13. Aufl. 1994 (zit.: *Larenz/Canaris* SchuldR BT II)

Looschelders, D., Schuldrecht Allgemeiner Teil, 12. Aufl. 2014 (zit.: *Looschelders* SchuldR AT)

Looschelders, D., Schuldrecht Besonderer Teil, 10. Aufl. 2015 (zit.: *Looschelders* SchuldR BT)

Marburger, P./Sutschet, H., 20 Probleme aus dem BGB, Schuldrecht Allgemeiner Teil, 7. Aufl. 2006 (zit.: *Marburger/Sutschet* 20 Probleme SchuldR AT)

Martinek, M., Moderne Vertragstypen, Bd. I, Leasing und Factoring, 1991 (zit.: *Martinek*, ModVertragstypen I)

Medicus, D., Allgemeiner Teil des BGB, 10. Aufl. 2010 (zit.: *Medicus* BGB AT)

Medicus, D./Lorenz, S., Schuldrecht I – Allgemeiner Teil, 21. Aufl. 2015 (zit.: *Medicus/Lorenz* SchuldR AT)

Medicus, D./Lorenz, S., Schuldrecht II – Besonderer Teil, 17. Aufl. 2014 (zit.: *Medicus/Lorenz* SchuldR BT)

Medicus D./Petersen. J., Bürgerliches Recht, 24. Aufl. 2013 (zit.: *Medicus/Petersen* BürgerlR)

Oetker, H./Maultzsch, F., Vertragliche Schuldverhältnisse, 4. Aufl. 2013 (zit.: *Oetker/Maultzsch* Vertragl. Schuldverhältnisse)

Palandt, O., Kommentar zum Bürgerlichen Gesetzbuch, 74. Aufl. 2015 (zit.: Palandt/*Bearbeiter*)

Prütting, H./Wegen, G./Weinreich, G., BGB. Kommentar, 9. Aufl. 2014 (zit.: PWW/Bearbeiter)

Rebmann, K./Säcker, F. J./Rixecker, R. (Hrsg.), Münchener Kommentar zum Bürgerlichen Gesetzbuch, 6. Aufl. 2012 ff.; Bd. 1 (§§ 1–240), Bd. 2 (§§ 241–432) und Bd. 3 (§§ 433–610) , Bd. 4 (§§ 611–704) 6. Aufl. 2012, Bd. 5 (§§ 705–853) und Bd. 6 (§§ 854–1296), Bd. 7 (§§ 1922–2385) 6. Aufl. 2013 (zit.: MüKoBGB/*Bearbeiter*)

Reichsgerichtsrätekommentar, Das Bürgerliche Gesetzbuch, mit besonderer Berücksichtigung der Rechtsprechung des Reichsgerichts und des Bundesgerichtshofs, Bd. 2, Teil 1, §§ 241–413, 12. Aufl. 1976 (zit.: RGRK/*Bearbeiter*)

Reinicke, D./Tiedtke, K., Kreditsicherung, 5. Aufl. 2006 (zit.: *Reinicke/Tiedtke* Kreditsicherung)

Reinking, K./Eggert, C., Der Autokauf, 12. Aufl. 2014 (zit.: *Reinking/Eggert* Autokauf)

Röhricht, V./Graf v. Westphalen, F., Kommentar zum Handelsgesetzbuch, 4. Aufl. 2014 (zit.: Röhricht/Graf v. Westphalen/*Bearbeiter*)

Schulze, R./Dörner, H./Ebert, I./Eckert, J./Hoeren, T./Kemper, R./Saenger, I./Schulte-Nölke, H./ Schulze, R./Staudinger, A., Bürgerliches Gesetzbuch, Handkommentar, 8. Aufl. 2014 (zit.: Hk-BGB/*Bearbeiter*)

Schmidt, K., Handelsrecht, 6. Aufl. 2014 (zit.: *K. Schmidt* HandelsR)

Schmidt, K., Gesellschaftsrecht, 4. Aufl. 2002 (zit.: *K. Schmidt* GesR)

Schönke, A./Schröder, H., Strafgesetzbuch. Kommentar, 29. Aufl. 2014 (zit.: Schönke/Schröder/*Bearbeiter*)

Serick, R., Eigentumsvorbehalt und Sicherungsübertragung, Bd. IV, 1976 (zit.: *Serick* EBV IV)

Soergel, H.T., Kommentar zum Bürgerlichen Gesetzbuch, Bd. 2 (§§ 104–240) 13. Aufl. 1999, Bd. 5/3 (§§ 328–432) 13. Aufl. 2010 (zit.: Soergel/*Bearbeiter*)

v. Staudinger, J., Kommentar zum Bürgerlichen Gesetzbuch (Stand der Bearbeitung vgl. Fundstelle; zit.: Staudinger/*Bearbeiter*).

Tonner, K., Der Reisevertrag, 5. Aufl. 2007 (zit.: *Tonner* ReiseV)

Werner, O./Neureither, G., 22 Probleme aus dem BGB, Allgemeiner Teil, 7. Aufl. 2005 (zit.: *Werner/ Neureither* 22 Probleme BGB AT)

Werner, O., Fälle mit Lösungen für Anfänger im Bürgerlichen Recht, Bd. I: Grundlagen, 12. Aufl., 2008 (zit.: *Werner* Fälle für Anfänger BürgerlR)

Wolf, M./Lindacher, W./Pfeiffer, T., AGB-Recht, 6. Aufl. 2013 (zit.: Wolf/Lindacher/Pfeiffer/*Bearbeiter* AGB-Recht)

Wolf, M./Neuner, J., Allgemeiner Teil des Bürgerlichen Rechts, 10. Aufl. 2012 (zit. Wolf/Neuner BGB AT)

Allgemeines Schema zivilrechtlicher Anspruchsgrundlagen

I.   Ansprüche aus Vertrag

1. Ansprüche auf die vertraglich geschuldete Leistung

    a) Spezielle (zB §§ 433 I, 433 II, 516, 535 I 1, 535 II, 662, 339 BGB)
    b) Generelle (§§ 241 I, 311 I BGB)

2. Rückgewähr erbrachter vertraglich geschuldeter Leistungen

    a) Vereinbarter Rücktritt, § 346 BGB
    b) Rücktritt wegen nicht oder nicht vertragsgemäß erbrachter Leistung, §§ 323, 346 BGB
    c) Rücktritt wegen Verletzung einer Pflicht nach § 241 II, §§ 324, 346 BGB
    d) Rücktritt beim Ausschluss der Leistungspflicht, §§ 326 V, 346 BGB

3. Schadensersatzansprüche

    a) Schadensersatz wegen Pflichtverletzung, § 280 I BGB
    b) Schadensersatz statt der Leistung wegen nicht oder nicht wie geschuldet erbrachter Leistung, §§ 280 I, 280 III, 281 BGB
    c) Schadensersatz statt der Leistung wegen Verletzung einer Pflicht nach § 241 II, §§ 280 I, 280 III, 282 BGB
    d) Schadensersatz statt der Leistung bei Ausschluss der Leistungspflicht, §§ 280 I, 280 III, 283 BGB
    e) Schadensersatz wegen Verzögerung der Leistung, §§ 280 I, 280 II, 286 BGB
    f) Schadensersatz statt der Leistung bei vor Vertragsschluss bestehendem Leistungshindernis, § 311a II BGB

II.   Vertragsähnliche Ansprüche

1. Geschäftsführung ohne Auftrag (§§ 677 ff. BGB, berechtigte und unberechtigte GoA), Anspruch auf Geschäftsführung gibt es nicht, dann Auftrag, vgl. I. 1.

    a) Aufwendungsersatz, §§ 670, 683 BGB
    b) Bereicherungsherausgabe, §§ 812 ff, 684 BGB
    c) Sonstige: § 681 führt zu §§ 666 (Auskunft), 668, 669 BGB

2. §§ 280 I, 311 II, 241 II BGB (Verschulden bei Vertragsschluss)

3. § 122 BGB, Anfechtungsschaden

4. § 179 II BGB, falsus procurator

III.   Sachenrechtliche Ansprüche

1. Aus Besitz

    a) Herausgabe, §§ 861, 1007 BGB
    b) Anspruch wegen Besitzstörung, § 862 BGB

2. Aus Eigentum

a) Herausgabe, §§ 985, 986 BGB
b) Bei Eigentumsstörung, §§ 1004, 984, 906 BGB
c) Schadensersatz, §§ 989 ff. BGB
d) Nutzungen, §§ 987 ff. BGB

3. Aus sonstigen dinglichen Rechten, zB:

a) Aus Pfand
aa) § 1247 BGB (Erlösanspruch)
bb) Herausgabe, §§ 1231 BGB zum Verkauf; §§ 1227, 985 BGB gegen Dritte
cc) Störung, §§ 1227, 1004 BGB
b) Aus Hypothek
aa) Befriedigung, § 1147 BGB
bb) Grundbuchberichtigung, § 894 BGB
cc) Störung, § 1134 BGB
d) Nießbrauch, §§ 1065 ff. BGB

IV. Ansprüche aus Aufopferung
§§ 904 S. 2, 228 S. 2 BGB, §§ 717 II 1, 945 ZPO

1. Eigentum: §§ 904 S. 2, 912, 915, 917, 228 S. 2 BGB

a) Schadensersatz, §§ 904 S. 2, 228 S. 2 BGB
b) Sonstige, §§ 912, 915, 917 BGB

2. Voreilige Zwangsvollstreckung, § 717 II ZPO

V. Ansprüche aus ungerechtfertigter Bereicherung

1. Erwerb ohne rechtlichen Grund, § 812 I 1 BGB
(Leistung vor Eingriff)

2. Wegfall des rechtlichen Grundes, § 812 I 2 BGB

3. Bei Verfügung eines Nichtberechtigten
a) Entgeltlich, § 816 I 1 BGB
b) Unentgeltlich, § 816 I 2 BGB

4. Leistung an einen Nichtberechtigten, § 816 II BGB

5. Herausgabepflicht Dritter, § 822 BGB

VI. Ansprüche aus unerlaubter Handlung

1. Verletzung eines absoluten Rechtes, § 823 I BGB
2. Verstoß gegen ein Schutzgesetz, § 823 II BGB
3. Bestimmung zu sexuellen Handlungen, § 825 BGB
4. Vorsätzliche sittenwidrige Schädigung, § 826 BGB
5. Haftung für Verrichtungsgehilfen, § 831 BGB
6. Amtshaftung, §§ 839, 839a BGB, § 19 BNotO
7. Sonstige, §§ 832, 834, 836 BGB (mangelnde Aufsicht)

VII. Ansprüche aus Gefährdungshaftung

1. Gastwirtshaftung, § 701 BGB
2. Tierhalterhaftung, § 833 I 1 BGB
3. Eisenbahn, § 1 HpflG
4. Kfz-Halter, § 7 I StVG
5. Wildschaden (BJagdG)
6. Produkthaftung (ProdhaftG)

VIII. Spezielle Anspruchsgrundlagen

1. Familienrechtliche Sonderbeziehungen
2. Erbrechtliche Sonderbeziehungen

I. Allgemeiner Teil des BGB

1. Fall: Rätselhafte Weinbestellung

Sachverhalt

Der Weingutbesitzer W verkaufte seine Weine nur an ausgesuchte Restaurationsbetriebe, deren Inhaber ihm persönlich bekannt waren. Da es dem K bisher nicht gelungen war, mit W in Vertragsbeziehungen zu treten, bestellte er im März bei W fünf Kisten Wein. K schrieb diese Bestellung auf einen Firmenbogen des Hotels H, den er dort bei einem Besuch als Schreibpapier erhalten hatte. K, der mit dem Namen des H unterschrieb, bat um Auslieferung und Auftragsbestätigung an seine Adresse, indem er vorgab, dort sei ein Lagerraum des H. Da W mit H bereits des Öfteren Geschäfte getätigt hatte, schrieb er eine unter dem 25.3. datierte »Auftragsbestätigung«. Nach den schon früher zwischen W und H getroffenen Absprachen, auf die ausdrücklich verwiesen wurde, sollte die Lieferung jeweils ca. vier Wochen nach Absendung der Auftragsbestätigung erfolgen, die Zahlung binnen einer Woche nach Erhalt der Ware.

Da W die Auftragsbestätigung an die Adresse des H und nur einen Durchschlag an die des K sandte, erfuhr H von dem Vorgang und schrieb an W am 15. April, er bitte um Lieferung an sein Hotel und er erwarte den baldigen Eingang des Weines, da seine Vorräte fast erschöpft seien. Als am 2.5. der Wein immer noch nicht bei H eingetroffen war, verlangte dieser in einem weiteren Schreiben sofortige Lieferung und erklärte gleichzeitig, er setze eine Frist für die Lieferung bis zum 10.5., ansonsten würde er vom Vertrag zurücktreten. Als der Wein am 24.5. eintraf, verweigerte H die Annahme, da er sich am 23.5. bereits anderweitig mit gleichwertigem, aber insgesamt 50 EUR teurerem Wein eingedeckt hatte.

1. Kann W von H Zahlung des Kaufpreises für die fünf Kisten Wein verlangen?
2. Kann H von W Ersatz der Mehraufwendungen für den anderweitig eingekauften Wein verlangen?

Lösungsvorschlag

A. Anspruch des W gegen H auf Kaufpreiszahlung

Es könnte ein Anspruch des W gegen H auf Zahlung des Kaufpreises für die fünf Kisten Wein gem. § 433 II BGB bestehen.

I. Voraussetzung hierfür ist, dass zwischen W und H ein Kaufvertrag zustande gekommen ist. Der Vertragsschluss erfolgt durch zwei übereinstimmende Willenserklärungen, nämlich Angebot und Annahme.

1. Fraglich ist, ob H überhaupt ein auf den Abschluss eines Kaufvertrages gerichtetes Angebot abgegeben hat.

a) Tatsächlich hat K dem W ein Kaufangebot über fünf Kisten Wein zu einem bestimmten Listenpreis rechtsverbindlich machen wollen.

b) Die Wirkung dieser Vertragserklärung sollte nach dem Willen des K ihn selbst und nicht den H treffen. K wollte Käufer und damit Verpflichteter und Berechtigter aus einem Kaufvertrag nach § 433 BGB sein. K hat jedoch unter dem Namen des H gehandelt. Daher stellt sich die Frage, ob die Erklärung des K nur dessen Eigengeschäft betrifft oder aber H durch Genehmigung nach § 177 I BGB das Geschäft an sich ziehen kann.

aa) Die unmittelbare Anwendung des § 177 I BGB setzt voraus, dass K gem. § 164 I BGB im Namen des H, aber ohne Vertretungsmacht gehandelt hat. K hatte zwar keine Vertretungsmacht, Erklärungen für H abzugeben. Allerdings handelte K entgegen dem für die Stellvertretung geltenden Offenkundigkeitsprinzip[1] auch nicht im Namen des H, sondern unter dem Namen des H.

bb) Eine entsprechende Anwendung des § 177 I BGB ist daher nur möglich, wenn Handeln unter fremdem Namen dem Handeln in fremden Namen gleichzusetzen ist.[2] Auch eine Willenserklärung, die unter fremdem Namen abgegeben wird, muss wie jede Willenserklärung nach dem objektiven Empfängerhorizont ausgelegt werden.[3] Insoweit sind zwei Fälle zu unterscheiden.

(1) Kommt es für den Erklärungsempfänger nach den Umständen und der Art des Geschäfts nicht auf die Person des wahren Namensträgers an, sondern auf die Person des tatsächlich Handelnden, so hat der Name für den Erklärungsempfänger keine Bedeutung. Dies gilt insbesondere bei der Verwendung nicht unterscheidungskräftiger Namen oder von Phantasienamen. Hier sollen die Wirkungen der Erklärung erkennbar nur den Handelnden treffen, sodass ein Eigengeschäft des Handelnden zustande kommt.[4] Die Stellvertretungsregeln finden dann keine Anwendung. Insoweit spricht man auch vom Handeln unter falscher Namensangabe.[5]

---

1 Vgl. hierzu Soergel/*Leptien* § 164 Rn. 12 ff.
2 Zu dieser Problematik und zum Streitstand vgl. *Werner/Neureither* 22 Probleme BGB AT, 13. Problem, 82–91.
3 Soergel/*Leptien* § 164 Rn. 23; MüKoBGB/*Schramm* § 164 Rn. 21, 36.
4 BGH NJW-RR 2006, 701 (702); Soergel/*Leptien* § 164 Rn. 24; Erman/*Maier-Reimer* § 164 Rn. 11; *Wolf/Neuner* BGB AT § 49 Rn. 53; *Medicus* BGB AT Rn. 907.
5 MüKoBGB/*Schramm* § 164 Rn. 42; *Medicus* BGB AT Rn. 908.

(2) Kommt es dagegen dem Erklärungsempfänger auf die Person des Namensträgers an, verbindet er mit dieser Person bestimmte Vorstellungen und will er nur mit dieser kontrahieren, kann die Erklärung nur so aufgefasst werden, dass durch sie der Namensträger und nicht der Handelnde verpflichtet werden soll.[6] Diesbezüglich stellt sich somit die Frage, ob die Stellvertretungsregeln auf das Handeln unter fremdem Namen entsprechend anwendbar sind.

Nur bei analoger Anwendung der §§ 164 ff. BGB kann der Erklärungsempfänger den Handelnden nach § 179 I BGB als falsus procurator auf Erfüllung oder auf Ersatz des positiven Interesses in Anspruch nehmen. Diese Haftung ist zum Schutz des Erklärungsempfängers erforderlich, da der Namensträger mangels Bevollmächtigung des Handelnden nicht aus dem Rechtsgeschäft haftet.[7] Andererseits ist die Lage desjenigen, unter dessen Namen ein Rechtsgeschäft geschlossen wird, mit derjenigen vergleichbar, in der ein angeblicher Vertreter in seinem Namen handelt, ohne von ihm bevollmächtigt zu sein. Nach § 177 I BGB soll der angeblich Vertretene die Möglichkeit haben, durch Genehmigung die Wirkungen des in seinem Namen von dem vollmachtlosen Vertreter abgeschlossenen Rechtsgeschäfts sich gegenüber eintreten zu lassen. Daher ist diese Möglichkeit auch demjenigen zuzubilligen, unter dessen Namen ein Rechtsgeschäft abgeschlossen wurde.[8] Dementsprechend sind die Vorschriften der §§ 164 ff. BGB beim Handeln unter fremdem Namen nach allgemeiner Ansicht anwendbar, wenn es dem Erklärungsempfänger auf die Person des Namensträgers ankommt.[9] Allein im Falle einer solchen Identitätstäuschung kann der Namensträger damit nach § 177 I BGB analog das Geschäft an sich ziehen.

cc) W wollte den Vertrag nur mit H abschließen. Den Vertragsschluss mit K hatte er bereits zuvor abgelehnt. Es kam ihm also darauf an, mit der ihm bekannten Person H zu kontrahieren. K hat somit eine Identitätstäuschung hervorgerufen. Somit scheidet ein Eigengeschäft des K aus. H konnte daher entsprechend § 177 I BGB das schwebend unwirksame Geschäft genehmigen.

c) H konnte die Genehmigung gem. § 182 I BGB gegenüber K oder W erklären. Eine solche Genehmigung braucht nicht ausdrücklich zu erfolgen.[10] Mit Schreiben vom 15.4. bat H den W in Kenntnis der Umstände um Lieferung in sein Hotel. H machte also deutlich, den Vertrag für und gegen sich gelten zu lassen. Diese Erklärung ist nach § 133 BGB dahingehend auszulegen, dass diese zugleich eine Genehmigung des Geschäfts beinhaltet.

d) Das Angebot wird mit der Erklärung der Genehmigung nach § 184 I BGB rückwirkend wirksam. Folglich liegt hier ein wirksames Angebot mit Wirkung für und gegen H vor.

---

6 MüKoBGB/*Schramm* § 164 Rn. 44; *Wolf/Neuner* BGB AT § 49 Rn. 55.
7 *Rohr* AcP 152 (1952/53), 216 (232).
8 RGZ 145, 87 (91 f.).
9 RGZ 145, 89 (92 f.); BGHZ 45, 192 (195 f.); BGH NJW 2011, 2421 (2422); Erman/*Meier-Reimer* § 164 Rn. 12; MüKoBGB/*Schramm* § 164 Rn. 44; Palandt/*Ellenberger* § 164 Rn. 10 f.; Soergel/ *Leptien* § 164 Rn. 26; Staudinger/*Schilken* (2009) vor § 164 Rn. 90 f.; *Wolf/Neuner* BGB AT § 49 Rn. 55; *Medicus* BGB AT Rn. 908.
10 Soergel/*Leptien* § 182 Rn. 7.

2. Die Annahme des von H getätigten Angebotes durch W erfolgte mit der Auftragsbestätigung vom 25.3. Aufgrund der Rückwirkung der späteren Genehmigung des H nach § 184 I BGB lag bereits zu diesem Zeitpunkt ein wirksames Angebot des H vor.

3. Zwischen W und H ist ein wirksamer Kaufvertrag zustande gekommen. Damit ist die Verpflichtung des H zur Zahlung des Kaufpreises für die fünf Kisten Wein nach § 433 II BGB entstanden.

II. Der Anspruch könnte jedoch untergegangen sein, wenn H wirksam vom Kaufvertrag zurückgetreten ist.

1. Rücktritt gem. §§ 437 Nr. 2 1. Alt., 433, 434, 323 BGB

Aufgrund des bestehenden Kaufvertrages kommt zunächst ein kaufrechtliches Rücktrittsrecht in Betracht. Dafür müsste der Anwendungsbereich des § 437 BGB eröffnet sein. Diese Norm verweist zwar auf die allgemeinen Leistungsstörungsvorschriften, modifiziert sie jedoch.[11] So muss zum einen ein Mangel gem. § 434 BGB vorliegen und der Gefahrübergang gem. § 446 BGB stattgefunden haben. Beide Voraussetzungen liegen hier nicht vor. Ein kaufrechtliches Rücktrittsrecht kommt mithin nicht in Betracht.

2. Rücktritt gem. §§ 323, 346 ff. BGB

Für H könnte sich ein Rücktrittsrecht aus dem allgemeinen Leistungsstörungsrecht ergeben. Dazu müssten die Voraussetzungen des § 323 BGB gegeben sein.

a) Fällige und mögliche Leistungspflicht

Zunächst ist festzustellen, dass mit dem Kaufvertrag ein gegenseitiger Vertrag vorliegt, aus welchem W dem H die Übergabe und Übereignung des Weines schuldet. Dies ist eine im Synallagma stehende Hauptleistungspflicht. Allerdings ist es für die Anwendung von § 323 BGB unerheblich, ob eine Haupt- oder Nebenpflicht verletzt wurde, solange sie sich aus einem Gegenseitigkeitsverhältnis ergibt.[12] Die Leistungspflicht des W müsste fällig gewesen sein. Gemäß § 271 BGB ist zwischen Fälligkeit und Erfüllbarkeit zu unterscheiden, wobei Fälligkeit in dem Zeitpunkt eintritt, in welchem der Gläubiger die Leistung fordern kann, Erfüllbarkeit dagegen den Zeitpunkt bezeichnet, ab welchem der Schuldner seine Leistung erbringen darf.[13] Hier kommt es ausschließlich auf die Fälligkeit an. Zu beachten ist jedoch, dass individualvertragliche Vereinbarungen zwischen den Parteien den subsidiären Regelungen des § 271 BGB vorgehen.[14] Eine solche Vereinbarung könnte in den früher vereinbarten Lieferbedingungen bestanden haben. Die Geschäftsbedingungen des W wurden aufgrund der Bezugnahme zum Vertragsinhalt. Aus ihnen ergibt sich, dass die Lieferung ca. vier Wochen nach der Absendung der Auftragsbestätigung, hier also bis zum 25.4., erfolgen sollte. Vor diesem Termin konnte H die Leistung nicht verlangen, sodass mit diesem Datum die Fälligkeit der Leistung des W bezeichnet ist.

Fraglich ist, ob die Leistung auch noch am 24.5. fällig war oder eventuell unmöglich geworden ist. Dann wäre ein Rücktritt gem. § 323 BGB nicht mehr möglich, es wür-

---

11 *Oetker/Maultzsch* Vertragl. Schuldverhältnisse S. 79.
12 MüKoBGB/*Ernst* § 323 Rn. 15.
13 MüKoBGB/*Krüger* § 271 Rn. 2 f.; Erman/*Artz* § 271 Rn. 1.
14 Palandt/*Grüneberg* § 271 Rn. 2.

de dagegen § 326 BGB zur Anwendung kommen. Unmöglichkeit liegt vor, wenn die vertraglich geschuldete Leistung endgültig nicht mehr erbracht werden kann.[15] Dies ist auch dann der Fall, wenn die Leistung nach ihrer Natur oder aufgrund des Inhaltes des Schuldverhältnisses nur zu einem bestimmten Zeitpunkt oder innerhalb eines bestimmten Zeitraumes erbracht werden kann, sodass mit Zeitablauf Unmöglichkeit eintritt (absolutes Fixgeschäft).[16] Indiz für das Vorliegen eines absoluten Fixgeschäftes ist regelmäßig, dass der Gläubiger nach Ablauf der bestimmten Zeit kein Interesse mehr an der späteren Leistung hat. Hier war zwar die Leistungszeit bzw. die Fälligkeit auf den 25.4. festgelegt, jedoch war bis zum 24.5. die grundsätzliche Möglichkeit der Leistung durch W und damit der Erfüllung der Leistungspflicht gegeben. Auch nach dem 25.4. bestand ein Interesse des H, die Leistung des W zu erhalten und damit die Leistungspflicht des W gem. § 362 I BGB durch Erfüllung zum Erlöschen zu bringen. Ein absolutes Fixgeschäft ist folglich nicht gegeben. § 326 BGB kommt nicht zur Anwendung.

Es lag somit Nichtleistung seitens des W trotz Fälligkeit und Erfüllbarkeit vor.

b) Einredefreiheit des Leistungsanspruchs

Ein Rücktritt nach § 323 BGB ist ausgeschlossen, solange der Schuldner dem Leistungsanspruch des Gläubigers eine Einrede entgegenhalten kann. Dabei genügt grundsätzlich bereits das Bestehen der Einrede, sie braucht also nicht erhoben zu werden.[17] Vorliegend könnte der Anspruch des H auf Lieferung des Weines mit der Einrede des nicht erfüllten Vertrages aus § 320 BGB behaftet sein, da H seine Pflicht zur Kaufpreiszahlung bislang nicht erfüllt hat. Allerdings besteht diese Einrede nicht, wenn die Vertragspartei zur Vorleistung verpflichtet ist. Hier sollte die Zahlung gem. den vereinbarten Lieferbedingungen erst eine Woche nach Erhalt der Ware erfolgen. Folglich war eine Vorleistung des W vereinbart. Eine den Rücktritt ausschließende Einrede nach § 320 BGB gegen den Leistungsanspruch des H bestand also nicht.

c) Fristsetzung und erfolgloser Fristablauf

Fraglich ist zunächst, ob die gem. § 323 I BGB erforderliche Fristsetzung entbehrlich war, dies ist gem. § 323 II Nr. 2 BGB der Fall, wenn es sich um ein relatives Fixgeschäft handelt. Ein solches ist gegeben, wenn die Leistung nicht nur Terminen oder Fristen unterliegt, sondern sich aus dem Vertrag ergibt, dass der Leistungsempfänger den Fortbestand seines Leistungsinteresses an die Rechtzeitigkeit der Leistung gebunden hat.[18] In Abgrenzung zum absoluten Fixgeschäft bleibt die Erbringung der geschuldeten Leistung auch nach Ablauf der festgesetzten Zeit grundsätzlich möglich. Zwar wurde hier ein Termin vereinbart, jedoch ging das Interesse an der Rechtzeitigkeit der Leistung nicht über das bloße Interesse an der Termineinhaltung hinaus. Es liegt damit ein bloßes Rechtsgeschäft unter Terminbestimmung vor. Die Fristsetzung war nicht gem. § 323 II Nr. 2 BGB entbehrlich.

---

15 *Eckert* SchuldRAT Rn. 258.
16 *Looschelders* SchuldR AT Rn. 471; Bamberger/Roth/*Grothe* § 323 Rn. 25.
17 Jauernig/*Stadler* § 323 Rn. 7, § 280 Rn. 34 ff. Eine Ausnahme wird insoweit beim Zurückbehaltungsrecht nach § 273 BGB gemacht, um dem Gläubiger das Abwendungsrecht aus § 273 III BGB zu erhalten.
18 OLG München NJW-RR 2010, 1716; Bamberger/Roth/*Grothe* § 323 Rn. 23.

Eine Fristsetzung setzt eine bestimmte und eindeutige Aufforderung zur Leistung voraus.[19] Für eine solche Aufforderung seitens H kommen hier verschiedene Anknüpfungspunkte in Betracht. So war der Äußerung vom 15.4. zu entnehmen, dass H ein gewisses Interesse an der alsbaldigen Lieferung hat. Allerdings war die Leistung vereinbarungsgemäß am 15.4. noch nicht fällig. Fristsetzungen vor Eintritt der Fälligkeit sind unwirksam.[20]

Zum Zeitpunkt des Schreibens vom 2.5. war dagegen bereits Fälligkeit eingetreten. Fraglich ist aber, ob bereits die bloße Aufforderung zur sofortigen Leistung eine Fristsetzung iSv § 323 I BGB darstellt. Nach Ansicht des BGH erfordert eine wirksame Fristsetzung nicht die Angabe eines Termins oder einer Zeitspanne. Vielmehr genügt das Verlangen sofortiger oder umgehender Leistung, wenn deutlich gemacht wird, dass dem Schuldner für die Erfüllung nur ein begrenzter Zeitraum zur Verfügung steht.[21] Dies wird im Schrifttum kritisch gesehen.[22] Letztlich kommt es auf diesen Meinungsstreit hier jedoch nicht an, nachdem jedenfalls mit dem Zusatz, H werde die Ware nach dem 10.5. nicht mehr annehmen, eine wirksame Fristsetzung erfolgt ist. Dieser Zeitraum war unter dem Gesichtspunkt, dass innerhalb der Frist nicht erst die Leistungsbewirkung begonnen, sondern die vorbereitete Leistung abgeschlossen werden soll, auch angemessen.[23]

Die Frist war am 24.5. fruchtlos verstrichen. Damit liegt ein Rücktrittsrecht gem. § 323 I BGB vor.

d) Ausübung des Rücktrittsrechts, § 349 BGB

Hinsichtlich einer Rücktrittserklärung genügt jedes Verhalten, aus dem ersichtlich ist, dass sich eine Partei vom Vertrag lösen möchte.[24] Das Verhalten des H, nämlich die Verweigerung der Annahme am 24.5., stellt aufgrund der Auslegung nach §§ 133, 157 BGB eine Rücktrittserklärung iSv § 349 BGB dar. Er hat damit konkludent erklärt, nicht mehr an den Vertrag gebunden bzw. zurückgetreten zu sein.

3. Zwischenergebnis

Der Rücktritt wurde wirksam erklärt, womit sich das kaufvertragliche Schuldverhältnis ex nunc in ein Rückgewährschuldverhältnis umgewandelt hat.[25] Gemäß § 346 I BGB sind empfangene Leistungen zurückzugewähren. Hier wurden jedoch noch keine Leistungen ausgetauscht, sodass es beim Erlöschen der noch ausstehenden Hauptleistungspflichten aus dem Kaufvertrag bleibt (= sog. Befreiungswirkung).[26] Damit ist auch die Pflicht des H zur Kaufpreiszahlung gem. § 433 II BGB erloschen.

III. Ergebnis

W kann somit nicht von H Zahlung des Kaufpreises gem. § 433 II BGB verlangen.

---

19 BGH NJW 2011, 224 f.; Palandt/*Grüneberg* § 323 Rn. 13.
20 MüKoBGB/*Ernst* § 323 Rn. 56.
21 BGH NJW 2009, 3153 (3154).
22 Vgl. dazu *R. Koch* NJW 2010, 1636; Staudinger/*Otto/Schwarze* § 323 B 60.
23 Bamberger/Roth/*Grothe* § 323 Rn. 17.
24 Soergel/*Lobinger* § 349 Rn. 1.
25 MüKoBGB/*Gaier* § 346 Rn. 11.
26 MüKoBGB/*Gaier* § 346 Rn. 15.

B. Anspruch des H gegen W auf Ersatz der Mehraufwendungen

Ein Anspruch des H gegen W auf Ersatz der Mehraufwendungen iHv 50 EUR für die anderweitige Beschaffung gleichwertigen Weines könnte als Schadensersatz statt der Leistung nach §§ 280 I, III, 281 BGB gegeben sein.

I. Anspruchsvoraussetzungen

1. Verhältnis des Schadensersatzanspruches zum Rücktrittsrecht

Nach wirksam ausgeübtem Rücktritt wird das ursprüngliche Schuldverhältnis umgewandelt in ein Rückgewährschuldverhältnis. Davon unberührt bleibt jedoch gem. § 325 BGB der Anspruch des Gläubigers, Schadensersatzansprüche gem. §§ 280 ff. BGB geltend zu machen.[27] H kann daher grundsätzlich seinen Anspruch geltend machen.

2. §§ 280 I, III, 281 BGB

Der Kaufvertrag zwischen H und W gem. § 433 BGB stellt ein Schuldverhältnis iSv § 280 I BGB dar. Als Pflichtverletzung ist hier die Nichtleistung trotz Fälligkeit gem. § 281 I 1 1. Alt. BGB gegeben.

W müsste gem. § 280 I 2 BGB diese Pflichtverletzung zu vertreten haben, wobei es auf den Verschuldensmaßstab des § 276 BGB ankommt.[28] Aus dem Wortlaut des § 280 I 2 BGB ergibt sich, dass im Gegensatz zur sonstigen Beweislastverteilung hier der Schuldner den Entlastungsbeweis zu erbringen hat.[29] Da keine Anhaltspunkte dafür vorliegen, dass W die Verzögerung nicht zu vertreten hatte bzw. hierfür Beweis erbringen könnte, ist von seinem zumindest fahrlässigen Verschulden gem. § 276 II BGB auszugehen.

Gemäß § 281 I 1 BGB muss H dem W zunächst eine angemessene Frist zur Leistung gesetzt haben. Hier wird die Anerkennung der Erfüllungstheorie durch den Gesetzgeber deutlich, mit welcher der Gesetzgeber die Entscheidungsfreiheit des Gläubigers stärken wollte.[30] Gemäß den obigen Ausführungen hatte H dem W eine entsprechende angemessene Frist bis zum 10.5. gesetzt.

Der geltend gemachte Schaden besteht in den Mehrkosten für den Deckungskauf iHv 50 EUR.

3. Zwischenergebnis

Die Anspruchsvoraussetzungen sind gegeben.

II. Ergebnis, Anspruchsumfang

Der Anspruch des H ist gegeben, wobei hinsichtlich der Anspruchshöhe von § 249 I BGB und dem Grundsatz der Naturalrestitution auszugehen ist. Demnach ist der Gläubiger so zu stellen, wie er bei ordnungsgemäßer Erfüllung stünde. Deshalb sind

---

27 *Wilmowsky*, Pflichtverletzungen im Schuldverhältnis, JuS, Beilage zu Heft 1/2002, 17.
28 MüKoBGB/*Ernst* § 280 Rn. 20; Erman/*H.P. Westermann* § 280 Rn. 16.
29 MüKoBGB/*Ernst* § 280 Rn. 31; Erman/*H.P. Westermann* § 280 Rn. 31.
30 Bamberger/Roth/*Grothe* § 323 Rn. 1.

dem H hier die Mehrkosten iHv 50 EUR zu ersetzen, denn diese hätte er nicht aufbringen müssen, wenn W ordnungsgemäß erfüllt hätte.

Zur Vertiefung: *Coester-Waltjen*, Neuregelungen im Schuldnerverzug, Jura 2000, 443; *Emmerich*, Grundfälle zum Schuldnerverzug, JuS 1995, 123; *Früh*, Bürgerliches Recht in der Fallbearbeitung, JuS 1995, 36; *Giesen*, Die Stellvertretung, Jura 1991, 357; *Gottwald*, Erstmahnungskosten als Nichterfüllungsschaden, MDR 1997, 525; *Hauck*, Handeln unter fremdem Namen, JuS 2011, 967; *Holzhauer*, Der praktische Fall – Bürgerliches Recht, JuS 1997, 43; *R. Koch*, Die Fristsetzung zur Leistung oder Nacherfüllung – Mehr Schein als Sein? Was bleibt noch vom Fristsetzungserfordernis, NJW 2010, 1636; *Lipp*, Der praktische Fall – Bürgerliches Recht, JuS 2000, 267; *Medicus*, Bemerkungen zur Neuregelung des Schuldnerverzugs, DNotZ 2000, 256; *Mock*, Grundfälle zum Stellvertretungsrecht, JuS 2008, 309, 391, 486; *Schreiber*, Der Schuldnerverzug, Jura 1990, 193; *Timme*, Übungsblätter Klausur Zivilrecht, JA 1998, 31; *Weber*, Das Handeln unter fremdem Namen, JA 1996, 426; *Weishaupt*, Verlangsamter Schuldnerverzug durch das Gesetz zur Beschleunigung fälliger Zahlungen?, NJW 2000, 1704; *Werner/Neureither*, 22 Probleme aus dem BGB, Allgemeiner Teil, 7. Aufl. 2005; *Wertenbruch*, Das Wahlrecht des Gläubigers zwischen Erfüllungsanspruch und den Rechten aus § 326 BGB nach einer Erfüllungsverweigerung des Schuldners, AcP 193 (1993) 191.

2. Fall: Unbekannter Gemäldekäufer

Sachverhalt

A hat in der Jenaer Ernst Ludwig Kirchner-Ausstellung das Gemälde »Rückkehr der Tiere« gesehen und verspürt seitdem einen sehnlichen Wunsch, dieses Bild zu besitzen. Er hat auch schon in Erfahrung gebracht, dass das Bild dem V gehört und dieser grundsätzlich zum Verkauf bereit ist. Daher beauftragt A den mit ihm befreundeten Kunstsachverständigen B, für ihn das Gemälde nach der Beendigung der Ausstellung bei V auf seine Echtheit hin zu überprüfen und über den Preis zu verhandeln, denn er könne nicht mehr als 89.000 EUR bezahlen. Das Bild dürfe also nicht für einen höheren Preis erworben werden.

B erscheint bei V, prüft das Gemälde und kauft es dann zu dem gewünschten Preis. Nach dem Kauf bittet er V, es zu A zu bringen, ohne aber den Grund hierfür zu nennen. V kommt dieser Bitte nach. Zwei Tage später meldet sich V bei B und verlangt Zahlung von 89.000 EUR. B verweigert die Zahlung unter Hinweis darauf, er habe das Bild nur für A gekauft. Hilfsweise erklärt er die Anfechtung seiner Erklärungen.

Wie ist die Rechtslage?

Abwandlung: Das Ganze geschieht schriftlich. Seinem Schreiben an B, in dem er keine Preisvorstellung nennt, fügt A eine Vollmachtsurkunde bei, wobei er versehentlich einen Höchstbetrag von 98.000 EUR einsetzt. B kauft daraufhin das Gemälde im Namen des A, jedoch zum Preis von 95.000 EUR. A ficht, nachdem er das Bild von V erhalten hat, seine Vollmachtserteilung gegenüber B an.

11

Lösungsvorschlag

A. Ausgangsfall

I. Anspruch des V gegen B aus § 433 II BGB

V könnte gegen B einen Anspruch auf Zahlung des Kaufpreises für das Bild iHv 89.000 EUR aus § 433 II BGB haben.

1. Dann müsste zwischen V und B ein Kaufvertrag über das Gemälde zustande gekommen sein.

a) B kaufte das Gemälde von V zum Preis von 89.000 EUR. B wollte dabei den Vertrag aber nicht im eigenen Namen schließen, sondern den Kauf als Stellvertreter des A tätigen. Im Vertretungsrecht gilt das Offenkundigkeitsprinzip.[1] Damit eine wirksame Stellvertretung vorliegt, muss nach § 164 I 2 BGB ein ausdrückliches oder durch die Umstände erkennbares Handeln in fremdem Namen vorliegen.[2] Hier hat B weder ausdrücklich erklärt noch ergibt es sich aus den Umständen,[3] dass er für A den Kaufvertrag schließen wollte. Es handelt sich folglich um ein Eigengeschäft des B.

b) Eine Verpflichtung des A aus dem Geschäft könnte hier dennoch erfolgt sein, wenn als Ausnahme vom Offenkundigkeitsprinzip ein Fall des sogenannten »Geschäfts für den, den es angeht« vorliegt.[4] Bei Bargeschäften des täglichen Lebens, bei denen es für die jeweilige Vertragspartei ohne Bedeutung ist, um welche Person es sich bei ihrem Vertragspartner handelt, kommt ein Vertrag mit dem Vertretenen auch dann wirksam zustande, wenn der Vertreter die Vertretungsverhältnisse nicht offen legt.[5] Diese Rechtskonstruktion dient unter dem Gesichtspunkt der Schnelligkeit des Rechtsverkehrs der Bewältigung zahlreicher Geschäfte, die jeweils im Einzelfall nicht von großer wirtschaftlicher Bedeutung für die Vertragschließenden sind und bei denen die Vertragspflichten in unmittelbarem Zusammenhang mit dem Vertragsschluss auch erfüllt sowie spätere Leistungs- oder Schadensersatzpflichten nicht erwartet werden.[6] Aus diesem Grund gelten die Grundsätze auch für das schuldrechtliche Geschäft.[7] Hat der Geschäftsgegner die Gegenleistung erhalten, besteht keine Notwendigkeit der Offenlegung. Bei einem Gemäldekauf handelt es sich jedoch nach Art und Umfang des Geschäfts nicht um ein Bargeschäft des täglichen Lebens, sodass die hierfür geltenden Grundsätze keine Anwendung finden.

c) Daher ist ein Eigengeschäft des B iSv § 164 II BGB gegeben, aus dem B berechtigt und verpflichtet ist. Ein Kaufvertrag ist folglich zwischen V und B zustande gekommen.

---

1 Erman/*Maier-Reimer* Vor § 164 Rn. 5; Hk-BGB/*Dörner* § 164 Rn. 5; *Werner* Fälle für Anfänger BürgerlR 40.

2 Vgl. Erman/*Maier-Reimer* § 164 Rn. 6.

3 Zur Auslegung aus dem Empfängerhorizont vgl. die Abwandlung.

4 S. dazu Erman/*Maier-Reimer* § 164 Rn. 14; Palandt/*Ellenberger* § 164 Rn. 8; Soergel/*Leptien* § 164 Rn. 22 und Vor § 164 Rn. 23 ff.

5 Bamberger/Roth/*Valenthien* § 164 Rn. 27; Erman/*Maier-Reimer* § 164 Rn. 14.

6 Erman/*Maier-Reimer* § 164 Rn. 14; Palandt/*Ellenberger* § 164 Rn. 8.

7 MüKoBGB/*Schramm* § 164 Rn. 54; einschränkend Staudinger/*Schilken* (2009) Vor § 164 Rn. 54.

2. B könnte seine Erklärung jedoch angefochten haben. Das Rechtsgeschäft wäre dann von Anfang an als nichtig anzusehen, § 142 I BGB.[8] Eine nach § 143 I BGB erforderliche Anfechtungserklärung des B liegt vor. Problematisch erscheint jedoch, ob die Erklärung wirksam ist. B erklärte die Anfechtung hilfsweise. Die Anfechtung ist als Gestaltungsrecht grundsätzlich bedingungsfeindlich.[9] Zulässig ist eine Eventualanfechtung aber für den Fall, dass das in Streit stehende Rechtsverhältnis gültig sein sollte.[10] Genau für einen solchen Fall erklärt B die Anfechtung. Sie ist damit wirksam erklärt worden. Es müsste des Weiteren ein Anfechtungsgrund vorgelegen haben. In Betracht kommt eine Anfechtung wegen Inhaltsirrtums nach § 119 I 1. Fall BGB. Beim Inhaltsirrtum liegt eine Fehlvorstellung des Erklärenden über den objektiven, rechtlich wirksamen Inhalt seiner Erklärung vor, dh aus dem Empfängerhorizont ist der Erklärung ein Erklärungswert zuzumessen, der vom Willen des Erklärenden abweicht.[11] B erklärt objektiv ein Eigengeschäft. Er will aber erklären, dass er im Namen des A handelt. Damit fallen der in der Erklärung zum Ausdruck gekommene Wille und der innere wirkliche Wille auseinander. Hierbei handelt es sich um einen Inhaltsirrtum iSv § 119 I 1. Fall BGB. Nach § 164 II BGB ist B jedoch gerade die Berufung auf diesen Irrtum versagt und die Anfechtung nach § 119 I 1. Fall BGB im Interesse der Verkehrssicherheit ausgeschlossen.[12] Damit kann B seine Willenserklärung nicht anfechten.

3. Ergebnis

B ist gem. § 433 II BGB zur Zahlung von 89.000 EUR an V verpflichtet.

II. Anspruch des B gegen A aus § 670 BGB

Soweit B zur Zahlung des Kaufpreises an V verpflichtet ist, könnte ihm seinerseits ein Anspruch gegen A auf Erstattung seiner Aufwendungen nach § 670 BGB zustehen.

1. Voraussetzung hierfür ist das Bestehen eines Auftragsverhältnisses. A hat B gebeten, für ihn das Gemälde zu kaufen. Mangels näherer Anhaltspunkte ist davon auszugehen, dass der mit A befreundete B aus Gefälligkeit, also unentgeltlich tätig werden sollte. Zwischen A und B ist also ein Auftragsverhältnis iSv § 662 BGB zustande gekommen.

2. In Ausführung dieses Auftrags hat B den Kaufvertrag mit V geschlossen. Zwar hat er ihn nicht im Namen des A abgeschlossen. Dennoch stellt die Eingehung der Verbindlichkeit zur Zahlung des Kaufpreises eine zur Ausführung des Auftrags erforderliche Aufwendung dar.[13] Wenn daher das gewünschte Ergebnis, nämlich der Erwerb des Bildes durch A, erreicht wird, muss der Geschäftsführer Ersatz seiner Aufwendungen verlangen können.[14]

---

8 Die Anfechtungsprüfung hat stets mit dieser Rechtsfolgenorm zu beginnen, vgl. Hk-BGB/*Dörner* § 142 Rn. 1.

9 Erman/*Arnold* § 143 Rn. 5.

10 Hk-BGB/*Dörner* § 143 Rn. 3.

11 MüKoBGB/*Armbrüster* § 119 Rn. 56; zur Auslegung der nach außen kundgegebenen Innenvollmacht vgl. MüKoBGB/*Schramm* § 167 Rn. 81.

12 S. hierzu auch Erman/*Maier-Reimer* § 164 Rn. 25; Soergel/*Leptien* § 164 Rn. 34.

13 Zu den Voraussetzungen des Aufwendungsersatzanspruchs vgl. Hk-BGB/*Schulze* § 670 Rn. 3 ff.

14 Zum Befreiungsanspruch vgl. Erman/*Berger* § 670 Rn. 15.

3. Ergebnis

Zahlt B den Kaufpreis an V, so kann er nach § 670 BGB Ersatz des Kaufpreises iHv 89.000 EUR von A verlangen. Soweit er noch nicht gezahlt hat, kann er nach §§ 670, 257 BGB Befreiung von der Verbindlichkeit verlangen, dh die direkte Zahlung des A an V mit schuldbefreiender Wirkung gegenüber B.

B. Abwandlung

I. Anspruch des V gegen A aus § 433 II BGB

V könnte gegen A einen Anspruch auf Zahlung des Kaufpreises für das Gemälde iHv 95.000 EUR nach § 433 II BGB haben.

1. Zwischen V und A müsste ein Kaufvertrag zustande gekommen sein. A selbst hat keine Willenserklärung abgegeben. Jedoch könnte A nach § 164 I BGB bei Vertragsschluss wirksam von B vertreten worden sein. B gab eine eigene Willenserklärung ab und handelte bei Vertragsschluss auch in fremdem Namen, nämlich im Namen des A.

a) Zweifel hinsichtlich einer wirksamen Stellvertretung können sich aber in Bezug auf die Vertretungsmacht des B ergeben. A hatte B nur für den Abschluss eines Vertrages bis zu einer Höhe von 89.000 EUR bevollmächtigen wollen. Aus der von A ausgestellten Urkunde ergibt sich jedoch eindeutig eine Bevollmächtigung bis zur Höhe von 98.000 EUR. Daher durfte aus Sicht des Empfängers[15] der Erklärung diese Vollmachterteilung nach §§ 133, 157 BGB auch dahingehend verstanden werden, dass eine Bevollmächtigung bis zu dieser Höhe erfolgen sollte. A ist daher wirksam von B vertreten worden. Gemäß § 164 I 1 BGB wirkt die Willenserklärung des B für und gegen A.

b) Zwischenergebnis

Zwischen V und A ist ein Kaufvertrag zustande gekommen.

2. A könnte die Vollmacht angefochten haben. Die Bevollmächtigung wäre dann gem. § 142 I BGB als von Anfang an nichtig anzusehen. Eine Anfechtungserklärung (§ 143 I BGB) des A liegt vor. Es müsste auch ein Anfechtungsgrund gegeben sein.

a) Bei der Vollmachterteilung befand sich A, der als Höchstbetrag statt 89.000 EUR versehentlich 98.000 EUR angegeben hatte, in einem Erklärungsirrtum nach § 119 I 2. Fall BGB, was ihn grundsätzlich zur Anfechtung berechtigt.[16]

b) Es fragt sich aber, ob die bereits »betätigte« Vollmacht noch angefochten werden kann. Diese Frage ist umstritten.

aa) Die herrschende Meinung lässt eine Anfechtung der Vollmacht auch nach ihrem Gebrauch grundsätzlich zu und gewährleistet über die Schadensersatzpflicht nach § 122 BGB analog sowie nach § 179 BGB den Schutz des Vertrauens in die Wirksamkeit einer Willenserklärung.[17] A wäre folglich zur Anfechtung der inzwischen »betätigten« Vollmacht berechtigt.

---

15 Dies gilt zunächst für B und – soweit er die Urkunde bei Abschluss des Geschäftes vorlegte – für V.
16 Zum Inhaltsirrtum s. im Grundfall I. 2.
17 Vgl. nur Bamberger/Roth/*Valenthien* § 167 Rn. 55; MüKoBGB/*Schramm* § 167 Rn. 111; Palandt/*Ellenberger* § 167 Rn. 3; Erman/*Maier-Reimer* § 167 Rn. 46; *Becker/Schäfer* JA 2006, 597 (600).

bb) Hingegen wird die Anfechtbarkeit einer betätigten Vollmacht von einer Min-dermeinung grundsätzlich verneint,[18] sodass der Vollmachtgeber trotz eines nach § 119 BGB beachtlichen Willensmangels das Geschäft mit dem Dritten gegen sich gelten lassen muss.

(1) Die Vertreter dieser Auffassung stützen sich auf den Rechtsscheinsgedanken. Nach den Grundsätzen der Anscheinsvollmacht müsse sich der Vertretene, obwohl er keine Kenntnis vom Handeln des Vertreters habe, so behandeln lassen, als ob er diesen bevollmächtigt habe, ohne dass ihm ein Anfechtungsrecht zustehe. Demzufolge könne der Vertretene, welcher den Handelnden tatsächlich bevollmächtigt habe, die Vertretungsmacht nicht durch Anfechtung rückwirkend beseitigen.[19] Die unbe-schränkte Zulassung der Anfechtung einer Bevollmächtigung habe darüber hinaus zur Folge, dass der Vertretene Fehler bei der Erteilung der Vertretungsmacht zu sei-nem Vorteil ausnutzen könne. Soweit das Vertretergeschäft ihm nachteilig erscheine, könne er nämlich nicht nur gem. § 166 BGB die das Vertretergeschäft betreffenden Mängel geltend machen, sondern stünde es ihm auch frei, sich auf die Mängel der Vollmachterteilung zu berufen. Aufgrund einer solchen zusätzlichen Anfechtungs-möglichkeit stünde sich der Vertretene bei Einschaltung eines in seinem Interesse tätigen Vertreters letztlich also besser, als wenn er das Geschäft selbst abgeschlossen hätte.[20]

(2) Die Zulässigkeit der Anfechtung wird aber auch nach dieser Auffassung bejaht, wenn ein Irrtum des Vertretenen bei der Vollmachterteilung »ungebrochen«, dh un-abhängig von der Willensbildung beim Vertreter, auf den Inhalt des Vertretergeschäfts »durchschlägt«.[21] Dies soll etwa dann der Fall sein, wenn sich der Vollmachtgeber verspricht oder verschreibt, ihm also ein Erklärungsirrtum hinsichtlich des Ge-schäftsgegenstandes oder der Summe, bis zu welcher er den Vertreter zum Abschluss ermächtigen will, unterläuft. Dies wird damit begründet, dass der Vollmachtgeber in diesen Fällen ohnehin zur Anfechtung berechtigt gewesen wäre, wenn er das Ge-schäft selbst getätigt hätte.[22]

(3) A befand sich bei Erteilung der Vollmacht in einem Erklärungsirrtum über die Summe, bis zu der er seinen Vertreter zum Geschäftsabschluss ermächtigen wollte. Der Irrtum des Vertretenen bei der Vollmachterteilung schlägt damit auf den Inhalt des Vertretergeschäfts durch. Er ist mithin auch nach dieser Auffassung zur Anfech-tung der Vollmacht berechtigt.

cc) Der Erklärungsirrtum des A in Bezug auf die summenmäßige Begrenzung der Vollmacht berechtigt nach beiden Ansichten zur Anfechtung der Bevollmächtigung. Eine Entscheidung des Meinungsstreits kann deshalb hier unterbleiben.

c) Fraglich ist aber, gegenüber wem A die Anfechtung der Bevollmächtigung erklä-ren musste. Dies ist umstritten.

18 *Brox* JA 1980, 449 (451); *Eujen/Frank* JZ 1973, 232 (237); *Prölss* JuS 1985, 577 (582).
19 *Brox/Walker* BGB AT Rn. 574.
20 *Eujen/Frank* JZ 1973, 232 (235).
21 *Brox/Walker* BGB AT Rn. 574.
22 *Eujen/Frank* JZ 1973, 232 (235).

aa) Richtiger Anfechtungsgegner iSd § 143 II BGB ist bei einer Innenvollmacht nach herrschender Meinung der Vertreter.[23] Ist die Innenvollmacht dagegen bereits »betätigt« worden, hat der Vertreter also hiervon Gebrauch gemacht, so wird zum Teil gefordert, die Anfechtung allein gegenüber dem Vertreter nicht ausreichen zu lassen, um zugleich den Rechtsscheinstatbestand gem. § 171 I BGB zu beseitigen. Entsprechend § 171 II BGB müsse die Anfechtung ebenfalls kundgetan oder der »gute Glaube« des Dritten zerstört werden.[24] A hat dem B und damit gegenüber dem richtigen Anfechtungsgegner die Anfechtung erklärt. V erhält hiervon Kenntnis, wenn unter Hinweis auf die Anfechtung die Zahlung verweigert wird. Nach dieser Ansicht hat A die Anfechtung gegenüber dem richtigen Anfechtungsgegner erklärt.

bb) Nach anderer Ansicht soll die Anfechtung einer vollzogenen Innenvollmacht dagegen nur gegenüber dem Geschäftsgegner erklärt werden können. Dies wird damit begründet, dass sich die Anfechtung materiell gegen das Vertretergeschäft richte. Sie müsse daher durch eine an den dritten Geschäftspartner gerichtete Erklärung erfolgen. Dieser habe allein gegen den Anfechtenden die Ansprüche aus § 122 BGB,[25] und zwar über den Schadensersatzanspruch gegen den vollmachtlosen Vertreter nach § 179 BGB hinaus, weil Letzterer bei Zahlungsunfähigkeit des Vertreters wertlos wäre. Dem Geschäftspartner müsse auf diesem Wege ein zusätzlicher Ersatzanspruch aus § 122 BGB auch gegen den Vertretenen verschafft werden.[26] Dieser Auffassung zufolge hätte A die Anfechtung dem V gegenüber erklären müssen und durch die Erklärung gegenüber B folglich keine ordnungsgemäße Anfechtungserklärung abgegeben.

cc) Beide Ansichten führen im vorliegenden Fall zu unterschiedlichen Ergebnissen. Eine Streitentscheidung ist daher erforderlich. Der letzteren Sicht ist zuzugeben, dass ein Schutzbedürfnis für den Geschäftspartner besteht, sofern man dem Vertretenen die Anfechtung der bereits »betätigten« Innenvollmacht gestattet. Allein das Bedürfnis der Beschaffung eines zusätzlichen Schuldners rechtfertigt es aber nicht, von dem allgemeinen Grundsatz abzuweichen, dass die Anfechtung zumindest auch gegenüber dem Erklärungsempfänger, hier dem Bevollmächtigten, erfolgen kann.[27] Der erstgenannten Auffassung ist daher zu folgen. A hat mithin durch Erklärung gegenüber B die Bevollmächtigung wirksam angefochten.

d) Die Bevollmächtigung ist gem. § 142 I BGB von Anfang an nichtig. Zugleich entfällt auch die Wirkung aus dem Kaufvertrag für und gegen A, da B nunmehr als Vertreter ohne Vertretungsmacht gehandelt hatte.

e) Ergebnis

V hat gegen A keinen Anspruch aus § 433 II BGB.

---

23 *Mock* JuS 2008, 391 (393 mwN); bei einer Außenvollmacht ist die Anfechtung dagegen gegenüber dem Geschäftsgegner zu erklären, vgl. Bamberger/Roth/*Valenthien* § 167 Rn. 57.
24 MüKoBGB/*Schramm* § 167 Rn. 109; *Becker/Schäfer* JA 2006, 597 (600).
25 *Medicus* BGB AT Rn. 945; Erman/*Maier-Reimer* § 167 Rn. 46.
26 *Medicus* BGB AT Rn. 945.
27 S. dazu auch sogleich unter II.

II. Ansprüche des V gegen A auf Herausgabe des Bildes

1. Anspruch auf Herausgabe des Gemäldes aus § 985 BGB

V könnte gegen A einen Anspruch auf Herausgabe des Bildes gem. § 985 BGB haben.

a) Dann müsste V Eigentümer des Bildes sein. Zunächst war V Eigentümer des Bildes. V könnte sein Eigentum jedoch nach § 929 S. 1 BGB an A verloren haben, wenn B als Vertreter des A wirksam eine Einigungserklärung abgegeben hat und die Sache übergeben wurde. Die Einigung iSd § 929 S. 1 BGB unterliegt ebenfalls den §§ 164 ff. BGB. Es ist daher erforderlich, dass ein Handeln innerhalb der Vertretungsmacht sowie im Namen des Vertretenen vorliegt, damit die Wirkungen unmittelbar und ausschließlich den Vertretenen treffen. Die Übergabe dagegen stellt kein Rechtsgeschäft, sondern einen Realakt dar. Hier war B durch A gem. § 164 I 1 BGB bevollmächtigt, stellvertretend für A die auf die Eigentumsübertragung gerichtete Einigungserklärung abzugeben. Das Handeln des B im Namen des A ist somit auch von der erteilten Vollmacht gedeckt gewesen.

b) Fraglich ist, ob die Bevollmächtigung bezüglich der Einigungserklärung ebenso wie beim Kausalgeschäft gem. §§ 142 I, 119 I BGB wirksam angefochten wurde. Wenn ein Anfechtungsgrund sich sowohl auf das schuldrechtliche als auch auf das sachenrechtliche Geschäft bezieht, werden durch die Anfechtung auch beide Geschäfte ex tunc vernichtet. Dabei ist es nicht erforderlich, dass der Anfechtende den Willen, die Verfügung anzufechten, besonders erklären müsste. Bei einer Anfechtung nach § 123 BGB wird dies idR angenommen, da die arglistige Täuschung auch noch für das Übertragungsgeschäft kausal sein wird. Hier ist jedoch davon auszugehen, dass das dingliche Geschäft nicht mehr unter dem Einfluss des Irrtums steht. Dafür spricht auch, dass die Übereignung, insbesondere die Übergabe, zeitlich später stattfand. Es ist somit davon auszugehen, dass hier keine Anfechtung der Einigungserklärung erfolgte. Damit ist aber die Übereignung des Bildes wirksam nach §§ 929 S. 1, 164 I BGB erfolgt, weil A auch das Bild von V übergeben wurde. Somit ist A Eigentümer des Bildes geworden.

c) Ergebnis

V hat keinen Anspruch auf Herausgabe des Bildes gegen A aus § 985 BGB.

2. V könnte einen Anspruch gegen A auf Herausgabe und Rückübereignung des Bildes gem. § 812 I 1 1. Alt. BGB haben.

a) Dann müsste A etwas erlangt haben. Dies setzt den Erwerb einer vermögenswerten Rechtsposition voraus.[28] Hier hat A Eigentum und Besitz an dem Bild erhalten.[29] Eigentum und Besitz sind vermögenswerte Rechtspositionen, also ein »Etwas« iSd§ 812 I 1 1. Alt. A hat mithin etwas erlangt.

---

28 Jauernig/*Stadler* § 812 Rn. 8.
29 Die präzise Benennung des Erlangten ist von entscheidender Bedeutung. Nur wer hier die betreffende Position exakt feststellt, kann zu einer zutreffenden Lösung im Hinblick auf die Rechtsfolge gelangen.

b) Dies müsste durch Leistung geschehen sein. Leistung ist die bewusste und zweckgerichtete Mehrung fremden Vermögens.[30] Die willentliche Übertragung des Eigentums an A geschah bewusst und zweckgerichtet, mithin durch Leistung.[31]

c) Für diese Leistung dürfte kein rechtlicher Grund vorliegen. Aufgrund der erfolgten Anfechtung der Vollmacht handelte B bezüglich des Verpflichtungsgeschäftes rückwirkend (ex tunc, § 142 I BGB) als Vertreter ohne Vertretungsmacht. Ein wirksamer Kaufvertrag zwischen A, vertreten durch B, und V wurde daher nicht geschlossen und fehlte als rechtlicher Grund (causa) für die Übereignung des Bildes. Für die Übertragung des Eigentums an dem Bild liegt folglich kein rechtlicher Grund vor.

d) Ergebnis

A ist zur Herausgabe und Rückübereignung des Bildes an V gem. § 812 I 1 1. Alt. BGB verpflichtet.

III. Schadensersatzansprüche

1. Schadensersatzanspruch des V gegen A aus § 122 I BGB

Aufgrund der Anfechtung könnte V ein Schadensersatzanspruch gegen A gem. § 122 I BGB zustehen.

a) Grundsätzlich hat nach § 122 I BGB der Anfechtungsgegner einen Schadensersatzanspruch. Das ist bei der Anfechtung der Innenvollmacht der Vertreter. Da dieser von seinem Geschäftspartner, hier dem V, nach § 179 II BGB in Anspruch genommen wird, kann er über § 122 I BGB einen entsprechenden Betrag vom Vertretenen verlangen. V könnte danach gegen B aus § 179 II BGB und B als Anfechtungsgegner aus § 122 I BGB gegen A vorgehen, um evtl. Schäden ersetzt zu bekommen. Problematisch ist insoweit aber, dass der Dritte, also hier der V, dabei das Insolvenzrisiko des Vertreters, des B, trägt.

Um einen direkten Anspruch des Geschäftspartners gegen den Vertretenen zu ermöglichen, wird von einer Meinung die Anfechtung nur gegenüber dem Geschäftspartner zugelassen, da Ziel der Anfechtung letztlich die Beseitigung der Wirkung des getätigten Geschäfts ist.[32] Der Anspruch des Geschäftspartners gegen den Vertretenen ergibt sich in diesem Fall direkt aus § 122 I BGB. Die herrschende Meinung, die eine Anfechtung durch Erklärung auch gegenüber dem Vertreter für wirksam hält,[33] wendet dagegen § 122 I BGB im Verhältnis zwischen Vertretenem und Geschäftsgegner analog an.[34] Nach beiden Ansichten kann der Geschäftsgegner vom Vertretenen somit seinen Vertrauensschaden unmittelbar ersetzt verlangen.

---

30 Erman/*Buck-Heeb* § 812 Rn. 11; kritisch Bamberger/Roth/*Wendehorst* § 812 Rn. 37 ff.
31 V handelte zum Zwecke der Erfüllung seiner Verbindlichkeit aus dem Kaufvertrag (*solvendi causa*).
32 *Medicus* BGB AT Rn. 945; Erman/*Maier-Reimer* § 167 Rn. 46; s. oben unter B. I. 2. c) bb).
33 Vgl. nur Bamberger/Roth/*Valenthien* § 167 Rn. 57; MüKoBGB/*Schramm* § 167 Rn. 111; Palandt/*Ellenberger* § 167 Rn. 3; *Becker/Schäfer* JA 2006, 597 (600).
34 Dazu MüKoBGB/*Schramm* § 167 Rn. 111; *Mock* JuS 2008, 391 (393).

b) Ergebnis

V kann von A nach § 122 I BGB (analog) den Ersatz von aufgrund der Anfechtung der Bevollmächtigung entstandener Schäden verlangen.[35]

2. Schadensersatzanspruch des V gegen B aus § 179 II BGB

Fraglich erscheint, ob V zudem einen Anspruch gegen B aus § 179 II BGB hat. Die Anwendung dieser Vorschrift würde in Fällen wie dem vorliegenden den Vertreter mit den Folgen eines Irrtums des Vollmachtgebers belasten und ist deshalb abzulehnen.[36] Ein Schadensersatzanspruch des V gegen B aus § 179 II BGB scheidet daher aus.[37]

3. Schadensersatzanspruch des B gegen A aus § 122 I BGB

Da B Anfechtungsgegner ist, kommt ein Schadensersatzanspruch gem. § 122 I BGB gegen den Anfechtenden (A) grundsätzlich in Betracht. Anhaltspunkte für einen konkreten Schaden bestehen hier jedoch nicht.[38]

Zur Vertiefung: *Becker/Schäfer*, Die Anfechtung von Vollmachten, JA 2006, 597; *Brox*, Die Anfechtung bei der Stellvertretung, JA 1980, 449; *Hübner* BGB AT Rn. 1248; *Joussen*, Abgabe und Zugang von Willenserklärungen unter Einschaltung einer Hilfsperson, Jura 2003, 577; *S. Lorenz*, Grundwissen – Zivilrecht: Stellvertretung, JuS 2010, 382; *S. Lorenz*, Grundwissen – Zivilrecht: Die Vollmacht, JuS 2010, 771; *Petersen*, Bestand und Umfang der Vertretungsmacht, Jura 2003, 310; *Prölss*, Vertretung ohne Vertretungsmacht, JuS 1985, 577; MüKoBGB/*Schramm* § 167 Rn. 105–113.

---

35 **Klausurtipp:** Für konkret eingetretene Schäden bestehen keine Anhaltspunkte; ausreichend ist daher an dieser Stelle, die Anwendbarkeit des § 122 I BGB (analog) darzustellen.
36 *Flume* BGB AT II § 52, 5e; *Hübner* BGB AT Rn. 1249; a.A. MüKoBGB/*Schramm* § 167 Rn. 111, der die Anwendbarkeit des § 179 BGB neben § 122 BGB analog grundsätzlich bejaht. Auch die letztgenannte Ansicht ist mit dem Argument vertretbar, dass der V aufgrund eines Anspruchs aus § 122 I BGB gegen B (s. sogleich unter B. III. 3.) nicht schutzlos ist.
37 **Hinweis:** Etwas anderes kann nur gelten, wenn der Vertreter den Willensmangel des Vertretenen kannte oder kennen musste, vgl. dazu *Hübner* BGB AT Rn. 1249.
38 Etwas anderes gilt, wenn man einen Anspruch des V gegen den B aus § 179 II BGB bejaht.

II. Schuldrecht

3. Fall: Rollschuheffekt im Großmarkt

Sachverhalt

H betreibt ein kleines Hotel. Als Gewerbetreibender ist er Besitzer eines Kundenausweises des Selbstbedienungsgroßmarktes der M und tätigt dort seine Einkäufe für das Hotel. In deren Geschäftsräumen tritt er beim Betrachten der Waren auf eine schadhafte Stelle des Fußbodenbelages, welche sich löst. Die ungewöhnliche körnchenartige Unterstruktur des Fußbodens bewirkt eine Art »Rollschuheffekt«, sodass H die Füße wegrutschen. H stürzt und zieht sich dabei eine schwere Hüftgelenksprellung zu.

Trotz starker Schmerzen arbeitet H noch einige Tage im Hotel. Als sein Hausarzt ihm Bettruhe verordnet, schließt er das Hotel vorübergehend. Wegen einiger Vorbestellungen öffnet er aber nach drei Tagen wieder. Als H am gleichen Tag die Kellertreppe im Hotel hinuntergehen will, verliert er wegen eines plötzlich auftretenden Schmerzes in der Hüfte bereits auf der obersten Stufe den Halt. Da er das Geländer nicht mehr erreichen kann, fällt er die ganze Treppe hinunter. Dabei zieht er sich mehrere Brüche zu.

H verlangt von M Ersatz unfallbedingter Aufwendungen und des Verdienstausfalls sowie Schmerzensgeld. Demgegenüber wendet M ein, die Verkehrswege im Großmarkt würden zweimal wöchentlich durch den gewissenhaften Hausmeister F sorgfältig geprüft, was auch zutrifft. Daher stehe fest, dass bis zum Unfall des H noch keine Teile des Bodenbelages gelöst hätten. Weiterhin geschehe das Betreten des Großmarkts nach dem von H unterschriebenen Lieferungs- und Zahlungsbedingungen der M »auf eigene Gefahr« der Kunden. Auch sei in Nr. 9 dieser Bedingungen bestimmt:

»Gewährleistungs- und Schadensersatzansprüche sind gegenüber Unternehmern ausgeschlossen; im Übrigen beschränkt sich die Gewährleistung auf Nachbesserung oder Ersatzlieferung ...; erst nach endgültigem Fehlschlagen kann vom Vertrag zurückgetreten oder Minderung verlangt werden; Schadensersatzansprüche sind – vorbehaltlich § 309 Nr. 7 BGB – ausgeschlossen.«

Kann H den Ersatz der geltend gemachten Schäden verlangen?

Abwandlung: Könnte der Hotelkoch K von M Ersatz seiner unfallbedingten Aufwendungen verlangen, wenn H diesen in den Großmarkt mitgenommen hätte, damit er ihm beim Einkauf zur Hand ginge, und K hingefallen und sich in der zuvor beschriebenen Weise verletzt hätte?

Lösungsvorschlag

A. Ausgangsfall[1]

Ansprüche des H gegen die M

I. Vertraglicher Anspruch auf Ersatz der unfallbedingten Aufwendungen, auf Ersatz des Verdienstausfalls und auf Schmerzensgeld gem. § 280 I BGB.

H könnte gegen M einen Anspruch auf Ersatz seiner unfallbedingten Aufwendungen, auf Ersatz des Verdienstausfalls und auf Schmerzensgeld gem. § 280 I BGB haben. Dies setzt voraus, dass M eine gegenüber H bestehende Pflicht aus dem Schuldverhältnis verletzt hat, sie diese Pflichtverletzung zu vertreten hat und dadurch ein ersatzfähiger Schaden entstanden ist.

1. Voraussetzung ist das Bestehen eines Schuldverhältnisses zwischen H und M.

a) Es könnte ein vertragliches Schuldverhältnis vorliegen. H besaß einen Kundenausweis der M und hatte deren Lieferungs- und Zahlungsbedingungen unterschrieben. Fraglich ist, ob hierin bereits ein Vertragsschluss gesehen werden kann. Die Anerkennung der AGB bei der Beantragung eines Großmarkt-Kundenausweises durch einen Gewerbetreibenden erfolgt lediglich mit der Zielsetzung, diese Bedingungen künftigen Verträgen (immer wieder) zugrunde zu legen. Der Tatsache der Erteilung des Kundenausweises ist daher lediglich zu entnehmen, dass sich H mit Einwilligung der M zum Zwecke des Abschlusses von Kaufverträgen in dem Großmarkt befand. Dieses Stadium der Anbahnung geschäftlichen Kontakts zwischen H und M begründet jedoch noch kein Vertragsverhältnis. Ein vertragliches Schuldverhältnis liegt nicht vor.

b) In Betracht kommt ein gesetzliches Schuldverhältnis. Ein gesetzliches[2] Schuldverhältnis mit Pflichten nach § 241 II BGB entsteht gem. § 311 II Nr. 2 BGB[3] durch die Anbahnung eines Vertrages, wenn der eine Teil im Hinblick auf eine etwaige rechtsgeschäftliche Beziehung dem anderen Teil eine Einwirkungsmöglichkeit auf seine Rechte, Rechtsgüter und Interessen gewährt oder ihm diese anvertraut. Gerade nicht ausreichend ist ein lediglich sozialer Kontakt, auch wenn dadurch eine Einwirkungsmöglichkeit besteht.[4] H hat den Großmarkt betreten, um Verträge mit M abzuschließen. Die Einwirkungsmöglichkeit der M bestand daher im Hinblick auf eine rechtsgeschäftliche Beziehung und diente der Anbahnung eines Vertrages. Damit besteht zwischen H und M ein gesetzliches Schuldverhältnis gem. § 311 II Nr. 2 BGB.

---

1 In Anlehnung an BGH NJW 1986, 2757.

2 **Beachte:** Die gesonderte Regelung in Abs. 2 und 3 und die Formulierung »entsteht auch« zeigen, dass es sich nicht um ein vertragliches, sondern um ein gesetzliches Schuldverhältnis handelt, vgl. Hk-BGB/*Schulze* § 311 Rn. 12; Erman/*Kindl* § 311 Rn. 16; *Medicus/Lorenz* SchuldR AT § 8 Rn. 56.

3 **Beachte:** In zeitlicher Hinsicht ist § 311 II BGB anwendbar, wenn es im Zeitpunkt der Pflichtverletzung noch nicht zu einem Vertragsschluss gekommen ist, vgl. Palandt/*Grüneberg* § 311 Rn. 25. Anwendbar bleibt § 311 II BGB demnach, wenn zwar später ein Vertrag zustande gekommen war, die Pflichtverletzung aber in dem Stadium begangen wurde, in dem noch kein Vertrag gegeben war; Erman/*Kindl* § 311 Rn. 23.

4 Hk-BGB/*Schulze* § 311 Rn. 16.

2. Aus diesem Schuldverhältnis müssten der M gegenüber H Pflichten obliegen haben, welche die M verletzt hat. Gemäß § 241 II BGB kann das Schuldverhältnis nach seinem Inhalt jeden Teil zur Rücksicht auf die Rechte, Rechtsgüter und Interessen des anderen Teils verpflichten. Durch § 311 II Nr. 2 BGB wird klargestellt, dass diese Pflichten schon im Zeitpunkt der Anbahnung eines Vertrages bestehen.

a) Vorliegend kommt das Bestehen einer Verkehrssicherungspflicht der M in Betracht. Wer ein Ladengeschäft betreibt, muss für die Sicherheit der Personen sorgen, die sich dort befugterweise[5] aufhalten. Insbesondere müssen die Geschäftsräume bestimmten Sicherheitserfordernissen genügen. Dabei sind gerade an die Sorgfaltspflicht des Betreibers eines Großmarkts hinsichtlich der Auswahl und Unterhaltung des Fußbodens in seinen Geschäftsräumen besonders strenge Anforderungen zu stellen. Weil nämlich die Kunden ihr Augenmerk oftmals alleine auf die in den Regalen befindlichen Waren richten und nicht auf den Boden achten, muss der Betreiber verhindern, dass sich der Fußboden in einem verkehrsgefährdenden Zustand befindet.[6] Eine solche Verkehrssicherungspflicht oblag der M auch gegenüber H.

b) Diese Verkehrssicherungspflicht müsste die M verletzt haben.

aa) Eine Verletzung der Verkehrssicherungspflicht der M könnte in einer mangelnden Kontrolle der Verkehrswege im Ladengeschäft zu sehen sein. Die M lässt die Gänge des Großmarkts jedoch regelmäßig überprüfen. Die Prüfungsintervalle – zweimal wöchentlich – erscheinen ausreichend. Es ist auch nicht daran zu zweifeln, dass der Hausmeister, dessen Verschulden der M gem. § 278 BGB zuzurechnen ist, seine Aufgaben sorgfältig erfüllt hat. Hinsichtlich der regelmäßigen Kontrolle lässt sich eine Pflichtverletzung damit nicht feststellen.

bb) Als Pflichtverletzung können aber nicht nur organisatorische Maßnahmen im Rahmen des laufenden Betriebs, sondern auch solche bei der Erstellung und Einrichtung des Geschäfts anzusehen sein.[7] M könnte also auch dadurch eine Pflichtverletzung begangen haben, dass sie von vornherein einen Fußbodenbelag ausgewählt hat, der für die Besucher des Marktes gefährlich werden konnte.

Bei dem von M ausgewählten Fußboden konnte sich sowohl die obere Schicht des Belages ablösen, was alleine schon eine Verkehrsgefährdung darstellt. Darüber hinaus trug aber auch noch die eigenartige Unterstruktur des Belages zu einer weiteren Gefährdung (»Rollschuheffekt«) bei. Somit hat M mit der Auswahl dieses Belages die ihr auch gegenüber H obliegende Verkehrssicherungspflicht verletzt.

3. M müsste die Pflichtverletzung zu vertreten haben. Gemäß § 276 I 1 BGB hat M Vorsatz und Fahrlässigkeit zu vertreten. In Betracht kommt fahrlässiges Handeln der M. Fahrlässig handelt, wer die im Verkehr erforderliche Sorgfalt außer Acht lässt (§ 276 II BGB). M hat die Pflichtverletzung daher zu vertreten, wenn sie nicht alle ihr zumutbaren Maßnahmen getroffen hat, um den verkehrswidrigen Zustand zu vermeiden, indem sie von vornherein einen solchen Belag wählte, bei dem es nicht zu

---

5 **Beachte:** § 311 II Nr. 2 BGB wird teilweise auch für anwendbar gehalten, wenn der »Kunde« sich lediglich aufwärmen will, vgl. MüKoBGB/*Emmerich* § 311 Rn. 47, 64; hiergegen aber Erman/*Kindl* § 311 Rn. 33.

6 BGH VersR 1956, 35; 1959, 429; 1966, 1190; NJW 1986, 2757; unter vergleichbaren Umständen (instabil gelagerte Glasflaschen) LG Trier NJW-RR 2006, 525.

7 BGH NJW 1984, 801; 1986, 2757.

gefährlichen Ablösungen kommen konnte. Für ein solches Verschulden finden sich jedoch keine Anhaltspunkte. Das Vertretenmüssen kann daher nicht positiv dargelegt werden. Damit ist entscheidend, wen die Beweislast hinsichtlich des Vertretenmüssens trifft.

Als anspruchsbegründende Tatsache ist sie grundsätzlich vom Gläubiger zu beweisen. Gemäß § 280 I 2 BGB wird das Vertretenmüssen des Schuldners im Rahmen des § 280 I 1 BGB jedoch widerlegbar vermutet. Es tritt somit eine Beweislastumkehr ein.[8] Die Beweislast trägt somit die M dafür, dass sie die Pflichtverletzung nicht zu vertreten hat. Diesen Beweis hat M nicht geliefert. Somit wird das Vertretenmüssen der M gem. § 280 I 2 BGB vermutet. Auch eine Ausnahme von der Beweislastumkehr liegt hier nicht vor.[9] M hat die Pflichtverletzung zu vertreten.

4. Der Schaden liegt in der Einbuße, die H an seiner körperlichen Integrität erlitten hat, und dem Verdienstausfall. Gemäß § 249 II 1 BGB kann H Ersatz der Heilungskosten in Geld verlangen. Der entgangene Gewinn ist gem. § 252 BGB zu ersetzen. Hinsichtlich des entgangenen Gewinns aus selbstständiger Arbeit ist streitig, ob dieser anhand der Gewinnminderung aufgrund des Betriebsergebnisses festzustellen ist[10] oder sich nach dem üblichen Entgelt für eine gleichwertige, tatsächlich nicht eingestellte Ersatzkraft berechnet.[11]

5. Die Pflichtverletzung muss auch für den Schaden ursächlich geworden sein. Im Sinne der Adäquanz liegt es nicht außerhalb der Lebenserfahrung, dass ein Kunde über einen schadhaften Fußbodenbelag fällt und sich dabei eine Verletzung zufügt, die diesen schließlich so beeinträchtigt, dass es zu einer weiteren Verletzung kommt. Die Einbuße an der Gesundheit des H beruht damit adäquat kausal auf der Pflichtverletzung der M.

6. Die Haftung des M könnte jedoch aufgrund der AGB der M vertraglich ausgeschlossen sein.

a) Fraglich ist, ob der in Nr. 9 der Lieferungs- und Zahlungsbedingungen erwähnte Ausschluss von Schadensersatzansprüchen auch Ansprüche aufgrund Verschuldens bei Vertragsschluss umfasst. Dagegen spricht einerseits, dass Freizeichnungsklauseln grundsätzlich eng auszulegen sind.[12] Ferner gehen nach der sog. Unklarheitenregel

---

8 Hk-BGB/*Schulze* § 280 Rn. 15; Erman/*Kindl* § 280 Rn. 31. **Beachte:** Diese Grundregel gilt auch, wenn die Haftung des Schuldners auf Vorsatz oder grobe Fahrlässigkeit beschränkt ist. Der Schuldner muss dann darlegen, dass beide Verschuldensgrade nicht vorliegen, BGH NJW 2009, 2298.

9 Zu einer Umkehr der Beweislast kann es ausnahmsweise nur dann nicht kommen, wenn der Geschädigte hinsichtlich der Feststellung des Verschuldens Mitwirkungspflichten bei der Anmeldung des Schadens versäumt hat (BGH WM 1972, 19 [20] bei Geltendmachung des Anspruchs erst Jahre nach der Pflichtverletzung). Aber auch unabhängig davon, ob es H beispielsweise versäumt hat, nach dem Sturz in den Räumen der M den Vorfall deren Angestellten zu melden, galt es hier nicht, einen Beweisnotstand, etwa hinsichtlich der Erkennbarkeit von Mängeln des Belages, zu vermeiden. Vielmehr war der Bodenbelag von vornherein objektiv ungeeignet. Daher hätte selbst eine verzögerte Schadensmeldung keinen Einfluss auf die Feststellung des Verschuldens gehabt.

10 So die Rspr., bspw. BGHZ 54, 53; BGH NJW-RR 1992, 852; NJW 2001, 1640.

11 So die Literatur, *Knobbe-Keuk* VersR 1976, 401 (408); *Grunsky* DAR 1988, 400 (404); Staudinger/*Schiemann* (2005) § 252 Rn. 43.

12 BGHZ 67, 359, 366; zu dieser Problematik im unternehmerischen Verkehr *Kessel/Stomps* BB 2009, 2666; *Schmidt* NJW 2011, 3329.

des § 305 c II BGB verbleibende Zweifel an der Reichweite der in AGB enthaltenen Bestimmungen zulasten des Verwenders.

Selbst wenn man die Klausel auf entsprechende Nebenpflichten beziehen wollte, wäre fraglich, ob diese der Inhaltskontrolle standhält und wirksam ist. Die Regelung in Nr. 9 der Bedingungen schließt nämlich jegliche Haftung gegenüber Unternehmern aus. Insoweit kommt ein Verstoß gegen § 309 Nr. 7 BGB in Betracht. Zu bedenken ist aber, dass die Klauselverbote der §§ 308, 309 BGB gem. § 310 I 1 BGB auf AGB, die gegenüber einem Unternehmer verwendet werden, keine Anwendung finden. Unternehmer ist gem. § 14 I BGB jede natürliche oder juristische Person oder eine rechtsfähige Personengesellschaft, die bei Abschluss eines Rechtsgeschäfts in Ausübung ihrer gewerblichen oder selbstständigen beruflichen Tätigkeit handelt. H betreibt ein Hotel und betrat den Großmarkt, um Waren für die Ausübung dieser gewerblichen Tätigkeit zu erwerben.[13] Er ist folglich Unternehmer iSd § 14 I BGB, sodass er einerseits der Regelung in Nr. 9 Satz 1 der Bedingungen unterfällt, sich die Frage der Wirksamkeit der Klausel aber andererseits nicht nach §§ 308, 309 BGB, sondern nach §§ 307 I, 310 I 2 BGB beurteilt.[14]

Im Rahmen der Inhaltskontrolle nach § 307 I 1 BGB kann den in §§ 308 und 309 BGB geregelten Klauselverboten aber gleichwohl Indizwirkung für eine Unwirksamkeit der Klausel auch im Verkehr zwischen Unternehmern zukommen, wobei jedoch innerhalb der Wertungsspielräume die Besonderheiten des kaufmännischen Verkehrs zu berücksichtigen sind.[15] In Betracht kommt ein Verstoß gegen § 309 Nr. 7 BGB. Nach § 309 Nr. 7a BGB ist eine Klausel unwirksam, die eine Haftung aufgrund fahrlässiger Pflichtverletzung für Schäden aus der Verletzung des Lebens, des Körpers oder der Gesundheit ausschließt oder begrenzt. Die Regelung in Nr. 9 der Lieferungsbedingungen schließt jegliche Haftung gegenüber einem Unternehmer aus und damit auch eine Haftung für Schäden aus der Verletzung der genannten Rechtsgüter. Die Klausel verstößt also gegen § 309 Nr. 7a BGB.

Dem Verstoß gegen das (nicht unmittelbar anwendbare) Klauselverbot kommt daher Indizwirkung zu, die nach einhelliger Ansicht auch bei Verwendung unter Unternehmern stets die Annahme einer unangemessenen Benachteiligung iSd § 307 I, II BGB begründet.[16] Zudem verstößt die Klausel auch gegen § 309 Nr.7b BGB, wonach ein Haftungsausschluss für auf einer grob fahrlässigen Pflichtverletzung beruhende sonstige Schäden unwirksam ist, weshalb auch insoweit ein Indiz für eine unangemessene Benachteiligung vorliegt.[17] Der Ausschluss jeder Haftung der M verstößt deshalb insgesamt gegen das Verbot unangemessener Benachteiligung des Vertrags-

---

13 **Beachte:** § 14 I BGB stellt zwar auf den Abschluss von Rechtsgeschäften ab, womit insbesondere der Vertragsschluss gemeint ist. Der Begriff ist aber nicht technisch zu verstehen, sodass auch die Anbahnung im Vorfeld des Vertrages umfasst ist, vgl. Erman/*Saenger* § 14 Rn. 19 iVm § 13 Rn. 22.

14 **Beachte:** In diesem Bereich ist § 307 BGB die alleinige Grundlage der Inhaltskontrolle, da die Klauselverbote der §§ 308 und 309 BGB gem. § 310 I 1 BGB insoweit unanwendbar sind; zur Beschränkung des AGB-Schutzes s. Palandt/*Grüneberg* § 310 Rn. 4 f.

15 Palandt/*Grüneberg* § 307 Rn. 41.

16 BGH NJW 2007, 3774 (3775); Wolf/Lindacher/Pfeiffer/*Dammann* AGB-Recht §309 Nr. 7 Rn. 135a.

17 Vgl. zur Indizwirkung eines Verstoßes gegen § 309 Nr. 7b BGB im unternehmerischen Verkehr Wolf/Lindacher/Pfeiffer/*Dammann* AGB-Recht §309 Nr. 7 Rn. 136 ff.

partners und ist daher auch zwischen Unternehmern unwirksam.[18] Da der Zweck der §§ 305 ff. BGB, nämlich die andere Vertragspartei vor unverhältnismäßig stark benachteiligenden Klauseln zu schützen, unterlaufen würde, kommt auch eine geltungserhaltende Reduktion einer solchen unzulässigen Klausel nicht in Betracht.[19]

Die Vorschrift der Nr. 9 der Lieferbedingungen begründet daher keinen wirksamen Haftungsausschluss.[20]

b) Die Haftung könnte aber aufgrund der Klausel, dass das Betreten »auf eigene Gefahr« der Kunden geschehe, ausgeschlossen sein. Eine derartige Freizeichnung erstreckt sich im Allgemeinen aber nicht auf die Haftung für Schäden, die aus der Verletzung grundlegender Verpflichtungen herrühren, weil der Freizeichnungsgegner bei Abschluss eines solchen Haftungsausschlussvertrags davon ausgeht, dass der Aussteller solcher Bedingungen zunächst alles getan hat, was für die Sicherheit der anderen Vertragspartei erforderlich ist.[21] Überdies steht hier mit dem Schutz der körperlichen Unversehrtheit der Kunden eine grundlegende Verkehrssicherungspflicht[22] in Rede. Eine diesbezügliche Freizeichnung stellt eine gegen Treu und Glauben verstoßende unangemessene Benachteiligung iSv § 307 I 1 BGB dar und ist selbst im Falle des Hinweises auf eine solche weitreichende Wirkung unzulässig.[23] Auch insoweit greift ein Haftungsausschluss daher nicht.

7. Schließlich könnte dem H nach § 254 BGB ein Mitverschulden anzurechnen sein. Zwar hat H entgegen der ärztlichen Anordnung keine Bettruhe eingehalten und das Hotel eröffnet. Der Sturz auf der Treppe stellt aber ein allgemeines Lebensrisiko dar und ist nicht die spezifische Folge gerade der beruflichen Tätigkeit des H als Hotelier. Daher bestehen für ein Mitverschulden des H iSv § 254 BGB keine Anhaltspunkte.

8. Der Anspruch aus § 280 I BGB auf Ersatz der unfallbedingten Aufwendungen und des Verdienstausfalls besteht damit und ist auch nicht vertraglich ausgeschlossen. Ein Mitverschulden ist nicht zu berücksichtigen.

Darüber hinaus könnte M verpflichtet sein, H Schmerzensgeld zu zahlen. Gemäß § 253 II BGB ist wegen der Verletzung des Körpers auch für einen Nichtvermögens-

---

18 BGH NJW 2007, 3774 (3775) ebenso für einen vollständigen Haftungsausschluss. **Beachte:** Ein so genereller Haftungsausschluss in AGB wäre gegenüber Verbrauchern ohne Weiteres nach § 309 Nr. 7 BGB unwirksam.
19 BGHZ 96, 18 (25).
20 **Beachte:** Auch wenn H kein Unternehmer wäre, so wäre durch die dann geltende salvatorische Klausel »Schadensersatzansprüche sind – vorbehaltlich § 309 Nr. 7 BGB – ausgeschlossen« nicht das durch § 307 I 2 BGB (sog. Transparenzgebot) geforderte Mindestmaß an Verständlichkeit gewährleistet. Die AGB der M sind nämlich aufgrund dieses Hinweises nicht aus sich heraus verständlich. Dem Kunden kann nicht zugemutet werden, die gesetzlichen Bestimmungen mühsam ausfindig zu machen, während es dem Verwender ohne Weiteres möglich wäre, den Kunden über die ihm nach dem Gesetz zustehenden Rechte zu belehren; vgl. hierzu MüKoBGB/*Wurmnest* § 307 Rn. 54 ff.
21 BGH NJW 1982, 1144.
22 **Beachte:** Zur Unzulässigkeit des Ausschlusses der Haftung für die Verletzung von sogenannten Kardinalpflichten vgl. Palandt/*Grüneberg* § 307 Rn. 37, § 309 Rn. 48 ff.; Staudinger/*Coester* (2013) § 307 Rn. 275 f.
23 BGH NJW 1984, 801 (802); 1985, 620; 1986, 2757 (2758).

schaden eine billige Entschädigung in Geld zu zahlen, sofern eine Verpflichtung zum Schadensersatz im Übrigen besteht.[24]

Eine Verletzung des Körpers ist gegeben, der Schadensersatzanspruch besteht im Übrigen. Damit hat H gegen M Anspruch auf eine billige Entschädigung in Geld.

II. Deliktische Ansprüche des H gegen die M

1. Anspruch des H gegen M aus § 823 I BGB

M könnte zum Ersatz der unfallbedingten Aufwendungen, des Verdienstausfalls des H und zur Zahlung von Schmerzensgeld nach § 823 I BGB verpflichtet sein.

a) Eine Verletzung des Körpers und der Gesundheit des H, also eine Rechtsgutsverletzung, ist gegeben.

b) Das der M vorwerfbare Verhalten besteht in der Verletzung der Verkehrssicherungspflicht, welche ihr gegenüber H als einem zum Betreten des Ladengeschäfts Berechtigten oblag.[25]

c) Die Verletzung der Verkehrssicherungspflicht war sowohl für die Prellung als auch den späteren Sturz und die damit einhergehenden Verletzungen adäquat kausal.

d) Die Rechtswidrigkeit des Verhaltens der M ergibt sich aufgrund der Pflichtwidrigkeit.

e) Wie zuvor festgestellt,[26] ist das Verschulden der M zweifelhaft. Indes ist die Beweislastregel des § 280 I 2 BGB im Deliktsrecht grundsätzlich nicht anwendbar.[27]

Der für den deliktischen Anspruch erforderliche Beweis des Verschuldens kann aber durch die Regeln über den Beweis des ersten Anscheins erleichtert werden. Hierbei wird es für den Beweis zunächst als ausreichend angesehen, wenn Umstände feststehen, aus denen das Vorliegen des Verschuldens typischerweise geschlossen werden kann.[28] Beweiserleichterungen kommen dem Geschädigten unter anderem zugute, wenn der Schädiger eine Verkehrspflicht verletzt hat.[29] Es wird vermutet, dass der, der die äußere Sorgfalt verletzt hat, indem er sich nicht sachgemäß verhalten, sondern eine Pflichtverletzung begangen hat, regelmäßig auch innerlich unsorgfältig gehandelt hat. Steht der Normverstoß also fest, so obliegt es dem Schädiger zu beweisen, dass er innerlich sorgfältig gehandelt hat.[30] Nach anderer Ansicht[31] sind die deliktischen Verkehrssicherungspflichten mit den vertraglichen und vertragsähnlichen Schutzpflich-

---

24 **Hinweis:** § 253 II BGB ist keine eigenständige Anspruchsgrundlage, sondern erweitert den Umfang des Schadensersatzanspruchs, vgl. Hk-BGB/*Schulze* § 253 Rn. 13. Wäre ein Mitverschulden des H gegeben, wäre zu beachten, dass dieses nicht zur Bildung einer Haftungsquote führen würde, sondern ein integrales Element zur Bemessung der Anspruchshöhe wäre, vgl. Bamberger/Roth/*Spindler* § 253 Rn. 61.
25 Vgl. oben I. 2.
26 S. oben I. 3.
27 BGHZ 51, 91 (106); das Verschulden hat idR der Anspruchssteller zu beweisen, vgl. Staudinger/*Hager* (2009) § 823 Rn. H 22.
28 Palandt/*Sprau* § 823 Rn. 80.
29 BGH NJW 2001, 2020; Hk-BGB/*Staudinger* § 823 Rn. 87.
30 *Deutsch* HaftungsR I § 18 III, S. 276 ff., insbes. S. 279; § 18 VII, S. 295 ff.; hieran anschließend BGH NJW 1986, 2757 (2758).
31 *v. Bar* Verkehrspflichten § 10 III 2, S. 301 ff.

ten sogar identisch, sodass beide Pflichten gleich zu behandeln sind und dem Pflichtenträger stets die Beweislast für die Schuldlosigkeit obliegt.

Wie zuvor[32] festgestellt, hat M durch die Auswahl des die Sicherheit des Kunden gefährdenden Fußbodenbelages objektiv einen Pflichtverstoß begangen und damit die äußere Sorgfalt verletzt. Daher wird die Verletzung der inneren Sorgfalt und somit das Verschulden des M nach sämtlichen Ansichten vermutet.

f) Aufgrund der Rechtsgutsverletzung der M ist ein Schaden eingetreten.[33]

g) Auch ist Kausalität zwischen Rechtsgutsverletzung und Schaden gegeben.

h) Ein vertraglicher Ausschluss des Anspruchs aus unerlaubter Handlung kommt nicht in Betracht.[34]

2. Rechtsfolge

Der Anspruch auf Ersatz der unfallbedingten Aufwendungen und des Verdienstausfalls besteht daher auch nach § 823 I BGB. Ebenfalls kann H wegen der Verletzung des Körpers eine billige Entschädigung in Geld verlangen, § 253 II BGB.

B. Abwandlung[35]

I. Anspruch des K gegen M auf Ersatz von unfallbedingten Aufwendungen gem. § 280 I BGB iVm Grundsätzen des Vertrags mit Schutzwirkung zugunsten Dritter.

1. Zwischen K und M müsste ein Schuldverhältnis bestehen. K selbst wollte mit M keinen Vertrag schließen. Ein Vertrag sollte zwischen H und M abgeschlossen werden. Ein gesetzliches Schuldverhältnis mit Pflichten gem. § 241 II BGB entstand somit nach § 311 II Nr. 2 BGB durch die Anbahnung des Vertrages zunächst zwischen H und M. Ein unmittelbares Schuldverhältnis bestand zwischen K und M nicht.

2. K könnte aber über die Grundsätze des Vertrags mit Schutzwirkung zugunsten Dritter in das gesetzliche Schuldverhältnis zwischen H und M einbezogen worden sein.

a) Schon vor der Schuldrechtsreform[36] war die Einbeziehung eines Dritten in den Schutzbereich eines vertraglichen oder vorvertraglichen Schuldverhältnisses mit der Folge anerkannt, dass diesem zwar kein Anspruch auf Erfüllung der primären Vertragpflicht, wohl aber auf durch den Vertrag gebotenen Schutz und Fürsorge zusteht. Deshalb vermochte dieser Dritte wegen der Verletzung vertraglicher Nebenpflichten unter bestimmten Bedingungen Schadensersatzansprüche in eigenem Namen nach den Grundsätzen des Vertrags mit Schutzwirkung für Dritte geltend zu machen.[37] Dies muss erst recht gelten, nachdem § 311 II BGB nunmehr ausdrücklich bestimmt, dass mit der Aufnahme von Vertragsverhandlungen, der Anbahnung eines

---

32 S. oben I. 2. b) bb).
33 Vgl. oben I. 4.
34 S. oben I. 6.
35 Auf der Grundlage von BGHZ 66, 51.
36 Durch das »Gesetz zur Modernisierung des Schuldrechts« v. 26.11.2001, BGBl. I 3138, mit Wirkung zum 1.1.2002.
37 Zur Rechtsentwicklung s. MüKoBGB/*Gottwald* § 328 Rn. 161 ff.

Vertrags oder ähnlicher geschäftlicher Kontakte ein gesetzliches Schuldverhältnis entsteht. Fraglich ist allein, auf welcher Rechtsgrundlage dieses Institut beruht.

aa) Die Lehre vom Vertrag mit Schutzwirkung zugunsten Dritter war ursprünglich richterrechtlich entwickelt worden.[38] Gestützt wurde dieses Institut auf § 328 BGB[39] und später auf ergänzende Vertragsauslegung (§ 157 BGB).[40] Der überwiegende Teil der Literatur ordnete es als eine auf den Grundsatz von Treu und Glauben (§ 242 BGB) gestützte richterliche Rechtsfortbildung ein.[41]

bb) Seitdem § 311 III 1 BGB anerkennt, dass ein Schuldverhältnis mit Pflichten nach § 241 II BGB auch zu Personen bestehen kann, die nicht selbst Vertragspartei werden sollen, erblickt ein Teil der Literatur hierin die gesetzliche Grundlage für das Rechtsverhältnis mit Schutzwirkung zugunsten Dritter.[42]

cc) Die dogmatische Grundlage des Instituts muss jedoch nur bestimmt werden, wenn dies Auswirkungen auf die materiellen Voraussetzungen hat. Rechtsprechung und Literatur hatten Kriterien für die Einbeziehung eines Dritten in die Schutzwirkung eines Vertrages entwickelt. In § 311 III 1 BGB sind hingegen keine Kriterien für die Einbeziehung genannt. Diese sind daher in jedem Fall weiter Rechtsprechung und Literatur zu entnehmen.[43] Deren unterschiedliche Ansätze – ergänzende Vertragsauslegung bzw. auf den Grundsatz von Treu und Glauben gestützte richterliche Rechtsfortbildung – sind nur in Grenzfällen bei einzelnen Haftungsvoraussetzungen von Bedeutung.[44] Daher braucht der Streit um die Rechtsgrundlage an dieser Stelle nicht entschieden zu werden.

b) Voraussetzung für die Einbeziehung in das Schuldverhältnis zwischen H und M ist die tatsächliche Leistungsnähe des Dritten, dh dieser muss sich durch Vermittlung oder mit Willen des primären Gläubigers obligationsmäßigerweise im Leistungsbereich aufhalten oder sonst den Gefahren der Leistung ausgesetzt sein.[45] Die Leistungsnähe kann sich auch in dem Umstand zeigen, dass der Dritte mit den Risiken einer unkorrekten Vertragserfüllung in Berührung kommt.[46] Des Weiteren muss der Gläubiger ein berechtigtes Interesse an der Einbeziehung des Dritten in den Schutzbereich des Vertrages haben.[47] Auch muss die Einbeziehung des Dritten in den

---

38 RGZ 81, 214 (215); 87, 64 (65); Palandt/*Grüneberg* § 328 Rn. 14.
39 RGZ 81, 214 (215).
40 BGHZ 133, 168 (170).
41 MüKoBGB/*Gottwald* § 328 Rn. 167; *Larenz* SchuldR AT § 17 II; *Zenner* NJW 2009, 1030.
42 So unmittelbar nach der Reform DHLR/*Lieb* Neues SchuldR § 3 Rn. 36, 45; *Schwab* JuS 2002, 872 (873); anders aber die heute hM, vgl. nur Palandt/*Grüneberg* § 311 Rn. 60.
43 MüKoBGB/*Gottwald* § 328 Rn. 166; DHLR/*Lieb* Neues SchuldR § 3 Rn. 45.
44 Staudinger/*Jagmann* (2009) § 328 Rn. 95; iE stimmen beide Ansichten nämlich weitgehend überein, vgl. Palandt/*Grüneberg* § 328 Rn. 14.
45 MüKoBGB/*Gottwald* § 328 Rn. 178.
46 BGHZ 69, 82; 96, 9 (17); Erman/*H.P. Westermann* § 328 Rn. 13a.
47 **Beachte:** Während früher die Zugehörigkeit des Dritten zum Fürsorgebereich des Vertragsgläubigers nach der sogenannten »Wohl-und-Wehe«-Formel gefordert wurde, erkennt die Rechtsprechung nunmehr das Schutzinteresse des Dritten als ausreichend an. Eine übermäßige Ausdehnung der Haftung wird nach wie vor über die Erfordernisse der Erkennbarkeit und Zumutbarkeit aus Sicht des Vertragsschuldners verhindert; vgl. Erman/*H.P. Westermann* § 328 Rn. 13b.

Schutzbereich des Vertrages für den Schuldner erkennbar und der Dritte schutzbedürftig sein.[48]

Als Arbeitgeber oblag dem H eine Fürsorgepflicht für K. Indem dieser mit H den Großmarkt betrat, begab er sich in die von M kontrollierte Sphäre. Somit ist das Kriterium der Leistungsnähe zu bejahen. Weil es nicht ungewöhnlich ist, dass Gewerbetreibende, welche zur Bevorratung einen Großmarkt aufsuchen, sich der Hilfe weiterer Personen beim Einkauf bedienen, kann auch von einer Erkennbarkeit dessen, dass H den K zu seiner Unterstützung beim Einkauf mitbringen würde, ausgegangen werden. Im Übrigen spricht hierfür auch die Tatsache, dass Großmärkte, welche nicht jedermann Zutritt gestatten und daher Ausweise an ihre Kunden ausgeben, eine Eingangskontrolle durchführen. Daher waren für die M sowohl die Leistungsnähe als auch das Bestehen des Schutzinteresses erkennbar. H durfte also davon ausgehen, dass der ihn begleitende K denselben Schutz genießen würde wie er selbst.

Somit bestand ein gesetzliches Schuldverhältnis mit Schutzwirkung zugunsten des K.

3. Zu den weiteren Voraussetzungen des Anspruchs gelten die Ausführungen zu A. I. entsprechend.

4. Demzufolge besteht der Anspruch des K gegen M auf Ersatz der unfallbedingten Aufwendungen.

II. Ebenso besteht ein Anspruch des K gegen M aus § 823 I BGB. Hierbei ist zu beachten, dass der vertragliche Ausschluss der deliktischen Haftung bezüglich dieses eigenen Anspruchs des K von vornherein nicht in Betracht kommt.

Zur Vertiefung: *Bayer,* Vertraglicher Drittschutz, JuS 1996, 473; *Eckebrecht,* Vertrag mit Schutzwirkung für Dritte – Die Auswirkungen der Schuldrechtsreform, MDR 2002, 425; MüKoBGB/*Gottwald* § 328 Rn. 161 ff.; LG Frankfurt NJW-RR 1986, 966; BGHZ 133, 168 – Nitrierofenfall = JuS 1997, 79 m. Anm. *Emmerich*; *Höhne/Kühne,* Der Vertrag mit Schutzwirkung zugunsten Dritter – Anspruchsgrundlage und Anspruchsumfang, JuS 2012, 1063; *Hübner/Sagan,* Die Abgrenzung von Vertrag mit Schutzwirkung zugunsten Dritter und Drittschadensliquidation, JA 2013, 741; *Petersen,* Die Drittwirkung von Schutzpflichten, Jura 2013, 893; *Reischl,* Grundfälle zum neuen Schuldrecht, JuS 2003, 40, 250, 453, 667, 865, 1076; *Rohe/Winter,* Der praktische Fall – Bürgerliches Recht: Vertrag mit Schutzwirkung für Dritte, JuS 2003, 872; *Schwab,* Grundfälle zu culpa in contrahendo, Sachwalterhaftung und Vertrag mit Schutzwirkung für Dritte nach neuem Schuldrecht, JuS 2002, 773 (Teil 1), 872 (Teil 2); *Zenner,* Der Vertrag mit Schutzwirkung zu Gunsten Dritter – Ein Institut im Lichte seiner Rechtsgrundlage, NJW 2009, 1030; Erman/*H.P. Westermann* § 328 Rn. 11–16.

---

48 **Beachte:** Erkennbarkeit bedeutet insofern, dass das Haftungsrisiko für den Schuldner bei Abschluss des Vertrages übersehbar sein muss, ohne dass ihm Zahl und Namen der geschützten Personen bekannt sein müssen, vgl. MüKoBGB/*Gottwald,* § 328 Rn. 184. Die Schutzbedürftigkeit des Dritten entfällt, wenn sein Interesse bereits durch eigene direkte vertragliche Ansprüche voll abgedeckt ist.

4. Fall: Abgetretene Baumatten

Sachverhalt

Der mit Baumatten handelnde L bezog vom Großhändler G Ware im Wert von 400.000 EUR. Den Lieferungen dieser Baumatten lag die Vereinbarung eines im Warenhandel üblichen verlängerten Eigentumsvorbehaltes zugrunde. G ermächtigte den L zum Weiterverkauf und erteilte ihm zugleich eine Einziehungsermächtigung. Daraufhin veräußerte L die von G bezogenen Baumatten an Drittkunden.

Bereits kurze Zeit später wurde L zahlungsunfähig. Als G nunmehr wegen der noch nicht beglichenen Schuld des L die Kaufpreisforderungen gegen die Drittkunden geltend machen will, erfährt er, dass L, bereits zwei Jahre bevor er die Geschäftsverbindung mit G aufnahm, mit F, welcher ein Factoring-Institut betreibt, eine Vereinbarung getroffen hatte, nach der L alle gegenwärtigen und künftigen Forderungen aus Verkäufen von Baumatten an F abtritt. L sollte F jeweils bei Verkäufen eine Rechnungsdurchschrift senden, aufgrund derer F entschied, ob er dem L vorweg einen Teil des Wertes des Kaufpreises erstattete oder nicht. Die endgültige Abrechnung sollte erst dann erfolgen, wenn es L gelungen war, Forderungen gegen Drittkunden einzuziehen.

G verlangt von F die aus den Verkäufen eingezogenen 400.000 EUR heraus. F wendet ein, er habe dem L bereits einen Vorschuss von 125.000 EUR auf diese Forderung ausbezahlt.

Wie ist die Rechtslage?

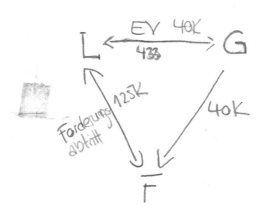

Lösungsvorschlag

G könnte gegen F einen Anspruch auf Herausgabe des eingezogenen Verkaufserlöses iHv 400.000 EUR aus § 816 II BGB haben.

Der Anspruch besteht, wenn Dritte Leistungen an F als Nichtberechtigten bewirkt haben und diese Leistungen dem G als Berechtigten gegenüber wirksam sind.

I. F müsste demzufolge Nichtberechtigter gewesen sein. Dies ist der Fall, wenn er die Kaufpreisforderungen gegen die Drittkunden aufgrund der Baumattenverkäufe nicht wirksam erworben hat. L hatte alle gegenwärtigen und zukünftigen Kundenforderungen an F abgetreten. Die Forderungen könnten damit gem. § 398 S. 1 BGB an F abgetreten worden sein.

1. Bei einer solchen Globalzession stellt sich zum einen die Frage, ob die Abtretung noch nicht entstandener Forderungen generell zulässig ist, und zum anderen, ob diese Abtretung dem für Verfügungen geltenden Bestimmtheitsgrundsatz genügt.[1]

a) L und F hatten eine Vorausabtretung von Forderungen aus Kaufverträgen, die noch nicht geschlossen waren, vereinbart. Die Zulässigkeit einer Globalzession, die sich auf künftige Forderungen erstreckt, wird mit Hinweis auf § 185 II 1 2. Var. BGB gerechtfertigt. Soweit danach die Verfügung eines Nichtberechtigten noch nachträglich Wirksamkeit erlangen könne, sobald dieser zum Berechtigten werde, müsse gleiches auch für die Verfügung des künftigen Erwerbers einer Forderung gelten.[2]

Eine solche Vorausverfügung führt jedoch zu einer Aushöhlung des Schuldnervermögens als Gegenstand der Einzel- und Gesamtvollstreckung.[3] Die herrschende Meinung erkennt dennoch ein wirtschaftliches Bedürfnis hierfür an und versucht, Missbräuchen unter dem Gesichtspunkt der Sittenwidrigkeit nach § 138 BGB zu begegnen.[4] Damit ist festzuhalten, dass die Globalzession nicht bereits deshalb unwirksam ist, weil sie eine Vorausabtretung beinhaltet.

b) Fraglich ist aber, ob die zwischen L und F vereinbarte Globalzession hinsichtlich der künftigen Forderungen hinreichend bestimmt ist. Für die Wirksamkeit der Abtretung eines künftigen Anspruchs ist erforderlich, dass dieser zumindest bestimmbar ist.[5] Ob die konkret in Rede stehende Forderung den Bestimmtheitserfordernissen genügt, ist durch Auslegung der jeweiligen Abtretungsklausel zu ermitteln.[6] Generell ist es zur Wahrung des Bestimmtheitsgebots ausreichend, wenn in der Abtretungserklärung der Entstehungsgrund der künftigen Forderung und der Umfang der Abtretung so festgelegt sind, dass im Zeitpunkt des Entstehens der Forderung auch die Person des Drittschuldners und der Inhalt der Forderung feststehen.[7] L hatte F sämt-

---

1 Zu dem Erfordernis der Bestimmtheit bei der Abtretung künftiger Forderungen vgl. *Baur/Stürner* SachenR § 58 Rn. 19 ff. und Staudinger/*Busche* (2012) § 398 Rn. 63 ff.
2 BGHZ 30, 238 (240); 32, 367 (369).
3 *v. Caemmerer* JZ 1953, 97 (100); zur Problematik auch Erman/*H.P. Westermann* § 398 Rn. 12.
4 BGHZ 53, 60 (63); *Larenz* SchuldR AT § 34 III.
5 BGHZ 30, 238 (240); 32, 367 (369); 70, 89; 88, 206; Bamberger/Roth/*Rohe* § 398 Rn. 32 ff.; Hk-BGB/*Schulze* § 398 Rn. 5; Palandt/*Grüneberg* § 398 Rn. 11 ff.
6 BGHZ 32, 367 (369); BGH NJW 1981, 816 (817).
7 *Baur/Stürner* SachenR § 58 Rn. 19; Bamberger/Roth/*Rohe* § 398 Rn. 33; MüKoBGB/*Roth* § 398 Rn. 67.

liche Kundenforderungen aus dem Verkauf von Baumatten abgetreten. Entstehungsgrund und Umfang der im Voraus abgetretenen Forderungen waren damit im Augenblick seiner Abtretungserklärung so fixiert, dass im Entstehungszeitpunkt der Forderungen auch deren Inhalt und Schuldner zweifelsfrei festgestellt werden konnten. Die Globalzession an F ist damit nicht wegen Verstoßes gegen das Bestimmtheitsgebot unwirksam.

2. Zweifel an der Wirksamkeit der Globalzession ergeben sich aber aufgrund des zwischen L und G vereinbarten Eigentumsvorbehalts. Der verlängerte Eigentumsvorbehalt beinhaltet neben der Einwilligung des Verkäufers zur Weiterveräußerung der unter Eigentumsvorbehalt gelieferten Ware nach § 185 I BGB die Vorausabtretung der aus dem Weiterverkauf entstehenden Forderungen an den Eigentumsvorbehaltsverkäufer.[8] Demzufolge kollidiert die Globalzession der künftigen Kaufpreisforderungen zugunsten F mit deren Vorausabtretung an G.

a) Grundsätze für die Auflösung der Kollision des verlängerten Eigentumsvorbehalts mit einer Globalzession sind von der Rechtsprechung und der Literatur für die Globalzession an den Geldkreditgeber entwickelt worden.

aa) Nach einer Auffassung, dem sogenannten »Näher-Prinzip« bzw. der Surrogationstheorie,[9] kann der Eigentumsvorbehaltsverkäufer die Kaufpreisforderung beanspruchen, weil er in einem näheren Verhältnis zu der Forderung aus dem Weiterverkauf stehe als ein anderer Kreditgeber. Bei der Forderung aus dem Weiterverkauf handele es sich nämlich um das Surrogat für den Verlust der Vorbehaltsware. Ebenso wenig wie der Kreditgeber auf die noch nicht bezahlten und deshalb unter Eigentumsvorbehalt stehenden Warenvorräte zugreifen könne, solle ihm auch keine an deren Stelle abgetretene Forderung zukommen. Bei einer solchen schuldrechtlichen Surrogation soll indes der verlängerte Eigentumsvorbehalt die Globalzession nicht vollständig verdrängen, sondern ihr lediglich im Rang vorgehen. Die von dem Kreditgeber erworbene Forderung sei quasi mit der Vorausabtretung an den Vorbehaltsverkäufer belastet. Bei Zugrundelegung dieses Surrogationsprinzips wäre G als Vorbehaltsverkäufer Forderungsgläubiger und damit Berechtigter.

Diese Ansicht findet im Gesetz jedoch keine Stütze. Das geltende Recht beschränkt die Surrogation auf bestimmte Fallgestaltungen (zB §§ 285, 1247, 1646 I, 2019 I, 2111 I, 2041 BGB). Hierzu gehört der Konflikt zwischen Waren- und Finanzgläubigern nicht. Auch kann die Argumentation nicht überzeugen, dass der Warenlieferant in einem näheren Verhältnis zu den Forderungen aus dem Weiterverkauf der Ware stehe als der Kreditgeber, weil dieser durch Gewährung eines Kredites regelmäßig auch zum Umsatz und zur Weiterverarbeitung der eingekauften Waren beiträgt.[10]

bb) Die Vertreter der sogenannten Teilungstheorie[11] gehen von der Gleichrangigkeit der Globalzession und des verlängerten Eigentumsvorbehalts aus, dh diese sollen nebeneinander wirksam sein. Bei Insolvenz des Schuldners erfolge eine Aufteilung der Forderungssicherheiten zwischen Waren- und Finanzgläubigern. Beide haben

---

8 Hk-BGB/*Schulte-Nölke* § 929 Rn. 40; Palandt/*Weidenkaff* § 449 Rn. 18; Erman/*Grunewald* § 449 Rn. 46 f.

9 *Flume* NJW 1950, 841 (847); *Flume* NJW 1959, 913 (918); *Neubeck* NJW 1959, 581; *Schmid* DB 1977, 65.

10 BGHZ 30, 149 (152).

11 *Erman* BB 1959, 1109 (1112); *Beuthien* BB 1971, 375 (377); *Franke* JuS 1978, 373 ff.

zusammen zur Verarbeitung beigetragen. Ihnen soll daher anteilsmäßig die vorhandene Sicherheit gebühren. Dabei soll die Aufteilung der Forderung entweder nach der Kredithöhe oder aber nach Wertanteilen in der Weise erfolgen, dass ermittelt wird, mit welchem Anteil sich der Geld- bzw. Warenkredit im Produkt und damit in der Forderung aus dem Weiterverkauf niedergeschlagen hat.

Gegen diese Auffassung ist jedoch einzuwenden, dass es mit dem vorhandenen gesetzlichen Instrumentarium undurchführbar ist, mehreren zumindest teilweise gleichgerichteten Forderungsabtretungen nebeneinander Wirksamkeit zu verschaffen. Insbesondere wird eine solche Teilung der Forderung nicht aufgrund einer Parteivereinbarung erfolgen, sondern wäre kraft Gesetzes durchzuführen, was jedoch jeglicher gesetzlicher Grundlage entbehrt. Überwiegend wird daher gegen diese Auffassung geltend gemacht, dass es praktisch nicht möglich ist, den Umfang der Teilforderungen zu bestimmen.[12]

cc) Die herrschende Meinung[13] geht unter Berufung auf die gesetzliche Wertung der §§ 185 II 2, 161 I BGB und das Erfordernis der Rechtssicherheit vom Prioritätsprinzip aus. Danach entfaltet die zeitlich frühere Abtretung grundsätzlich Wirksamkeit. Eine spätere Abtretung scheitert daran, dass der Zedent nach der Erstabtretung nicht mehr Verfügungsberechtigter ist und sich beide Abtretungen gegenseitig ausschließen. Nach dieser Ansicht wäre F aufgrund der zeitlich früheren Globalzession Gläubiger geworden.[14]

Die allein auf der Grundlage des Prioritätsprinzips gefundene Lösung bevorzugt regelmäßig den Geldkreditgeber. Dies beruht darauf, dass die zu seinen Gunsten bestehende Globalzession alle künftigen Forderungen erfasst, die während der unter Umständen mehrjährigen Gesamtlaufzeit des Kreditverhältnisses zu dem Zedenten entstehen. Hingegen wird beim verlängerten Eigentumsvorbehalt die Vorausabtretung regelmäßig mit jeder Lieferung neu vereinbart, sodass sie fast immer zeitlich nach der Globalzession erfolgt.[15]

(1) Die überwiegende Lehre und der BGH schränken daher den Prioritätsgrundsatz nach der Vertragsbruchtheorie[16] ein. Eine Globalzession ist danach gem. § 138 BGB sittenwidrig und nichtig, wenn der Schuldner Waren nur unter verlängertem Eigentumsvorbehalt einkaufen kann und der Gläubiger dies weiß bzw. hiermit rechnen kann. Dies wird damit begründet, dass der Geldkreditgeber den Schuldner durch die Globalzession zum Vertragsbruch, möglicherweise sogar zu einer strafbaren Handlung (Untreue, Unterschlagung) gegenüber dem späteren Warenlieferanten verleite, dem er wegen des Prioritätsprinzips die Forderung aus der Weiterveräußerung nicht wirksam abtreten könne und den er daher insoweit täuschen müsse.

---

12 BGHZ 32, 361 (364); *Serick* BB 1960, 141 (146); *Baur/Stürner* SachenR § 59 Rn. 55.
13 StRspr., vgl. BGHZ 30, 149, 151; 32, 361, 363; 56, 173; Bamberger/Roth/*Rohe* § 398 Rn. 71; Hk-BGB/*Schulze* § 398 Rn. 18; Palandt/*Grüneberg* § 398 Rn. 27 f.; *Baur/Stürner* SachenR § 59 Rn. 53 ff.
14 **Beachte:** Ein gutgläubiger Forderungserwerb ist nicht möglich. Besonderheiten gelten nur bei der Abtretung unter Urkundenvorlegung nach § 405 BGB.
15 *Martinek* ModVertragstypen I 266.
16 BGHZ 30, 149 (153); 72, 308 (310); 100, 353; *Flume* NJW 1950, 841 (847); Bamberger/Roth/*Rohe* § 398 Rn. 7; Palandt/*Grüneberg* § 398 Rn. 27 f.; *Leible* JA 1999, 536 (537); zur Fallbearbeitung auch *Spies/Omlor* JuS 2011, 56.

(2) Nach anderer Ansicht[17] wird hinsichtlich der Sittenwidrigkeit iSd § 138 BGB an den Gesichtspunkt der Schuldnerknebelung angeknüpft. Dies wird damit begründet, dass die Globalzession den Verkauf neu bezogener Ware lahm lege. Der Schuldner könne das ihm aufgrund des verlängerten Eigentumsvorbehalts zustehende Recht zur Verfügung nicht ausüben, weil er dem Lieferanten aufgrund der Globalzession nicht die Forderung aus dem Weiterverkauf verschaffen könne, was aber gerade Bedingung seiner Verfügungsberechtigung sei.[18]

(3) Der Makel der Sittenwidrigkeit kann der Globalzession lediglich durch einen dinglichen Verzicht des Finanzgläubigers für den Fall der Kollision mit einem verlängerten Eigentumsvorbehalt genommen werden. Dies ist dann der Fall, wenn die Forderungsabtretung einschränkend dahingehend ausgelegt werden kann, dass die Vereinbarung der globalen Zession von vornherein keine Forderung erfassen soll, für die ein verlängerter Eigentumsvorbehalt vereinbart wird (sog. dingliche Teilverzichtsklausel).[19] Im Falle einer obligatorischen Teilverzichtsklausel verpflichtet sich der Geldkreditgeber dagegen nur schuldrechtlich zum Rücktritt hinter den Warenlieferanten. Dieser läuft daher Gefahr, zur Durchsetzung der an ihn im Voraus abgetretenen Kaufpreisforderung einen doppelten Prozess gegen den Vorbehaltskäufer und den Geldkreditgeber führen zu müssen. Eine obligatorische Teilverzichtsklausel ist deshalb nicht ausreichend, um den Vorwurf der Sittenwidrigkeit auszuräumen. Für eine dingliche Teilverzichtsklausel in der zwischen L und F vereinbarten Globalzession fehlt jedoch jeglicher Anhaltspunkt.

b) Die Globalzession zugunsten F erfolgte zeitlich vor der Vereinbarung des verlängerten Eigentumsvorbehalts mit G. Nach dem Prioritätsgrundsatz wäre somit F Gläubiger der Forderungen gegen die Drittkunden geworden. Jedoch könnte die Globalzession nach § 138 BGB wegen Sittenwidrigkeit unwirksam sein, wenn die von der Rechtsprechung für die Kollision des verlängerten Eigentumsvorbehalts mit der Globalzession zugunsten eines Geldkreditgebers entwickelten Grundsätze auch im Falle der Factoring-Globalzession[20] Anwendung fänden. Dies ist abhängig davon, ob es sich bei der Factoring-Globalzession um ein echtes oder unechtes Factoring handelt.

aa) Echtes Factoring liegt nach der Rechtsprechung des BGH vor, wenn der Factor die Forderung seiner Anschlusskunden endgültig ankauft, also das Risiko der Zahlungsunfähigkeit der Schuldner seines Anschlusskunden übernimmt (Delkredere). Für den Anschlusskunden ist dies mit dem Vorteil verbunden, dass er den Gegenwert, den der Factor für die angekauften Forderungen zahlt, endgültig und ohne die Möglichkeit der Rückbelastung behalten darf und damit den Vorbehaltskäufer be-

---

17 *Medicus/Petersen* BürgerlR Rn. 527.
18 Vgl. zum Ausschluss der Sittenwidrigkeit einer Globalzession wegen Schuldnerknebelung durch die sog. Freigabeklausel BGHZ 72, 308 (315); BGH NJW 1985, 1837.
19 BGH NJW 1974, 942 (943); BGHZ 72, 308 (310); 98, 303 (314); BGH NJW 1991, 2144 (2147); BGH NJW 1999, 940; Hk-BGB/*Schulze* § 398 Rn. 18; *Leible* JA 1999, 536 (537). Nicht zu verwechseln ist die dingliche Teilverzichtsklausel mit der Freigabeklausel. Nach inzwischen ausdrücklich aufgegebener Rspr. war eine Globalzession gem. § 138 BGB sittenwidrig und nichtig, wenn im Falle einer nachträglichen Übersicherung eine sog. qualifizierte Freigabeklausel fehlte, vgl. BGHZ GrS 137, 212 ff. und dazu die Besprechung von *Saenger* ZBB 1998, 174 ff.; ebenso *Hoffmann* WM 2011, 433, 437 ff.
20 Eingehend zur Factoring-Globalzession *Baur/Stürner* SachenR § 58 Rn. 11 ff.

friedigen kann.[21] Das echte Factoring erfüllt insofern aus der Sicht des Anschluss-kunden eine Versicherungsfunktion.[22] Die herrschende Meinung betrachtet das echte Factoring daher als Forderungskauf.[23]

Erhält der Vorbehaltskäufer beim echten Factoring endgültig den Gegenwert[24] der Forderung, stellt sich dies für den Vorbehaltsverkäufer genauso dar, als ob der Vor-behaltskäufer die an ihn im Rahmen des verlängerten Eigentumsvorbehalts abgetre-tene Forderung erlaubterweise dadurch zum Untergang gebracht hätte, dass er den Wert der Kaufpreisforderung vom Drittkunden in bar entgegengenommen hätte.[25] Das Risiko der Weiterleitung der erhaltenen Kaufpreissumme durch den Vorbehalts-käufer an den Vorbehaltsverkäufer ist in beiden Fällen identisch. Daher kann dem Vorbehaltskäufer beim echten Factoring kein Vertragsbruch gegenüber dem Vorbe-haltsverkäufer angelastet werden.[26] Es bleibt deshalb bei der Geltung des Prioritäts-prinzips, mit der Folge, dass die der Vorausabtretung im Rahmen eines verlängerten Eigentumsvorbehalts zeitlich vorangehende Factoring-Globalzession wirksam ist.[27]

bb) Beim unechten Factoring liegt das Risiko der Insolvenz des Drittschuldners da-gegen beim Anschlusskunden. Gelingt es dem Factor nicht, die abgetretene Forde-rung einzuziehen, so muss er dem Anschlusskunden den Forderungswert nicht er-statten und kann darüber hinaus einen etwa gezahlten Vorschuss von diesem wieder zurückverlangen.[28] Wegen der dem Zedenten drohenden Rückbelastung und der dar-auf beruhenden Einordnung des unechten Factorings als Kreditgeschäft wenden die Rechtsprechung und ein Großteil der Lehre beim unechten Factoring die Grundsätze der Vertragsbruchtheorie an. Eine zeitlich vorrangige Factoring-Globalzession ist danach gem. § 138 BGB sittenwidrig und nichtig, weil der Vorbehaltskäufer keinen endgültigen Gegenwert für die im Wege der Globalzession abgetretenen Forderungen erhält und damit letztlich gegenüber dem Vorbehaltslieferanten vertragsbrüchig wer-den muss, dem er die Forderung aus der Weiterveräußerung nicht abtreten kann.[29]

Aufgrund der Ausgestaltung des zwischen L und F abgeschlossenen Factoring-Vertrages, der lediglich einen Vorschuss und eine Abrechnung erst zu einem späteren Zeitpunkt vorsieht, ist ein Fall des unechten Factoring anzunehmen. Nach der Recht-sprechung und der überwiegenden Meinung verleitet die Globalzession den Zedenten im Rahmen einer solchen Vereinbarung zum Vertragsbruch, sodass die Globalzession an F wegen Verstoßes gegen § 138 BGB unwirksam ist.[30] Danach wäre F Nichtbe-rechtigter.

---

21 BGHZ 100, 353 (358 f.); BGH NJW 1978, 1878 (1879 mwN); *Baur/Stürner* SachenR § 58 Rn. 11.
22 *Brink* ZIP 1987, 818; Staudinger/*Busche* (2012) Einl zu §§ 398 ff. Rn. 136, 146 ff.
23 BGHZ 69, 254 (257); 100, 353 (358); Hk-BGB/*Schulze* § 398 Rn. 26; *Leible* JA 1999, 536 (537).
24 **Beachte:** Der Vorbehaltskäufer erhält den Gegenwert seiner Forderung gegen den Zweitkäufer abzüglich des vereinbarten Entgelts des Factors. Dieser Gegenwert übersteigt idR die Forderung des Vorbehaltsverkäufers gegen den Vorbehaltskäufer, da dieser die Ware zu einem höheren Preis als dem Einkaufspreis verkauft, vgl. *Reinicke/Tiedtke* Kreditsicherung Rn. 769; *Martinek* Mod-Vertragstypen I 271.
25 Staudinger/*Busche* (2012) Einl zu §§ 398 ff. Rn. 172.
26 BGHZ 69, 254 (258); 72, 15 (19); BGH WM 1987, 775; *Serick* EBV IV § 52 IV 3c.
27 *Baur/Stürner* SachenR § 59 Rn. 58.
28 Zur Abgrenzung echtes/unechtes Factoring vgl. *Kapp* BB 1987, 1762 ff.; *Brink* ZIP 1987, 817 ff.
29 BGHZ 82, 56; *Serick* NJW 1981, 794.
30 **Beachte:** Wegen dieser Rspr. des BGH zum unechten Factoring wird diese Variante des Factoring in der Praxis kaum vereinbart, vgl. *Reinicke/Tiedtke* Kreditsicherung Rn. 780.

cc) Im Schrifttum[31] findet hingegen eine Ansicht breite Zustimmung, welche die Kollision ebenso wie beim echten Factoring löst. Auch beim unechten Factoring erhalte der Vorbehaltskäufer zunächst einen Barvorschuss etwa in Höhe seiner Kundenforderung, sodass der Vorbehaltsverkäufer im Vergleich zum echten Factoring nicht benachteiligt werde (sog. Barvorschusstheorie).[32] Das Risiko, dass dieser Betrag nicht an ihn weiterfließt, trägt der Vorbehaltsverkäufer bei beiden Factoring-Arten in gleichem Maße.[33] Ebenso wie im Falle des echten Factorings ist die Kollision mit der Vorausabtretung im Rahmen eines verlängerten Eigentumsvorbehalts danach allein nach dem Grundsatz der Priorität aufzulösen. Die zeitlich vorrangige Factoring-Globalzession an F wäre danach wirksam, sodass dieser die Kundenforderungen des L als Berechtigter eingezogen hätte.

dd) Fraglich ist damit, ob die Interessenlage beim echten und beim unechten Factoring tatsächlich soweit vergleichbar ist, dass sich eine Ungleichbehandlung der beiden Factoring-Arten im Falle der Kollision mit dem zeitlich nachfolgenden verlängerten Eigentumsvorbehalt verbietet.

Dass sich die Interessenlage aus der Sicht des Vorbehaltsverkäufers bei beiden Factoring-Arten grundlegend unterscheidet, wird vor allem in der Doppelinsolvenz des Vorbehaltskäufers und des Drittschuldners deutlich. Zum Kreis der Gläubiger des insolvent gewordenen Vorbehaltskäufers tritt in diesem Fall der Factor hinzu, dessen Rückforderung des gezahlten Barvorschusses die Insolvenzquote des Warenlieferanten schmälert.[34] Anders als beim echten Factoring[35] steht beim unechten Factoring der Vergrößerung des Vermögens des Vorbehaltskäufers durch den Barvorschuss eine neue Forderung, die Rückzahlungsforderung des Factors, gegenüber, wenn auch der Drittschuldner zahlungsunfähig wird. Dass der Vorbehaltslieferant mit dem unechten Factor als zusätzlichem Gläubiger und Konkurrenten in der Insolvenz des Vorbehaltskäufers einverstanden ist, kann nicht angenommen werden. Eine solche Doppelinsolvenz von Vorbehaltskäufer und Drittschuldner stellt dabei keinen zu vernachlässigenden seltenen Extremfall dar,[36] sondern kann für den Vorbehaltslieferanten Grund genug sein, sich hiergegen durch den verlängerten Eigentumsvorbehalt absichern zu wollen, zumal der Factor angesichts der Globalzession als Hauptinsolvenzgläubiger auftreten und die Insolvenzmasse weitgehend abschöpfen kann.[37] Diese insolvenzrechtlichen Überlegungen zeigen, dass sich die Interessenlage beim echten und unechten Factoring unterscheidet.[38]

Anders als im Falle des echten Factoring kann die Kollision der unechten Factoring-Globalzession mit der Vorausabtretung aus einem verlängerten Eigentumsvorbehalt

---

31 Staudinger/*Busche* (2012) Einl zu §§ 398 ff. Rn. 173 ff.; *Baur/Stürner* SachenR § 59 Rn. 59 f.; *Reinicke/Tiedtke* Kreditsicherung Rn. 775 ff.; *Blaurock* ZHR 142, 325, 339; vgl. auch *Bette/Marvede* BB 1979, 121 ff. zur Theorie der deckungsgleichen Verfügung.

32 *Reinicke/Tiedtke* Kreditsicherung Rn. 776; *Canaris* NJW 1981, 249 (250).

33 Staudinger/*Busche* (2012) Einl zu §§ 398 ff. Rn. 176.

34 Eingehend dazu *Martinek* ModVertragstypen I 287 f.; *Serick* NJW 1981, 794 (797 f.).

35 In diesem Fall übernimmt der Factor das Insolvenzrisiko, vgl. Hk-BGB/*Schulze* § 398 Rn. 26.

36 In diesem Sinne *Canaris* NJW 1981, 1347 (1349); *Canaris* NJW 1981, 249 (251).

37 BGHZ 82, 50 (62); *Martinek* ModVertragstypen I 291; *Schmidt* DB 1977, 65 (66).

38 **Beachte:** Unechtes Factoring steht echtem Factoring nur gleich, wenn die rückbelasteten oder nicht bevorschussten Forderungen durch Vereinbarung einer auflösenden Bedingung ipso iure an den Factoringkunden und damit gem. § 185 II 1 2. Var. BGB an den Vorbehaltsverkäufer zurückfallen, vgl. Bamberger/Roth/*Rohe* vor § 398 Rn. 10; Palandt/*Grüneberg* § 398 Rn. 40.

deshalb nicht allein nach dem Grundsatz der Priorität, sondern nur unter Berücksichtigung des Korrektivs der Vertragsbruchtheorie gelöst werden.[39] Die unechte Factoring-Globalzession der Kundenforderungen des L an F ist danach mangels einer dinglichen Teilverzichtsklausel zugunsten späterer Vorbehaltslieferanten gem. § 138 BGB sittenwidrig und nichtig. Die Forderungen sind daher nicht gem. § 398 S. 1 BGB an F abgetreten worden. F ist nicht gem. § 398 S. 2 BGB Inhaber der Forderungen geworden.

II. Weiterhin müsste der nichtberechtigte F den Verkaufserlös iHv 400.000 EUR durch Leistung, dh eine bewusste und zweckgerichtete Mehrung seines Vermögens erlangt haben. F hat die an ihn abgetretenen Kaufpreisforderungen gegen die Drittkunden des L eingezogen. Ein Factoring-Institut, an das der Vorbehaltskäufer seine Kaufpreisansprüche gegen seine Kunden abgetreten hat, fungiert nicht als dessen bloße Zahlstelle, was eine Leistung der Kunden im Verhältnis zu dem Factor ausschließen würde.[40] In der Zahlung der Drittkunden an F liegt damit eine bewusste und zweckgerichtete Mehrung seines Vermögens und damit eine Leistung an ihn.

III. Die Leistungen der Drittkunden müssten schließlich gegenüber dem berechtigten G wirksam sein. Nach § 407 I BGB muss der neue Gläubiger eine Leistung, die der Schuldner nach der Abtretung an den bisherigen Gläubiger bewirkt, gegen sich gelten lassen, soweit dem Schuldner die Abtretung bei der Leistung nicht bekannt war. Die Drittkunden leisteten zur Erfüllung ihrer Verbindlichkeiten gegenüber L, ohne zu wissen, dass die Forderungen nicht dem F, sondern dem G wirksam abgetreten worden waren. Demzufolge muss G die Leistungen der Drittkunden entsprechend § 407 I BGB gegen sich gelten lassen.[41]

IV. G kann daher von F die Herausgabe des eingezogenen Verkaufserlöses iHv 400.000 EUR aus § 816 II BGB verlangen.

V. Fraglich ist schließlich, ob F den an L gezahlten Barvorschuss iHv 125.000 EUR als Wegfall der Bereicherung nach § 818 III BGB in Abzug bringen kann.

Abzugsfähig nach § 818 III BGB sind grundsätzlich alle Vermögensnachteile, die der Empfänger im Vertrauen auf die Unwiderruflichkeit des vermeintlichen Vermögenszuwachses erlitten hat.[42] F hat an L im Vertrauen auf die Wirksamkeit der Globalzession den Barvorschuss iHv 125.000 EUR ausgezahlt, der danach bereicherungsmindernd geltend gemacht werden könnte. Im Bereich des § 816 I 1 BGB sind jedoch diejenigen Aufwendungen, die der Bereicherungsschuldner für den Erwerb von einer anderen Person als dem Gläubiger tätigen musste, nach allgemeiner Meinung nicht abzugsfähig.[43] Der Bereicherte, der die Aufwendungen aufgrund eines mit dem Drit-

---

39 Bamberger/Roth/*Rohe* vor § 398 Rn. 10.
40 Palandt/*Sprau* § 816 Rn. 19; Erman/*Buck-Heeb* § 816 Rn. 16. Zum Problem der Leistung an eine Bank als Zahlstelle vgl. BGHZ 72, 316 (320).
41 **Klausurtipp:** Weil F wegen der Nichtigkeit der Globalzession niemals selbst Inhaber der Forderungen und damit Gläubiger war, kommt eine direkte Anwendung des § 407 I BGB nicht in Betracht. Soweit eine entsprechende Anwendung dieser Vorschrift verneint wird, ist das Herausgabeverlangen des G gegenüber F als eine Genehmigung iSd § 185 BGB anzusehen, welche zur Wirksamkeit der Leistung gegenüber dem G führt.
42 MüKoBGB/*Schwab* § 818 Rn. 124; Palandt/*Sprau* § 818 Rn. 29.
43 Palandt/*Sprau* § 818 Rn. 34; Erman/*Buck-Heeb* § 818 Rn. 40.

ten abgeschlossenen Vertrages erbracht hat, soll diese von seinem Vertragspartner, den er sich selbst ausgesucht hat, zurückfordern.[44]

Diese Wertung ist auch auf den Anspruch aus § 816 II BGB zu übertragen. Der Factor kann danach dem Anspruch des Vorbehaltsverkäufers auf Herausgabe des vom Kunden des Vorbehaltskäufers gezahlten Kaufpreises nicht den Wegfall der Bereicherung entgegenhalten, der ihm daraus entstanden ist, dass er dem Vorbehaltskäufer aufgrund des Factoringvertrages zuvor den Barvorschuss ausgezahlt hat.[45] Anderenfalls würde die Übertragung der Vertragsbruchtheorie auf den Fall des unechten Factorings, aus der sich der Anspruch des Vorbehaltsverkäufers gegen den Factor aus § 816 II BGB ergibt, im praktischen Ergebnis wieder rückgängig gemacht, wenn der Factor dem Vorbehaltsverkäufer den an den Vorbehaltskäufer ausgezahlten Barvorschuss stets bereicherungsmindernd entgegenhalten könnte.[46]

F kann sich somit im Hinblick auf den an L ausgezahlten Barvorschuss von 125.000 EUR nicht auf den Wegfall der Bereicherung nach § 818 III BGB berufen.

VI. Ergebnis

G hat gegen F einen Anspruch auf Herausgabe des eingezogenen Verkaufserlöses iHv 400.000 EUR aus § 816 II BGB.

Zur Vertiefung: *Ahcin/Armbrüster,* Grundfälle zum Zessionsrecht, JuS 2000, 450, 549, 658, 768, 865, 965; *Bülow,* Der praktische Fall – Bürgerliches Recht: Ärger mit den Lieferanten, JuS 1994, 766; *Haertlein,* Kollision zwischen Factoring und Globalzession, JA 2001, 808; *Leible,* Sittenwidrigkeit einer Globalzession, JA 1999, 536; *Roth/Fitz,* Stille Zession, Inkassozession, Einziehungsermächtigung, JuS 1985, 188; BGH DZWIR 2001, 506 mAnm. *Berrar; S. Lorenz,* Grundwissen – Zivilrecht: Abtretung, JuS 2009, 891.

---

44 MüKoBGB/*Schwab* § 818 Rn. 136 f.; Palandt/*Sprau* § 818 Rn. 34.
45 So Palandt/*Sprau* § 818 Rn. 34 für den zeitlich vorangehenden Eigentumsvorbehalt; *Canaris* NJW 1981, 249 (259); *Messer* NJW 1976, 925, 927. AA für den Fall, in dem der berechtigte Erstzessionar einen Bereicherungsanspruch aus § 816 II BGB gegen den nach dem Grundsatz der Priorität unberechtigten Zweitzessionar geltend macht, wohl BGHZ 26, 185 (195).
46 Vgl. *Canaris* NJW 1981, 249 (259).

5. Fall: Begehrtes Moped

Sachverhalt

Volker befindet sich in erheblichen Zahlungsschwierigkeiten. Weil er dringend Geld benötigt, bietet er dem 17jährigen Lehrling Ludwig am 1.11. sein gut erhaltenes und mindestens 1.000 EUR wertes Moped für 500 EUR zum Kauf an. Ludwig ist einverstanden und zahlt Volker sogleich 300 EUR, welche er mit Wissen seiner Eltern von seinem Lehrgeld angespart hatte. Der Restbetrag soll in zwei Monatsraten von je 100 EUR gezahlt werden. Diese Beträge will Ludwig von dem ihm zur freien Verfügung überlassenen monatlichen Lehrgeld in Höhe von 200 EUR zahlen. Da Volker das Moped im Moment noch benötigt, soll es Ludwig erst am 15.11. bei ihm abholen.

Nachträglich kommen Volker, dem die Minderjährigkeit des Ludwig bekannt ist, Bedenken an der Wirksamkeit des Vertrages. Deshalb verwahrt er die von Ludwig übergebenen 300 EUR zunächst getrennt von seinem übrigen Geld. Außerdem bittet er nunmehr telefonisch auch Ludwigs Eltern um deren Einverständnis zum Kauf. Dieses wird jedoch verweigert.

Am folgenden Tag erzählt Ludwig seinem 20jährigen Freund Franz, er habe am Vortag mit Einverständnis seiner Eltern das Moped des Volker für 500 EUR gekauft und könne es in der übernächsten Woche abholen. Da Franz schon lange das Moped von Volker kaufen wollte, bietet er Ludwig 600 EUR, wenn er ihm seine Forderung gegen Volker verkaufe. Ludwig willigt ein und auch seine Eltern erklären Franz gegenüber ihr Einverständnis. Daraufhin übergibt Franz dem Ludwig 600 EUR.

Am 15.11. erscheint Franz bei Volker, um das Moped abzuholen. Dieser verweigert jedoch die Herausgabe mit der Begründung, der Kaufpreis sei noch nicht bezahlt.

Welche Ansprüche bestehen unter den Beteiligten?

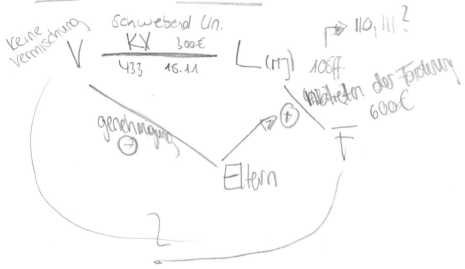

Lösungsvorschlag

A. Ansprüche des Franz (F) gegen Volker (V)

I. Anspruch auf Übergabe und Übereignung des Mopeds gem. § 433 I 1 BGB

F könnte einen Anspruch gegen V auf Übereignung des Mopeds gem. § 433 I 1 BGB haben. Ein Kaufvertrag ist jedoch zwischen F und V nicht geschlossen worden. Daher besteht kein eigener Anspruch des F gegen V aus § 433 I 1 BGB.

II. Anspruch auf Übereignung des Mopeds gem. §§ 433 I 1, 398 BGB

Ein Anspruch auf Übereignung des Mopeds könnte F jedoch nach §§ 433 I 1, 398 BGB aus fremdem, von Ludwig (L) erworbenem Recht zustehen.

Dazu müsste L einen ihm gegen V zustehenden Anspruch auf Übereignung des Mopeds nach § 398 S. 1 BGB an F abgetreten haben. Eine wirksame Abtretung setzt zunächst voraus, dass der abgetretene Anspruch besteht.

1. L hat gegen V einen Anspruch auf Übereignung des Mopeds aus § 433 I 1 BGB, wenn sich dieser hierzu in einem wirksamen Kaufvertrag verpflichtet hat.

a) Ein Kaufvertrag kommt durch zwei übereinstimmende, aufeinander bezogene Willenserklärungen, Angebot und Annahme (§§ 145 ff. BGB), zustande.[1] V hat L am 1. November sein Moped zum Kauf angeboten und dieser war mit dem Kauf einverstanden. V und L haben damit einen Kaufvertrag abgeschlossen.

b) Zweifel an der Wirksamkeit dieses Kaufvertrages ergeben sich indes aufgrund der Minderjährigkeit und damit beschränkten Geschäftsfähigkeit des 17jährigen L nach §§ 2, 106 BGB. Der Vertrag könnte gem. § 108 I BGB zunächst schwebend unwirksam gewesen sein; durch die telefonische Verweigerung des Einverständnisses könnten die Eltern sodann die endgültige Unwirksamkeit des Kaufvertrages herbeigeführt haben. Voraussetzung hierfür ist aber, dass L den Vertrag ohne die erforderliche Einwilligung der Eltern geschlossen hat.

aa) Fraglich ist, ob L der Einwilligung seines gesetzlichen Vertreters bedurfte. Als beschränkt Geschäftsfähiger bedarf L nach § 107 BGB zu einer Willenserklärung, durch die er nicht lediglich einen rechtlichen Vorteil erlangt, der Einwilligung seines gesetzlichen Vertreters, also gem. §§ 1626 I, 1629 I BGB der Einwilligung seiner Eltern. Nach § 107 BGB war die Einwilligung entbehrlich, wenn die Willenserklärung für L lediglich rechtlich vorteilhaft war.

Indem V sich verpflichtete, L das mindestens 1.000 EUR werte Moped für 500 EUR zu überlassen, ging er zwar ein aus wirtschaftlicher Sicht für ihn günstiges Geschäft ein. Ob ein Rechtsgeschäft lediglich einen rechtlichen Vorteil begründet, ist jedoch allein nach rechtlichen Gesichtspunkten zu beurteilen.[2] Selbst ein wirtschaftlich noch so günstiges Geschäft kann der Minderjährige nicht selbst vornehmen, wenn er durch

---

1 BGHZ 149, 129 (133); Hk-BGB/*Dörner* vor § 145 Rn. 1.
2 *Brox/Walker* BGB AT Rn. 272.

gegenseitiger (V) ≠ *nie ledigl. rechtl. Vorteil-haft*

die Erklärung zwar einerseits seine Rechtsstellung verbessert, dies aber andererseits einen völligen oder teilweisen Verlust eines Rechts oder die Entstehung einer Verpflichtung bewirkt.[3] Ein gegenseitiger Vertrag wie der Kaufvertrag begründet für beide Parteien stets Rechte und Pflichten und ist daher für den beschränkt Geschäftsfähigen nie lediglich rechtlich vorteilhaft.[4] Da L sich mit Abschluss des Kaufvertrages verpflichtete, den Kaufpreis zu zahlen, war die Einwilligung der Eltern daher nicht nach § 107 BGB entbehrlich. L bedurfte also der Einwilligung seiner Eltern. *Einwilligung daher grds. nötig*

Zustimmung (-)
konkludent
110?

bb) Eine ausdrückliche Einwilligung, dh vorherige Zustimmung iSv § 183 BGB zu dem Kauf, hatten die Eltern des L nicht erteilt. Es könnte jedoch eine konkludente Einwilligung[5] nach § 110 BGB durch Überlassung von Geldmitteln vorliegen. Gemäß § 110 BGB ist ein von dem Minderjährigen geschlossener Vertrag von Anfang an wirksam, wenn dieser die Zahlung mit ihm zur freien Verfügung stehenden Mitteln bewirkt. L wollte den Kaufpreis für das Moped aus seinem ihm zur freien Verfügung stehenden monatlichen Lehrgeld aufbringen und hatte bereits einen hieraus angesparten Betrag von 300 EUR an V gezahlt. Er hatte also nur eine Anzahlung geleistet. Hinsichtlich des Restbetrages war Ratenzahlung vereinbart. Voraussetzung für die Wirksamkeit eines Vertrages, den ein Minderjähriger ohne ausdrückliche Einwilligung seines gesetzlichen Vertreters schließt, ist aber nach § 110 BGB gerade, dass der Minderjährige die vertragsmäßige Leistung »bewirkt«, also bereits vollständig erbracht hat. Die nach § 110 BGB vermutete pauschalierte Zustimmung der gesetzlichen Vertreter ist stets durch die Summe des dem Minderjährigen bereits überlassenen Geldes begrenzt. Sinn und Zweck des § 110 BGB besteht gerade darin, Verpflichtungsgeschäfte des Minderjährigen über seine wirtschaftlichen Möglichkeiten hinaus zu verhindern.[6] Somit liegt mangels vollständigen Bewirkens der Leistung durch L auch eine konkludente Einwilligung der Eltern nach § 110 BGB nicht vor.

(P) Anzahlung u. Ratenzahlung
(L) § 110 "bewirkt"
Zweck d. § 110: Verpfl.gesch. des MJ über wirtsch. Mögl. hindus zu verhindern
110 (-)
113?

cc) L hatte einen Teil des Kaufpreises mit angespartem Lehrgeld bezahlt und wollte den Restbetrag ebenfalls aus diesen Mitteln aufbringen. Daher könnte die Einwilligung der Eltern aufgrund ihres generellen Einverständnisses mit der Berufstätigkeit des L nach § 113 I BGB entbehrlich sein. Dies setzt zunächst voraus, dass L zur Eingehung eines Dienst- oder Arbeitsverhältnisses ermächtigt worden war. L hat mit Einwilligung seiner Eltern aber lediglich eine Lehre angetreten. Bei einem solchen Berufsausbildungsverhältnis steht aber nicht die Leistung von Dienst oder Arbeit im Vordergrund. Es soll vielmehr gem. § 1 II BBiG die für eine bestimmte Tätigkeit notwendigen fachlichen Fertigkeiten und Kenntnisse vermitteln. Dabei stehen die Ausbildungs- und Lernzwecke im Vordergrund. Die Vorschrift des § 113 BGB, die sich allein auf die reinen Dienst- oder Arbeitsverhältnisse bezieht, ist deshalb auf ein Berufsausbildungsverhältnis nicht anwendbar.[7] Darüber hinaus entfällt das Erfordernis der Einwilligung aber auch nur für solche Geschäfte, die unmittelbar mit dem

→ § 113 BGB auf Berufs-ausbildungs-verhältnis nicht an-wendbar

---

3 Erman/*Müller* § 107 Rn. 3; Jauernig/*Mansel* § 107 Rn. 2.

4 *Brox/Walker* BGB AT Rn. 273.

5 Zur Einordnung des § 110 BGB als Spezialfall der konkludenten Einwilligung durch die ganz hM vgl. nur Hk-BGB/*Dörner* § 110 Rn. 1; Palandt/*Ellenberger* § 110 Rn. 1; kritisch hierzu *Leenen* FamRZ 2000, 863 (865 ff.).

6 MüKoBGB/*Schmitt* § 110 Rn. 1, 5.

7 Vgl. nur Staudinger/*Knothe* (2011) § 113 Rn. 7; Bamberger/Roth/*Wendtland* § 113 Rn. 9.

Arbeits- oder Dienstvertrag in Zusammenhang stehen.[8] Die Anschaffung des Mopeds bezog sich jedoch, selbst wenn das Fahrzeug dazu dienen sollte, die Arbeitsstelle zu erreichen, allenfalls mittelbar auf das Arbeitsverhältnis. Der Kauf des Mopeds war daher nicht von § 113 I BGB gedeckt und die Einwilligung der Eltern des L damit nicht nach dieser Vorschrift entbehrlich.

dd) Der Kaufvertrag war damit mangels erforderlicher Einwilligung der Eltern des L nach § 108 I BGB zunächst schwebend unwirksam. L bedurfte zum Kauf des Mopeds deshalb noch der Genehmigung, dh der nachträglichen Zustimmung (§ 184 I BGB) seiner Eltern. Eine solche ist hier aber nicht erteilt worden. Vielmehr haben die Eltern auf die telefonische Aufforderung des V gem. § 108 II 1 1. Hs. BGB, den Kauf zu genehmigen, ausdrücklich die Genehmigung verweigert. Die Versagung der Genehmigung beendet entsprechend § 184 I BGB den Schwebezustand. Das Geschäft wird hierdurch endgültig unwirksam.[9] Daher konnte der Kaufvertrag auch durch eine spätere Genehmigung, die in dem späteren Einverständnis der Eltern mit der Abtretung an F gesehen werden könnte, nicht mehr wirksam werden.

c) Es ist somit kein wirksamer Kaufvertrag zwischen V und L geschlossen worden, aufgrund dessen dem L ein abtretbarer Anspruch nach § 433 I 1 BGB auf Übereignung des Mopeds zustand.

2. Allenfalls könnte in Erwägung gezogen werden, ob F eine Forderung gegen V gutgläubig erworben hat. Der gutgläubige Erwerb einer Forderung von einem Nichtberechtigten ist aber, abgesehen von der Ausnahme des § 405 BGB bei Abtretung unter Urkundenvorlegung, rechtlich nicht anerkannt.[10] Bei einem Forderungserwerb fehlt es an einem äußeren Kennzeichen der vermeintlichen Berechtigung, wie beispielsweise dem Rechtsschein des Besitzes nach § 1006 I 1 BGB bei beweglichen Sachen oder der Grundbucheintragung bei Grundstücksrechten.

3. L hat also keinen Anspruch gegen V erlangt, sodass er auch keinen derartigen Anspruch an F abgetreten haben kann. Demzufolge kann F von V auch nicht die Übereignung des Mopeds nach §§ 433 I 1, 398 BGB verlangen.

III. Anspruch auf Herausgabe des Mopeds nach §§ 985, 986 BGB

Schließlich kommt ein Anspruch des F gegen V auf Herausgabe des Mopeds nach §§ 985, 986 BGB in Betracht.

Der Anspruch besteht, wenn F Eigentümer des Mopeds ist. Das Eigentum könnte F allenfalls durch Einigung und Übergabe nach § 929 S. 1 BGB von L erworben haben. F hat L allerdings nur angeboten, ihm die vermeintliche *Forderung* gegen V auf Übereignung des Mopeds abzukaufen. Eine *dingliche* Einigung über den Eigentumsübergang am Moped nach § 929 S. 1 BGB ist demnach zwischen F und L nicht erfolgt. Damit fehlt es an einem Eigentumserwerb des F, dem ein Herausgabeanspruch nach §§ 985, 986 BGB folglich nicht zusteht.

---

8 Erman/*Müller* § 113 Rn. 7.
9 BGHZ 13, 179 (187); Jauernig/*Mansel* § 182 Rn. 2.
10 Bamberger/Roth/*Rohe* § 405 Rn. 1; Soergel/*Schreiber* § 405 Rn. 1.

B. Ansprüche des F gegen L

I. Schadensersatzanspruch nach § 311a II 1 1. Alt. BGB[11]

F könnte gegen L einen Anspruch auf Schadensersatz gem. § 311a II 1 1. Alt. BGB haben. Voraussetzung dafür ist nach § 311a I BGB das Bestehen eines Vertrages und die anfängliche Unmöglichkeit der Leistungsverpflichtung. Darüber hinaus darf der Schadensersatzanspruch nicht nach § 311a II 2 BGB ausgeschlossen sein.

1. Zwischen F und L müsste ein Vertrag bestehen.[12] Insoweit kommt die Vereinbarung eines Forderungskaufs gem. §§ 453 I, 433 I BGB in Betracht. F und L haben sich darüber geeinigt, dass ein dem L gegen V zustehender Anspruch aus einem Kaufvertrag an F abgetreten werden sollte. Zweifel an der Wirksamkeit dieses Forderungskaufs ergeben sich wiederum aufgrund der beschränkten Geschäftsfähigkeit des L. Zu einem Rechtsgeschäft, das für ihn nicht lediglich rechtlich vorteilhaft ist, bedurfte L nach § 107 BGB der Einwilligung seines gesetzlichen Vertreters. Aus dem Kaufvertrag über die Forderung ergab sich für L die rechtliche Verpflichtung, seinen Übereignungsanspruch gegen V an F abzutreten, sodass dieses Rechtsgeschäft für ihn mit einem rechtlichen Nachteil verbunden war.[13] Die Einwilligung seiner gesetzlichen Vertreter war daher nach § 107 BGB nicht entbehrlich. Zwar hatten die Eltern des L keine Einwilligung erteilt, jedoch haben sie den zunächst gem. § 108 I BGB schwebend unwirksamen Forderungskauf nachträglich genehmigt. Damit ist die Vereinbarung über die Forderungsabtretung wirksam geworden, sodass ein Vertrag zwischen L und F zustande gekommen ist.

2. Der Schuldner muss nach § 275 I–III BGB von der Verpflichtung zur Leistung befreit sein und das Leistungshindernis muss bereits bei Vertragsschluss vorgelegen haben.[14] Der Anspruch auf Leistung könnte gem. § 275 I BGB ausgeschlossen sein. Dies setzt voraus, dass es L unmöglich ist, diese zu erbringen.[15] L und V hatten keinen wirksamen Kaufvertrag geschlossen.[16] Bereits zum Zeitpunkt der Vereinbarung mit F stand daher L kein abtretbarer Anspruch auf Übereignung des Mopeds gegen V zu. Daher war es L auch nicht möglich, diesen Anspruch zu übertragen. Das Leistungshindernis bestand also bereits bei Vertragsschluss. Infolgedessen liegt anfängliche Unmöglichkeit vor.

3. Nach § 311a II 2 BGB besteht der Schadensersatzanspruch aber nicht, wenn L das Leistungshindernis bei Vertragsschluss nicht kannte und seine Unkenntnis auch nicht zu vertreten hat. L könnte das Leistungshindernis jedoch bei Vertragsschluss gekannt

---

11 **Beachte:** Das allgemeine Leistungsstörungsrecht ist ohne den Verweis des § 437 Nr. 3 BGB anwendbar. Ein Mangel iSd §§ 434 ff. BGB liegt nämlich nicht vor. § 437 Nr. 3 BGB umfasst zwar auch unbehebbare Mängel, nicht aber Fälle, in denen der Kaufgegenstand überhaupt nicht existiert, vgl. *Eidenmüller* NJW 2002, 1625 (1626); Bamberger/Roth/*Faust* § 453 Rn. 12, 16; aA ohne Begründung *DADK* Fälle Neues SchuldR 174.

12 § 311a II 1 1. Alt. BGB verlangt nicht zwingend einen gegenseitigen Vertrag, sondern gilt für alle Verträge, vgl. Palandt/*Grüneberg* § 311a Rn. 3.

13 Vgl. oben A. II. 1. b) aa).

14 **Merke:** § 311a I BGB stellt klar, dass die anfängliche Unmöglichkeit keine Nichtigkeit des Vertrages zur Folge hat, vgl. Hk-BGB/*Schulze* § 311a Rn. 1.

15 **Merke:** § 275 I BGB erfasst die subjektive und objektive Unmöglichkeit. Es reicht daher festzustellen, dass die Leistung für L unmöglich ist, also subjektive Unmöglichkeit (Unvermögen) gegeben ist.

16 Vgl. oben A. II. 1.

haben. L hat F berichtet, er habe den Kaufvertrag mit V mit Einverständnis seiner Eltern geschlossen. Dies macht sein Bewusstsein deutlich, dass die Wirksamkeit des Vertrages von diesem Einverständnis abhängt. Aufgrund des fehlenden Einverständnisses und der Verweigerung der Genehmigung ist der Vertrag unwirksam. Somit hatte L Kenntnis davon, dass eine Forderung seinerseits gegen V nicht besteht. Er kannte somit bei Vertragsschluss das Leistungshindernis.

Fraglich ist jedoch, ob der Verantwortlichkeit des L die Regelung der §§ 276 I 2, 828 III BGB entgegensteht. Sieht man die Kenntnis vom Leistungshindernis als einen Unterfall des Vertretenmüssens an, ist § 828 III BGB anwendbar.[17] Danach ist ein Minderjähriger, der das siebente Lebensjahr vollendet hat und dessen Verantwortlichkeit nicht nach Abs. 2 ausgeschlossen ist, für den einem anderen zugefügten Schaden nur verantwortlich, wenn er bei Begehung der Handlung die zur Erkenntnis der Verantwortlichkeit erforderliche Einsicht hat. Von dieser Einsichtsfähigkeit kann bei einem 17jährigen Lehrling, der einem anderen gegenüber bewusst wahrheitswidrig falsche Behauptungen aufstellt, ausgegangen werden. Die Verantwortlichkeit des L ist daher nicht durch § 828 III BGB ausgeschlossen. Der Ausschlussgrund des § 311a II 2 BGB greift damit nicht ein.

4. Demzufolge besteht ein Schadensersatzanspruch des F gegen L nach § 311a II 1 1. Alt. BGB. F kann Schadensersatz statt der Leistung verlangen, also das positive Interesse.[18] F ist daher so zu stellen, wie er stehen würde, wenn gehörig erfüllt worden wäre.[19] Bei wirksamer Abtretung der Forderung hätte ein Anspruch des F auf Übereignung eines 1.000 EUR werten Mopeds bestanden. In dieser Höhe kann F seinen Schaden von L ersetzt verlangen.

II. Aufwendungsersatzanspruch nach § 311a II 1 2. Alt. BGB iVm § 284 BGB

Alternativ hat F die Möglichkeit, gem. § 311a II 1 2. Alt. BGB iVm § 284 BGB Ersatz seiner Aufwendungen zu verlangen. Da F jedoch keine Aufwendungen im Vertrauen auf den Erhalt der Leistung gemacht hat, würde er auch keinen Ersatz erhalten. Insoweit ist diese Alternative für F ohne Wert.[20]

III. Rückerstattungsanspruch nach § 326 IV BGB iVm § 346 BGB

F könnte gegen L einen Anspruch auf Rückzahlung von 600 EUR nach § 326 IV BGB iVm § 346 I BGB haben. Dazu müsste F eine nach § 326 I–III BGB nicht geschuldete Gegenleistung bewirkt haben.

1. In Betracht kommt ein Entfallen des Anspruchs des L auf die Gegenleistung nach § 326 I 1 1. Hs. BGB. L als Schuldner ist nach § 275 I BGB von seiner Leistungspflicht befreit.[21] Damit entfällt der Anspruch auf die Gegenleistung.

---

17 So wohl *S. Lorenz* NJW 2002, 2497 (2501); nach dem Wortlaut des § 311a II 2 BGB ist es allerdings auch möglich, nur § 311a II 2 2. Var. als einen Fall des Vertretenmüssens anzusehen, so wohl *Ehmann/Sutschet* JZ 2004, 62 (66).
18 Palandt/*Grüneberg* § 311a Rn. 7.
19 Hk-BGB/*Schulze* vor § 249 Rn. 12.
20 **Klausurtipp:** Der Anspruch wird hier nur der Vollständigkeit halber erwähnt; in einer Klausur kann auf die Erwähnung verzichtet werden.
21 S. oben B. I. 2. § 326 I BGB gilt auch im Fall der anfänglichen Unmöglichkeit, vgl. MüKoBGB/ *Ernst* § 326 Rn. 5.

2. F hat die nicht geschuldete Gegenleistung bewirkt, indem er dem L 600 EUR übergeben hat.

3. F kann das Geleistete gem. § 346 I BGB herausverlangen.[22] Er hat gegen L einen Rückgewähranspruch iHv 600 EUR.

IV. Anspruch auf Herausgabe des Geldes nach §§ 985, 986 BGB

F könnte einen Anspruch gegen L auf Herausgabe der dem L ausgehändigten Geldscheine im Wert von 600 EUR gem. §§ 985, 986 BGB haben. Die Herausgabe der ursprünglich in seinem Eigentum stehenden Geldscheine kann F jedoch nur verlangen, wenn er diese nicht wirksam durch Einigung und Übergabe nach § 929 S. 1 BGB an L übereignet hat. F und L haben sich über den Eigentumsübergang geeinigt. Der Erwerb des Eigentums an den Geldscheinen stellte für L ein gem. § 107 BGB lediglich rechtlich vorteilhaftes Geschäft dar, sodass eine Zustimmung seiner gesetzlichen Vertreter entbehrlich war.[23] F hat dem L die Geldscheine schließlich übergeben. Damit hat L wirksam Eigentum an dem Geld erworben, weshalb kein Herausgabeanspruch des F nach §§ 985, 986 BGB besteht.

V. Rückzahlungsanspruch gem. § 812 I 1 1. Alt. BGB

F könnte weiterhin einen Anspruch gegen L auf Rückzahlung der ihm ausgehändigten 600 EUR nach § 812 I 1 1. Alt. BGB haben.

1. Die Vorschrift des § 812 I 1 1. Alt. BGB müsste anwendbar sein. Erbringt der Gläubiger die Gegenleistung, obwohl der Schuldner nach § 275 I–III BGB nicht zu leisten braucht, kann das Geleistete nach §§ 346–348 BGB zurückgefordert werden (§ 326 IV BGB). Diese Spezialregelung verdrängt in ihrem Anwendungsbereich §§ 812 ff. BGB.[24] Damit ist die Anwendung des § 812 I 1 1. Alt. BGB gesperrt.[25]

Etwas anderes könnte sich aber ergeben, wenn dem Gläubiger ein Anfechtungsrecht zusteht und er durch eine Anfechtung den Vertrag vernichtet (§ 142 I BGB). Dem Gläubiger steht ein Rückzahlungsanspruch dann nicht mehr nach § 326 IV BGB iVm §§ 346–348 BGB zu, da es schon an einem gegenseitigen Vertrag fehlt, den § 326 BGB voraussetzt.[26] In diesem Fall kann die Anwendung des Bereicherungsrechts dann auch nicht mehr gesperrt sein.

2. Voraussetzung eines Bereicherungsanspruchs ist zunächst, dass der Anspruchsgegner etwas, nämlich eine vermögenswerte Position, erlangt hat.[27] L hat Besitz und Eigentum am Geld und damit eine vermögenswerte Position erworben.

---

22 **Merke:** Die Rückgewähr nach Rücktritt erfolgt unabhängig davon, wann die Gegenleistung erbracht wurde. Die Vorschriften finden daher auch Anwendung, wenn sie nach Erlöschen des Anspruchs gem. § 326 I 1 1. Hs. BGB erfolgt, vgl. Bamberger/Roth/*Grothe* § 326 Rn. 11; aA MüKoBGB/*Ernst* § 326 Rn. 99.

23 **Merke:** Von der Wirksamkeit der Übereignung ist die Frage zu trennen, ob eine Leistung an den Minderjährigen Erfüllungswirkung iSd § 362 I BGB hat. Dies wird ganz überwiegend verneint, vgl. MüKoBGB/*Schmitt* § 107 Rn. 43 f.

24 Bamberger/Roth/*Wendehorst* § 812 Rn. 73.

25 Bamberger/Roth/*Grothe* § 326 Rn. 11.

26 Hk-BGB/*Schulze* § 326 Rn. 3.

27 *Brox/Walker* SchuldR BT § 40 Rn. 2; Erman/*Buck-Heeb* § 812 Rn. 4.

3. Diese müsste L durch eine Leistung des F erlangt haben. Als Leistung kommt jede bewusste und zweckgerichtete Mehrung fremden Vermögens in Betracht.[28] F hat L das Geld willentlich und zur Erfüllung seiner Verbindlichkeit aus dem Kaufvertrag übergeben und übereignet. Somit hat L das Geld aufgrund einer Leistung des F erhalten.

4. Diese Leistung müsste ohne Rechtsgrund erfolgt sein. Der Rechtsgrund fehlt, wenn die Verbindlichkeit, die mit der Leistung erfüllt werden sollte, nicht besteht.[29] Dass der Anspruch auf die Gegenleistung gem. § 326 I 1 1. Hs. BGB entfallen war und F damit auf eine Nichtschuld geleistet hat, führt alleine aber nicht zur Anwendung des § 812 I 1 1. Alt. BGB.[30] Die Vorschrift des § 812 I 1 1. Alt. BGB kann also nur eingreifen, wenn der Vertrag insgesamt durch Anfechtung vernichtet wird.[31]

L hat F bei der Vereinbarung des Forderungskaufs die Wirksamkeit des mit V geschlossenen Kaufvertrages vorgespiegelt, indem er behauptet hat, seine Eltern seien mit dem Kauf des Mopeds einverstanden gewesen. Dieses Verhalten des L könnte den F zur Anfechtung des Vertrages über den Forderungskauf berechtigen und dazu führen, dass die Vereinbarung nach § 142 I BGB von Anfang an unwirksam gewesen und die Leistung des F aus diesem Grunde rechtsgrundlos erfolgt ist.

a) Insoweit könnte eine Anfechtung wegen eines Irrtums über eine verkehrswesentliche Eigenschaft einer Sache nach § 119 II BGB in Betracht kommen. Sachen iSv § 119 II BGB sind auch nichtkörperliche Gegenstände, also auch Forderungen.[32] Eigenschaften einer Sache sind alle wertbildenden Faktoren.[33] Verkehrswesentlich sind solche Eigenschaften, wenn sie nach dem typischen wirtschaftlichen Zweck des Geschäfts und nicht nur vom Standpunkt des Erklärenden aus erheblich sind.[34] Bei einem Forderungskauf ist der Bestand einer Forderung ein unmittelbar wertbildender, objektiv erheblicher Faktor. Insofern könnte bei unzutreffender Annahme des Bestands einer Forderung ein Irrtum über eine verkehrswesentliche Eigenschaft vorliegen. Fraglich ist allerdings, ob die Irrtumsanfechtung gem. § 119 II BGB durch das allgemeine Leistungsstörungsrecht verdrängt wird.

Nach der Schuldrechtsreform beinhaltet zwar auch die Rechtsmängelhaftung nun das Recht zur »zweiten Andienung«.[35] Dieses Recht darf nicht unterlaufen werden. Die Anfechtung bietet jedoch die Möglichkeit, sich sofort vom Vertrag zu lösen. Das Recht zur zweiten Andienung liefe leer. Dieses Argument kann hier jedoch nicht eingreifen, da ein Mangel iSd §§ 434 ff. BGB nicht vorliegt.[36] Die Verjährungsvorschrif-

---

28 BGHZ 58, 184, 188; *Medicus/Lorenz* SchuldR BT Rn. 1126 ff.

29 *Brox/Walker* SchuldR BT § 40 Rn. 24; Jauernig/*Stadler* § 812 Rn. 13.

30 § 326 IV iVm §§ 346–348 BGB sind lex specialis, vgl. Bamberger/Roth/*Grothe* § 326 Rn. 11.

31 Nach aA führt die Anfechtung trotz ihrer ex-tunc-Wirkung (§ 142 I BGB) nur zu einem späteren Wegfall des rechtlichen Grundes und daher zur Anwendbarkeit des § 812 I 2 Fall 1 BGB, Jauernig/*Stadler* § 812 Rn. 14.

32 Vgl. Palandt/*Ellenberger* § 119 Rn. 27; MüKoBGB/*Armbrüster* § 119 Rn. 130.

33 Erman/*Arnold* § 119 Rn. 35; *Brox/Walker* BGB AT Rn. 418.

34 Jauernig/*Mansel* § 119 Rn. 15; *Brox/Walker* BGB AT Rn. 419.

35 *Brors* Jura 2002, 409 (411).

36 **Beachte:** Das allgemeine Leistungsstörungsrecht ist ohne den Verweis des § 437 Nr. 3 BGB anwendbar. Ein Mangel iSd §§ 434 ff. BGB liegt nämlich nicht vor. § 437 Nr. 3 BGB umfasst zwar auch unbehebbare Mängel, nicht aber Fälle, in denen der Kaufgegenstand überhaupt nicht existiert, vgl. *Eidenmüller* NJW 2002, 1625 (1626); Bamberger/Roth/*Faust* § 453 Rn. 12, 16; aA ohne Begründung *DADK* Fälle Neues SchuldR 174.

ten des § 438 BGB finden keine analoge Anwendung,[37] sodass auch eine Gefahr der Umgehung kurzer Verjährungsvorschriften nicht infrage kommt. Eine Gefahr der Durchbrechung der mit der kurzen Verjährung festgelegten Interessenregelung besteht daher nicht. Daher ist die Anfechtung gem. § 119 II BGB nicht ausgeschlossen.[38] Allerdings ist aus der Sicht des F zu beachten, dass eine Anfechtung nach § 119 II BGB eine Schadensersatzpflicht des Anfechtenden nach § 122 BGB begründet.

b) Insoweit wäre die Möglichkeit einer Anfechtung wegen arglistiger Täuschung gem. § 123 I BGB für den F günstiger. Eine solche Anfechtung setzt voraus, dass eine widerrechtliche arglistige Täuschungshandlung für die Abgabe der Willenserklärung des Anfechtenden ursächlich geworden ist. L wusste, dass seine Eltern keine Einwilligung zum Kauf des Mopeds erteilt hatten. Vielmehr war von ihnen sogar die nachträgliche Genehmigung der Vereinbarung mit V verweigert worden. Daher hat L dem F gegenüber bewusst wahrheitswidrig das Bestehen einer Einwilligung seiner Eltern bezüglich des Mopedkaufs behauptet, um F so zur Abgabe seiner auf einen Forderungskauf gerichteten Erklärung zu bestimmen. Demzufolge ist eine arglistige Täuschung und damit ein Anfechtungsgrund iSv § 123 I BGB gegeben.

F könnte daher den mit L vereinbarten Forderungskauf anfechten und sodann den Anspruch auf Herausgabe von 600 EUR gem. § 812 I 1 1. Alt. BGB gegen L geltend machen.[39]

VI. Schadensersatzanspruch gem. § 823 II BGB iVm § 263 StGB

Schließlich kommt ein Schadensersatzanspruch des F gegen L nach § 823 II BGB iVm § 263 StGB in Betracht.

1. Voraussetzung hierfür ist zunächst, dass das Betrugsdelikt des § 263 StGB ein Schutzgesetz iSv § 823 II BGB darstellt. Schutzgesetze sind diejenigen Rechtsnormen, die nicht nur den Schutz der Interessen der Allgemeinheit, sondern auch der Interessen des Einzelnen bezwecken.[40] Die Vorschrift des § 263 StGB dient in erster Linie dem Schutz des Vermögens des Einzelnen und ist daher ein Schutzgesetz iSv § 823 II BGB.[41]

2. Eine Schutzgesetzverletzung liegt vor, wenn die Voraussetzungen des § 263 StGB erfüllt sind.

a) Insoweit ist erforderlich, dass durch eine Täuschungshandlung des L, also aufgrund des Vorspiegelns falscher Tatsachen, ein Irrtum des F hervorgerufen wurde. L hat F vorgespiegelt, seine Eltern hätten in den mit V vereinbarten Mopedkauf eingewilligt und dadurch einen entsprechenden Irrtum des F erregt.

---

37 Palandt/*Grüneberg* § 311a Rn. 11; *Eidenmüller* NJW 2002, 1625 (1626 f.).

38 *Brors* WM 2002, 1780 (1781); Palandt/*Ellenberger* § 119 Rn. 28. Davon zu unterscheiden ist die Frage, ob der Schuldner nach § 119 II BGB anfechten kann, vgl. dazu *Löhnig* JA 2003, 516 (518 f.).

39 Dass dies dem Interesse des F entspricht, darf wegen § 818 III BGB (Wegfall der Bereicherung) bezweifelt werden.

40 Erman/*Schiemann* § 823 Rn. 157.

41 Palandt/*Sprau* § 823 Rn. 69.

b) Aufgrund dieses Irrtums müsste es zu einer Vermögensverfügung des F gekommen und als unmittelbare Folge hiervon ein Vermögensschaden bei ihm eingetreten sein. Aufgrund seines Irrtums musste F davon ausgehen, dass L einen wirksamen Kaufvertrag mit V geschlossen hatte und ihm gegen diesen tatsächlich ein Anspruch auf Übereignung des Mopeds zustand. Dieser Irrtum war ursächlich dafür, dass F über sein Vermögen verfügte, indem er L die vermeintliche Forderung gegen Zahlung von 600 EUR abkaufte und infolgedessen in dieser Höhe einen Vermögensschaden erlitten hat.

c) L, der von allen Tatumständen Kenntnis hatte, handelte dabei auch vorsätzlich. Er besitzt auch die erforderliche Einsichtsfähigkeit. Daher ist seine Verantwortlichkeit auch nicht nach § 828 III BGB ausgeschlossen. L handelte auch in Bereicherungsabsicht.

3. Die Bemessung des Vermögensschadens erfolgt auf der Grundlage von § 249 I BGB. Danach ist F so zu stellen, wie er ohne das schädigende Ereignis stehen würde. Hätte F gewusst, dass der von V und L geschlossene Vertrag wegen des fehlenden Einverständnisses der Eltern des L unwirksam war, so hätte er seinerseits nicht in den Forderungskauf eingewilligt und zur Erfüllung seiner Verpflichtung daraus 600 EUR an L gezahlt. Daher besteht der Schadensersatzanspruch des F in dieser Höhe.

4. Somit steht F gegen L ein Schadensersatzanspruch iHv 600 EUR auch nach § 823 II BGB iVm § 263 StGB zu.

C. Ansprüche des L gegen V

I. Anspruch auf Übergabe und Übereignung des Mopeds gem. § 433 I 1 BGB

Zwischen L und V ist kein wirksamer Kaufvertrag zustande gekommen (vgl. oben A. II. 1.) Daher hat L keinen Anspruch gegen V nach § 433 I 1 BGB auf Übergabe und Übereignung des Mopeds.

II. Anspruch auf Herausgabe des Geldes nach §§ 985, 986 BGB

L könnte gegen V einen Anspruch auf Rückgabe der angezahlten 300 EUR gem. §§ 985, 986 BGB haben.

Voraussetzung hierfür ist, dass L Eigentümer der dem V ausgehändigten Geldscheine ist. Ursprünglich stand das Geld im Eigentum des L. Dieser könnte sein Eigentum aber nach § 929 S. 1 BGB durch Einigung und Übergabe an V verloren haben.

Eine entsprechende Einigung haben L und V getroffen. Diese Einigung könnte aber aufgrund der beschränkten Geschäftsfähigkeit des L unwirksam sein. Die Übereignung von Geld hat einen Rechtsverlust zur Folge und ist daher kein lediglich rechtlich vorteilhaftes Geschäft.[42] Die Einwilligung der Eltern war deshalb nicht nach § 107 BGB entbehrlich. Eine ausdrückliche Einwilligung der Eltern lag zwar nicht vor, jedoch kommt eine konkludente Einwilligung durch Überlassung von Geldmitteln nach § 110 BGB in Betracht.[43] Dass die Geldmittel dem L nicht von seinen

---

42 *Leenen* FamRZ 2000, 863.
43 Gegen eine Anwendung des § 110 BGB auf Verfügungsgeschäfte des Minderjährigen *Leenen* FamRZ 2000, 863 (864); *Nierwetberg* Jura 1984, 127 (131).

Eltern überlassen wurden, sondern von seinem Arbeitgeber, ist gem. § 110 BGB unschädlich. L hatte den Betrag von 300 EUR von dem ihm zur freien Verfügung stehenden Lehrgeld angespart. Somit hat L über Mittel verfügt, die ihm zu freier Verfügung überlassen worden waren, weshalb diese Verfügung über das Eigentum an den 300 EUR nach § 110 BGB wirksam ist. L hat die 300 EUR dem V auch übergeben. Demzufolge hat er das Geld nach § 929 S. 1 BGB wirksam an V übereignet und so sein Eigentum daran verloren. Folglich steht ihm insoweit auch kein Herausgabeanspruch nach §§ 985, 986 BGB gegen V zu.

III. Rückzahlungsanspruch gem. § 812 I 1 1. Alt. BGB

L könnte schließlich einen Anspruch gegen V auf Rückzahlung der bereits gezahlten 300 EUR nach § 812 I 1 1. Alt. BGB haben.

1. V hat Eigentum und Besitz an den von L erhaltenen Geldscheinen im Wert von 300 EUR erlangt.

2. Die Zahlung des L erfolgte zum Zwecke der Erfüllung eines Kaufpreisanspruchs. Somit hat V das Geld auch durch eine Leistung des L erlangt.

3. Der zwischen L und V vereinbarte Kaufvertrag war jedoch mangels Einwilligung der Eltern des L unwirksam (vgl. oben A. II. 2.), weshalb die Kaufpreiszahlung ohne Rechtsgrund erfolgte.

4. Daher besteht ein Anspruch des L gegen V auf Rückzahlung von 300 EUR gem. § 812 I 1 1. Alt. BGB.

D. Ergebnis

Ansprüche des F gegen V bestehen nicht.

Im Verhältnis zu L ist es für F am günstigsten, gegen diesen einen Schadensersatzanspruch auf Zahlung von 1.000 EUR nach § 311a II 1 BGB geltend zu machen. Da die Geltendmachung dieses Anspruchs das Bestehen eines wirksamen Kaufvertrages voraussetzt, ist F von der Anfechtung des Forderungskaufs gegenüber L abzuraten.[44]

L kann von V die angezahlten 300 EUR nach § 812 I 1 1. Alt. BGB herausverlangen.

Ansprüche des V gegen L oder F bestehen im Übrigen nicht. Ebenso bestehen keine Ansprüche des L gegen F.

Zur Vertiefung: *Aleth*, Der Vertragsschluss mit Minderjährigen, JuS-Lernbogen 1995, L 9; *Brors*, Zu den Konkurrenzen im neuen Kaufgewährleistungsrecht, WM 2002, 1780; *Coester-Waltjen*, Überblick über die Probleme der Geschäftsfähigkeit, Jura 1994, 331; *Coester-Waltjen*, Nicht zustimmungsbedürftige Rechtsgeschäfte beschränkt geschäftsfähiger Minderjähriger, Jura 1994, 668; *Leenen*, Die Heilung fehlender Zustimmung gem. § 110 BGB, FamRZ 2000, 863; *Medicus*, Die Leistungsstörungen im neuen Schuldrecht, JuS 2003, 521; *Nierwetberg*, Der Taschengeldparagraph (§ 110 BGB), Jura 1984, 127; *Wieser*, Schuldrechtsreform – Die Unmöglichkeit der Leistung nach neuem Recht, MDR 2002, 858.

---

44 **Hinweis:** Dass der aus einer Anfechtung resultierende Bereicherungsanspruch dem Interesse des F entspricht, darf wegen § 818 III BGB (Wegfall der Bereicherung) bezweifelt werden.

6. Fall: Undurchschaubarer Gebrauchtwagen

Sachverhalt

Karl Kraus hegt schon seit langem den Wunsch, einen Neuwagen der Marke VW Passat anzuschaffen. Endlich begibt er sich zu dem örtlichen Vertragshändler, dem Autohaus Vollmer. Weil Kraus der Kaufpreis zu hoch ist, bittet er Vollmer, ihm einen Rabatt auf den Neuwagenpreis zu gewähren. Vollmer erklärt, als Vertragshändler unterliege er den Preisvorgaben des Herstellers. Deshalb sei es ihm nicht möglich, einen Preisnachlass auf den Listenpreis von 27.500 EUR zu geben. Jedoch schlägt Vollmer vor, den Altwagen des Kraus zu übernehmen und auf den Kaufpreis des Neuwagens anzurechnen. Man werde sich dann schon einig werden.

Nunmehr entschließt sich Kraus zum Kauf. Obwohl beide Parteien wissen, dass das von Kraus bereits gebraucht gekaufte Altfahrzeug nur noch 2.700 EUR wert ist, wird im Kaufvertragsformular vereinbart: »VW Polo wird mit 3.400 EUR in Zahlung genommen. Rest in bar.« Bei Übergabe der beiden Fahrzeuge zahlt Kraus den restlichen Kaufpreis von 24.100 EUR mit einem Scheck, den Vollmer anschließend einlöst.

Kurz nach dem Weiterverkauf des von Kraus in Zahlung gegebenen VW Polo stellt sich heraus, dass dieser Wagen schwere verdeckte Schäden an den Achsen aufweist. Dies war dem Kraus unbekannt und auch bei der sorgfältigen Untersuchung durch Vollmer nicht entdeckt worden. Ein Sachverständiger stellt fest, dass das Auto deshalb nur 1.500 EUR wert ist. Vollmer fordert daraufhin Kraus auf, diesen Mangel zu beheben oder beheben zu lassen. Kraus weist dieses Ansinnen strikt mit der Begründung von sich, dass er dazu »gar nicht verpflichtet sei«, und verweigert jede weitere Einlassung in dieser Frage (»das ist mein letztes Wort«). Vollmer verlangt deshalb von Kraus, den VW Polo sofort abzuholen und den im Kaufvertrag für diesen Wagen angesetzten Preis von 3.400 EUR zu zahlen. Als Kraus hiervon erfährt, benutzt er den Neuwagen nicht mehr.

Vollmer möchte wissen, ob er die Zahlung dieses Betrags von Kraus verlangen oder welche Rechte er gegebenenfalls sonst geltend machen kann.

Lösungsvorschlag

A. Ansprüche des Vollmer (V) gegen Kraus (K)

I. Anspruch auf Zahlung von 3.400 EUR gem. § 433 II BGB

V könnte einen Anspruch auf Zahlung des Restkaufpreises von 3.400 EUR aus § 433 II BGB gegen K haben.

Dies setzt voraus, dass die Parteien einen Kaufvertrag über ein Fahrzeug geschlossen haben und K seine sich daraus ergebende Pflicht zur Zahlung des restlichen Kaufpreises von 3.400 EUR nicht erfüllt hat.

1. Zwar waren sich V und K über den Erwerb eines Neufahrzeugs des Typs VW Passat einig. Jedoch wollte K hierfür nicht den Listenpreis von 27.500 EUR zahlen. Vielmehr kam der Vertrag erst zustande, nachdem V bereit war, den Altwagen des K mit 3.400 EUR anzurechnen. Auf welcher Rechtsgrundlage und in welcher Höhe die Forderung des V entstanden ist, hängt daher davon ab, wie die Vereinbarungen der Parteien zu verstehen sind.

a) Der Verkauf eines Neuwagens durch einen Fahrzeughändler unter gleichzeitiger Hereinnahme eines Gebrauchtwagens kann aufgrund unterschiedlicher Vertragsgestaltungen erfolgen.

aa) Bei der bloßen Inzahlungnahme des Gebrauchtwagens wird der von den Parteien in Ansatz gebrachte Wert des alten Fahrzeugs auf den Kaufpreis des Neuwagens angerechnet. Der Neuwagenkäufer übereignet dem Händler das Altfahrzeug und ist darüber hinaus verpflichtet, nur den Differenzbetrag zwischen dem Neuwagenpreis und dem Anrechnungswert des Altwagens in bar zu zahlen.

bb) Bei Vereinbarung eines sogenannten Agenturvertrags erwirbt der Händler den hereingenommenen Gebrauchtwagen hingegen nicht zu Eigentum, sondern vermittelt lediglich aufgrund einer Vereinbarung mit dem Kunden den Weiterverkauf des Gebrauchtwagens. Der Verkauf und die Übereignung des Gebrauchtwagens erfolgen unmittelbar zwischen dem veräußernden und dem erwerbenden Kunden, wobei der Händler als Vertreter des Veräußerers auftritt. Demzufolge schließen Händler und Käufer zwei Verträge, nämlich einen über den Neuwagenkauf und daneben einen Vermittlungsvertrag über den Gebrauchtwagen. Dabei übernimmt der Händler in der Regel das Risiko für die Erzielung eines bestimmten Mindestpreises. Der Kaufpreis des Neuwagens wird in dieser Höhe bis zum Verkauf des Altfahrzeugs gestundet. Nach dem Verkauf des Gebrauchtwagens wird der Erlös mit dem gestundeten Kaufpreisanteil verrechnet, wobei der Händler den Mehrerlös als Provision erhält.[1]

---

1 **Merke:** Die Vereinbarung eines Agenturvertrags mit dem Neuwagenhändler bei Hereinnahme eines Gebrauchtwagens beruhte früher häufig auf steuerlichen Gründen (Umsatzsteuerpflicht des gewerblichen Händlers, vgl. hierzu Soergel/*Huber*, 13. Aufl. 2010 Vor § 433 Rn. 216 ff.; *Reinking/Eggert* Autokauf Rn. 2137 ff. Heute kann die Konstruktion als Agenturvertrag dem Zweck dienen, den betrauten Händler nicht – was aus § 474 BGB folgen würde – einer zwingenden Gewährleistung auszusetzen. Voraussetzung wäre dafür aber, dass ein solcher Agenturvertrag nicht als Umgehung iSd § 475 I 2 BGB zu betrachten ist. Vgl. dazu insgesamt MüKoBGB/*H.P. Westermann* vor § 433 Rn. 34a; MüKoBGB/*Lorenz* § 475 Rn. 29.

cc) Ob die Hereinnahme des Gebrauchtwagens im Wege der Inzahlungnahme oder aufgrund eines Agenturvertrags erfolgen sollte, ist durch Auslegung der Vereinbarung zu ermitteln. Gegen die Annahme eines Agenturvertrags könnte bereits sprechen, dass das Bedürfnis für eine solche, den Zwischenerwerb des Händlers ausschließende vertragliche Konstruktion nicht besteht, weil der Weiterverkauf eines Gebrauchtwagens durch einen Händler inzwischen nicht mehr in vollem Umfang der Umsatzsteuerpflicht unterliegt. Dessen ungeachtet neigen Händler beim Neuwagenverkauf, nicht zuletzt aus Gründen der Abwendung einer Gewährleistung für Sachmängel, nach wie vor zur Vereinbarung von Agenturverträgen hinsichtlich des Altfahrzeugs. Ein solcher Agenturvertrag ist zwischen V und K hier jedoch nicht ausdrücklich vereinbart worden. Vielmehr enthält das Kaufvertragsformular für den Neuwagen die Bestimmung einer »Inzahlungnahme«. Außerdem hat sich V dem K gegenüber erboten, den Wert des Altfahrzeugs auf den Neuwagenpreis »anzurechnen«. Daher ist von einer reinen Inzahlungnahme und nicht vom zusätzlichen Abschluss eines Vermittlungsvertrags auszugehen.

b) Bedenken gegen die Annahme eines Kaufvertrags iSv § 433 BGB ergeben sich jedoch, weil K vertraglich berechtigt war, einen Teil des als Gegenleistung für das Neufahrzeug vereinbarten Betrags durch Übergabe seines Altfahrzeugs zu tilgen. Ob die Vereinbarung der Inzahlungnahme eines Gebrauchtwagens durch den Verkäufer zur Aufspaltung in mehrere rechtlich selbstständige Geschäfte oder sogar zur Einordnung unter einen anderen Vertragstyp als den Kaufvertrag führt, ist umstritten.

aa) Der BGH[2] und ein Teil der Literatur[3] sieht die Vereinbarung eines Neuwagenkaufs mit Inzahlungnahme des Gebrauchtwagens des Käufers als einen einheitlichen Kaufvertrag über einen Neuwagen an. Auch wenn dem Käufer das Recht eingeräumt werde, einen vertraglich festgelegten Teil des Kaufpreises durch die Hingabe des Gebrauchtwagens zu tilgen, entspreche die Vereinbarung trotz der Besonderheit einer Ersetzungsbefugnis doch dem Grundtyp des Kaufvertrags.

bb) Nach anderer Ansicht liegen zwei Kaufverträge vor, nämlich ein solcher über das Altfahrzeug und ein weiterer über das Neufahrzeug. Dabei treten beide Parteien wechselseitig sowohl als Käufer als auch als Verkäufer auf. Die beiden Verträge des »Doppelkaufs« seien durch eine vertragliche Aufrechnungsabrede verbunden.[4]

cc) Weiterhin wird die Auffassung vertreten, es handele sich um einen Tauschvertrag nach § 480 BGB mit der Vereinbarung eines Wertausgleichs.[5]

dd) Nach einer vermittelnden Ansicht soll hingegen ein gemischter Vertrag (§ 311 I BGB) mit kauf- und tauschrechtlichen Elementen vorliegen. Danach ist die Vereinbarung der Inzahlungnahme eines Gebrauchtwagens nicht eine bloße Nebenabrede des

2 BGHZ 46, 338 (340); 89, 126 (128); 175, 286 (für den Fall, dass der Kraftfahrzeughändler bei einem Kaufvertrag über ein Neufahrzeug einen Gebrauchtwagen des Käufers übernimmt und dafür den für den Gebrauchtwagen noch laufenden Kredit durch Zahlung eines Betrags an die Bank ablöst).
3 Soergel/*Huber* Vor § 433 Rn. 213, 215; MüKoBGB/*H.P. Westermann* § 433 Rn. 75; Hk-BGB/*Saenger* § 433 Rn. 7.
4 Früher vertreten von Soergel/*Siebert,* 10. Aufl. 1967, § 515 Rn. 5; vgl. dazu auch Staudinger/*Schermaier* (2014) § 480 Rn. 12.
5 *Laufs* NJW 1965, 1232 (1233).

Neuwagenkaufs, sondern gleichwertiger Bestandteil eines einheitlichen Mischvertrags.[6]

ee) Bei der Abwägung der verschiedenen Ansichten ist zu berücksichtigen, dass der Käufer den Kauf des Neuwagens regelmäßig nur dann tätigen will, wenn eine Anrechnung in Form seines Gebrauchtfahrzeugs erfolgt. Hingegen lässt sich der Händler auch nur auf die Hereinnahme des Gebrauchtwagens ein, um so einen Neuwagenverkauf zu erleichtern oder überhaupt erst zu ermöglichen. Die beiden Geschäfte sind also untrennbar miteinander verbunden. Allein diese Interessenlage widerspricht daher schon der Annahme einer Aufspaltung in zwei verschiedene Kaufverträge.[7]

Zweifelhaft erscheint auch die Annahme eines Tauschvertrags. Hierbei steht regelmäßig der Tausch von Ware gegen Ware im Vordergrund des Geschäfts. Im Falle der Inzahlungnahme ist wesentlicher Geschäftsinhalt jedoch der Verkauf eines Neuwagens gegen Geld, wobei lediglich hinsichtlich eines bestimmten Teils des Preises eine Ware, nämlich der Gebrauchtwagen, eingetauscht wird.[8] Daher kann ein Tauschvertrag allenfalls dann angenommen werden, wenn der Gebrauchtwagen wertmäßig den größten Teil der Kaufpreiszahlung ausmacht oder wenn sich der Austausch von wertmäßig praktisch gleichwertigen Fahrzeugen unter Privatpersonen vollzieht.

ff) Der Inhalt der Vereinbarung zwischen V und K ist letztlich durch Auslegung nach §§ 133, 157 BGB zu ermitteln. Dabei sind insbesondere der Vertragszweck und die Interessen der Parteien zu berücksichtigen.

Die Annahme eines Doppelkaufs, eines Tauschvertrags oder eines gemischten Vertrags begründet stets einen Primärleistungsanspruch des Händlers gegen den Neuwagenkäufer auf Übereignung des Gebrauchtwagens. Indes ist zweifelhaft, ob das Interesse des V primär auf den Erwerb des Gebrauchtwagens des K gerichtet ist.

(1) Als Vertragshändler eines Automobilherstellers muss der V in erster Linie daran interessiert sein, Neufahrzeuge abzusetzen. Lässt er sich auf die Hereinnahme eines Gebrauchtwagens ein, geschieht dies lediglich zu dem Zweck, einen Neuwagenverkauf zu ermöglichen. Hierfür spricht auch, dass V den Gebrauchtwagen wesentlich über Wert auf den Kaufpreis des Neuwagens anrechnet, womit er zugunsten des Neuwagengeschäfts auf einen Teil des Gewinns aus dem Weiterverkauf des Altwagens verzichtet. Das Interesse des V orientiert sich also in erster Linie am Gewinn aus dem Neuwagenverkauf und nicht am Erwerb des Gebrauchtwagens.

(2) Im Übrigen würde das Bestehen einer Primärleistungsverpflichtung dazu führen, dass K im Falle des nachträglichen unverschuldeten Untergangs des Gebrauchtfahrzeugs nach §§ 326 I 1, 275 I BGB von seiner Verpflichtung zur Zahlung teilweise oder auch vollständig befreit würde. V muss hingegen bestrebt sein, auch in derartigen Fällen von K die Zahlung des Restpreises in Geld verlangen zu können.

Daher entspricht eine solche für ihn unvorteilhafte Übernahme des Verlustrisikos nicht seinem Interesse. Zwar kann sich hieraus eine besondere Härte für den Käufer

---

6 OLG Hamburg BB 1963, 165; Staudinger/*Schermaier* (2014) § 480 Rn. 15; *Larenz* SchuldR BT I § 42 I; *Medicus/Petersen* BürgerlR Rn. 756; *Reinking/Eggert* Autokauf Rn. 1518; *Pfister* MDR 1968, 361 (363); *Schulin* JZ 1984, 379; *Gsell* NJW 2008, 2002; *Faust* NJW 2009, 3696 f.

7 OLG Karlsruhe NJW 1965, 111 (112); Staudinger/*Schermaier* (2014) § 480 Rn. 12; *Gsell* NJW 2008, 2002 (2004).

8 BGHZ 46, 338 (340).

ergeben, wenn er den Neuwagen nur deshalb kaufen konnte, weil eine Inzahlungnahme des Gebrauchtfahrzeugs möglich war. Dabei darf aber nicht außer Acht gelassen werden, dass der Erwerb eines Fahrzeugs, auch wenn dieser nur mit für eine Privatperson ganz erheblichen finanziellen Aufwendungen verbunden ist, nach der Verkehrsauffassung ein typischer Kaufvertrag ist, für den hinsichtlich der Risikoverteilung keine Besonderheiten gegenüber jedem anderen alltäglichen Geschäft gelten können, soweit sich keine Anhaltspunkte für eine atypische Regelung ergeben.

Als Indiz für eine abweichende Vereinbarung hinsichtlich des Verlustrisikos könnte hier allenfalls in Betracht kommen, dass K das Neufahrzeug nach der Benachrichtigung durch V über die Mängel am Gebrauchtwagen nicht mehr weiterbenutzt hat. Dies geschah jedoch erst, nachdem der Vertrag schon weitestgehend abgewickelt war. Der Wille zu einer atypischen vertraglichen Regelung muss aber spätestens zum Zeitpunkt des Vertragsschlusses dem Vertragspartner bekannt sein. Daher ergeben sich auch aus dem Verhalten des K keinerlei Anhaltspunkte für die Annahme einer Primärleistungsverpflichtung in Bezug auf den Gebrauchtwagen.

(3) Dem Interesse des V entspricht somit eine Vertragskonstruktion, die ihm grundsätzlich einen Anspruch auf die volle Geldleistung gewährt und K lediglich hinsichtlich eines Teils des Kaufpreises statt der Zahlung zur Hingabe des Gebrauchtwagens berechtigt. Schließlich entspricht eine bloße Ersetzungsbefugnis auch dem Interesse des K, der zwar durch Hingabe seines alten Wagens einen Teil des Kaufpreises tilgen kann, hierzu aber nicht verpflichtet ist.

c) Demzufolge ist zwischen V und K ein Kaufvertrag über ein Neufahrzeug des Typs VW Passat zustande gekommen. Es ist ein Kaufpreisanspruch des V gegen K nach § 433 II BGB von 27.500 EUR begründet worden, wobei in Höhe des mit 3.400 EUR angesetzten Gebrauchtwagenwerts eine Ersetzungsbefugnis des K vereinbart worden ist.

2. Der Anspruch des V auf Zahlung von 27.500 EUR könnte jedoch erloschen sein, nachdem K dem V einen Scheck über 24.100 EUR sowie seinen gebrauchten VW Polo übergeben hat. Nach § 362 I BGB erlischt ein Schuldverhältnis, wenn die geschuldete Leistung an den Gläubiger bewirkt wird. K schuldete aufgrund des Kaufvertrags die Zahlung von Geld (vgl. oben 1. b).

a) Durch die Hingabe des Schecks über 24.100 EUR hat V zunächst nicht die geschuldete Geldleistung erhalten. Der Erwerb des Schecks verschafft dem Gläubiger auch keine mit der Barzahlung vergleichbare Sicherheit, sondern begründet nach Art. 12 ScheckG vielmehr eine neue Verbindlichkeit des Ausstellers gegenüber dem Zahlungsempfänger, hier also des K gegenüber dem V. Daher erfolgt die Annahme eines Schecks nach § 364 II BGB nicht an Erfüllungs statt, sondern lediglich erfüllungshalber. Der Geldleistungsanspruch erlischt erst mit der Barauszahlung bzw. Gutschrift des Betrags durch die bezogene Bank.[9] Mit der Einlösung des Schecks durch V ist somit die Kaufpreisforderung gegen K iHv 24.100 EUR erloschen.

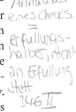

Dem steht auch nicht § 266 BGB entgegen, wonach der Schuldner zu Teilleistungen nicht berechtigt ist. Denn diese Vorschrift ist von den Parteien durch die Vereinbarung der Ersetzungsbefugnis abbedungen worden.

---

9 BGHZ 44, 178 (179); 131, 66 (74); Staudinger/*Olzen* (2011) § 364 Rn. 58; Erman/*Buck-Heeb* § 364 Rn. 10.

b) Fraglich ist, ob die restliche Schuld iHv 3.400 EUR durch die Hingabe des Gebrauchtwagens erloschen ist.

Aufgrund der Vereinbarung mit V bestand hinsichtlich des Restbetrags von 3.400 EUR eine Ersetzungsbefugnis des K in Form der Hingabe seines Altfahrzeugs. Hinsichtlich der rechtlichen Wirkungen der Ersetzungsbefugnis bei Inzahlungnahme eines Altfahrzeugs bestehen unterschiedliche Ansichten.[10]

aa) Weil aufgrund des Kaufvertrags mit Ersetzungsbefugnis grundsätzlich eine Geldleistung geschuldet sei, wird die Hingabe eines Gebrauchtfahrzeugs überwiegend als eine Leistung an Erfüllungs statt nach § 364 I BGB angesehen.[11]

bb) Nach anderer Ansicht stellt die Hingabe des Gebrauchtwagens aufgrund der vereinbarten Ersetzungsbefugnis die vertragsmäßig geschuldete Leistung dar, welche nach § 362 I BGB unmittelbar die Erfüllung bewirkt. Dies wird damit begründet, dass Gläubiger und Schuldner die Annahme an Erfüllungs statt nach § 364 I BGB typischerweise erst bei der Erfüllung, nicht aber bereits in dem der Verpflichtung zugrunde liegenden Vertrag vereinbaren könnten.[12]

cc) Indes ist die Hingabe des Gebrauchtwagens zum Zwecke der Inzahlungnahme durch den Verkäufer stets eine andere Leistung als die nach § 433 II BGB vom Käufer geschuldete Kaufpreiszahlung. Der Fall der Ersetzungsbefugnis unterscheidet sich vom typischen Fall der Leistung an Erfüllungs statt nach § 364 I BGB nur darin, dass die Befugnis zur Leistung des Erfüllungssurrogates bereits in dem die Verpflichtung begründenden Vertrag und nicht erst nachträglich vereinbart wird. Es ist jedoch nicht ersichtlich, warum die Hingabe einer anderen als der geschuldeten Leistung rechtlich verschieden beurteilt werden soll, je nachdem, ob die Parteien sich über die Befugnis des Schuldners im Voraus oder erst bei der Erfüllung geeinigt haben. Demzufolge ist der Begriff der geschuldeten Leistung iSv § 362 I BGB eng auszulegen und sind vertraglich vereinbarte Ersatzgegenstände davon nicht umfasst.[13] Die Schuld in Höhe der restlichen 3.400 EUR ist somit durch die Hingabe des Gebrauchtwagens des K nach § 364 I BGB erloschen.

c) Folglich ist der gesamte Kaufpreisanspruch des V gegen K durch die Zahlung von 24.100 EUR und die Übergabe des Gebrauchtwagens des K erloschen.

3. V steht kein Anspruch gegen K auf Zahlung des Restkaufpreises von 3.400 EUR aus § 433 II BGB zu.

---

10 **Klausurtipp:** Unabhängig davon, ob die Hingabe des Gebrauchtwagens als Erfüllung (§ 362 I BGB) oder als Leistung an Erfüllungs statt (§ 364 I BGB) angesehen wird, ist die Schuld iHv 3.400 EUR erloschen. Die Frage müsste daher nicht entschieden werden. Dennoch empfiehlt es sich aus Gründen der Übersichtlichkeit, bereits an dieser Stelle auf die Frage einzugehen. Ob die Hingabe des Gebrauchtwagens als Leistung an Erfüllungs statt eingeordnet wird, ist für die weiteren Ansprüche des V entscheidend.

11 BGHZ 46, 338 (342); 89, 126 (128); so auch Soergel/*Huber* Vor § 433 Rn. 213, 215; Erman/*Buck-Heeb* § 364 Rn. 4.

12 Früher vertreten von Soergel/*Siebert,* 10. Aufl. 1967, § 364 Rn. 1; RGRK/*Weber* 12. Aufl. 1976, § 362 Rn. 2.

13 BGHZ 46, 338 (342).

II. Anspruch auf Zahlung von 3.400 EUR gem. §§ 365, 364 I, 437 Nr. 2 Alt. 1, 440, 323, 346 I im Rahmen einer Rückabwicklung der Inzahlunggabe nach Rücktritt[14]

V könnte nach §§ 365, 364 I, 437 Nr. 2 Alt. 1, 440, 323 BGB wirksam vom Vertrag zurückgetreten sein mit der Folge, dass die Inzahlungnahme des Gebrauchtwagens durch K rückabzuwickeln (§ 346 I BGB) und die Kaufpreisforderung des V gegen K iHv 3.400 EUR neu zu begründen ist.

1. Voraussetzungen

a) § 437 Nr. 2 BGB setzt zunächst voraus, dass zwischen den Parteien ein Kaufvertrag zustande gekommen ist. Einen Kaufvertrag haben V und K nur über den Neuwagen geschlossen. Der Altwagen bildet hingegen nicht den Gegenstand eines selbstständigen Kaufvertrags.[15] Die kaufrechtlichen Gewährleistungsvorschriften finden allerdings gem. § 365 BGB auch auf solche Sachen Anwendung, die an Erfüllungs statt iSv § 364 I BGB geleistet worden sind. Wie unter I. 2. b) cc) festgestellt, trifft dies auf das Altfahrzeug zu. § 437 BGB ist damit trotz Fehlens eines Kaufvertrags anwendbar.

b) Weitere Voraussetzung des Rücktritts ist, dass das Altfahrzeug des K einen Sachmangel iSv § 434 BGB aufweist. In Ermangelung einer Beschaffenheitsvereinbarung iSv § 434 I 1 BGB zwischen K und V liegt ein Sachmangel vor, wenn sich das Fahrzeug nicht für die vertraglich vorausgesetzte Verwendung eignet (§ 434 I 2 Nr. 1 BGB). Aus den Umständen des Geschäftes ergibt sich, dass V das Gebrauchtfahrzeug – »gekauft wie gesehen«, jedenfalls aber ohne größere weitere Reparaturen – weiterveräußern wollte.[16] Wegen der schweren Schäden an den Achsen, die einen sicheren Betrieb im Straßenverkehr unmöglich machen, eignet sich der Wagen hierzu nicht. Damit liegt ein Sachmangel vor.

c) Fraglich ist jedoch, ob der Rücktritt nach § 442 I 2 BGB ausgeschlossen ist, weil V den Mangel infolge grober Fahrlässigkeit nicht erkannt hat. Grundsätzlich besteht für den Käufer einer Sache keine Untersuchungspflicht.[17] Jedoch können besondere Umstände im Einzelfall eine solche Pflicht begründen. Dies ist insbesondere dann der Fall, wenn der Käufer eine besondere Sachkunde besitzt, die dem Verkäufer gerade fehlt.[18] Demzufolge wird eine Untersuchungspflicht des gewerblichen Fahrzeug-

---

14 **Klausurtipp:** Man könnte den Rücktritt auch schon beim Erfüllungsanspruch prüfen. Allerdings ist streitig, ob der »Rücktritt von der Inzahlunggabe« zum automatischen Wiederaufleben der Forderung oder nur zu einem Anspruch auf deren Wiederbegründung führt (zu den Einzelheiten vgl. unten III. 2.), sodass es sich hier anbietet, den Rücktritt ebenso wie die Minderung getrennt vom Zahlungsanspruch aus § 433 II BGB zu prüfen.

15 **Klausurtipp:** Anders, wenn man der Theorie vom Doppelkauf (s. oben unter I. 1. b) bb) gefolgt wäre.

16 **Merke:** Für diese Art der Verwendung spricht vor allem, dass V durch die Verrechnung des Gebrauchtwagens über dessen objektiven Wert (3.400 EUR statt 2.700 EUR) den mit dem Verkauf des Fahrzeugs zu erzielenden Gewinn an den K sozusagen durchreicht. Das wäre nicht geschehen, wenn V den Wagen nur hätte verschrotten wollen oder aber von der Notwendigkeit erheblicher Reparaturen ausgegangen wäre.

17 Staudinger/*Matusche-Beckmann* (2014) § 442 Rn. 25; BGH NJW 1977, 1055; MüKoBGB/*H.P. Westermann* § 442 Rn. 9.

18 RGZ 131, 343 (354); Staudinger/*Matusche-Beckmann* (2014) § 442 Rn. 28; MüKoBGB/*H.P. Westermann* § 442 Rn. 11; eine generelle Untersuchungspflicht des gewerblichen Autohändlers offen lassend OLG Frankfurt NJW-RR 2010, 568.

händlers bei der Hereinnahme von Gebrauchtwagen ganz allgemein bejaht.[19] Eine solche Kontrolle hat V aber gerade durchgeführt. Trotz sorgfältiger Durchsicht konnte er den Achsschaden dabei nicht feststellen. Darüber hinaus bestanden auch keine Anhaltspunkte für verdeckte Mängel, die eine detailliertere Untersuchung erfordert hätten.[20] Demzufolge ist V seiner Untersuchungspflicht nachgekommen und der Rücktritt nicht aufgrund grob fahrlässiger Unkenntnis des Achsschadens ausgeschlossen.

d) Ein Rücktritt setzt nach §§ 437 Nr. 2, 323 I BGB weiterhin den fruchtlosen Ablauf einer angemessenen Frist zur Nacherfüllung voraus.[21] Eine Frist hat V dem K nicht gesetzt. Diese könnte aber nach §§ 323 II Nr. 1 BGB auch entbehrlich sein. Indem K die Mängelbeseitigung – also die Nachbesserung als einzig mögliche Form der Nacherfüllung (vgl. § 439 I Alt. 1 BGB)[22] – strikt und als sein »letztes Wort« zurückwies, hat er sie ernsthaft und endgültig iSv § 323 II Nr. 1 BGB verweigert. Damit war eine Fristsetzung entbehrlich.

e) Der Mangel ist auch nicht unerheblich iSv § 323 V 2 BGB.

f) Erforderlich ist schließlich nach § 349 BGB eine Rücktrittserklärung des V gegenüber »dem anderen Teil«, also dem K. Dabei reicht es aus, wenn der Wille zur Vertragsauflösung zum Ausdruck kommt, was auch durch schlüssiges Verhalten geschehen kann. Hierbei muss das Wort »Rücktritt« nicht benutzt werden.[23] V hat K aufgefordert, den VW Polo bei ihm abzuholen und den dafür angesetzten Preis von 3.400 EUR zu bezahlen. Damit hat er hinreichend deutlich gemacht, dass er den Vertrag (in Bezug auf den Gebrauchtwagen) auflösen möchte. Damit liegt eine wirksame Rücktrittserklärung vor.

2. Rechtsfolge

Die Voraussetzungen für einen Rücktritt sind damit gegeben. Jedoch ist zu berücksichtigen, dass K nach § 365 BGB nur insoweit wie ein Verkäufer für Sachmängel haftet, als dieser eine andere als die geschuldete Leistung an Erfüllungs statt hingegeben hat. Bei der Inzahlungnahme eines Gebrauchtwagens wird die Ersatzleistung jedoch regelmäßig nicht hinsichtlich des gesamten, sondern nur bezüglich eines Teils

---

19 Staudinger/*Matusche-Beckmann* (2014) § 442 Rn. 28. Ähnlich *Reinking/Eggert* Autokauf Rn. 4046 f., die davon ausgehen, dass ein solches Händlerverhalten einen Haftungsverzicht darstellt.

20 Vgl. zum Umfang der Untersuchungspflicht des Fahrzeughändlers *Reinking/Eggert* Autokauf Rn. 4046 f.

21 **Merke:** Aus diesem Fristerfordernis, das sich bei sämtlichen Gewährleistungsrechten des § 437 Nr. 2 und 3 BGB findet, folgt systematisch der »Vorrang der Nacherfüllung«. Der Käufer muss im Grundsatz zunächst die Nacherfüllung iSd §§ 437 Nr. 1, 439 BGB verlangen, bevor er zu den übrigen Mängelgewährleistungsrechten übergehen kann.

22 **Merke:** Da es sich um eine gebrauchte Sache, also um eine Stückschuld handelt, wäre eine Nachlieferung als alternative Form der Nacherfüllung (§ 439 I Alt. 2 BGB) hier unmöglich gewesen (§ 275 I BGB). Auch wenn früher ganz überwiegend von einer Unmöglichkeit der Nachlieferung beim Kauf gebrauchter Sachen ausgegangen wurde (vgl. etwa *S. Lorenz* JZ 2001, 742 [744]; *Huber* NJW 2002, 1004 [1006]), erscheint es zwar überzeugender, die Ersatzlieferung auch beim Stückkauf als grundsätzlich möglich anzuerkennen, wenn die Kaufsache im Falle ihrer Mangelhaftigkeit durch eine gleichwertige und gleichartige ersetzt werden kann (so jetzt BGH NJW 2006, 2839 ff.). Bei einem Gebrauchtwagen liegt die Annahme einer solchen Ersetzbarkeit jedoch idR fern (BGH NJW 2006, 2839 ff.).

23 Erman/*Röthel* § 349 Rn. 2.

des Kaufpreises erbracht. Nach Ansicht des BGH[24] ist daher beim Rücktritt lediglich die mit der Hingabe des Altfahrzeugs erzeugte Rechtsfolge rückabzuwickeln. Folglich müsste K den VW Polo zurücknehmen und – zumindest im Ergebnis[25] – seinerseits den Anrechnungsbetrag von 3.400 EUR an V zahlen. Der ihm von V gewährte »Rabatt« von 700 EUR, der sich aus der Differenz zwischen dem Anrechnungsbetrag von 3.400 EUR und dem vermeintlichen Wert des Fahrzeugs von 2.700 EUR errechnet, würde somit bei der Rückgängigmachung des Vertrags entfallen, was ganz allgemein als unbillig empfunden wird.

a) Die Rechtsprechung[26] und Teile der Literatur[27] behelfen sich daher mit der Annahme der Vereinbarung eines Gewährleistungsausschlusses. Weil es der typischen Interessenlage bei der Inzahlungnahme eines Gebrauchtwagens entspreche, dass der Käufer keinerlei Gewährleistungsansprüchen ausgesetzt sein soll, werden an eine solche Vereinbarung nur geringe Anforderungen gestellt. Soweit der Wagen in »besichtigtem« Zustand übernommen werde, komme der Wille des Käufers zum Ausdruck, keine Gewähr für das Fahrzeug leisten zu wollen. Deshalb sei von einem stillschweigenden Haftungsausschluss auszugehen, soweit keine anderweitige vertragliche Vereinbarung bestehe.

Andere wollen die Gewährleistungsverpflichtung des Käufers, also hier des K, bezüglich des in Zahlung gegebenen Fahrzeugs dahingehend beschränken, dass der Rücktritt nur zuzulassen ist, wenn der Händler sich zugleich zur Rücknahme des Neuwagens entscheidet.[28] Auch wird die Ansicht vertreten, die durch die Leistung an Erfüllungs statt getilgte Kaufpreisforderung sei nur in Höhe des tatsächlichen Werts des anzurechnenden Gebrauchtwagens wiederzubegründen.[29]

b) Bereits die Folge des Verlusts des »Rabatts« zeigt, dass eine nur auf den in Zahlung gegebenen Gebrauchtwagen beschränkte teilweise Rückabwicklung auf der Grundlage von § 365 BGB in den meisten Fällen den Käufer benachteiligt. Demzufolge stellt sich die Frage, ob die dispositive Vorschrift des § 365 BGB bei der Inzahlungnahme eines Gebrauchtwagens nicht von vornherein abbedungen ist. Insoweit ist wiederum zu berücksichtigen, dass die Vereinbarung einer Inzahlungnahme des Gebrauchtwagens beim Neuwagenkauf im Rahmen eines einheitlichen Kaufvertrags erfolgt. Der Neuwagenkäufer ist an dem Geschäft regelmäßig nur dann interessiert, wenn er seinen Gebrauchtwagen gleichzeitig abgeben und so den Neuwagenkauf finanzieren kann. Würde man mit dem BGH einen Teilrücktritt zulassen, besäße der Neuwagenkäufer nach Vollzug des Rücktritts zwei Fahrzeuge und hätte zusätzlich den vollen Barpreis für den Neuwagen zu entrichten, was seinen Interessen nicht entspräche. Diesem unbilligen Ergebnis wird man auch nicht dadurch begegnen können, dass man beim Autokauf ganz allgemein von einem stillschweigenden Gewährleistungsausschluss hinsichtlich des in Zahlung gegebenen Gebrauchtwagens ausgeht,

---

24 BGHZ 46, 338 (342).
25 **Merke:** Es ist umstritten, ob der Gläubiger (V) im Falle des Rücktritts wegen eines Mangels der an Erfüllung statt angenommenen Sache unmittelbar einen Zahlungsanspruch (aus der ursprünglichen Forderung) oder aber nur einen Anspruch auf Wiederbegründung der ursprünglichen Forderung (und dann auf Zahlung) hat; vgl. dazu unten bei der Minderung III. 2.
26 BGHZ 83, 334 (338 ff.).
27 Soergel/*Huber* Vor § 433 Rn. 213.
28 Noch zur Wandlung nach § 462 BGB aF *Dubischar* JZ 1969, 175 (178).
29 *Esser/Schmidt* SchuldR AT I/II § 14 II 2 a.

wenn sich hierfür im Einzelfall keinerlei Anhaltspunkte ergeben. Vielmehr ist es wegen der Verknüpfung des Neuwagenkaufs mit der Inzahlungnahme in einer einheitlichen Vereinbarung interessengerecht, wenn dieser Vertrag nicht teilweise, sondern nur im Ganzen rückabgewickelt werden kann. Demzufolge ist, wie im Übrigen auch nach der Tausch- und Mischvertragstheorie,[30] der allein auf den Gebrauchtwagen bezogene Rücktritt ausgeschlossen. Für den Händler besteht daher nur die Möglichkeit der Rückgängigmachung des Kaufvertrags insgesamt.[31]

c) Einen solchen »umfassenden« Rücktritt vom gesamten Vertrag hat V aber nicht erklärt, sondern lediglich die Rückgängigmachung der Inzahlunggabe verlangt. Möglicherweise kann aber diese Erklärung in einen Rücktritt vom gesamten Vertrag gem. § 140 BGB umgedeutet werden, wenn anzunehmen ist, dass V vom gesamten Vertrag zurückgetreten wäre, wenn er gewusst hätte, dass ihm der Rücktritt allein hinsichtlich des Gebrauchtwagens nicht offen steht. Die Rückabwicklung des gesamten Vertrags bedeutete für V aber nicht nur, dass ihm der Gewinn aus dem Neuwagenverkauf entginge, sondern auch, dass er auf etwaige erfolgsabhängige Vorteile im Verhältnis zum Hersteller verzichten würde. Solange V darüber hinaus die Möglichkeit hat, den mangelbedingten Minderwert durch eine Minderung auszugleichen,[32] ist daher nicht davon auszugehen, dass V auch von dem gesamten Vertrag zurückgetreten wäre. Ein Rücktritt des V vom gesamten Vertrag scheidet somit auch im Wege einer Umdeutung aus.

3. Ergebnis

Folglich ist der Vertrag nicht in ein Rückabwicklungsverhältnis iSd § 346 I BGB umgewandelt worden, sodass V kein Anspruch gegen K auf Zahlung der 3.400 EUR aus §§ 364 I, 365, 437 Nr. 2 Alt. 1, 323, 346 I BGB zusteht.

III. Anspruch auf Zahlung von 1.200 EUR wegen Minderung gem. §§ 365, 364 I, 437 Nr. 2 Alt. 2, 441 I, III, IV, 346 I BGB

Allerdings könnte V einen Zahlungsanspruch gegen K infolge einer Minderung des Anrechnungsbetrags für den in Zahlung genommenen Gebrauchtwagen gem. §§ 365, 364 I, 437 Nr. 2 Alt. 2, 441 I, III, IV, 346 I BGB haben.

1. Voraussetzungen

a) V stehen gegenüber K hinsichtlich des in Zahlung gegebenen Gebrauchtwagens nach §§ 365, 364 I BGB grundsätzlich Gewährleistungsrechte des § 437 BGB zu (vgl. oben II. 1.). Da sämtliche Voraussetzungen des Rücktrittsrechts aus §§ 437 Nr. 2 Alt. 1, 440, 323 BGB dem Grunde nach vorliegen (vgl. oben II. 1.–5.),[33] kann V anstelle des Rücktritts auch mindern, vgl. § 441 I 1 BGB (»Statt zurückzutreten«).

b) Fraglich ist allerdings, ob V dem K die Minderung wirksam erklärt hat. Die Minderung setzt eine formlose, empfangsbedürftige, ggf. konkludente[34] Willenserklärung

---

30 Vgl. oben I. 1. b) dd).
31 *Reinking/Eggert* Autokauf Rn. 1577 f.
32 Dazu folgend unter III.
33 **Merke:** Einziger Unterschied zu den Voraussetzungen des Rücktritts: Die Minderung ist auch bei unerheblichen Mängeln statthaft, §§ 441 I 2, 323 V 2 BGB.
34 Hk-BGB/*Saenger* § 441 Rn. 2.

voraus, die inhaltlich zum Ausdruck bringt, dass der Käufer den Kaufpreis aufgrund eines Mangels herabsetzen wolle. Dabei ist weder eine bestimmte Wortwahl noch die Bezifferung des zu mindernden Betrags erforderlich.[35] Die Aufforderung des V an K, das Fahrzeug zurückzunehmen sowie 3.400 EUR nachzuzahlen, entspricht dem aber nicht. Denn ein Minderungsbegehren umfasst gerade nicht die Rücknahme der Kaufsache. V hat daher weder ausdrücklich noch konkludent (oder hilfsweise) die Minderung erklärt, sondern allein den »Rücktritt von der Inzahlunggabe«.

Möglicherweise kann diese Erklärung aber gem. § 140 BGB umgedeutet werden. Wie bereits festgestellt,[36] entspricht der umfassende Rücktritt vom Kaufvertrag nicht den wirtschaftlichen Interessen des V. Dieser möchte einen Ausgleich für den mangelbedingten Minderwert des VW Polo erhalten, was ihm eine Minderung ermöglichen würde. Daher kann angenommen werden, dass V die Minderung erklärt hätte, wenn er von der Unwirksamkeit des Rücktritts von der Inzahlunggabe gewusst hätte. Gem. § 140 BGB ist seine Erklärung daher in eine Minderung umzudeuten. Damit liegt eine wirksame Minderungserklärung iSd § 441 I 1 BGB vor.

c) Fraglich ist letztlich, in welcher Höhe die Minderung erfolgt. Ursprünglich war für das Gebrauchtfahrzeug des K mit dem vermeintlichen Wert von 2.700 EUR unter Hinzurechnung eines »Rabatts« von 700 EUR ein Betrag von 3.400 EUR in Ansatz gebracht worden. Der objektive Wert des Fahrzeugs beträgt jedoch nur 1.500 EUR. Nach § 441 III 1 BGB wäre der Anrechnungsbetrag in dem Verhältnis herabzusetzen, in welchem zur Zeit des Verkaufs der Wert der Sache in mangelfreiem Zustand zu dem wirklichen Wert gestanden haben würde. Hieraus errechnet sich folglich ein geminderter Anrechnungsbetrag von (3.400 EUR x 1.500 EUR) / 2.700 EUR = 1.889 EUR. Demzufolge betrüge die Minderung 1.511 EUR (3.400 EUR – 1.889 EUR). Dies hätte jedoch zur Folge, dass der dem K gewährte Rabatt, welcher sich aus der Differenz zwischen Anrechnungsbetrag (nach dieser Berechnung 1.889 EUR) und Wert (1.500 EUR) errechnet, nicht wie ursprünglich vereinbart 700 EUR betragen, sondern aufgrund der Minderung ebenfalls prozentual geringer ausfallen und sich auf lediglich 389 EUR (1.889 EUR – 1.500 EUR) belaufen würde.[37]

Bei Vertragsschluss war den Parteien jedoch bekannt, dass der Gebrauchtwagen des K keinesfalls mehr als 2.700 EUR wert war. Die Vereinbarung eines darüber hinausgehenden Anrechnungsbetrags von 3.400 EUR erfolgte allein zu dem Zweck, dem K einen *festen* »Rabatt« von 700 EUR zu gewähren und ihn so zum Neuwagenkauf zu bewegen. Keinesfalls war ein lediglich *prozentualer* Rabatt vorgesehen. Daher würde eine prozentuale Verringerung des Rabatts im Rahmen der Minderung den Interessen der Parteien bei Vertragsschluss widersprechen. Infolgedessen ist bei der Minderung gem. § 441 BGB der Preisnachlass auf den Neuwagenpreis als fester Betrag zu berücksichtigen. Die Minderung errechnet sich daher lediglich aus der Differenz zwischen dem vermeintlichen Wert von 2.700 EUR und dem tatsächlichen Wert von 1.500 EUR. Demzufolge ist V berechtigt, seine Gegenleistung für den Gebrauchtwagen lediglich um 1.200 EUR (2.700 EUR – 1.500 EUR) zu mindern; K behält seinen Neuwagenrabatt.

---

35 Hk-BGB/*Saenger* § 441 Rn. 2; Erman/*Grunewald* § 441 Rn. 2; aA Palandt/*Weidenkaff* § 441 Rn. 9 f.
36 Vgl. oben II. c).
37 So *Reinking/Eggert* Autokauf Rn. 1578; *Pfister* MDR 1968, 361 (365 bei Fn. 52).

2. Rechtsfolge

Gem. § 441 IV 1 BGB ist K daher zur »Erstattung des Kaufpreises« – unter entsprechender Geltung des § 346 I BGB, vgl. § 441 IV 2 BGB – an V verpflichtet. Fraglich ist, was dies im Rahmen einer Annahme an Erfüllungs statt (§§ 364 I, 365 BGB) bedeutet.

Eine Mindermeinung nimmt an, dass die gem. § 364 I BGB erloschene Forderung automatisch in Höhe des Minderungsbetrags wiederauflebt,[38] eine andere gibt dem Gläubiger (hier V) eine neue Forderung,[39] während die überwiegende Auffassung[40] davon ausgeht, dass der Schuldner (hier K) lediglich zur Wiederbegründung der ursprünglichen Forderung verpflichtet[41] ist.

Der erstgenannten Auffassung stehen Wortlaut und Systematik der §§ 441 IV 1 und 346 I BGB entgegen, die letztlich von einer Verpflichtung des Käufers, das Erlangte zurückzugeben, nicht aber von einer automatisch eintretenden Rechtsänderung ausgehen.[42] Dabei entspricht wohl die Wiederbegründung der ursprünglichen Forderung in Höhe des Minderungsbetrags am ehesten einer »Rückgewähr« der durch die Annahme an Erfüllungs statt erlangten Forderungstilgung. Da eine solche Novation möglich ist, fehlt es an einem Grund, dem Gläubiger lediglich eine neue Forderung, also ein aliud, zuzusprechen. Andernfalls wären auch nicht die für die ursprüngliche Forderung bestehenden Sicherheiten wiederzubestellen,[43] wodurch der Gläubiger ohne Not schlechter gestellt wird.

Eine Streitentscheidung ist hier aber entbehrlich, da alle drei Auffassungen zu demselben Ergebnis gelangen. Die beiden zuerst genannten Auffassungen geben dem Gläubiger (V) einen unmittelbar gegen den Schuldner (K) gerichteten Zahlungsanspruch. Zwar besteht nach der hM ein solcher Zahlungsanspruch im Prinzip nicht, sondern nur ein Anspruch auf Wiederbegründung der Forderung in ihrer ursprünglichen Form. Aus prozessökonomischen Gründen wird der Gläubiger

---

38 *Fikentscher/Heinemann* SchuldR § 39 I 1, der auf den Verfügungscharakter der Leistung an Erfüllungs statt abstellt; *Larenz* SchuldR AT § 18 IV; *Harder* Die Leistung an Erfüllung statt, 1976, 173 ff., der die Erfüllungswirkung einer mangelhaften Leistung verneint; AG Langen ZfS 1995, 457 (458).

39 Staudinger/*Olzen* (2011) § 365 Rn. 26. Um was für eine Forderung es sich im Einzelnen handelt, wird nicht klar, möglicherweise um einen Anspruch auf Wertersatz nach § 346 II Nr. 1 BGB (vgl. Staudinger/*Olzen* (2011) § 365 Rn. 20).

40 OLG Hamm NJW-RR 1988, 266; BGHZ 46, 338 (342); Erman/*Buck-Heeb* § 365 Rn. 2; Palandt/*Grüneberg* § 365 Rn. 2; Soergel/*Schreiber* § 365 Rn. 2; RGRK/*Weber* § 365 Rn. 3.

41 Im Falle des Schadensersatzes (§§ 437 Nr. 3, 440 iVm §§ 280, 281, 283, 311a) soll dieser Anspruch beispielsweise aus § 249 I, im Falle des Rücktritts (§§ 437 Nr. 2, 440, 323, 336 V) aus § 346 I BGB folgen, vgl. MüKoBGB/*Fetzer* § 365 Rn. 3.

42 Dieses Argument ist zugegebenermaßen nur eingeschränkt zwingend, da nach § 365 BGB die Gewährleistungsvorschriften lediglich »in gleicher Weise« angewendet werden sollen und deshalb für den Sonderfall des § 365 BGB keine unmittelbare Argumentationskraft besitzen können. *Fikentscher* SchuldR § 39 I 1 lehnt die Anwendung von § 346 I BGB wegen des Verfügungscharakters der Leistung an Erfüllungs statt ab.

43 Vgl. Staudinger/*Olzen* (2011) § 365 Rn. 21. Zuzugeben ist aber, dass der Wert des Anspruchs auf Wiederbestellung ehemaliger Sicherheiten bei Weigerung der Sicherungsgeber ausgeschlossen ist und ein darauf gründender Schadensersatzanspruch gegen den Schuldner in der Regel wirtschaftlich sinnlos ist, vgl. MüKoBGB/*Wenzel* § 365 Rn. 3.

aber nach der hM – ähnlich wie bei der Minderung nach früherem Recht[44] – als berechtigt angesehen, unmittelbar auf die Erfüllung der wiederzubegründenden Forderung zu *klagen*.[45] Vereinzelt wird dem Gläubiger sogar das Recht zuerkannt, aus dem Anspruch auf Wiederbegründung der ursprünglichen Forderung unmittelbar die Erfüllung dieser Forderung zu *verlangen*.[46] Im Ergebnis steht dem Gläubiger somit auch nach der hM – zumindest prozessual – ein Zahlungsanspruch zu.

3. Ergebnis

V hat daher einen Anspruch gegen K auf Zahlung (bzw. Wiederbegründung der ursprünglichen Forderung aus § 433 II BGB und dann auf Zahlung) in Höhe von 1.200 EUR gem. §§ 365, 364 I, 437 Nr. 2 Alt. 2, 441 I, III, IV, 346 I BGB.

B. Endergebnis

Ein Anspruch des V gegen K auf Kaufpreiszahlung besteht nicht.

V kann von dem Kaufvertrag mit K nur insgesamt zurücktreten (eine entsprechende Erklärung liegt aber nicht vor). Eine Rückabwicklung lediglich hinsichtlich des in Zahlung genommenen Gebrauchtwagens des K ist dagegen ausgeschlossen.

Soweit V am Kaufvertrag festhält, kann V mindern und von K die Zahlung (bzw. die Wiederbegründung der ehemaligen Kaufpreisforderung und sodann Zahlung) in Höhe von 1.200 EUR verlangen.

Zur Vertiefung: *Bülow*, Grundfragen der Erfüllung und ihrer Surrogate, JuS 1991, 529; *Dubischar*, Alt gegen neu beim Kauf, JZ 1969, 175; *Gernhuber*, Die Erfüllung und ihre Surrogate sowie das Erlöschen der Schuldverhältnisse aus anderen Gründen, 2. Aufl. 1994; *Honsell*, Sachhaftung bei Neuwagenkauf mit Inzahlungnahme eines Gebrauchtwagens, Jura 1983, 523; *Öhler*, Die Inzahlungnahme gebrauchter Kraftfahrzeuge, JZ 1979, 787; *Schulin*, Die Inzahlungnahme von Altwagen beim Neuwagenkauf, JA 1984, 379.

---

44 Nach früherer Rechtslage war die Minderung nicht als Gestaltungsrecht, sondern als ein gegen den Verkäufer gerichteter Anspruch auf Herabsetzung des Kaufpreises (vgl. § 465 BGB aF) konzipiert. Weigerte sich der Verkäufer, konnte der Käufer trotzdem – zumindest iE – nach der überwiegenden Auffassung (Herstellungstheorie; Theorie des richterlichen Gestaltungsakts; gemischte Theorie, aA war nur die Vertragstheorie) unmittelbar auf die Erfüllung der sich aus dem abzuschließenden Minderungsvertrag ergebenden Rechtsfolgen klagen, vgl. Palandt/*Putzo* (61. Aufl.) § 465 Rn. 3 ff.

45 BGHZ 46, 338, 342; RGRK/*Weber* § 365 Rn. 3; Erman/*Buck-Heeb* § 365 Rn. 2; Palandt/*Grüneberg* § 365 Rn. 2.

46 MüKoBGB/*Fetzer* § 365 Rn. 3 (»unmittelbar [...] fordern«); Bamberger/Roth/*Dennhardt* § 365 Rn. 4 (»unmittelbar die (Rück-)Abwicklung auf der Grundlage der früheren Rechtslage verlangen«).

7. Fall: Spektakulärer Kurzschluss[1]

Sachverhalt

Bauunternehmer A hat den Auftrag erhalten, eine Schleuse zu errichten. Hierfür benötigt er einen Baustromverteiler, um die Baustelle mit Strom versorgen zu können. Er wendet sich deswegen an B, der als Händler eine Vielzahl solcher Geräte anbietet. A legt besonderen Wert darauf, dass der Baustromverteiler auch zum Dauerbetrieb geeignet ist. Eine entsprechende Frage wird von B ausdrücklich bejaht, woraufhin A den Baustromverteiler bei B bestellt.

Da B selbst solche Baustromverteiler nicht herstellt, bestellt er seinerseits beim Hersteller C. Anfang März liefert C den Baustromverteiler unmittelbar auf die Baustelle. Dort wird er Ende April von Angestellten des B angeschlossen und in Betrieb genommen. Anfang Juni kommt es in dem Baustromverteiler zu einem Kurzschluss, der den Zusammenbruch der Wasserhaltung auf der Baustelle und deren Überflutung zur Folge hat. Der Betrieb auf der Baustelle kommt dadurch für etwa sechs Wochen zum Erliegen. Im Zusammenhang mit dem Herauspumpen des Wassers und der Bauverzögerung entsteht A ein Schaden von 500.000 EUR.

Bei der anschließenden Untersuchung stellt sich heraus, dass es zum Kurzschluss kam, weil im Herstellerwerk des C die Leitungstrenner[2] des Baustromverteilers nicht sachgerecht montiert und darüber hinaus bei der Verdrahtung versäumt worden war, die Muttern richtig anzuziehen. Deswegen war der Baustromverteiler auch nicht zum Dauerbetrieb geeignet. Dies alles war für B jedoch nicht erkennbar, da er den Baustromverteiler bereits fertig montiert übernommen hatte.

Wegen des Schadensersatzes wendet sich A Ende Juli zunächst an C und dann an B. Zu Recht?

Abwandlung: In einem Rechtsstreit des A gegen B kommt es zu einem Prozessvergleich über 300.000 EUR. Der Schaden wird von dem Haftpflichtversicherer des B, der V-Versicherung (V), ersetzt. V ist der Auffassung, C habe den Schaden schuldhaft verursacht.

Im November wendet sich V an C, um bei diesem Rückgriff zu nehmen. Zu Recht?

---

1 Der Sachverhalt ist dem »Baustromverteiler-Fall« (BGH NJW 1992, 41 f.) nachgebildet.
2 Zu diesem Begriff vgl. *Foerste* NJW 1992, 27, Fn. 3.

Lösungsvorschlag

A. Ausgangsfall: Ansprüche des A gegen C und B auf Ersatz von 500.000 EUR

I. Schadensersatzansprüche des A gegen C

1. Anspruch aus § 823 I BGB (Eigentumsverletzung bzgl. Baustoffe etc.)

A könnte gegen C ein Anspruch auf Ersatz der ihm entstandenen Schäden aus § 823 I BGB zustehen. Dazu muss die Verletzung eines der in der Vorschrift genannten Rechte und Rechtsgüter gegeben sein. Da der Kurzschluss im Baustromverteiler den Zusammenbruch der Wasserhaltung auf der Baustelle und deren Überflutung zur Folge hatte, ließe sich an eine Eigentumsverletzung im Hinblick auf möglicherweise auf der Baustelle gelagerte Baustoffe, Gerätschaften etc. denken. Letztlich fehlt es jedoch an ausreichenden Anhaltspunkten, um insoweit eine Eigentumsverletzung anzunehmen.[3]

2. Anspruch aus § 823 I BGB (Eigentumsverletzung bzgl. Baustromverteiler)

Es könnte jedoch im Hinblick auf den Baustromverteiler, den A nach § 929 S. 1 BGB[4] von B zu Eigentum erworben hat, eine Eigentumsverletzung anzunehmen sein. Hieran bestehen jedoch deswegen Zweifel, weil A wegen der nicht sachgerechten Montage der Leitungstrenner und Muttern niemals eine fehlerfreie Eigentumsposition erlangt hat. Ob und wann unter diesen Umständen gleichwohl eine Eigentumsverletzung anzunehmen ist, wird unterschiedlich beurteilt. Die Rechtsprechung bejaht das Vorliegen einer Eigentumsverletzung (über die Figur des sog. »weiterfressenden Schadens«), wenn es aufgrund des Fehlers, der auf ein funktionell abgrenzbares Einzelteil beschränkt ist, zur Beschädigung oder Zerstörung des im Übrigen zunächst noch einwandfreien Produkts kommt.[5] Ob die fehlerhaften Leitungstrenner oder die nicht richtig montierten Muttern als funktionell abgrenzbares Einzelteil des Baustromverteilers angesehen werden können, erscheint zumindest fraglich.[6] Eine abschließende Stellungnahme zu dieser Frage kann jedoch dahinstehen, da sich dem Sachverhalt nicht entnehmen lässt, dass der durch diese Mängel ausgelöste Kurzschluss zu weiteren Schäden am Baustromverteiler geführt hat. Eine Eigentumsverletzung liegt demnach nicht vor.

---

3 **Klausurtipp:** Der Sachverhalt hätte sonst entsprechende Hinweise gegeben. Sollte man zu einem anderen Ergebnis kommen, muss man gleichwohl zur Problematik des weiterfressenden Mangels (s. sogleich A. I. 2.) Stellung nehmen. Die Kosten für das Abpumpen des Wassers gehen nämlich nicht auf beeinträchtigte Baustoffe oder zerstörte Gerätschaften zurück – es würde insofern also an der sog. haftungsausfüllenden Kausalität nach § 249 I BGB fehlen –, sondern allein auf den defekten Baustromverteiler. Nur wenn sich bzgl. des Baustromverteilers eine Eigentumsverletzung bejahen lässt, kann A auch die Kosten für das Abpumpen ersetzt verlangen. Entsprechendes würde für den Schaden am Baustromverteiler selbst gelten, nach dem hier jedoch nicht gefragt ist.

4 In Verbindung mit der Konstruktion des sog. Geheißerwerbs, vgl. hierzu zB *Baur/Stürner* SachenR § 51 Rn. 17.

5 Vgl. BGHZ 86, 256 (261) – Gaszug.

6 Als eher deutlichen Fall kann man sich »Autoreifen und Auto« merken (BGH NJW 1978, 2241). Vgl. auch die anschauliche Darstellung von Soergel/*Huber*, 13. Aufl. 2010, Vor § 459 Rn. 264 ff.

3. Anspruch aus § 823 I BGB (Recht am eingerichteten und ausgeübten Gewerbebetrieb)

Ein Anspruch auf Schadensersatz nach § 823 I BGB könnte aber unter dem Gesichtspunkt des Eingriffs in das Recht am eingerichteten und ausgeübten Gewerbebetrieb bestehen.

a) Rechtsgutsverletzung

Hierzu muss zunächst eine Rechtsgutsverletzung vorliegen. Das Recht am eingerichteten und ausgeübten Gewerbebetrieb ist als sonstiges Recht iSv § 823 I BGB anerkannt. Erforderlich ist ein unmittelbarer bzw. betriebsbezogener Eingriff in den Gewerbebetrieb.

aa) Beim Recht am eingerichteten und ausgeübten Gewerbebetrieb handelt es sich um einen Auffangtatbestand, der nur eingreift, soweit keine andere Anspruchsgrundlage gegeben ist. Der Anspruch ist also subsidiär.[7] Andere Ansprüche sind jedoch nicht ersichtlich.[8]

bb) Die von A unternommene Tätigkeit, der Bau einer Schleuse, könnte als Gewerbebetrieb zu qualifizieren sein. Der Begriff des Gewerbebetriebs iSd Rechtsprechung ist nicht etwa gleichzusetzen mit dem des § 1 II HGB. Erfasst ist vielmehr jedes Unternehmen.[9] Es genügt, dass der Betrieb auf eine gewisse Dauer angelegt ist und dass mit ihm die Erzielung von Gewinn angestrebt wird.[10] Der Bau einer Schleuse nimmt mindestens mehrere Monate in Anspruch. Die Tätigkeit des A ist also auf Dauer angelegt. Auch will er mit der Durchführung des Bauvorhabens Gewinn erzielen. Ein Gewerbebetrieb liegt daher vor.

cc) Indem C den A mit dem mangelhaften Baustromverteiler belieferte, griff er in diesen Gewerbebetrieb ein. Zu prüfen bleibt, ob dies auch unmittelbar bzw. betriebsbezogen geschah. Dies ist nach Ansicht des BGH zu bejahen, wenn sich der Eingriff seiner objektiven Stoßrichtung nach gegen den betrieblichen Organismus oder die unternehmerische Entscheidungsfreiheit richtet.[11] Es genügt hingegen nicht, wenn der Betrieb von dem Eingriff nur mittelbar betroffen wird, zB wenn ein Arbeitnehmer des Betriebs verletzt wird. Hier hat der defekte Baustromverteiler dafür gesorgt, dass die gesamte Baustelle zum Erliegen kam. Der Eingriff hat somit unmittelbar den Betrieb getroffen.[12]

dd) C hat folglich ein von § 823 I BGB erfasstes Recht des A verletzt.

---

7 BGHZ 43, 359, 361; 55, 153, 158.
8 **Klausurtipp:** Hätte sich eine Beeinträchtigung von Baustoffen oder Gerätschaften (s. oben A. I. 1.) feststellen lassen oder wäre bzgl. des Baustromverteilers eine Eigentumsverletzung zu bejahen gewesen (oben A. I. 2.), wäre ein Rückgriff folglich nicht zulässig gewesen. Auf diesen Aspekt weist zu Recht Soergel/*Spickhoff* § 823 Anh V Rn. 16 hin. Die Rechtsprechung ist hier häufig weniger genau; sie greift teilweise schnell auf das Recht am eingerichteten und ausgeübten Gewerbebetrieb zurück, ohne an die einzelnen Gegenstände bzw. Rechte anzuknüpfen.
9 **Merke:** Deshalb vermeiden auch verschiedene Autoren den Begriff des »Rechts am eingerichteten und ausgeübten Gewerbebetrieb« und sprechen stattdessen von »Unternehmensschutz« (zB MüKoBGB/*Wagner* § 823 Rn. 250 ff.; Hk-BGB/*Staudinger* § 823 Rn. 115).
10 *Brox/Walker* SchuldR BT § 45 Rn. 19; Hk-BGB/*Staudinger* § 823 Rn. 121.
11 BGH ZIP 1998, 1033 (1035).
12 Vgl. auch BGH NJW 1992, 41 (42).

b) Das muss in rechtswidriger Weise geschehen sein. Grundsätzlich indiziert die Rechtsverletzung die Rechtswidrigkeit. Anders ist dies nach hM hingegen bei sog. Rahmenrechten,[13] zu denen auch das Recht am eingerichteten und ausgeübten Gewerbebetrieb zählt. Hier muss im Wege einer Interessenabwägung die Rechtswidrigkeit der Rechtsverletzung gesondert festgestellt werden.[14] Umstände, die C entlasten könnten, sind hier indessen nicht ersichtlich, sodass die Interessenabwägung zugunsten des A ausgeht. Damit war die Rechtsverletzung auch rechtswidrig.

c) Schließlich muss C schuldhaft iSv § 276 I 1 BGB gehandelt haben.

Insoweit ließe sich der Standpunkt vertreten, C habe die im Verkehr erforderliche Sorgfalt (§ 276 II BGB) deswegen außer Acht gelassen, weil er ein Gerät auslieferte, das mit technischen Defekten behaftet war. Das Verschulden bemisst sich nach der sogenannten objektiv typisierten Theorie anhand der zu erwartenden Fähigkeiten und Kenntnisse eines Angehörigen der jeweiligen Berufsgruppe.[15] Dabei ist jedoch zu berücksichtigen, dass diese Defekte weder auf einen Konstruktionsfehler noch einen allgemeinen Produktionsfehler zurückgingen. Vielmehr scheint es, als seien im Einzelfall die Leitungstrenner nicht ordnungsgemäß montiert sowie die Muttern nicht in gebotenem Maße festgezogen worden. Dann würde es sich um einen bloßen sog. Ausreißer handeln, der den Verschuldensvorwurf entfallen ließe.[16] Es kann aber auch sein, dass diese Fehler schon häufiger vorgekommen sind. Dann wäre ein Verschulden des C ebenfalls zu bejahen, und sei es unter dem Gesichtspunkt mangelnder Überwachung.

Der Sachverhalt ist in diesem Punkt also nicht eindeutig, was grundsätzlich zulasten des Anspruchstellers geht. Denn er muss die ihm günstigen Tatsachen beweisen, also insbesondere diejenigen, welche die Voraussetzungen eines Anspruchs begründen. Zu beachten bleibt jedoch, dass die Rechtsprechung unter weitgehender Billigung durch die Lehre dem Hersteller einer Sache eine weitreichende Beweislastumkehr aufbürdet. *Er* muss beweisen, dass ihn *kein* Verschulden trifft.[17] Da dies nicht geschehen ist, ist schon deshalb von einem Verschulden des C auszugehen.

d) Nach § 249 I BGB ist C verpflichtet, für eine nicht überschwemmte Baustelle zu sorgen, auf der durchgehend gearbeitet wurde. Da dies nicht möglich ist (§ 251 I 1. Fall BGB), hat er die entstandenen Nachteile (Kosten für das Abpumpen, Produktionsausfall) in Geld auszugleichen.

e) A kann von C also Zahlung von 500.000 EUR nach § 823 I BGB verlangen.[18]

---

13 Vgl. hierzu *Medicus/Lorenz* SchuldR BT Rn. 1308.
14 Vgl. BGHZ 24, 72 (80).
15 *Marburger/Sutschet* 20 Probleme SchuldR AT 41.
16 Vgl. hierzu Jauernig/*Teichmann* § 823 Rn. 134 mwN. So auch Erman/*Schiemann* § 823 Rn. 117, der jedoch meint, dass Ausreißer nahezu ausgeschlossen sind.
17 BGHZ 51, 91 (103 ff.); 80, 186 (196 ff.); vgl. auch BGHZ 116, 104 (107).
18 **Hinweis:** Die Entscheidung des BGH findet in der Literatur vom Ergebnis her Zustimmung, in ihrer Begründung jedoch Kritik. Um im Rahmen des § 823 I BGB den Ersatz reiner Vermögensschäden auszuschließen, stellt der BGH strenge Anforderungen an eine Eigentumsverletzung und lehnt diese hier konsequent ab. Zugleich wird aber Ersatz dieser Schäden gewährt, indem ein betriebsbezogener Eingriff in den Gewerbebetrieb bejaht wird (vgl. hierzu *Foerste* NJW 1992, 27 [28]). In der Rechtsprechung ist die Tendenz einer Aufweichung der Grenzen vertraglicher und deliktischer Anspruchsgrundlagen zu beobachten, die letztlich über die Ausweitung des Eigentumsschutzes in eine Generalklausel einmündet. Vgl. BGHZ 51, 91 (102 ff.) – Hühnerpest.

4. Daneben könnte ein Anspruch nach § 1 I 1 ProdHaftG gegeben sein. Dies erfordert als erstes, dass eines der genannten Rechtsgüter durch ein Produkt des C beeinträchtigt wurde. In Betracht kommt eine Sachbeschädigung bzgl. des Baustromverteilers. Dieser stellt jedoch keine andere Sache als das fehlerhafte Produkt dar (§ 1 I 2 ProdHaftG). Im Übrigen ist der Baustromverteiler auch nicht für den privaten Gebrauch bestimmt. Der Anspruch ist folglich nicht gegeben.

II. Schadensersatzansprüche des A gegen B

1. Anspruch aus §§ 437 Nr. 3, 280 I BGB

A könnte gegen B einen Anspruch auf Schadensersatz iHv 500.000 EUR nach §§ 437 Nr. 3, 280 I BGB haben.

a) Voraussetzungen

aa) Bei der Vereinbarung zwischen A und B über die Lieferung des Baustromverteilers handelt es sich um einen Kaufvertrag.

bb) Des Weiteren muss der Baustromverteiler einen Sachmangel iSd § 434 BGB gehabt haben. Dies ist nach § 434 I 1 BGB der Fall, wenn er bei Gefahrübergang nicht die vertraglich vereinbarte Beschaffenheit aufwies.[19] A hatte B auf die besondere Bedeutung der Eignung zum Dauerbetrieb für das Bauvorhaben hingewiesen. Indem B eine entsprechende Eignung bestätigte, ist zwischen ihnen eine Beschaffenheitsvereinbarung getroffen worden. Da der Baustromverteiler tatsächlich aber nicht zum Dauerbetrieb geeignet war, liegt eine nachteilige Abweichung von der vereinbarten Beschaffenheit und damit ein Sachmangel iSd § 434 I 1 BGB vor. Wie sich bei der Untersuchung gezeigt hat, war dieser Mangel schon bei der Montage des Baustromverteilers verursacht worden und lag somit bereits bei Gefahrübergang (§ 446 S. 1 BGB) vor.

cc) Zudem sind weder Anhaltspunkte für die Kenntnis oder grob fahrlässige Unkenntnis des Mangels seitens A (§ 442 I BGB) noch für einen Gewährleistungsausschluss gegeben (§ 444 BGB).

dd) Aufgrund der nach § 433 I 2 BGB bestehenden Verpflichtung des Verkäufers, dem Käufer die Sache frei von Sachmängeln zu verschaffen, liegt in der Lieferung einer mangelhaften Sache stets eine nach dem Tatbestand der §§ 437 Nr. 3, 280 ff. BGB erforderliche Pflichtverletzung,[20] deren gesonderte Prüfung sich damit erübrigt.

ee) Schließlich muss B das Vorliegen des Mangels zu vertreten haben (§§ 437 Nr. 3, 280 I 2 BGB); dies ist im Zweifel zu vermuten (§ 280 I 2 BGB).[21] Was B zu vertreten hat, bestimmt sich nach § 276 BGB.

---

19 § 434 BGB stellt primär auf den subjektiven (§ 434 I 1, 2 Nr. 1 BGB) und nur subsidiär auf den objektiven Fehlerbegriff (§ 434 I 2 Nr. 2 BGB) ab.

20 Erman/*Grunewald* § 437 Rn. 12.

21 **Merke:** Nach der allgemeinen Grundregel der Beweislast muss der Anspruchsteller alle anspruchsbegründenden, der Anspruchsgegner alle rechtshindernden, -vernichtenden und -hemmenden Umstände beweisen. Aufgrund der Negativformulierung des § 280 I 2 BGB handelt es sich beim »Nichtvertretenmüssen« um einen Einwendungstatbestand, den daher der Schädiger (also der Anspruchsgegner) zu beweisen hat. Insofern wirkt § 280 I 2 BGB bei der Anspruchsprüfung wie eine Vermutung. Gleichwohl ist in einem Gutachten zu dieser Frage Stellung zu nehmen, wenn der Sachverhalt Anlass hierzu gibt.

(1) Unterlassen einer Überprüfung

Gem. § 276 I 1 BGB hat B grundsätzlich Fahrlässigkeit und Vorsatz zu vertreten. Fahrlässig handelt, wer die im Verkehr erforderliche Sorgfalt außer Acht lässt (§ 276 II BGB). Möglicherweise hat B in diesem Sinne fahrlässig gehandelt, indem er es unterlassen hat, den gelieferten Baustromverteiler vor Inbetriebnahme auf seine Funktionstüchtigkeit hin zu überprüfen. Eine Untersuchungspflicht des Verkäufers ist allerdings im Regelfall nicht anzuerkennen und besteht nur ausnahmsweise bei entsprechender Verkehrsübung oder handgreiflichen Anhaltspunkten für einen Mangel.[22]

B konnte auch grundsätzlich davon ausgehen, dass die von C hergestellten Sachen mangelfrei waren. Damit stellt die Einschaltung des Herstellers C in die Abwicklung der Bestellung keinen eine Untersuchungspflicht begründenden Umstand dar. Von einem »handgreiflichen Anhaltspunkt« könnte erst ausgegangen werden, wenn ihm C als unzuverlässig bekannt war (etwa bei wiederholter fehlerhafter Belieferung).[23] In Ermangelung anderer Umstände ist daher eine Untersuchungspflicht und mithin ein Verschulden des B insoweit zu verneinen. Doch selbst wenn man von dem Bestehen einer Untersuchungspflicht ausginge, wäre das Verschulden des B zu verneinen, weil der Mangel auch bei einer ordnungsgemäßen Untersuchung nicht zu erkennen war.[24] Ein eigenes Verschulden des B infolge Fahrlässigkeit liegt daher in keinem Fall vor. Da auch ein Verschulden des C nach dem Sachverhalt nicht ersichtlich ist, kommt eine Zurechnung fremden Verschuldens nach § 278 S. 1 BGB ebenfalls nicht in Betracht.[25]

(2) Übernahme einer Garantie

Der Verkäufer hat eine mangelhafte Leistung aber auch dann gem. § 276 I 1 aE BGB zu vertreten, wenn er die Mangelfreiheit garantiert hat.[26] Möglicherweise hat B eine solche Garantie übernommen, indem er die Frage des A nach der Eignung des Verteilers zum Dauerbetrieb ausdrücklich bejaht hat.

Eine Garantie ist die Erklärung des Verkäufers, für das Vorliegen bestimmter Beschaffenheitsmerkmale und alle Folgen ihres Fehlens einstehen zu wollen.[27] Nicht

---

22 Erman/*Grunewald* § 437 Rn. 25 f. iVm § 433 Rn. 33; BGH ZIP 1994, 1863 (1867).

23 Vgl. Erman/*Grunewald* § 437 Rn. 25 f. iVm § 433 Rn. 33.

24 **Merke:** Diese Kausalitätserwägung ist nur auf den ersten Blick für eine Verschuldensprüfung ungewöhnlich. Soweit man nämlich bei der Feststellung des Verschuldens (für die Lieferung einer mangelhaften Sache) auf die Vornahme oder Unterlassung einer bestimmten Handlung abstellt, ist damit notwendigerweise auch die Frage nach deren Kausalität zu stellen. Diese Situation ist vergleichbar mit der Prüfung der haftungsbegründenden Kausalität zwischen Handlung und Rechtsgutverletzung im Rahmen des § 823 I BGB. Die haftungsausfüllende Kausalität zwischen Rechtsgutverletzung (bei § 823 I BGB) bzw. Pflichtverletzung (bei §§ 280 ff. BGB) und Schaden verläuft bei deliktischer und vertraglicher Haftung dann vollständig parallel.

25 **Klausurtipp:** Insbesondere kann C nicht als Erfüllungsgehilfe des B hinsichtlich einer Überprüfung der Kaufsache angesehen werden, da schon B selbst keine solche Verpflichtung trifft und C daher insoweit nicht »im Pflichtenkreis« des B tätig werden kann; stRspr., vgl. BGHZ 48, 118 (120 f.); 177, 224 (235); 181, 317 (325); ebenso Hk-BGB/*Schulze* § 278 Rn. 10.

26 **Merke:** Mit der Aufnahme der Garantie in § 276 I 1 BGB wollte der Gesetzgeber in erster Linie sowohl die Eigenschaftszusicherung nach § 463 aF BGB als auch sonstige Garantien bei Kauf-, Miet- und Werkverträgen erfassen, BT-Drs. 14/6040, 132.

27 Palandt/*Grüneberg* § 276 Rn. 29; Erman/*Grunewald* § 437 Rn. 27.

erforderlich ist eine wörtliche oder ausdrückliche Garantieübernahme; eine konkludente Erklärung genügt.[28] Dabei ist durch Auslegung nach §§ 133, 157 BGB zu ermitteln, ob die auf eine Eigenschaft des Kaufgegenstandes bezogene Aussage des Verkäufers lediglich der Beschreibung dient oder aber eine Beschaffenheitsvereinbarung iSd § 434 I 1 BGB oder sogar eine Garantie iSd § 276 I 1 BGB darstellt.

Insbesondere wenn der Käufer erkennbar auf das Vorhandensein einer bestimmten Eigenschaft der Kaufsache Wert legt und davon den Vertragsschluss abhängig macht, kann die Erklärung des Verkäufers, der daraufhin die Kaufsache mit der verlangten Eigenschaft anbietet, als Garantie zu verstehen sein.[29] Die Eignung des Baustromverteilers zum Dauerbetrieb war für A von besonderer Bedeutung und – das zeigt seine gezielte Nachfrage – conditio sine qua non für den Vertragsschluss; insofern liegt die Annahme eines Garantiewillens bei B nahe. Dagegen spricht aber, dass B das Vorliegen dieser Eigenschaft gar nicht feststellen konnte, weil sich der Verteiler noch beim Hersteller befand und er deshalb aus eigenem Wissen gar keine Angaben machen konnte.[30] Allerdings handelt es sich bei B um einen Fachmann, bei dem eher als bei einer Privatperson zu vermuten ist,[31] dass er »weiß, was er sagt«, und deshalb für seine Aussagen auch einstehen will. Ins Gewicht fällt hier vor allem, dass B die gezielte Frage des A nach der Möglichkeit des Dauerbetriebes ausdrücklich bejaht hat.[32] Dieses Verhalten konnte ein objektiver Empfänger nicht anders als im Sinne einer Garantie verstehen.

B hat somit den vorliegenden Mangel gem. § 276 I 1 aE BGB verschuldensunabhängig zu vertreten.

b) Rechtsfolge

Gem. §§ 437 Nr. 3, 280 I 1 BGB hat B den durch die Mangelhaftigkeit entstandenen Schaden zu ersetzen. Wie sich aus der Systematik der §§ 280 ff. BGB und insbesondere aus § 280 III BGB ergibt, erfasst § 280 I 1 BGB nur die über das Erfüllungsinteresse (an einer mangelfreien Leistung) hinausgehenden Vermögensnachteile (die sog. Mangelfolgeschäden bzw. den »Schaden *neben* der Leistung«), also diejenigen Schäden, die nicht die Mangelhaftigkeit der Sache selbst betreffen.[33]

Fordert der Käufer hingegen den Ersatz des den Mangel unmittelbar (oder dessen Nichtbeseitigung) betreffenden Schadens (den sog. Mangelschaden oder auch »Schadensersatz *statt* der Leistung«), bedarf es als zusätzlicher Voraussetzung (vgl. § 280 III BGB) unter anderem des erfolglosen Ablaufs einer angemessenen Frist zur Nacherfüllung. Hierin liegt der sog. Vorrang der Nacherfüllung, wonach dem Verkäufer Mangelschäden erst anzulasten sind, wenn er zuvor die Möglichkeit zur Behebung hatte. Dagegen macht bei § 280 I 1 BGB eine Fristsetzung zur Nacherfüllung

---

28 Erman/*Grunewald* § 437 Rn. 28.
29 Vgl. BGHZ 128, 111 (115).
30 Vgl. BGH ZIP 1996, 597 (599), der deswegen eine Zusicherung iSd § 463 aF BGB bei einem Neuwagenkauf verneint; Erman/*Grunewald* § 437 Rn. 28.
31 Erman/*Grunewald* § 437 Rn. 28.
32 So auch Erman/*Grunewald* § 437 Rn. 28.
33 ZB Betriebsausfallschäden, Verletzungen des Käufers an der mangelhaften Sache; vgl. etwa Hk-BGB/*Saenger* § 437 Rn. 9 ff.

keinen Sinn, da es für Mangelfolgeschäden gerade kennzeichnend ist, dass sie nicht durch eine Nacherfüllung behoben werden können.[34]

Den durch den Kurzschluss an dem Verteiler selbst entstandenen (Mangel-) Schaden könnte A daher nicht nach § 280 I 1 BGB, sondern allenfalls nach erfolgloser Fristsetzung gem. §§ 281 ff. BGB ersetzt verlangen. Dagegen handelt es sich bei den im Zusammenhang mit dem Leerpumpen der Baugrube und der Bauverzögerung entstandenen Schäden um Mangelfolgeschäden, die B nach § 280 I 1 BGB voll ersetzen muss.

c) A hat somit einen Anspruch gegen B auf Schadensersatz iHv 500.000 EUR aus §§ 437 Nr. 3, 280 I 1 BGB.[35]

2. Anspruch aus § 443 I iVm §§ 311, 241 BGB (Beschaffenheitsgarantie)

A könnte ein Anspruch aus einer Garantie gem. § 443 I iVm §§ 311, 241 BGB zustehen. Das Gesetz verwendet den Begriff der Garantie nicht einheitlich.[36] Eine Garantie iSd § 443 BGB unterscheidet sich von einer Garantie iSd § 276 I 1 BGB dadurch, dass sie sich auf Rechtsfolgen bezieht, die das Gesetz nicht vorsieht, also eine Besserstellung des Käufers im Vergleich zu seinen Rechten aus § 437 BGB darstellt (vgl. § 477 BGB[37]).[38] Eine solche (Garantie-) Erklärung hat B aber weder ausdrücklich, noch – in Ermangelung jedweder Anhaltspunkte für einen entsprechenden Willen – konkludent abgegeben. Damit scheidet ein Anspruch aus § 443 I iVm §§ 311, 241 BGB aus.

3. Anspruch gegen B aus § 823 I BGB

Es kommt aber § 823 I BGB als weitere Anspruchsgrundlage in Betracht. Die Verletzung eines absoluten Rechts liegt vor (s. oben A. I. 3. a, Recht am Gewerbebetrieb). Als Handlung des B ist allein auf das Unterlassen der Überprüfung abzustellen. Ein Unterlassen kann dem aktiven Tun nur dann gleichgestellt werden, wenn eine Pflicht zur Vornahme der entsprechenden Handlung besteht. Die Beantwortung dieser Frage kann hier jedoch dahin stehen, da es aufgrund der Unerkennbarkeit des Fehlers jedenfalls an der haftungsbegründenden Kausalität fehlte.[39]

IV. Demzufolge kann A sowohl von B als auch C Ersatz der ihm entstandenen Schäden iHv 500.000 EUR fordern. Dies wäre jedoch ein offensichtlich ungerechtes Ergeb-

---

34 **Hinweis:** Das wird hier am Beispiel der Überflutungs- und Betriebsausfallschäden ganz deutlich, an denen sich nichts ändern würde, selbst wenn B nun nacherfüllen und einen voll funktionstüchtigen Verteiler liefern würde.

35 **Hinweis:** Das Ergebnis fällt ebenso aus wie oben. Man sollte aber berücksichtigen, dass der »zum Schadensersatz verpflichtende Umstand« iSv § 249 I 1 BGB hier das Fehlen der garantierten Beschaffenheit (also die Mangelhaftigkeit) ist, während es beim Anspruch aus § 823 I BGB gegen C um die Auslieferung bzw. das Inverkehrbringen des Baustromverteilers ging.

36 Bamberger/Roth/*Faust* § 443 Rn. 5.

37 Da es sich bei A nicht um einen Verbraucher iSd § 13 BGB handelt, ist § 477 BGB im vorliegenden Fall nicht anwendbar.

38 Vgl. Erman/*Grunewald* § 443 Rn. 2; Jauernig/*Berger* § 443 Rn. 1; Bamberger/Roth/*Faust* § 443 Rn. 6; Hk-BGB/*Saenger* § 443 Rn. 1.

39 **Klausurtipp:** Bei der vertraglichen Haftung aus §§ 437 Nr. 3, 280 I 1 BGB war diese Frage dagegen im Rahmen des Verschuldens zu prüfen, vgl. dazu oben A. II. 1. a) ff) (1).

nis. Dass A die Leistung nur einmal zu fordern berechtigt ist (vgl. § 421 S. 1 BGB[40]), lässt sich aber unter Hinweis auf den Rechtsgedanken des § 840 I BGB und § 242 BGB begründen.

V. Ergebnis

A hat Ansprüche auf Ersatz der ihm entstandenen Schäden sowohl gegen C als auch gegen B. A kann die Zahlung von 500.000 EUR jedoch nur einmal verlangen.

B. Abwandlung: Ansprüche der V gegen C

I. Ansprüche aus eigenem oder abgetretenem Recht

Der V stehen gegen C keine unmittelbaren vertraglichen oder deliktischen Ansprüche zu. V könnte allenfalls einen Anspruch des B gegen C geltend machen. Insoweit kommt aber mangels Abtretungserklärung auch kein Anspruch aus abgetretenem Recht in Betracht.

II. Ansprüche aus übergegangenem Recht nach § 86 I 1 VVG

Auf V könnten aber die möglicherweise ihrem Versicherungsnehmer B zustehenden Ansprüche nach § 86 I 1 VVG[41] übergegangen sein. Zu prüfen ist also, ob B gegen C Ansprüche zugestanden haben.

1. B könnte gegen C ein eigener Schadensersatzanspruch aus §§ 437 Nr. 3, 280 I 1 BGB zustehen.

a) B hat zur Erfüllung des mit A geschlossenen Kaufvertrages seinerseits einen Kaufvertrag iSd § 433 BGB mit C geschlossen mit der Modifikation,[42] dass dieser direkt an den Abnehmer A des B liefern solle.

b) Die Kaufsache muss bei Gefahrübergang mangelhaft iSd § 434 BGB gewesen sein. B und C haben bei der Bestellung keine Beschaffenheit der Kaufsache vereinbart, sodass § 434 I 1 BGB nicht einschlägig ist. Möglicherweise eignet sich die Kaufsache aber nicht zu der nach dem Vertrag vorausgesetzten Verwendung (§ 434 I 2 Nr. 1 BGB). Für die Einbeziehung eines bestimmten Verwendungszwecks ist eine konkludente Übereinstimmung der Parteien erforderlich und ausreichend.[43] Zwar hat B für seinen Teil die Eignung des Gerätes zum Dauerbetrieb vorausgesetzt, da er eine entsprechende Vereinbarung mit A getroffen hatte. Jedoch ist nicht zweifelsfrei festzustellen, dass auch C diese Verwendung kannte. Die erforderliche Übereinstimmung der Parteien in dieser Hinsicht ist also nicht sicher. Ob darüber hinaus eine Übereinstimmung der Parteien »auf kleinerem Nenner« besteht, der der Verteiler wegen der unsachgemäßen Montage und Verdrahtung nicht gerecht wird, kann ebenfalls nicht

---

40 **Merke:** Dieser Punkt ist *Voraussetzung* des § 421 S. 1 BGB. § 421 S. 1 BGB selbst kann man also nicht als Begründung heranziehen.

41 **Hinweis:** Bei § 86 I 1 VVG handelt es sich um einen gesetzlichen Forderungsübergang (cessio legis). Die Vorschrift lautet: »*Steht dem Versicherungsnehmer ein Ersatzanspruch gegen einen Dritten zu, geht dieser Anspruch auf den Versicherer über, soweit der Versicherer den Schaden ersetzt.*«

42 **Hinweis:** Eine solche Absprache, auch *Streckengeschäft* genannt, ist in der Praxis nicht ungewöhnlich.

43 Hk-BGB/*Saenger* § 434 Rn. 11.

mit Sicherheit geklärt werden. Im Verhältnis B zu C kann ein Mangel daher nicht nach § 434 I 1, 2 Nr. 1 BGB (subjektiver Fehlerbegriff) begründet werden.

Ein Sachmangel könnte aber nach § 434 I 2 Nr. 2 BGB (objektiver Fehlerbegriff) bestehen. Ob sich ein Baustromverteiler gewöhnlich zum Dauerbetrieb eignet, lässt sich ohne entsprechendes Fachwissen[44] nicht beantworten; dass sich A ausdrücklich nach dieser Eigenschaft erkundigt, lässt eher auf das Gegenteil schließen. Jedenfalls aber weist der Verteiler infolge der unsachgemäßen Montage und Verdrahtung nicht diejenige Beschaffenheit auf, die bei Verteilern der gleichen Art üblich ist und die der Käufer erwarten kann, sodass die zweite der kumulativ erforderlichen Voraussetzungen des § 434 I 2 Nr. 2 BGB nicht gegeben ist.[45] Daher liegt ein Sachmangel nach § 434 I 2 Nr. 2 BGB vor.

c) Dieser Mangel könnte aber gem. § 377 III 2. Hs. HGB als genehmigt und damit nicht existent gelten, weil er nicht durch B rechtzeitig gegenüber C angezeigt worden ist.

(1) Zunächst muss eine Anzeige- bzw. Rügeobliegenheit nach § 377 I HGB bestanden haben. Erforderlich ist dafür, dass der Kauf für beide Teile ein Handelsgeschäft ist, was sich nach § 343 HGB bestimmt.

B ist Händler unter anderem von Baustromverteilern. Damit verfolgt er eine planvolle, offene, auf Dauer angelegte und erlaubte Tätigkeit mit Gewinnerzielungsabsicht, betreibt also ein Gewerbe. Nach § 1 II HGB ist zu vermuten, dass es sich um ein Handelsgewerbe handelt und B Kaufmann iSv § 1 I HGB ist. Tatsächlich erfordert der Handel mit einer Vielzahl solcher Geräte eine geordnete Buchführung, die Unterhaltung von diversen Geschäftsbeziehungen und die Verwaltung eines größeren Kundenstamms, also eines nach Art und Umfang in kaufmännischer Weise eingerichteten Geschäftsbetriebs. Entsprechendes gilt für C, der solche Geräte in größerem Umfang herstellt und vertreibt.[46] Der Kauf gehört auch für beide zum Betrieb des jeweiligen Handelsgewerbes, wofür im Zweifel auch die Vermutung des § 344 I HGB streitet. Somit liegt ein beidseitiger Handelskauf vor, weshalb B nach § 377 I HGB eine Untersuchungs- und Rügeobliegenheit trifft.

(2) Es muss sich weiter um einen Mangel handeln, der sich erst später gezeigt hat (sog. verdeckter Mangel; sonst wäre § 377 II HGB einschlägig). Dabei ist es unerheblich, ob die nach § 377 I HGB gebotene Untersuchung tatsächlich durchgeführt worden ist oder nicht; es genügt, dass der Mangel bei einer ordnungsgemäßen Untersuchung nicht aufgefallen wäre.[47] Selbst wenn B eine Untersuchung durchgeführt

---

44 **Merke:** Wenn ein Gericht eine solche Frage nicht aufgrund eigener Sachkunde beantworten kann, bietet sich im Prozess die Einholung eines Sachverständigengutachtens an, vgl. §§ 402 ff. ZPO.

45 **Merke:** Die Anwendung des § 434 BGB bereitet regelmäßig Probleme, weil er in direkter Rechtsfolge nicht bestimmt, wann eine Sache mangelhaft ist (so aber noch § 459 aF BGB), sondern wann sie »frei von Sachmängeln« ist. Daher fügt sie sich nicht ohne Weiteres in die Subsumtion unter § 437 BGB, der die *Mangelhaftigkeit* zur Voraussetzung hat. Bei der umgekehrten Anwendung ist aber Vorsicht geboten: So liegt beispielsweise ein Mangel »iSd § 434 I 2 Nr. 2 BGB« vor, wenn sich die Sache nicht für die gewöhnliche Verwendung eignet *oder* wenn sie nicht eine Beschaffenheit aufweist, die bei Sachen der gleichen Art üblich ist, *oder* wenn sie nicht eine Beschaffenheit aufweist, die der Käufer nach der Art der Sache erwarten kann.

46 **Hinweis:** Im Übrigen spricht nach der Formulierung des § 1 II HGB eine Vermutung dafür, dass das Unternehmen einen in kaufmännischer Weise eingerichteten Geschäftsbetrieb erfordert.

47 Baumbach/Hopt/*Hopt* § 377 Rn. 38.

hätte, wäre ihm der Mangel verborgen geblieben, weil der Verteiler bereits fertig montiert war.

(3) Gem. § 377 III 1. Hs. HGB war B deshalb verpflichtet, den Mangel nach dessen Entdeckung unverzüglich, dh ohne schuldhaftes Zögern (§ 121 I 1 BGB), dem C anzuzeigen.

Eine Mängelanzeige ist von B an C nicht erfolgt und wäre auch zum Zeitpunkt der Geltendmachung im November nicht mehr als unverzüglich anzusehen, da B jedenfalls bei der Inanspruchnahme durch A Ende Juli, also wenigstens zwölf Wochen vorher, von dem Mangel erfahren haben muss.

Möglicherweise kann aber die Inanspruchnahme des C durch den A Ende Juli als Anzeige im Verhältnis des B gegenüber C gewertet werden. Bei Streckengeschäften wie dem vorliegenden ist zwar allgemein anerkannt, dass der Zwischenhändler die Untersuchung des Kaufobjekts und die Mängelanzeige seinem Abnehmer überlassen kann.[48] Eine solche Gestaltung bedeutet aber im Verhältnis des Zwischenhändlers zu seinem Verkäufer lediglich eine Rügefristverlängerung,[49] grundsätzlich bleibt der Zwischenhändler selbst zur Anzeige verpflichtet und trägt das Risiko, dass der Abnehmer nicht ordnungsgemäß untersucht oder rügt.[50]

Im vorliegenden Fall liegen keine Anhaltspunkte für eine derartige Absprache zwischen A und B und damit auch nicht für eine entsprechende Ermächtigung des A zur Mängelanzeige unmittelbar gegenüber C vor. Doch selbst wenn man A insoweit als Vertreter ohne Vertretungsmacht[51] des B ansehen wollte, würde dem B eine Genehmigung gem. § 177 I BGB analog[52] nichts mehr nützen. Denn auch eine Anzeige des A wäre nicht unverzüglich iSd § 377 III 1. Hs. HGB erfolgt, nachdem A bereits Anfang Juni und spätestens nach Abschluss der Untersuchungen die Mangelhaftigkeit bekannt war, dies aber erst Ende Juli C gegenüber angemahnt hatte. Dass der Endabnehmer nicht untersucht oder Mängel nicht unverzüglich anzeigt, geht – selbst bei entsprechender Vereinbarung zwischen ihm und dem Zwischenhändler – allein zulasten des Zwischenhändlers. Denn es darf für den Verkäufer des Zwischenhändlers keinen Unterschied machen, ob Letzterer die Ware selbst bezieht oder an den Abnehmer liefern lässt.

Eine unverzügliche Mängelanzeige liegt deshalb nicht vor und der Mangel gilt gem. § 377 III 2. Hs. als genehmigt.

---

48 BGH NJW 1990, 1290.
49 **Merke:** Und zwar wird seine Rügefrist um die Zeit verlängert, die für die Untersuchung und Benachrichtigung durch den Abnehmer regelmäßig zu veranschlagen ist.
50 Vgl. EBJS/*Müller* § 377 Rn. 112; Röhricht/Graf v. Westphalen/*Wagner* § 377 Rn. 29 f.; s. auch BGH NJW 1990, 1290 für das Leasinggeschäft.
51 **Merke:** Auf die rechtsgeschäftsähnliche Handlung, zu denen auch die Mängelanzeige nach § 377 HGB zählt (Röhricht/Graf v. Westphalen/*Wagner* § 377 Rn. 25; Palandt/*Ellenberger* Überbl v § 104 Rn. 6), finden die §§ 164 ff. BGB analoge Anwendung (Palandt/*Ellenberger* Überbl v § 104 Rn. 7).
52 **Hinweis:** Von einem solchen Einverständnis ist – jedenfalls bei einer Delegation der Untersuchungs- und Rügeobliegenheit an den Endabnehmer – im Zweifel auszugehen, vgl. EBJS/*Müller* § 377 Rn. 68.

d) B hat somit keinen Anspruch aus §§ 437 Nr. 3, 280 I 1 BGB gegen C. Dasselbe gilt für sämtliche Rechte, die auf dem nicht oder zu spät gerügten Mangel beruhen.[53]

2. Es kommt aber ein Ausgleichsanspruch nach § 426 I 1 BGB in Betracht.

a) Erste Voraussetzung ist, dass B und C Gesamtschuldner sind. Dies ist nach § 421 BGB zu bejahen, da B und C beide zur ganzen Leistung verpflichtet sind, A die Leistung aber nur einmal zu fordern berechtigt ist (s. oben A. IV.). Dem steht nicht entgegen, dass B gegenüber A aus Vertrag, C aber aus § 823 I BGB haftet, weil es für die Gesamtschuld nicht erforderlich ist, dass die Forderungen auf demselben Rechtsgrund beruhen.[54] B und C sind also Gesamtschuldner.

b) Fraglich ist, in welchem Verhältnis B und C haften. Nach § 426 I 1 BGB sind Gesamtschuldner grundsätzlich zu gleichen Anteilen verpflichtet. Dies gilt jedoch nur, soweit nicht ein anderes bestimmt ist. Bei Schadensersatzansprüchen richtet sich die Verteilung nach § 254 BGB.[55] Zu ermitteln ist also das Maß der Verursachung bzw. des Verschuldens. B traf hier überhaupt kein Verschulden; er haftet vielmehr allein aufgrund der verschuldensunabhängigen Verkäuferhaftung nach §§ 437 Nr. 3, 280 I 1, 276 I 1 aE BGB. Er durfte auch von der Ordnungsgemäßheit des von C gelieferten Gerätes ausgehen. C ist der Vorwurf zu machen, die Herstellung eines fehlerfreien Gerätes entgegen der ihn als Hersteller treffenden Verkehrspflichten versäumt zu haben. C haftet somit voll.[56]

3. Dasselbe Ergebnis ergibt sich nach § 426 II 1 BGB, der den Anspruch des A gegen C aus § 823 I BGB (vgl. oben A. I.) iHv 300.000 EUR auf B übergehen lässt.

4. Folglich kann V nach §§ 67 I 1 VVG, 426 BGB iHv 300.000 EUR bei C Rückgriff nehmen.

Zur Vertiefung:

Zum weiterfressenden Mangel: *Foerste,* Deliktische Haftung für Schlechterfüllung, NJW 1992, 27; *Reinicke/Tiedtke,* Stoffgleichheit zwischen Mangelunwert und Schäden im Rahmen der Produzentenhaftung, NJW 1986, 10; *v. Westphalen,* »Weiterfressende« Schäden und kein Ende? – Anmerkung zur Interpretation von § 1 Abs. 1 Satz 2 ProdHaftG, Jura 1992, 511.

Zum Recht am eingerichteten und ausgeübten Gewerbebetrieb: *Löwisch/Meier-Rudolph,* Das Recht am eingerichteten und ausgeübten Gewerbebetrieb in der Rechtsprechung des BGH und des BAG, JuS 1982, 237; *Schildt,* Der deliktische Schutz des Rechts am Gewerbebetrieb, WM 1996, 2261; *Schmidt,* Integritätsschutz von Unternehmen nach § 823 BGB – Zum »Recht am eingerichteten und ausgeübten Gewerbebetrieb«, JuS 1993, 985.

Zur cessio legis: *Coester-Waltjen,* Der gesetzliche Forderungsübergang, Jura 1997, 609.

---

53 Vgl. ausführlich zu den Rechtsfolgen einer versäumten *Rüge:* Baumbach/Hopt/*Hopt* § 377 Rn. 48.
54 BGHZ 59, 97 (101).
55 BGHZ 59, 97 (103).
56 Vgl. BGH NJW 1992, 41 (42).

8. Fall: Um des lieben Friedens willen

Sachverhalt

Nach dem Tod seiner Frau lässt V sein Einfamilienhaus umbauen. Im Obergeschoss entsteht eine Einliegerwohnung, die er an M vermietet. Das Vertragsmuster besorgt sich V im Internet. Er fügt nur Namen, die Bezeichnung des Mietobjekts sowie die Beträge ein und legt das Formular ansonsten unverändert M zur Unterschrift vor. § 5 des Vertrages lautet:

»Der Mieter ist verpflichtet, Schönheitsreparaturen in den Mieträumen auf seine Kosten auszuführen, wenn dies erforderlich ist, mindestens aber alle 3 Jahre in Küche und Bad sowie alle 5 Jahre in den anderen Räumen.«

Als nach dieser Klausel im Oktober 2013 erste »Verschönerungen« anstehen, kommen M Zweifel. Im Internet liest er, Vereinbarungen über Schönheitsreparaturen in Mietverträgen seien in vielen Fällen unwirksam und in Wahrheit die Vermieter zur Vornahme der Arbeiten verpflichtet. Zudem ist die Wohnung in keinem renovierungsbedürftigen Zustand. Das alles interessiert V jedoch wenig. Er besteht auf der Renovierung. M nimmt keinen anwaltlichen Rat in Anspruch, weil er die Kosten dafür scheut. Auch ist er an einer gedeihlichen Fortsetzung des Mietverhältnisses interessiert. Deshalb nimmt er die Arbeiten »um des lieben Friedens willen« vor.

Nach einem halben Jahr zwingt M ein auswärtiges Jobangebot zu einem Wohnungswechsel. Der Auszug erfolgt im Januar 2014. Neun Monate später, im Oktober 2014, wird M von der befreundeten Jurastudentin J darauf hingewiesen, dass er ihrer Ansicht nach nicht zur Renovierung verpflichtet gewesen sei. Nun möchte er für die nach seiner Ansicht zu Unrecht geleisteten Arbeiten entschädigt werden.

Weiteres kommt hinzu: Im Dezember 2013 drang bei einem starken Unwetter Wasser in das Dachgeschoss und auch in den Kleiderschrank des M ein. An Sachen des M entstand ein Schaden von 500 EUR, dessen Ersatz aber seine Hausratversicherung bereits zugesagt hat. M verlangt gleichwohl Zahlung von V.

V wendet ein, die Vornahme der Schönheitsreparaturen habe M als Mieter oblegen. An den Unwetterschäden trage er keine Schuld. Tatsächlich war den Handwerkern bei den Umbauarbeiten ein Fehler unterlaufen und die Isolierung des Dachgeschosses fehlerhaft, was V aber zu keinem Zeitpunkt erkennen konnte. Schließlich macht V geltend, M komme mit seinen Forderungen viel zu spät.

Welche Ansprüche hat M gegen V?

Lösungsvorschlag*

A. Ansprüche des M auf Ersatz für grundlos erbrachte Schönheits-reparaturen

I. M könnte gegen V einen Anspruch auf Ersatz für die geleisteten Arbeiten gem. § 536a II BGB haben.

§ 536a II BGB gibt dem Mieter einen Anspruch auf Ersatz der zur Beseitigung eines Mangels an der Mietsache erforderlichen Aufwendungen. Voraussetzung ist, dass er den Mangel beseitigt und sich entweder der Vermieter mit der Beseitigung im Verzug befand (§ 536a II Nr. 1 BGB) oder die umgehende Beseitigung des Mangels zur Erhaltung oder Wiederherstellung des Bestands der Mietsache notwendig war (§ 536a II Nr. 2 BGB). Der Anspruch richtet sich auf die freiwilligen Vermögensopfer, die der Mieter auf sich nimmt, um den Mangel zu beseitigen.[1] Indes befand sich die Wohnung in keinem renovierungsbedürftigen Zustand. Mangelbeseitigungsmaßnahmen hat M deshalb nicht vorgenommen. Ein solcher Anspruch kommt daher nicht in Betracht.

II. M könnte gegen V einen Anspruch auf Ersatz für die geleisteten Arbeiten nach § 539 I iVm §§ 677, 683 BGB haben.

1. Aufwendungen

Von § 539 BGB werden nur »sonstige« Aufwendungen erfasst, die nicht nach § 536a II BGB zu ersetzen sind. Um einem voreiligen Rückgriff auf die Vorschriften der Geschäftsführung ohne Auftrag und damit der Aushöhlung des Vermieterrechts zur Nacherfüllung vorzubeugen, bleiben danach solche Aufwendungen des Mieters außer Betracht, die der Herstellung eines vertragsgemäßen Zustands der Mietsache dienen und deren Ersatz sich allein nach § 536a II BGB beurteilt.[2] Gewährleistungs-recht ist hier aber gerade nicht betroffen,[3] weshalb es sich um sonstige Aufwendungen handelt, die grundsätzlich nach § 539 BGB ersatzfähig sind.

2. Geschäftsführung ohne Auftrag

Bei § 539 I BGB handelt es sich um eine Rechtsgrundverweisung,[4] weshalb weiterhin die Voraussetzungen der Geschäftsführung ohne Auftrag nach §§ 677 ff. BGB vorliegen müssen.

a) Als Geschäft iSv § 677 BGB kommt weit gefasst jedes fremdnützige Handeln rechtsgeschäftlicher oder tatsächlicher Art in Betracht.[5] M hat sog. Schönheitsrepara-turen vorgenommen und damit ein (tatsächliches) Geschäft besorgt.[6]

---

* Für seine Unterstützung bei der Konzeption dieser Aufgabe danke ich meinem Mitarbeiter, Herrn *Marius Klotz*.

1 MüKoBGB/*Häublein* § 536a Rn. 2.
2 BGH NJW 1984, 1552 (1554); MüKoBGB/*Häublein* § 536a Rn. 6; Staudinger/*Emmerich* (2014) § 539 Rn. 3; Palandt/*Weidenkaff* § 539 Rn. 2.
3 S. unter A. I.
4 HM, vgl. BGH NJW 2009, 2590 (2591); BGH WuM 2009, 395; OLG Düsseldorf ZMR 2010, 679; Hk-BGB/*Ebert* § 539 Rn. 2; Staudinger/*Emmerich* (2014) § 539 Rn. 5; MüKoBGB/*Bieber* § 539 Rn. 8; Palandt/*Weidenkaff* § 539 Rn. 6.
5 Hk-BGB/*Schulze* § 677 Rn. 2; *Emmerich* SchuldR BT § 13 Rn. 3.
6 *Hey* JuS 2009, 400 (402).

b) Die weiterhin erforderliche Fremdheit eines Geschäftes ist zu bejahen, wenn seine Vornahme zumindest auch den Interessenbereich eines anderen berührt und es deshalb (auch) von diesem zu besorgen wäre.[7] Die Fremdheit kann sich dabei »objektiv« ergeben, also aufgrund der äußeren Umstände, oder aber nur »subjektiv«, wenn das Geschäft nach der erkennbaren Bestimmung des Geschäftsführers für einen anderen vorgenommen werden soll.[8] In wessen Interesse die Vornahme der Schönheitsreparaturen liegt, hängt in erster Linie von dem Pflichtenkreis ab, dem die Renovierung zuzurechnen ist. Nach § 535 I 2 BGB ist es Aufgabe des Vermieters, die Wohnung in einem vertragsgemäßen Zustand zu halten. Die Vornahme erforderlicher Schönheitsreparaturen ist daher zunächst Vertragspflicht des Vermieters.[9] Nach inzwischen gefestigter Auffassung kann diese Pflicht zur Vornahme von Schönheitsreparaturen aber, auch mittels Formularvertrag, auf den Mieter abgewälzt werden.[10] Fraglich ist allein, ob die Klausel in ihrer konkreten Ausformung der AGB-Kontrolle der §§ 307 ff. BGB standhält.

aa) AGB sind nach § 305 I BGB für eine Vielzahl von Verträgen vorformulierte Vertragsbedingungen, die eine Vertragspartei, der Verwender, der anderen Vertragspartei bei Abschluss eines Vertrags stellt. Bei § 5 des Mietvertrags handelt es sich um Vertragsbedingung. Für eine Vielzahl von Verträgen vorformuliert ist diese, wenn sie bereits vor Verwendung aufgezeichnet oder in sonstiger Weise fixiert ist[11] und insgesamt mindestens dreimal verwendet werden soll. Handelt es sich um Bedingungen, die nicht durch den Verwender, sondern generell zur vielfachen Verwendung vorgesehen sind,[12] genügt die generelle Bestimmung zur Mehrfachverwendung, ohne dass die Partei selbst eine mehrfache Verwendung bezwecken muss.[13] Hiervon kann man bei dem »Vertragsmuster aus dem Internet« ausgehen. Dies wurde dem V von M auch »vorgelegt«, weshalb auch von der für das »Stellen« von Vertragsbedingungen erforderlichen einseitigen Festlegung und dem Abverlangen der Einbeziehung[14] auszugehen ist. Demnach handelte es sich bei § 5 des Mietvertrags um AGB.

bb) Diese wurden nach § 305 II BGB auch in den Vertrag einbezogen.

cc) Die Klausel kann aber unwirksam sein. § 5 des Mietvertrags verstößt weder gegen Klauselverbote ohne Wertungsmöglichkeit (§ 308 BGB) noch gegen solche mit Wertungsmöglichkeit (§ 309 BGB). Eine Unwirksamkeit der Klausel kommt daher allein nach § 307 I 1, II Nr. 1 BGB in Betracht, wenn sie den Vertragspartner entgegen den Geboten von Treu und Glauben unangemessen benachteiligt, weil sie mit wesentlichen Grundgedanken der gesetzlichen Regelung, von der abgewichen wird, nicht vereinbar ist. Dabei sind die Interessen der Parteien gegeneinander abzuwägen, nämlich das Interesse des Verwenders an der Aufrechterhaltung der Klausel sowie das

---

7 BGH NJW-RR 2001, 1284; Hk-BGB/*Schulze* § 677 Rn. 3; Jauernig/*Mansel* § 677 Rn. 3; Bamberger/Roth/*Gehrlein* § 677 Rn. 11.
8 Hk-BGB/*Schulze* § 677 Rn. 3.
9 Blank/Börstinghaus/*Blank* Miete § 535 Rn. 416.
10 BGHZ 92, 363 (367); 101, 253 (261 ff.); 105, 71 (76 ff.); *Emmerich*/Sonnenschein Miete § 535 Rn. 61.
11 BGH NJW 1998, 2600.
12 Beispiele bieten die vielfach im Internet abrufbaren Musterverträge für Miete oder Autokauf.
13 Hk-BGB/*Schulte-Nölke* § 305 Rn. 4.
14 BGHZ 83, 56 (58); Bamberger/Roth/*Becker* § 305 Rn. 25.

des anderen Teils daran, den Inhalt der Klausel durch unmodifiziertes Gesetzesrecht (§ 306 II BGB) abzulösen.[15]

Die Möglichkeit, Schönheitsreparaturen durch Formularvertrag auf den Mieter abzuwälzen, ist anerkannt.[16] Grundsätzlich sind solche Klauseln unbedenklich, denn die übertragene Pflicht zur Renovierung mindert (zumindest theoretisch) den vom Mieter zu entrichtenden Mietzins. Der Vermieter hat ein anerkennenswertes Interesse daran, dass der Mieter die Wohnung bereits während der Mietzeit in einem vertragsgemäßen Zustand erhält. Der Mieter hat seinerseits ein Interesse daran, durch die Abwälzung der Schönheitsreparaturen nicht über Gebühr belastet zu werden.

Eine unangemessene Benachteiligung ist im Abwälzen von Schönheitsreparaturen auf den Mieter im Falle »starrer« Fristenregelungen anzunehmen, wenn nämlich der Mieter nach Ablauf einer exakt bestimmten Zeitspanne und ohne dass es auf den tatsächlichen Zustand der Wohnung ankommt, zur Vornahme der Reparaturen verpflichtet wird.[17] Dies ist mit wesentlichen Grundgedanken der gesetzlichen Regelung nicht vereinbar, weil dem Mieter so eine höhere Renovierungsverpflichtung auferlegt wird, als diese (ohne die Klausel) nach § 535 I 2 BGB dem Vermieter gegenüber dem Mieter obläge.[18] Zwar sieht § 5 des Mietvertrags die Vornahme für den Fall vor, dass Schönheitsreparaturen »erforderlich« sind, fügt aber hinzu, dass dies in Küche und Bad nach spätestens drei Jahren und in den anderen Räumen nach fünf Jahren anzunehmen ist. Der Mieter hat also nach Ablauf dieser Fristen keine Möglichkeit, den tatsächlichen Zustand der Wohnung gegen seine Verpflichtung einzuwenden. Ein schützenswertes Interesse des Vermieters, den Mieter zur Renovierung der Wohnung zu verpflichten, obwohl ein Renovierungsbedarf tatsächlich noch nicht besteht, ist nicht zu erkennen.[19] § 5 des Mietvertrags stellt deshalb eine unangemessene Benachteiligung iSv § 307 I 1 BGB dar und ist folglich unwirksam.

dd) Die Vornahme der Arbeiten war deshalb dem Pflichtenkreis des V zuzurechnen. Indem M Reparaturarbeiten an einer fremden Sache vorgenommen hat, ohne hierzu verpflichtet gewesen zu sein, ist er im Interessenkreis des V tätig geworden. Es handelt sich daher um ein fremdes Geschäft.[20]

c) Damit M ein Anspruch aus § 539 I BGB in Verbindung mit den Vorschriften über die Geschäftsführung ohne Auftrag zustünde, müsste er das Geschäft »für einen anderen«, also mit Fremdgeschäftsführungswillen getätigt haben. Handeln für einen anderen kann zwar auch vorliegen, wenn das Geschäft nicht nur als eigenes, sondern auch als fremdes geführt wird (sog. »auch-fremdes« Geschäft), also in dem Bewusstsein und mit dem Willen, zumindest auch im Interesse des anderen zu handeln.[21] Nimmt der Mieter aber aufgrund einer unwirksamen Schönheitsreparaturklausel Arbeiten vor, die seinerseits gar nicht geschuldet waren, muss man in der Regel davon ausgehen, dass er allein im eigenen Interesse handelt, nämlich um einer vermeint-

---

15 MüKoBGB/*Wurmnest* § 307 Rn. 33.
16 BGH NJW 2010, 2877 Rn. 20; BGHZ 178, 158 Rn. 12; Bamberger/Roth/*Ehlert* § 535 Rn. 192b.
17 BGH NJW 2004, 2586; 2006, 2113; 2006, 2115; *Emmerich*/Sonnenschein Miete § 535 Rn. 61, 64; Blank/Börstinghaus/*Blank* Miete § 535 Rn. 448.
18 BGH NJW 2004, 2586; 2006, 2115.
19 BGH NJW 2004, 2586 (2587).
20 Zur Reparatur fremder Sachen vgl. MüKoBGB/*Seiler* § 677 Rn. 6.
21 BGHZ 181, 188 Rn. 18; BGH NJW 2009, 2590.

lichen eigenen Pflicht aus dem Mietvertrag nachzukommen.[22] Die Annahme eines Fremdgeschäftsführungswillens erfordert dann vielmehr, dass ein unmittelbarer Bezug zum Rechts- und Interessenkreis des Anderen vorliegt.[23] Der Wille des Mieters muss dann darauf gerichtet sein, die Renovierungsmaßnahme für den Vermieter vorzunehmen.[24] Indes ist die Pflicht zur Vornahme von Schönheitsreparaturen wirtschaftlich gerade Teil der im Gegenzug für die Gebrauchsüberlassung geschuldeten Leistung des Mieters.[25] Demzufolge handelt ein Mieter in dieser Konstellation und damit auch M ohne Fremdgeschäftsführungswillen und führt ein eigenes Geschäft.

Zweifel am Fehlen eines Fremdgeschäftsführungswillens des M ließen sich allenfalls unter Hinweis darauf begründen, dass er sich nicht sicher war, aufgrund einer wirksamen Vertragsklausel zur Reparatur verpflichtet zu sein. Denn ein Eigeninteresse des Geschäftsführers schließt die Annahme eines Fremdgeschäftsführungswillens nicht aus, selbst dann nicht, wenn er auf der Basis eines nichtigen Vertrags tätig wird.[26] Indes ist das maßgebliche Motiv eines Mieters in der Situation des M, die bestehende Unklarheit darüber, wessen Aufgabe die Renovierung ist, zu beseitigen. Bloße Zweifel des M an seiner Verpflichtung stünden der Annahme nicht entgegen, dass er vornehmlich im eigenen Interesse tätig geworden ist und nicht für V gehandelt hat. Auch unter rechtssystematischen Erwägungen überzeugt die Anwendung von §§ 677 ff. BGB nicht. Denn die Vorschriften der Geschäftsführung ohne Auftrag korrespondieren im Idealfall mit dem Bild eines altruistisch handelnden Geschäftsführers.[27] Die Annahme eines Fremdgeschäftsführungswillens auch bei klar dominierendem Eigeninteresse des Geschäftsführers würde aber zu einer Verkehrung der GoA in ein weitreichendes und unter dem Gesichtspunkt der Rechtssicherheit bedenkliches, allgemeines Regressinstrument führen.[28] Hierdurch würden letztlich Wertungen des Bereicherungsrechts unterlaufen. Denn die Vorschriften der §§ 812 ff. BGB bieten mit §§ 814, 817, 818 f. BGB ein ausdifferenziertes Instrumentarium von Regeln, das für die Rückabwicklung nicht geschuldeter Leistungen sachgerechter ist[29] als die wenig spezifischen Rechtsfolgen der GoA.[30] Demzufolge ist die Annahme eines Fremdgeschäftsführungswillens hier abzulehnen.

3. M hat gegen V keinen Anspruch gem. §§ 539 I iVm §§ 677, 683 BGB.

III. M könnte gegen V einen Anspruch auf Ersatz der geleisteten Arbeiten gem. § 812 I 1 1. Fall BGB haben. Dann müsste V durch Leistung des M etwas ohne Rechtsgrund erlangt haben.

1. Erlangtes Etwas ist jeder Vorteil,[31] in der Regel jedoch in Form des Erwerbs einer Vermögensposition.[32] V hat die Renovierung seiner Wohnung durch Vornahme der

---

22 BGHZ 181, 188 Rn. 19.
23 Palandt/*Sprau* § 677 Rn. 4.
24 Bamberger/Roth/*Ehlert* § 539 Rn. 8b.
25 BGHZ 181, 188; BGH NJW 2009, 2590.
26 StRspr. BGHZ 37, 258 Rn. 27; 55, 128 Rn. 33; 109, 139 Rn. 34; BGH WM 2000, 973 Rn. 9.
27 *Lorenz* NJW 1996, 883 (883).
28 Vgl. nur *Larenz/Canaris* SchuldR BT II § 57 I a; *Medicus/Petersen* BürgerlR Rn. 412.
29 Vgl. *Emmerich* SchuldR BT § 13 Rn. 8.
30 *Lorenz* NJW 1996, 883 (884).
31 Bamberger/Roth/*Wendehorst* § 812 Rn. 38.
32 *Looschelders* SchuldR BT Rn. 1018.

Schönheitsreparaturen erlangt. Hierdurch ist der Verkehrs- bzw. Mietwert der Wohnung erhöht worden.

2. Der Vorteil muss durch Leistung erlangt worden sein, also durch eine bewusste und zweckgerichtete Mehrung fremden Vermögens.[33] M wollte die Wohnung des V renovieren und auf diesem Weg dessen Vermögen mehren. Er handelte ungeachtet seiner Zweifel an der Wirksamkeit von § 5 des Mietvertrages in Erfüllung einer (möglichen) Verbindlichkeit, also solvendi causa. Eine Leistung liegt damit vor.

3. Wegen der Unwirksamkeit der von V verwendeten Klausel über die Schönheitsreparaturen hat M die Arbeiten geleistet, ohne dazu verpflichtet gewesen zu sein. V hat den vermögenswerten Vorteil daher ohne Rechtsgrund erlangt.

4. V ist deshalb zur Herausgabe des Erlangten verpflichtet (§ 818 I BGB). Indes scheidet eine Herausgabe der Renovierung in natura aus, sodass V für die von M geleisteten Arbeiten nach § 818 II BGB Wertersatz leisten muss.[34]

5. Fraglich ist aber, ob der Anspruch nach § 814 1. Fall BGB ausgeschlossen ist. Als Ausprägung des Gebots von Treu und Glauben konkretisiert die Norm das Verbot widersprüchlichen Verhaltens.[35] Eine Rückforderung scheidet nach § 814 1. Fall BGB aus, wenn der Leistende von seiner fehlenden Verpflichtung gewusst hat. Dies setzt positive Kenntnis vom Fehlen der Leistungspflicht voraus.[36] Hiervon kann angesichts der Zweifel des M nicht ausgegangen werden. Allerdings kann eine analoge Anwendung der Vorschrift in Betracht kommen.[37] Denn § 814 1. Fall BGB normiert mit dem Verbot widersprüchlichen Verhaltens einen verallgemeinerungsfähigen Rechtsgedanken.[38] Handelt ein Leistender trotz Zweifeln an seiner Verpflichtung »um des lieben Friedens willen«, kann ihn im Fall späterer Rückforderung ebenfalls der Vorwurf widersprüchlichen Verhaltens treffen.[39] Dies gilt jedenfalls, wenn auch im Bewusstsein, dass eine Verpflichtung möglicherweise nicht besteht, freiwillig und vorbehaltlos geleistet wird. Denn dann ist die Leistung »auch für den Fall des Nichtbestehens der Schuld gewollt«.[40] In solchen Fällen kann der Leistende den Vorwurf der Widersprüchlichkeit nur vermeiden, wenn die Leistung ausdrücklich unter Vorbehalt erfolgt.[41] Ein Anspruch des M ist daher in entsprechender Anwendung von § 814 1. Fall BGB ausgeschlossen.

6. M hat gegen V keinen Anspruch auf Ersatz aus § 812 I 1 1. Fall BGB.

---

33 BGHZ 58, 184 (188); Palandt/*Sprau* § 812 Rn. 3.
34 BGH NJW 2009, 2590 (2592). Strittig ist auch, ob sich die Höhe des Ersatzes nach der objektiven Wertsteigerung der Wohnung oder aber nach der üblichen, hilfsweise der angemessenen Vergütung für die geleisteten Arbeiten bemisst, wie der BGH annimmt.
35 BGHZ 73, 201 (205); *Larenz/Canaris* Schuldrecht II § 68 III 1a.
36 Bamberger/Roth/*Wendehorst* § 814 Rn. 8.
37 Statt einer analogen Anwendung von § 814 1. Fall BGB kommt auch der unmittelbare Rückgriff auf § 242 BGB in Betracht.
38 Bamberger/Roth/*Wendehorst* § 814 Rn. 2.
39 Staudinger/*Lorenz* (2007) § 814 Rn. 6; MüKoBGB/*Schwab* § 814 Rn. 9.
40 Staudinger/*Lorenz* (2007) § 814 Rn. 6.
41 MüKoBGB/*Schwab* § 814 Rn. 9.

IV. M könnte gegen V einen Anspruch auf Schadensersatz gem. §§ 280 I, 241 II, 311 II BGB wegen einer Pflichtverletzung beim Vertragsschluss haben.[42]

1. Zwischen M und V bestand bei Vertragsanbahnung ein vorvertragliches Schuldverhältnis iSv § 311 II BGB. Ansprüche hieraus werden nicht grundsätzlich durch die Vertragshaftung, etwa aus einem zustande gekommenen Mietvertrag, gesperrt.[43] Die Haftung aus culpa in contrahendo tritt vielmehr neben eine etwaige vertragliche Haftung, soweit nicht die Pflichtverletzung aus dem vorvertraglichen Schuldverhältnis zugleich Mängel der Mietsache zur Folge hat und daher den speziellen Regelungen der §§ 536, 536a BGB unterfällt.[44]

2. Pflichtverletzung

V müsste aufgrund der Verwendung von § 5 des Formularmietvertrags eine ihm gegenüber M obliegende Pflicht aus dem vorvertraglichen Schuldverhältnis verletzt haben. Bereits im Vorfeld eines Vertrags sind die Verhandlungspartner nach §§ 311 II, 241 II BGB verpflichtet, auf die Rechte, Rechtsgüter und Interessen des anderen Teils Rücksicht zu nehmen, also deren »Integritätsinteresse« zu achten. Dies beruht auf der Überlegung, dass die Parteien mit Blick auf einen Vertragsschluss oft nicht umhin können, Einwirkungen des anderen auf ihren Rechts- und Interessenkreis zuzulassen.[45]

Die Verletzung einer Pflicht aus einem vorvertraglichen Schuldverhältnis kann gerade im Stellen unwirksamer AGB liegen und sich der Verwender der Gegenseite gegenüber schadensersatzpflichtig machen, wenn er schuldhaft gehandelt und der andere aufgrund der unwirksamen Klausel Aufwendungen getätigt hat.[46] Auf das Mietrecht übertragen bedeutet das, dass den Vermieter gegenüber seinem Mieter eine Pflicht zum Schadensersatz aus §§ 311 II, 241 II, 280 I BGB trifft, wenn er diesem gegenüber schuldhaft unwirksame AGB über die Durchführung von Schönheitsreparaturen verwendet und der Mieter daraufhin in der irrigen Annahme der Wirksamkeit dieser Regelungen Renovierungsaufwendungen tätigt.[47]

3. Verschulden

Dies setzt voraus, dass V schuldhaft, also nach § 276 I BGB vorsätzlich oder fahrlässig gehandelt hat. Dafür, dass V vorsätzlich eine unwirksame Klausel in den Vertrag eingebracht hat, bestehen keine Anhaltspunkte. Indem er die Klausel in der vorliegenden Form verwendet hat, könnte er aber fahrlässig, nämlich iSv § 276 II unter Außerachtlassung der im Verkehr erforderlichen Sorgfalt gehandelt haben. Im Zusammenhang mit unwirksamen AGB hängt dies davon ab, ob der Verwender zum

---

42 Folgt man der gängigen Prüfungsreihenfolge (s. etwa *Medicus/Petersen* BürgerlR Rn. 8 ff.), wird der Anspruch aus §§ 311 II, 241 II, 280 I BGB vor § 812 BGB geprüft. Hiervon wird vorliegend abgewichen, um das besondere Verhältnis von Geschäftsführung ohne Auftrag und Bereicherungsrecht zu verdeutlichen.

43 *Medicus/Petersen* BürgerlR Rn. 8a.

44 StRspr., s. nur BGH NJW 2009, 2590; vgl. auch Staudinger/*Emmerich* (2014) Vor § 536 Rn. 13 f.; Hk-BGB/*Ebert* § 536a Rn. 3.

45 Hk-BGB/*Schulze* § 241 Rn. 4.

46 BGHZ 181, 188; Staudinger/*Emmerich* (2014) Vor § 536 Rn. 13 f. stellt auf die Aufforderung zur Erbringung von Leistungen aufgrund einer unwirksamen Klausel ab.

47 BGHZ 181, 188; MüKoBGB/*Häublein* § 535 Rn. 126; Palandt/*Weidenkaff* § 535 Rn. 47a; Bamberger/Roth/*Ehlert* § 535 Rn. 193k mwN.

betreffenden Zeitpunkt die Unwirksamkeit hätte erkennen können.[48] Dabei ist auch maßgeblich, ob über eine Klausel der bezeichneten Art bereits von Gerichten entschieden, insbesondere ob die Klausel bereits beanstandet wurde.[49]

Bei der Beurteilung des Vorliegens von Fahrlässigkeit ist ein abstrakt-objektiver Maßstab anzulegen[50] und sind individuelle Defizite des Schuldners ohne Belang. »Erforderlich« ist aber nur die Sorgfalt, die gerade in den jeweiligen Verkehrskreisen unter Berücksichtigung der üblicherweise beteiligten Personen angewandt wird.[51] Deshalb unterliegen etwa Gewerbetreibende einem strengeren Verschuldensmaßstab als Privatpersonen.[52] Auch wenn V als Privatperson und nicht gewerbsmäßig vermietet hat, hätte sich ihm die Unwirksamkeit der verwendeten Klausel aber bereits nach kurzer Recherche im Internet aufgedrängt. Jedenfalls hätte auf einem so problematischen Feld, wie es bekanntermaßen die Verteilung der Lasten von Schönheitsreparaturen im Mietrecht darstellt, eine Pflicht des V bestanden, sich der Wirksamkeit der Klausel zu vergewissern. Dies gilt ganz besonders vor dem Hintergrund, dass zu Schönheitsreparaturklauseln eine langjährige Rechtsprechung des Bundesgerichtshofs besteht, die wegen ihrer praktischen Bedeutung auch in der breiten Öffentlichkeit und nicht nur in Fachkreisen große Aufmerksamkeit erfahren hat. Deshalb ist von fahrlässigem Handeln[53] des V auszugehen.

4. Infolge der Pflichtverletzung des V müsste M als Mieter ein Schaden (§§ 249 ff. BGB) entstanden sein. Ohne Verwendung der unwirksamen Klausel hätte M keine Arbeiten vorgenommen und wären ihm aufgrund dessen auch keine Aufwendungen entstanden. Mithin war die Schädigung des M äquivalent kausal.

a) Zwar ist die Vermögenseinbuße letztlich durch den eigenen Entschluss des M entstanden, die Arbeiten vorzunehmen. Schäden sind einem pflichtwidrig Handelnden aber auch in einem solchen Fall zuzurechnen, wenn sich der andere daraufhin zu seinem Handeln »billigerweise herausgefordert« fühlen durfte.[54] Insoweit durfte M also auch berechtigterweise annehmen, V würde nur Klauseln verwenden, die nicht wegen unangemessener Benachteiligung unwirksam sind.

b) Ein Mitverschulden des M nach § 254 I BGB würde voraussetzen, dass dieser vorsätzlich oder fahrlässig an der Entstehung des Schadens mitgewirkt hätte. Dem Geschädigten ist »Verschulden gegen sich selbst« anzurechnen.[55] Als Mieter durfte M aber grundsätzlich darauf vertrauen, dass V in seinen Allgemeinen Geschäftsbedingungen keine unwirksamen Klauseln verwendet. Bei Erfüllung der Renovierungspflicht hielt er sich an das, was ihm nach dem Wortlaut von § 5 des Mietvertrags vermeintlich oblag. Ungeachtet der Zweifel, die M bei seiner Recherche kamen, kann sich V nicht auf eine Obliegenheit des M berufen, die Unwirksamkeit der Klausel herauszufinden. M handelte somit nicht schuldhaft.

---

48 BGHZ 181, 188 Rn. 12.
49 BGHZ 181, 188 Rn. 12.
50 BGH NJW 2001, 1786; NJW-RR 1996, 980.
51 Hk-BGB/*Schulze* § 276 Rn. 14.
52 BGHZ 31, 367.
53 Die Gegenauffassung ist ebenfalls vertretbar, bedarf aber entsprechender Begründung.
54 S. zB BGH NJW 1991, 3275 (3276); MüKoBGB/*Oetker* § 249 Rn. 168.
55 Hk-BGB/*Schulze* § 254 Rn. 1.

c) Weiterhin stellt sich die Frage, ob sich M Vorteile aus der Unwirksamkeit der Klausel anrechnen lassen muss. Ausgehend von der in §§ 249 ff. BGB angelegten Differenzhypothese liegt ein ersatzfähiger Schaden vor, wenn sich bei Hinwegdenken des schädigenden Ereignisses eine Vermögensdifferenz ergäbe. Sind dem Geschädigten im Zuge des schädigenden Ereignisses vermögenswerte Vorteile zugeflossen, muss danach gefragt werden, inwieweit diese auf den Schadensersatzanspruch anzurechnen sind.[56] Ein Vorteil des M kann darin liegen, dass er im Gegenzug zur Übernahme der Schönheitsreparaturen einen geringeren Mietzins zu zahlen hat. Die Abwälzung der dem Vermieter obliegenden Schönheitsreparaturen geht nämlich regelmäßig mit einer entsprechenden Verringerung des vertraglich geschuldeten Mietzinses einher.[57] Nach der heute hM genügt jedoch für eine entsprechende Anrechnung die (auch adäquate) Kausalität des erlangten Vorteils nicht aus. Vorteile sind nämlich nur anzurechnen, soweit sie nicht den Schädiger »unbillig entlasten«.[58] Gerade im Bereich der AGB-Verwendung ist eine solche »unbillige« Entlastung aber anzunehmen. Das Risiko der Unwirksamkeit einer Klausel in AGB liegt nämlich nach der Gesetzeskonzeption stets beim Verwender. Das gilt auch im Mietrecht.[59] Die wirtschaftlichen Nachteile einer Unwirksamkeit der Klauseln über Schönheitsreparaturen sind daher grundsätzlich allein vom Vermieter zu tragen.[60]

5. Der Anspruch dürfte auch nicht nach § 548 II BGB verjährt sein. Die kurze Verjährung gilt nicht nur für Aufwendungsersatzansprüche aus mietrechtlichen Vorschriften. Auch Ansprüche aus Geschäftsführung ohne Auftrag und Bereicherungsrecht fallen in den Anwendungsbereich,[61] soweit diese dem Mieter Aufwendungsersatz gewähren und das mietrechtliche Verhältnis der Parteien betreffen.[62] Damit ist bezweckt, Ansprüche aus der Miete nach Vertragsende zügig zu klären, ohne das Mietverhältnis bereits während seiner Laufzeit mit Streitigkeiten zu belasten.[63] Auch wenn der Anspruch aus §§ 311 II, 241 II, 280 I BGB seinen Ursprung in einem vorvertraglichen Fehlverhalten des V hat, besteht der Schaden gegenständlich doch in einer vom Mieter getätigten Aufwendung auf die Mietsache. Der Zweck von § 548 II BGB, insbesondere das Ziel einer raschen Abwicklung von im Zusammenhang mit der Miete entstandenen Ansprüchen, spricht auch bei einem solchen Anspruch gegen die Anwendung der allgemeinen Vorschriften und für eine Verjährung nach § 548 II BGB innerhalb von sechs Monaten nach Beendigung des Mietverhältnisses.[64] Mehr als neun Monate nach dem Auszug des M kann V daher zu Recht nach § 214 I BGB die Einrede der Verjährung erheben und die Leistung von Schadensersatz nach §§ 311 II, 241 II, 280 I BGB verweigern.

---

56 MüKoBGB/*Oetker* § 249 Rn. 228 ff. Dies wird unter dem Stichwort »Entgeltthese« diskutiert und betrifft die Frage, ob der Vermieter im Fall einer unwirksamen Renovierungsklausel eine Anhebung der Miete verlangen kann (s. hierzu MüKoBGB/*Häublein* § 535 Rn. 125).
57 *Oetker/Maultzsch* Vertragl. Schuldverhältnisse § 5 Rn. 44.
58 BGHZ 49, 56 (62); 54, 269 (272); 91, 206 (209 f.); 173, 83 (87); BGH NJW-RR 2009, 1030 (1031); MüKoBGB/*Oetker* § 249 Rn. 234.
59 Vgl. *Lehmann-Richter* ZMR 2005, 170 (173 f.).
60 Bamberger/Roth/*Ehlert* § 535 Rn. 193k.
61 Hk-BGB/*Ebert* § 548 Rn. 3.
62 BGH NJW 2011, 1866; Staudinger/*Emmerich* (2014) § 548 Rn. 10, 19 ff.
63 BGH NJW 2011, 1866 (1867).
64 So die hM s. BGH NJW 2011, 1866 mwN.

B. Ansprüche auf Schadensersatz wegen der zerstörten Sachen des M

I. M könnte wegen seiner während der Mietzeit durch das Eindringen von Wasser entstandenen Schäden ein Anspruch gegen V auf Schadensersatz iHv 500 EUR gem. § 536a I 1. Fall BGB haben.

1. Zwischen M und V bestand ein wirksamer Mietvertrag.

2. Die Mietsache müsste bei Überlassung an den Mieter mangelhaft gewesen sein. Mangelhaft ist eine Mietsache, die nicht für den vertragsgemäßen Gebrauch[65] tauglich ist (§ 536 I 1 BGB). Eine Mietwohnung muss gegen Witterungseinflüsse von außen so isoliert sein, dass Sachen des Mieters keinen Schaden nehmen. Ein undichtes Dach stellt deshalb einen Sachmangel dar.[66] Die Mangelhaftigkeit aufgrund fehlerhafter Isolierung der Wohnung bestand auch bereits bei Überlassung der Mietsache. Dass sich dieser anfängliche Mangel erst durch ein späteres Ereignis in einem Schadensfall realisiert hat, ist unbeachtlich.

3. Der Vermieter haftet für anfängliche Mängel verschuldensunabhängig (§ 536a I 1. Fall BGB).

4. Durch den Mangel an der Mietsache müsste M ein Schaden entstanden sein (§ 249 BGB). Hätte sich die Mietsache in vertragsgemäßem Zustand befunden, wäre kein Wasser in die Wohnung eingedrungen, sodass keine Sachen des M beschädigt worden wären.

Fraglich ist, ob M deshalb keinen Schaden erlitten hat, weil er gegen Risiken der eingetretenen Art versichert ist und die Versicherung bereits den Schadensausgleich zugesagt hat. Zweck einer Versicherung ist es, den Versicherten gegen das Risiko des Versicherungsfalls abzusichern. Hingegen soll die Versicherung nicht den Schädiger von seiner Ersatzpflicht entlasten. Zudem kommt der Wegfall eines Schadens nicht in Betracht, wenn gesetzliche Regelungen den Übergang des Anspruchs auf einen Ersatzleistenden Dritten bestimmen.[67] Dies ist bei einem Versicherungsvertrag aber gerade der Fall. Nach § 86 I Versicherungsvertragsgesetz (VVG) gehen Ersatzansprüche des Geschädigten insoweit auf den Versicherer über, wie dieser den Schaden des Versicherten ersetzt. Ungeachtet des Grundsatzes der Differenzhypothese ist deshalb ein normativer Schaden des M anzunehmen.

5. Der für Aufwendungsersatzansprüche geltende § 548 II BGB findet auf Schadensersatzansprüche nach § 536a BGB keine Anwendung.[68] Der Anspruch ist daher nicht verjährt. M hat gegen V deshalb einen durchsetzbaren Anspruch auf Schadensersatz iHv 500 EUR gem. § 536a I 1. Fall BGB.

II. Ein Anspruch des M gem. § 838 BGB scheidet aus. Die Vorschrift begründet zwar einen verschuldensunabhängigen Anspruch gegen den Gebäudeunterhaltungs-

---

65 Auch im Mietrecht gilt primär ein subjektiver Mangelbegriff. Erst bei Fehlen einer vertraglichen Abrede der Parteien kann hilfsweise auf die objektive Verwendbarkeit abgestellt werden (BGH NJW-RR 2006, 1158; Jauernig/*Teichmann* § 536 Rn. 4).

66 BGH NJW 2002, 673 (675).

67 MüKoBGB/*Oetker* § 249 Rn. 256.

68 OLG Düsseldorf ZMR 1989, 417; Palandt/*Weidenkaff* § 548 Rn. 10; MüKoBGB/*Bieber* § 548 Rn. 21; Bamberger/Roth/*Ehlert* § 548 Rn. 26; Staudinger/*Emmerich* (2014) § 548 Rn. 20.

pflichtigen,[69] erfasst aber anders als hier nur Schäden, die durch Einsturz oder Ablösung von Teilen des Gebäudes verursacht werden.

Zur Vertiefung: *Eisenschmid*, Schönheitsreparaturen, WuM 2010, 459; *Lorenz*, Gescheiterte Vertragsbeziehungen zwischen Geschäftsführung ohne Auftrag und Bereicherungsrecht: Späte Einsicht des BGH?, NJW 1996, 883.

---

69 Hk-BGB/*Staudinger* § 838 Rn. 1.

9. Fall: Stürmische Reise[1]

Sachverhalt

Das Rentnerehepaar R bucht beim Reiseveranstalter V eine im Voraus zu bezahlende Pauschalreise nach Florida vom 20.8. bis zum 2.9. zum Preis von insgesamt 3.999 EUR. Die Reise umfasst Hin- und Rückflug sowie Unterkunft mit Frühstück in einem 3-Sterne-Hotel.

Bereits am dritten Tag nach ihrer Ankunft in Florida müssen die Eheleute R jedoch wegen eines plötzlich heranziehenden Wirbelsturms, dem Hurrikan »Andrew«, ihr Hotel verlassen. Sie bitten die Hotelleitung daher um die Benennung einer Ersatzunterkunft. Wegen der bereits unterbrochenen Telefonverbindung des Hotels und der für dessen Sicherheit noch zu treffenden Vorkehrungen erklärt sich die Leitung des Hotels aber außerstande, eine Ersatzunterkunft zu beschaffen. Vielmehr werden die Eheleute R vom Manager des Hotels aufgefordert, sich im Norden Floridas selbstständig ein Quartier zu suchen.

Mangels einer örtlichen Reiseleitung versuchen die Eheleute R nun von einer Telefonzelle aus, den Reiseveranstalter V in Deutschland anzurufen. Diese Bemühungen sind jedoch vergeblich, weil zu diesem Zeitpunkt die Zentrale des V nicht besetzt ist. Daraufhin ergreifen die Eheleute in Panik die Flucht vor dem Hurrikan und brechen mit einem Taxi in den Norden Floridas auf. Dort finden sie schließlich nach langem Suchen und zahlreichen Telefonaten ein 4-Sterne-Hotel, das noch ein Doppelzimmer zum Preis von umgerechnet 75 EUR pro Person und Nacht frei hat. In diesem Hotel verbringen sie die folgenden zwei Tage und Nächte, während derer sie weiter erfolglos versuchen, die Zentrale ihres Reiseveranstalters zu erreichen. Erst am 25.8. kommt ein telefonischer Kontakt mit V zustande, bei dem das Ehepaar R aufgefordert wird, in das gebuchte Hotel zurückzukehren.

Als die Eheleute R dort eintreffen, müssen sie jedoch feststellen, dass das Hotel wegen der immer noch unterbrochenen Stromversorgung bis auf weiteres geschlossen ist. Die Hotelleitung organisiert aber auf Anordnung des Reiseveranstalters V für das Ehepaar R eine Ersatzunterkunft in einem 3-Sterne-Hotel im Nachbarort. Den Eheleuten R wird ein Doppelzimmer zur Verfügung gestellt, in dem die Klimaanlage nicht funktioniert und welches im Übrigen stark verschmutzt ist. An diesem Zustand ändert sich auch trotz mehrfacher Beschwerden der Eheleute R sowohl gegenüber dem Ersatzhotel als auch gegenüber der Zentrale des V nichts. Am 29.8. können die Eheleute R schließlich in ihr gebuchtes Hotel zurückkehren und dort ihre restlichen drei Aufenthaltstage ungestört verbringen.

Nach der planmäßigen Heimkehr nach Deutschland machen die Eheleute R am 2.10. telefonisch bei dem Reiseveranstalter V einerseits einen Anspruch auf Ersatz von 300 EUR für die Unterbringungskosten in dem 4-Sterne-Hotel sowie der bei der Suche nach dieser Ersatzunterkunft entstandenen Taxi- und Telefonkosten von 100 EUR und andererseits Minderung von 200 EUR für die in dem von V zur Verfügung gestellten Ersatzhotel verbrachte Zeit geltend.

---

1 **Muster für eine Hausarbeit.** Die Hinweise zum Gutachtenaufbau dienen hier der Erläuterung, sind aber bei der Bearbeitung einer Hausarbeit nicht angebracht

Noch während des Gesprächs lehnt V die Begleichung dieser Forderungen ab, da es sich bei dem Hurrikan »Andrew« um eine von ihm nicht zu vertretende höhere Gewalt gehandelt habe. Außerdem habe er – was zutrifft – nach dem Bekanntwerden der Hurrikan-Warnung sofort das von den Eheleuten R gebuchte Hotel angerufen, wo man ihm mitgeteilt habe, dass für alle Gäste ordnungsgemäß gesorgt sei. Damit habe er seinen Pflichten als Reiseveranstalter gegenüber den Eheleuten R Genüge getan. Schließlich sei ihr Verlangen auch verspätet vorgebracht. Ferner entspreche es nicht der in den zugrunde gelegten Allgemeinen Geschäftsbedingungen des V geforderten Schriftform, was ebenfalls zutrifft. Weitere Stellungnahmen des V erfolgen nicht mehr.

1. Können die Eheleute R 400 EUR Kostenersatz und 200 EUR Minderung von V verlangen?

2. Welche Ansprüche stünden den Eheleuten R bei ansonsten unveränderter Sachlage zu, wenn sie nach der Evakuierung des gebuchten Hotels die Zentrale des V in Deutschland erreicht und ihrem Verlangen nach vorzeitiger Rückbeförderung derart Ausdruck verliehen hätten, dass V sie noch am selben Tag auf seine Kosten hätte zurückfliegen lassen?

Lösungsvorschlag

A. Ansprüche auf Ersatz der Hotel-, Taxi- und Telefonkosten iHv insgesamt 400 EUR

I. Die den Eheleuten R entstandenen Kosten könnten als Schaden zu qualifizieren sein, sodass an Schadensersatzansprüche zu denken ist. In Betracht kommt zunächst §§ 280 I, III, 283 BGB.

Die fehlende Unterbringung der Eheleute in der Zeit vom 23. bis 25.8. könnte als Teilunmöglichkeit iSv §§ 280 I, III, 283, 275 I BGB einzustufen sein. Es fragt sich aber, ob diese dem allgemeinen Leistungsstörungsrecht entstammenden Vorschriften überhaupt anwendbar sind. Denn sie könnten von den reisevertraglichen Sondervorschriften der §§ 651c ff. BGB verdrängt werden.[2]

1. Nach einer vereinzelt vertretenen Ansicht soll beim Ausfall nicht völlig nebensächlicher Teilleistungen nach Reiseantritt in der Tat eine Teilunmöglichkeit vorliegen, die dem Reisenden ein Wahlrecht zwischen §§ 280 I, III, 283 BGB und §§ 651c ff. BGB gewährt.[3] Hiernach wären §§ 280 I, III, 283 BGB anwendbar.

2. Demgegenüber sollen nach der herrschenden Meinung spätestens ab Reisebeginn §§ 280 ff. BGB ausgeschlossen sein und allein §§ 651c ff. BGB Anwendung finden (sog. Einheitslösung).[4]

3. Für die letzte Auffassung spricht neben der Tatsache, dass sich bei einem Wahlrecht des Reisenden ohnehin §§ 651c ff. BGB als die für ihn günstigere[5] und wegen ihrer Anpassung an das Phänomen des Massentourismus auch sachgerechtere Regelung gegenüber §§ 280 ff. BGB erweisen würden, vor allem die infolge von Abgrenzungsschwierigkeiten ansonsten nicht mehr zu gewährleistende Rechtsklarheit und Rechtssicherheit. Mit der herrschenden Meinung ist daher davon auszugehen, dass sich die Rechte des Reisenden spätestens ab Reisebeginn nur noch nach §§ 651c ff. BGB bestimmen.

II. Dabei kommt als erstes ein Anspruch auf Aufwendungsersatz nach § 651c III 1 BGB in Betracht.

---

2 Zum Meinungsstand nach früherem Recht vgl. *Wolter* AcP 183, 35 (42 ff.); zur Rechtslage nach der Schuldrechtsreform vgl. *Führich* NJW 2002, 1082 (1084).

3 Noch zu §§ 323 ff. aF BGB: OLG München NJW 1984, 132; *Löwe* BB 1979, 1357 (1361).

4 BGHZ 97, 255 (259); 100, 157 (180); BGH NJW 1986, 1748 (1750); *Bartl* NJW 1983, 1092 (1096); Erman/*Schmid* vor §§ 651c–651g Rn. 4 ff.; Palandt/*Sprau* vor §§ 651c–651g Rn. 9; Soergel/*H. W. Eckert* vor § 651c Rn. 7; *Führich* NJW 2002, 1082 (1084). Ähnlich Staudinger/*A. Staudinger* (2011) Vorbem. §§ 651c–g Rn. 21.

5 **Hinweis:** Zwar ist davon auszugehen, dass durch die Reform des allgemeinen Leistungsstörungsrechts (§§ 280 ff. BGB) eine erhebliche Rechtsvereinheitlichung erzielt worden ist, da sich dieses ebenso wie schon das reisevertragliche Leistungsstörungsrecht am UN-Kaufrecht orientiert (vgl. *Führich* NJW 2002, 1082 [1084]). Dennoch bleiben nach wie vor Unterschiede: So sind beispielsweise für einen »Schadensersatzanspruch statt der Leistung« nach § 280 I, III BGB gegenüber dem »Schadensersatzanspruch wegen Nichterfüllung« gem. § 651f I BGB zusätzliche Voraussetzungen erforderlich, insbes. grundsätzlich die erfolglose Fristsetzung zur Nacherfüllung. Auch unterliegen Schadensersatzansprüche statt der Leistung nach § 280 I, III BGB der Regelverjährung (§§ 195, 199 I BGB), während für die reisevertragliche Gewährleistung insbes. die Ausschlussfrist des § 651g I BGB gilt.

1. Voraussetzungen

a) Zunächst ist dafür das Bestehen eines wirksamen Reisevertrages zwischen R und V gem. § 651a I BGB erforderlich. Mit der die Beförderung, Unterkunft und teilweise Verpflegung beinhaltenden Pauschalreise nach Florida liegt eine Gesamtheit von Reiseleistungen vor, bezüglich derer der Reiseveranstalter V gegen Leistung des Reisepreises von 3.999 EUR Schuldner gegenüber den Reisenden R sein sollte. Dies gilt auch, wenn er sich bei ihrer Erfüllung Hilfspersonen in Form verschiedener Leistungsträger (vgl. § 651a II BGB) bedienen mag. R und V haben sich damit über die Merkmale des § 651a I BGB geeinigt. An der Wirksamkeit dieser Einigung bestehen keine Zweifel. Ein wirksamer Reisevertrag zwischen dem Ehepaar R und V ist damit gegeben.

b) Da § 651c III 1 BGB auf § 651c I BGB aufbaut, ist zweite Voraussetzung, dass die Reise mit einem Mangel iSv § 651c I BGB behaftet gewesen ist, also entweder eine zugesicherte Eigenschaft nicht aufweist oder fehlerhaft ist.[6] Insoweit kommt die fehlende Unterbringung der Eheleute R durch V in der Zeit vom 23. bis 25.8. in Betracht. Es ist nicht ersichtlich, dass V die durchgängige Unterbringung eigens zugesichert hat. Bei der Vorenthaltung der gebuchten Hotelunterkunft vom 23. bis 25.8. könnte es sich aber um einen Fehler der Reise handeln. Eine Reise ist fehlerhaft, wenn die vom Reiseveranstalter erbrachte Reiseleitung von der im Vertrag vorgesehenen Beschaffenheit dergestalt abweicht, dass dadurch der vertraglich festgesetzte Zweck und Nutzen der Reise beeinträchtigt wird, also eine nutzenschmälernde Abweichung der Ist- von der Soll-Beschaffenheit vorliegt.[7] Dabei ist umstritten, ob bei der Prüfung dieser Abweichung an die Gesamtreise[8] oder an die einzelne Reiseleistung[9] anzuknüpfen ist. Vorliegend kann der Streit jedoch dahinstehen, da die Nichtunterbringung vom 23. bis 25.8. und damit die völlige Nichterbringung von Leistungen in diesem Zeitraum auf jeden Fall nicht nur eine nutzenschmälernde Abweichung der Ist- von der Soll-Beschaffenheit der Unterbringung darstellte, sondern auch als Fehler auf die Gesamtreise durchschlug. Ein Mangel iSd § 651c I BGB ist demnach gegeben.

c) Ferner müssen die Eheleute Abhilfe verlangt haben. Diese Voraussetzung ergibt sich aus dem Zusammenspiel von § 651c III 1 BGB und § 651c II BGB.

aa) Ein Abhilfeverlangen setzt voraus, dass das Ehepaar R mit ausreichender Deutlichkeit die Beseitigung des Mangels und die Herstellung desjenigen Zustandes gefordert hat, der nach Art und Wert dem vertraglich geschuldeten entsprach.[10] Dies taten

---

6 **Hinweis:** Hinzuweisen ist darauf, dass der Gesetzgeber den Begriff des Reisemangels nicht mit § 434 BGB bzw. § 633 BGB vereinheitlicht, sondern den früheren (werkvertraglichen) Mangelbegriff beibehalten hat, der auch das Fehlen einer zugesicherten Eigenschaft umfasst (dazu und zu den zu befürchtenden Folgen kritisch *Führich* NJW 2002, 1082, 1084 mwN). Soweit nach der Neufassung des § 276 I 1 BGB die Zusicherung einer Eigenschaft als verschuldensunabhängige Einstandspflicht zu werten ist, wandelt sich der Schadensersatzanspruch nach § 651f BGB diesbezüglich von einer verschuldensabhängigen zu einer verschuldensunabhängigen Haftung (vgl. *Führich* NJW 2002, 1082 [1084]).

7 BGHZ 85, 50 (53); *Blaurock* Jura 1985, 169 (170); *Eichinger* Jura 1981, 185 (188 f.); Erman/ *Schmid* § 651c Rn. 2 ff.; MüKoBGB/*Tonner* § 651c Rn. 5–8.

8 BGHZ 97, 255 (260); OLG Hamm DB 1973, 2296 (2297); *Blaurock* Jura 1985, 169 (170); *Brox* JA 1979, 493 (495); Palandt/*Sprau* § 651c Rn. 2.

9 *Tempel* JuS 1984, 81 (85).

10 Vgl. dazu Erman/*Schmid* § 651c Rn. 36; Soergel/*H.W. Eckert* § 651c Rn. 31.

die Eheleute konkludent, indem sie die Hotelleitung um die Benennung einer Ersatzunterkunft baten.

bb) Ferner muss dieses Abhilfeverlangen gegenüber dem richtigen Adressaten ausgesprochen worden sein. Dies ist grundsätzlich die örtliche Reiseleitung, weil sie vor Ort den Reiseveranstalter vertritt und die notwendigen Maßnahmen treffen kann.[11] Eine solche wurde hier von V nicht gestellt, sodass sich die Eheleute an die Hotelleitung, also den Leistungsträger nach § 651a II BGB gewandt haben. Nach einem Teil der Literatur ist dies ausreichend,[12] wohingegen der andere Teil den jeweiligen Leistungsträger insoweit nicht als empfangszuständig betrachtet.[13]

Auch wenn für die erste Meinung sprechen mag, dass es dem im Reiserecht nicht bewanderten Reisenden häufig näher liegender und zweckmäßiger erscheinen wird, sich bei Mängeln der Unterkunft in erster Linie an das Hotel zu wenden, besteht doch Einigkeit darüber, dass ein Abhilfeverlangen auch an den Reiseveranstalter selbst gerichtet werden kann. Zwar haben die Eheleute den V nicht erreicht und so ihm gegenüber kein Abhilfeverlangen geäußert. Hierauf kann er sich gem. § 242 BGB jedoch nicht berufen, weil der Reiseveranstalter dafür Sorge zu tragen hat, dass kurzfristig ein Ansprechpartner zum Anbringen von derartigen Erklärungen zur Verfügung steht. Eine solche Vorsorge wurde vom Reiseveranstalter V aber nicht getroffen. Vielmehr bemühte sich das Ehepaar R mehrfach erfolglos um eine Kontaktaufnahme mit der Zentrale des V in Deutschland. Aus dieser Nichterreichbarkeit darf V nach Treu und Glauben gem. § 242 BGB kein Vorteil erwachsen, sodass – selbst wenn man mit der zweiten Auffassung das Abhilfeverlangen gegenüber dem Hotel nicht für ausreichend hält – von einem ordnungsgemäßen Abhilfeverlangen auszugehen ist.

cc) Schließlich dürfte das Abhilfeverlangen nicht unbeachtlich gewesen sein. Dies ist der Fall, wenn die Voraussetzungen des § 651c II 2 BGB gegeben sind. Ein unverhältnismäßiger Aufwand ist dann anzunehmen, wenn die Mängelbeseitigung in Bezug auf Gewicht und Bedeutung des Mangels sowie den Reisepreis unverhältnismäßig hohe Kosten verursacht.[14] Davon kann aber angesichts eines für eine vierzehntägige Floridareise relativ hohen Preises von 1.999,50 EUR pro Person im Verhältnis zur Erheblichkeit des Mangels der fehlenden Unterkunft vom 23. bis 25.8. keine Rede sein.

d) Ferner setzt § 651c III 1 BGB voraus, dass der Reisende dem Reiseveranstalter eine angemessene Frist zur Abhilfe gesetzt hat und diese Frist abgelaufen ist. Es ist nicht ersichtlich, dass die Eheleute R dem V eine Frist gesetzt haben. Dies ist jedoch dann unschädlich, wenn die Fristsetzung nach § 651c III 2 BGB entbehrlich war.[15]

---

11 Vgl. zB Jauernig/*Teichmann* § 651c Rn. 4.

12 Palandt/*Sprau* § 651c Rn. 4; *Tempel* NJW 1986, 547 (549).

13 *Brox* JA 1979, 493 (495); Erman/*Schmid* § 651c Rn. 35; Jauernig/*Teichmann* § 651c Rn. 4 (Abhilfeverlangen ist, sofern vorhanden, an den örtlichen Reiseleiter zu richten, sonst an den Veranstalter); MüKoBGB/*Tonner* § 651c Rn. 136 (mit Ausnahmen: Empfangszuständigkeit des Leistungsträgers ergibt sich aus AGB oder Infoblatt des Veranstalters bzw. stillschweigender Ermächtigung im Einzelfall in Gestalt einer Anscheinsvollmacht); Staudinger/*A. Staudinger* (2011) § 651c Rn. 155 ff.; OLG Stuttgart FVE Nr. 109; AG Stuttgart RRa 1995, 226.

14 *Bartl* NJW 1979, 1384 (1386); Soergel/*H. W. Eckert* § 651c Rn. 35; MüKoBGB/*Tonner* § 651c Rn. 138.

15 § 651c III 2 BGB ist § 634 II 2. und 3. Fall aF BGB nachgebildet und entspricht in etwa § 323 II Nr. 1 und 3.

Wenn man insoweit bereits den jeweiligen Leistungsträger als zulässigen Adressaten der Fristsetzung ansieht,[16] war die Fristsetzung nach § 651c III 2 1. Alt. BGB entbehrlich. Das Hotel erklärte sich als zur Abhilfe außerstande, indem es das Ehepaar R aufforderte, sich selbstständig ein Quartier zu suchen. Damit hat das Hotel die Abhilfe stillschweigend verweigert.[17] Aber auch nach der Gegenauffassung[18] liegt insofern eine Entbehrlichkeit der Fristsetzung nach § 651c III 2 2. Alt. BGB vor, als die Eheleute R wegen der fehlenden Unterkunft und der Nichterreichbarkeit des Reiseveranstalters V bis zum 25.8. ein besonderes Interesse an der sofortigen Abhilfe hatten.[19]

e) Damit sind die Voraussetzungen des Anspruchs nach § 651c III 1 BGB erfüllt.[20]

2. Einwendungen

Dieser Anspruch könnte aber nach § 651g I 1 BGB[21] ausgeschlossen sein, wenn er nicht binnen Monatsfrist geltend gemacht worden ist.

a) Vorliegend endete die Reise am 2.9. Die Eheleute R machten jedoch erst am 2.10. Ansprüche gegen V geltend. Es stellt sich die Frage, ob der Tag des Reiseendes bei der Bestimmung der Frist mitzurechnen ist und die Frist daher am 2.10. bereits abgelaufen war. Nach einer vereinzelt vertretenen Auffassung[22] ist dies gem. § 187 II 1 BGB iVm § 188 II 2. Alt. BGB der Fall, sodass die Geltendmachung der Ansprüche durch die Reisenden R verfristet und deshalb gem. § 651g I 1 BGB ihr Anspruch aus § 651c III 1 BGB ausgeschlossen wäre. Diese Sicht verkennt jedoch, dass die Ausschlussfrist des § 651g I 1 BGB nicht iSd § 187 II BGB an den »Beginn eines Tages« anknüpft, sondern an das Ereignis der vertraglich vorgesehenen Beendigung der Reise. Dementsprechend ist der Tag, in dessen Lauf dieses Ereignis fällt, gem. § 187 I 1. Alt. BGB mit der Folge nicht mitzurechnen, dass sich das Fristende nach § 188 II 1. Alt. BGB bestimmt.[23] Danach ist der 2.9. als der Tag der vertraglich vorgesehenen Beendigung der Reise also nicht mitzuzählen, sodass die Frist des § 651g I 1 BGB nach § 187 I 1. Alt. BGB iVm § 188 II 1. Alt. BGB bis zum 2.10. einschließlich lief. Somit machten die Eheleute R fristgerecht ihre Ansprüche gegenüber dem Reiseveranstalter V geltend.

b) Diese Geltendmachung könnte allerdings nicht formgerecht und damit unbeachtlich gewesen sein. Denn die Allgemeinen Geschäftsbedingungen, die dem Vertrag

---

16 Vgl. oben A. II. 1. c) bb).
17 Dazu *Tempel* NJW 1986, 547 (550).
18 S. oben A. II. 1. c) bb).
19 Vgl. dazu Palandt/*Sprau* § 651c Rn. 5.
20 **Merke:** Im Unterschied zu § 651f BGB setzt der Anspruch ebenso wie das werkvertragliche Selbsthilferecht des § 637 I BGB ein Verschulden bzw. Vertretenmüssen nicht voraus.
21 **Merke:** § 651g I BGB ist also eine (rechtsvernichtende) Einwendung. Dies gilt für alle Vorschriften, die wie § 651g I BGB eine Ausschlussfrist beinhalten (zB §§ 121 I 1, II, 124 I, III BGB für das Recht zur Anfechtung). Davon zu trennen sind Normen, die eine Aussage zur Verjährungsfrist machen, also eine Modifikation zum Grundsatz des § 195 BGB enthalten (wie zB § 651g II 1 BGB). Sie sind innerhalb der Einrede des § 214 I BGB zu prüfen (vgl. sogleich unten).
22 AG Hamburg RRA 1994, 58; AG Düsseldorf NJW 1985, 980.
23 OLG Karlsruhe NJW-RR 1991, 54 (54); LG Hamburg NJW-RR 1997, 502; LG Frankfurt NJW 1986, 594 (595); LG Hannover NJW-RR 1990, 572 (572); Erman/*Schmid* § 651g Rn. 3; MüKoBGB/*Tonner* § 651g Rn. 7; Palandt/*Sprau* § 651g Rn. 1b; Staudinger/*A. Staudinger* (2011) § 651g Rn. 44.

zwischen V und R zugrunde liegen, enthalten eine Klausel, wonach der Reisende seine Rechte schriftlich geltend machen muss. Eine solche Schriftformklausel ist jedoch nach § 651m BGB unwirksam,[24] da sie zum Nachteil des Reisenden von § 651g BGB abweicht, der für die Geltendmachung der Ansprüche gerade keine bestimmte Form vorschreibt.[25] Ob diese Unwirksamkeit die Nichtigkeit des gesamten Vertrages zur Folge hat, beurteilt sich nach § 139 BGB. In der Regel wird das Schutzbedürfnis des Reisenden jedoch zum Wirksambleiben des Restvertrages führen, wobei an die Stelle der unwirksamen Vereinbarung die gesetzliche Regelung tritt.[26] Hiervon ist auch im vorliegenden Fall auszugehen. Demzufolge ist der Anspruch des Ehepaares R gegen V aus § 651c III 1 BGB nicht nach § 651g I 1 BGB ausgeschlossen.

3. Verjährung (§ 214 I BGB)

Es stellt sich aber die Frage, ob dieser Anspruch nicht mittlerweile nach § 214 I BGB verjährt ist, wobei hinsichtlich der Verjährungsfrist die Sondervorschrift des § 651g II 1 BGB zu beachten ist. Den obigen Ausführungen unter Ziffer A. II. 2. a) entsprechend, beginnt die Verjährungsfrist nach § 651g II 2 BGB iVm § 187 I 1. Alt. BGB am Tag nach dem vertraglich vorgesehenen Ende der Reise zu laufen, hier also am 3.9. um 0:00 Uhr. Die grundsätzlich[27] zweijährige[28] Verjährungsfrist des § 651g II 1 BGB ist also keinesfalls abgelaufen. Verjährung ist also nicht eingetreten.

4. Rechtsfolge

Demnach steht dem Ehepaar R ein Anspruch auf Ersatz der zur Abhilfe erforderlichen Aufwendungen zu. Erforderlich sind die Aufwendungen, die den vertraglich geschuldeten Leistungen am nächsten kommen und die die Reisenden nach sorgfältiger, die Umstände des Falles berücksichtigender Prüfung für angemessen halten durften, wobei aber die Anforderungen an das Beurteilungsvermögen nicht überspannt werden dürfen, vor allem weil den Reisenden in der Regel Orts- und Branchenkenntnis fehlen.[29]

a) In Betracht kommen danach zum einen die Kosten für die unmittelbare Beseitigung des Mangels, zB Hotelkosten, wobei nach herrschender Meinung auch die Kosten für eine bessere Hotelkategorie nicht vom Ersatz ausgeschlossen sind, wenn die vertraglich geschuldete Kategorie am Urlaubsort nicht zur Verfügung steht.[30] Demgegenüber kann nach einer nur vereinzelt vertretenen Auffassung das Recht auf Abhilfe und Selbstabhilfe nicht weiter gehen als der ursprüngliche Erfüllungsanspruch, sodass der Umzug in ein anderes Hotel als über die vertragliche Leistung hinausgehend nicht als Selbsthilfe anerkannt werden kann. Stattdessen müsste der Reisende

---

24 **Hinweis:** Würde es § 651m BGB nicht geben, müsste die Klausel anhand §§ 305 ff. BGB überprüft werden. § 309 Nr. 13 BGB ist nicht einschlägig; zu prüfen bliebe aber § 307 I BGB.

25 BGHZ 90, 363 (365); Erman/*Schmid* § 651g Rn. 6; Palandt/*Sprau* § 651g Rn. 2; *Tonner* ReiseV § 651g Rn. 2.

26 Erman/*Schmid* § 651m Rn. 4; Palandt/*Sprau* § 651m Rn. 1; MüKoBGB/*Tonner* § 651m Rn. 9.

27 Eine Verkürzung auf bis zu einem Jahr ist nach Maßgabe des § 651m S. 2 BGB zulässig.

28 Durch das Schuldrechtsmodernisierungsgesetz wurde die in § 651g II 1 BGB aF noch vorgesehene sechsmonatige Verjährungsfrist auf zwei Jahre vervierfacht (parallel zu den kauf- und werkvertraglichen Regelungen). Dazu kritisch *Führich* NJW 2002, 1082 (1083).

29 Erman/*Schmid* § 651c Rn. 40; Staudinger/*A. Staudinger* (2011) § 651c Rn. 179.

30 OLG Köln NJW-RR 1993, 252; KG NJW-RR 1993, 1209; LG Frankfurt NJW-RR 1987, 826; Erman/*Schmid* § 651c Rn. 40; MüKoBGB/*Tonner* § 651c Rn. 158; aA *Tempel* NJW 1986, 547 (548).

den Reisevertrag gem. § 651e BGB kündigen und den Ersatz seiner Mehrkosten nach § 651e IV 2 BGB verlangen.[31] Abgesehen von seiner Unpraktikabilität und der weitgehenden Aushöhlung des Rechts auf Selbstabhilfe ist dieser Lösungsvorschlag ersichtlich nur auf die Fälle zugeschnitten, in denen dem Reisenden zwar eine Unterkunft zur Verfügung gestellt wird, diese jedoch in irgendeiner Form mangelhaft ist. Es ginge aber zu weit, den Reisenden auch in Fällen wie dem vorliegenden, wo weder die gebuchte noch eine Ersatzunterkunft angeboten wird und ihm zur Vermeidung seiner Obdachlosigkeit gar nichts anderes übrig bleibt, als sich selbst eine neue Unterkunft zu suchen, die gegebenenfalls nur noch in einem Hotel besserer Kategorie möglich ist, auf die für ihn ungünstigere Möglichkeit des § 651e BGB mit ihren erschwerten Voraussetzungen zu verweisen. Aus diesem Grunde steht den Eheleuten R der geforderte Ersatz der Hotelkosten von 300 EUR trotz der besseren Kategorie zu.

b) Zum anderen sind aber ebenfalls Aufwendungen für notwendige Nebenleistungen, wie zB Taxikosten für einen Umzug, erforderlich. Darunter fallen auch Aufwendungen für aussichtsreiche, jedoch letztlich erfolglose Bemühungen, wie zB Telefon- oder Taxikosten für die sinnvolle Suche nach einem Ersatzquartier.[32] Davon werden die vom Ehepaar R geltend gemachten Taxi- und Telefonkosten iHv 100 EUR erfasst, sodass ihnen ein Aufwendungsersatzanspruch von insgesamt 400 EUR gegen V aus § 651c III 1 BGB zusteht.

III. Daneben könnten die Eheleute R hinsichtlich dieser Kosten einen Schadensersatzanspruch wegen Nichterfüllung gegen V nach § 651f I BGB haben.[33]

1. Der hierfür erforderliche wirksame Reisevertrag gem. § 651a I BGB wurde zwischen den Reisenden R und dem Reiseveranstalter V über eine Pauschalreise nach Florida zum Preis von 3.999 EUR abgeschlossen (s. oben A. II. 1. a).

2. Wie unter Ziffer A. II. 1. b) festgestellt, war diese Reise in Bezug auf die die beanspruchten Kosten verursachende fehlende Unterbringung des Ehepaares R durch V in der Zeit vom 23. bis 25.8. mangelhaft.

3. Die Streitfrage, ob der Schadensersatzanspruch nach § 651f BGB ebenso wie die Rechte aus den §§ 651c–651e BGB außerdem davon abhängig ist, dass der Reisende

---

31   LG Frankfurt NJW 1983, 2884 (2885); *Tempel* NJW 1986, 547 (548).

32   Erman/*Schmid* § 651c Rn. 40; Soergel/*H. W. Eckert* § 651c Rn. 39.

33   **Hinweis:** Man könnte darüber nachdenken, ob ein Schadensersatzanspruch aus § 651f I BGB überhaupt neben dem Aufwendungsersatzanspruch aus § 651c III BGB in Betracht kommt. Denn § 651f I BGB ordnet ausdrücklich nur an, dass der Schadensersatzanspruch *unbeschadet* (dh neben) *der Minderung oder der Kündigung* (also §§ 651d und 651e BGB) bestehen kann. Diese Formulierung sollte aber lediglich klarstellen, dass für § 651f I BGB im Unterschied zu § 635 aF BGB die Voraussetzungen der Minderung oder Kündigung nicht erfüllt sein müssen, nicht jedoch den Ausschluss konkurrierender Ansprüche anordnen (vgl. BT-Drs. 8/2343, 10). Ist daher auch zu Recht anerkannt, dass im Falle einer Selbstabhilfe durch den Reisenden (§ 651c III BGB) ein Ersatzanspruch wegen der bis zu diesem Zeitpunkt eingetretenen Schäden nicht grundsätzlich ausgeschlossen ist (Soergel/*H. W. Eckert* § 651f Rn. 3; Staudinger/*A. Staudinger* (2011) § 651f Rn. 3), stellt sich doch die daran anschließende Frage, ob durch § 651f I BGB dasselbe Interesse ersetzt werden kann, das schon von § 651c III BGB abgedeckt wird. Wie bei § 536a I, II BGB (zu deren Verhältnis s. Erman/*Jendrek*, 13. Aufl. 2011, § 536a Rn. 18) könnte man daran denken, dass neben dem Anspruch aus § 651c III BGB Schadensersatz aus § 651f I BGB nur wegen *weitergehender* Schäden verlangt werden kann, also zB wegen solcher Schäden, die trotz der Abhilfe eingetreten sind oder mit dem abgestellten Mangel nichts zu tun haben. Die Frage kann hier letztlich offen bleiben, da der Anspruch tatbestandlich nicht gegeben ist.

den Reisemangel dem Reiseveranstalter gegenüber angezeigt bzw. Abhilfe verlangt hat,[34] kann vorliegend dahinstehen, da die Eheleute R den Ausführungen unter A. II. 1. c) zufolge diesem Erfordernis Genüge getan haben.

4. Ferner setzt der Schadensersatzanspruch nach § 651f I BGB voraus, dass der Reiseveranstalter den Umstand, auf dem der Mangel beruht, zu vertreten hat.

a) Der Umstand, auf dem der Mangel (fehlende Unterbringung) beruht, war zum einen der heranziehende Hurrikan »Andrew«. Für das Auftreten des Hurrikans als Naturereignis trifft V keine Verantwortung.[35]

b) Der Mangel wäre aber trotz des Sturmes dann nicht eingetreten, wenn rechtzeitig für eine Ersatzunterkunft gesorgt worden wäre. Zu prüfen bleibt, ob V insofern ein Verschuldensvorwurf zu machen ist.

Ein eigenes Verschulden (§ 276 I 1 BGB) trifft den Reiseveranstalter V aufgrund der Tatsache nicht, dass ihm von Deutschland aus keine andere Möglichkeit blieb, als sich auf die telefonische Auskunft der Hotelleitung, für die Gäste sei gesorgt, zu verlassen.

V könnte aber ein etwaiges Verschulden der örtlichen Hotelleitung nach § 278 S. 1 2. Fall BGB zuzurechnen sein. Erfüllungsgehilfen des Reiseveranstalters sind alle Personen, derer er sich bei Reisevorbereitung, Vertragsschluss, Reiseantritt und Erbringung der Reiseleistung bedient, insbesondere örtliche Reiseleiter und einzelne Leistungsträger, wobei auch das Personal der Leistungsträger – wie hier die Hotelleitung – als (Unter-) Erfüllungsgehilfen zu dem Personenkreis zählt, für deren Verschulden der Reiseveranstalter nach § 278 S. 1 2. Fall BGB einzustehen hat.[36]

Vorliegend war das Hotel als Leistungsträger aber wegen seiner durch den Hurrikan unterbrochenen Telefonverbindung und anderer dadurch verursachter Schwierigkeiten nicht in der Lage, Ersatzunterkünfte für die Gäste im Norden Floridas zu organisieren. Gerade in Anbetracht der drohenden Gefahr und der Kürze der verbleibenden Zeit kann in diesem Verhalten der Erfüllungsgehilfen des V kein Verschulden gesehen werden, das dem Reiseveranstalter über § 278 S. 1 2. Fall BGB zuzurechnen wäre. V hat den Mangel der fehlenden Unterkunft vom 23. bis 25.8. also nicht zu vertreten.

5. Demzufolge haben die Eheleute R gegen ihn aus § 651f I BGB keinen Schadensersatzanspruch im Hinblick auf die ihnen für Hotel, Taxi und Telefon entstandenen Kosten iHv insgesamt 400 EUR.

---

34 Dafür: BGHZ 92, 177 (179); OLG Düsseldorf NJW-RR 1989, 735 (735); *Bartl* NJW 1979, 1384 (1388); *Brox* JA 1979, 493 (496); *Eichinger* Jura 1981, 185 (192); Palandt/*Sprau* § 651f Rn. 3; Soergel/*H.W. Eckert* § 651f Rn. 6; Erman/*Schmid* § 651f Rn. 3.
Dagegen: *Blaurock* Jura 1985, 169 (172); Jauernig/*Teichmann* § 651f Rn. 4; MüKoBGB/*Tonner* § 651f Rn. 14.

35 Vielmehr handelt es sich um einen klassischen Fall höherer Gewalt (vgl. § 206 BGB und unten C. I. 1. c) zu § 651j I BGB). Die höhere Gewalt ist eine Form des Zufalls (Jauernig/*Stadler* § 276 Rn. 11).

36 BGH NJW 1983, 448 (448); OLG Düsseldorf NJW-RR 1990, 187 (187); LG Frankfurt NJW-RR 1991, 313 (314); *Blaurock* Jura 1985, 169 (173); Erman/*Schmid* § 651a Rn. 16 und § 651f Rn. 5; Palandt/*Sprau* § 651a Rn. 11 und § 651f Rn. 4.

B. Anspruch auf Rückzahlung von 200 EUR

Dem Ehepaar R könnte ein Anspruch auf Rückzahlung eines Teils des Reisepreises iHv 200 EUR aus §§ 651d I 2, 638 IV, 346 I BGB[37] gegen V zustehen.

I. Voraussetzungen

1. Ein derartiger Rückzahlungsanspruch setzt als erstes einen wirksamen Reisevertrag gem. § 651a I BGB voraus. Ein solcher bestand hier zwischen den Reisenden R und dem Reiseveranstalter V über die Floridareise zum Gesamtpreis von 3.999 EUR.

2. Weiter ist das Vorliegen eines Reisemangels iSd § 651c I BGB hinsichtlich der von V zur Verfügung gestellten Ersatzunterkunft erforderlich. Insoweit kommt ein Fehler der Reise in Betracht, dh die vom Reiseveranstalter V erbrachte Reiseleistung müsste von der im Vertrag vorgesehenen Beschaffenheit dergestalt abgewichen sein, dass dadurch der vertraglich festgesetzte Zweck und Nutzen der Reise beeinträchtigt wurde. Hierbei ist umstritten, inwiefern dabei auf die Gesamtreise oder auf die einzelne Reiseleistung abzustellen ist.[38] Vorliegend war das Zimmer der Eheleute R im Ersatzhotel stark verschmutzt und verfügte nur über eine defekte Klimaanlage. Darin lag eine nutzungsbeeinträchtigende Abweichung des tatsächlichen Ist-Zustandes von der vertraglich geschuldeten Soll-Beschaffenheit eines sauberen Hotelzimmers, in dem alle Gerätschaften funktionieren.[39] Angesichts der Tatsache, dass dieser Zustand vier Tage des ohnehin nur zwölf Tage dauernden Aufenthaltes des Ehepaares R in Florida andauerte, also ein Drittel der Zeit keine vertragsgemäße Unterkunft zur Verfügung gestellt wurde, ist von einem Durchschlagen des fraglichen Mangels auf die Gesamtreise auszugehen, sodass der erwähnte Streit auch hier dahinstehen kann.

3. Die Voraussetzungen des § 651d I BGB liegen folglich vor. Wie sich schon aus dem Wortlaut ergibt (»mindert sich«), bedarf es bei § 651d I BGB im Unterschied zu §§ 441 I 1, 638 I 1 BGB (Minderungserklärung) keines weiteren besonderen rechtsgeschäftlichen Aktes; vielmehr tritt die Minderung kraft Gesetzes ein.[40]

---

37 **Hinweis:** Nach der früheren Fassung des § 651d I BGB (»Ist die Reise [...] mangelhaft, so mindert sich für die Dauer des Mangels der Reisepreis [...]«) war auf den ersten Blick nicht unproblematisch, ob diese Vorschrift als Anspruchsgrundlage für ein Rückzahlungsbegehren in Betracht kam. Denn dem Wortlaut nach war die Vorschrift offenbar bloße Einwendung gegenüber dem Anspruch auf Zahlung des Reisepreises nach § 651a I 2 BGB, sodass § 651d I BGB nur solange hätte eingreifen können, wie der Reisepreis noch nicht vollständig bezahlt war. Dementsprechend ging man nach Inkrafttreten der reisevertraglichen Normen im Jahre 1979 noch davon aus, dass Anspruchsgrundlage für die (teilweise) Erstattung eines im Voraus bezahlten Reisepreises allein § 812 I 2 1. Fall BGB war. In der Folgezeit hatte sich jedoch allgemein die Erkenntnis durchgesetzt, dass ein vertraglicher Rückzahlungsanspruch unmittelbar aus § 651d I BGB selbst folge, da andernfalls den Reisenden das – infolge der üblichen Vorauszahlung nicht unerhebliche – Risiko getroffen hätte, dass der Reiseveranstalter nicht mehr bereichert (§ 818 III BGB) sei. Diese Sichtweise hat der Gesetzgeber bestätigt, indem er im Zuge der Schuldrechtsreform in § 651d I 2 BGB die entsprechende Anwendung des § 638 IV BGB und damit der §§ 346 I, 347 I BGB angeordnet hat. Anspruchsgrundlage für die Rückforderung einer infolge der Minderung eingetretenen Überzahlung ist damit der vertragliche Rückzahlungsanspruch aus §§ 651d I 2, 638 IV, 346 I BGB. S. zur alten Rechtslage: LG Frankfurt NJW 1983, 1127 (1127); Erman/*Seiler* 10. Aufl. 2000, § 651d Rn. 5; *Teichmann* JuS 1985, 673 (674).

38 Vgl. oben A. I. 1. b).

39 Dazu auch OLG Hamm NJW 1975, 123 (124); LG Frankfurt NJW 1985, 143 (144); LG Frankfurt NJW-RR 1989, 310 (311).

40 Vgl. hierzu Palandt/*Sprau* vor §§ 651c–g Rn. 3; Staudinger/*A. Staudinger* (2011) § 651d Rn. 1.

II. Einwendungen

1. Zugunsten des V könnte aber die Einwendung des § 651d II BGB greifen. Dies setzt als erstes voraus, dass die Eheleute R es unterlassen haben, die Mängel anzuzeigen. Dem Erfordernis der Mängelanzeige taten sie jedoch dadurch Genüge, dass sie sowohl das Hotel als Leistungsträger als auch die Zentrale des Reiseveranstalters mehrfach auf den ungenügenden Zustand ihres Hotelzimmers hinwiesen. Eine darüber hinausgehende Fristsetzung zur Nacherfüllung ist für die Minderung nach § 651d I BGB anders als bei §§ 634 Nr. 3, 323 II BGB nicht notwendig.[41] Ein Ausschluss der Minderung wegen fehlender Mängelanzeige nach §§ 651d II BGB ist also nicht gegeben.

2. Wie oben gesehen, liegen auch die Voraussetzungen eines Ausschlusses nach § 651g I 1 BGB nicht vor.

III. Auch Verjährung nach §§ 214 I, 651g II 1 BGB ist nicht eingetreten (s. oben A. II. 3.).

IV. Rechtsfolge

Das Ehepaar R kann somit Rückzahlung des Reisepreises verlangen. Der Umfang der Minderung ist nach § 651d I 1 BGB iVm § 638 III BGB zu bestimmen. Danach ist der Reisepreis in dem Verhältnis herabzusetzen, in dem der Wert der Gesamtreise zu ihrem tatsächlichen Wert steht.[42] Es ergibt sich also folgende Formel:

$$\frac{\text{Wert der mangelfreien Reise}}{\text{Wert der mangelhaften Reise}} = \frac{\text{vereinbarter Reisepreis}}{\text{geminderte Vergütung,}}$$

bei deren Ausfüllung insbesondere Art, Umfang, Gewicht und Dauer des Mangels sowie der Zweck und die Dauer der Reise zu berücksichtigen sind.[43]

Um den insofern auftretenden Schwierigkeiten bei der genauen Ermittlung der Wertverhältnisse einer Pauschalreise zu begegnen und eine gewisse Gleichbehandlung bei der Bemessung der Minderung zu ermöglichen, hat das Landgericht Frankfurt mit der sog. Frankfurter Tabelle[44] ein nicht unumstrittenes,[45] aber doch praktikables Hilfsmittel zur Berechnung geschaffen, das aber natürlich nicht darüber hinwegtäuschen darf, dass letztendlich immer die konkreten Umstände des Einzelfalles ausschlaggebend sind. In dieser Tabelle sind typische Reisemängel zusammengefasst, denen im Rahmen verschiedener Leistungsgruppen (Unterkunft, Verpflegung, sons-

---

41 Palandt/*Sprau* § 651d Rn. 3; Soergel/*H.W. Eckert* § 651d Rn. 4; Staudinger/*A. Staudinger* (2011) § 651d Rn. 1.

42 Inzwischen hM, vgl. nur OLG Düsseldorf NJW-RR 1991, 1202 (1203); LG Hannover VersR 1984, 994; Erman/*Schmid* § 651d Rn. 5; MüKoBGB/*Tonner* § 651d Rn. 15; Staudinger/*A. Staudinger* (2011) § 651d Rn. 39. AA früher LG Hannover NJW 1984, 2417 (2419) und *Tempel* NJW 1985, 97 (99), die an den Wert der mangelhaften Einzelleistung anknüpfen und somit bei der Minderung nur diejenige Teilvergütung berücksichtigen wollten, die den mangelhaften Reiseteil betrifft.

43 Erman/*Schmid* § 651d Rn. 3; MüKoBGB/*Tonner* § 651d Rn. 17 ff.; Staudinger/*A. Staudinger* (2011) § 651d Rn. 38 ff.

44 Frankfurter Tabelle zur Reisepreisminderung, NJW 1985, 113 ff.; 1994, 1639.

45 Gegen die Anwendung derartiger Tabellen und gegen »Pauschal-Urteile für Pauschal-Reisende«: *Müller-Langguth* NJW 1985, 1887, 1888; Staudinger/*A. Staudinger* (2011) § 651d Rn. 48 mwN.

tige Nebenleistungen, Transport) bestimmte Prozentsätze zugeordnet werden, die grundsätzlich vom Gesamtreisepreis zu erheben sind und einen dementsprechenden Abzug als Minderung rechtfertigen sollen.[46] Bei Vorliegen mehrerer Mängelpositionen werden die fraglichen Prozentsätze addiert, wobei allerdings Höchstprozentsätze innerhalb der einzelnen Leistungsgruppen (zB Unterkunft 50%) nicht überschritten werden dürfen, um dem Reiseveranstalter eine Teilvergütung für mangelfrei erbrachte Leistungen zu sichern.[47]

Bei Anwendung der Frankfurter Tabelle auf den vorliegenden Sachverhalt ergibt sich Folgendes: Der Mangel der schlechten Reinigung wird mit 10% bis 20%, der Mangel des Ausfalls der Klimaanlage ebenfalls mit 10% bis 20% in Anrechnung gebracht, sodass sich insgesamt eine Minderung von 20% bis 40% des Gesamtpreises ergibt.[48] Angesichts der Tatsache, dass die fraglichen Mängel während eines Drittels des ohnehin nur recht kurzen Aufenthaltes der Eheleute R auftraten, Florida nicht zu den Regionen zählt, wo derartige Mängel als ortsüblich anzusehen sind und der Preis von 1.999,50 EUR pro Person für eine derartige Reise recht hoch angesiedelt ist, kann hier von einer Minderung des Gesamtreisepreises um 30% ausgegangen werden. Dabei ist der objektive Minderwert der Reise zunächst für jeden einzelnen Tag zu berechnen und dann mit der Zahl der Tage der Beeinträchtigung zu multiplizieren, um so den absoluten Minderbetrag zu ermitteln.[49] Danach ist der Minderbetrag im vorliegenden Fall folgendermaßen zu berechnen: Der Gesamtreisepreis von 3.999 EUR ist durch die Dauer der Reise von 14 Tagen zu dividieren, wodurch sich ein anteiliger Reisepreis von 285,64 EUR pro Tag ergibt. Davon steht den Reisenden eine Minderung um 30%, also 85,69 EUR pro Tag, zu, die mit der Anzahl der beeinträchtigten Tage von 4 zu multiplizieren ist und somit einen absoluten Minderbetrag von 342,76 EUR zum Ergebnis hat.

V. Das Ehepaar R hat also einen Anspruch auf Rückzahlung eines Teils des Reisepreises wegen Minderung in Höhe der von ihnen verlangten 200 EUR gegen den Reiseveranstalter V aus §§ 651d I 2, 638 IV, 346 I BGB.

C. Abwandlung

I. Den Eheleuten R könnte gegen V ein Anspruch auf Rückzahlung des Reisepreises in Höhe von 3.999 EUR zustehen.

1. Als Anspruchsgrundlage kommt dabei zunächst §§ 651e I 1, 346 I BGB in Betracht.

a) Rechtsfolge

Wie früher bei § 651d I aF BGB[50] stellt sich zunächst die Frage, welches die Anspruchsgrundlage für das Rückzahlungsverlangen ist; hierzu schweigt § 651e BGB.

---

46 Zur Erläuterung der Frankfurter Tabelle vgl. *Tempel* NJW 1985, 97 ff; zu deren heutiger Bedeutung MüKoBGB/*Tonner* § 651d Rn. 20 f.

47 Frankfurter Tabelle, NJW 1985, 113 (115); 1994, 1639.

48 Vgl. Frankfurter Tabelle NJW 1985, 113 (113); 1994, 1639.

49 Frankfurter Tabelle NJW 1985, 113 (115); 1994, 1639; Erman/*Schmid* § 651d Rn. 5; *Tempel* NJW 1985, 97 (100).

50 Vgl. oben Fn. 37; hinsichtlich § 651e BGB hat das Schuldrechtsmodernisierungsgesetz allerdings keine Neuerungen gebracht.

Die Auffassung, dass § 812 I 2 1. Alt. BGB die insofern richtige Anspruchsgrundlage ist, da mit der »Kündigung«[51] nachträglich der Rechtsgrund für die Zahlung des Reisepreises insgesamt entfalle (§ 651e III 1 BGB) und § 651e BGB keine abweichende Regelung vorsehe, war im Anschluss an das Inkrafttreten der Reisevertragsnormen im Jahre 1979 zunächst verbreitet, wird aber heute nur noch vereinzelt vertreten.[52]

Nach heute herrschender Meinung muss hingegen verhindert werden, dass sich der Reiseveranstalter in dem besonders häufigen Fall der Vorauszahlung auf Entreicherung nach § 818 III BGB berufen kann.[53] Teilweise wird davon ausgegangen, dass sich ein Rückzahlungsanspruch unmittelbar aus § 651e ergebe.[54] Andere begreifen die Kündigung nach § 651e BGB als besonderes Wandelungsrecht, das das Vertragsverhältnis ähnlich § 346 BGB in ein gesetzliches Rückabwicklungsverhältnis umgestaltet, und können auf diese Weise § 346 BGB analog anwenden.[55] Hierfür spricht, dass eine Kündigung nach § 651e BGB die Rechtsbeziehung zwischen den Parteien gerade nicht beendet. Vielmehr kann der Reiseveranstalter bspw. für bereits erbrachte Leistungen nach § 651e III 2 BGB statt des Reisepreises eine Entschädigung verlangen und nach § 651e IV 1 BGB weiterhin zur Rückbeförderung des Reisenden verpflichtet sein. Die Rechtslage nach der Kündigung gem. § 651e BGB ähnelt also sehr dem Rückgewährschuldverhältnis nach den §§ 346 ff. BGB. Dann kann man auch § 346 I BGB als Anspruchsgrundlage für die Rückgewähr eines Teils des schon gezahlten Reisepreises heranziehen.

b) Voraussetzungen[56]

aa) Der hierfür erforderliche Reisevertrag iSd § 651a I BGB kam zwischen den Reisenden R und dem Reiseveranstalter V über die Floridareise zum Preis von insgesamt 3.999 EUR zustande.

bb) Die weiter notwendige Kündigungserklärung gaben die Eheleute R zwar nicht ausdrücklich ab. Sie brachten aber durch das an V gerichtete Verlangen auf vorzeitige Rückbeförderung hinreichend deutlich zum Ausdruck, dass sie sich vom Reisevertrag lösen wollten, und erklärten damit konkludent die Kündigung.[57]

cc) Ferner muss die Reise mit einem Mangel behaftet gewesen sein. Dieser liegt gemäß den obigen Ausführungen unter Ziffer A. II. 1. b) in der fehlenden Unterbringung, da V am 23.8. weder in dem gebuchten noch in einem Ersatzhotel eine Unterkunft zur Verfügung stellte.

---

51 Der rückwirkende Fortfall des Anspruchs ist dogmatisch mit einem Kündigungsrecht nicht vereinbar (so auch Staudinger/*A. Staudinger* (2011) § 651e Rn. 35; Erman/*Schmid* § 651e Rn. 1).

52 *Eichinger* Jura 1981, 185 (190); *Köhler* JuS 1979, 868 (874); *Löwe* BB 1979, 1357 (1363); *Tonner* ReiseV § 651e Rn. 7.

53 Vgl. auch BGHZ 85, 50 (59); 85, 301 (304); *Larenz* VersR 1980, 689 (692).

54 Palandt/*Sprau* § 651e Rn. 5a.

55 BGHZ 85, 50 (59) – Abwicklungsverhältnis iSd § 346 BGB bzw. BGHZ 85, 301 (304) – vertraglicher Rückgewähranspruch; Soergel/*H.W. Eckert* § 651e Rn. 14; Erman/*Schmid* § 651e Rn. 14; Staudinger/*A. Staudinger* (2011) § 651e Rn. 38; wohl auch Hk-BGB/*Ebert* § 651e Rn. 9 – aus dem vertraglichen Rückabwicklungsverhältnis; MüKoBGB/*Tonner* § 651e Rn. 1.

56 Man hätte auch sogleich mit der Prüfung von § 651j I BGB (unter dem Punkt »Anwendbarkeit«) beginnen können.

57 Vgl. dazu auch BGHZ 85, 301 (303); BGH NJW-RR 1990, 1334 (1335); LG Hannover NJW 1985, 2903 (2904); Erman/*Schmid* § 651e Rn. 11.

dd) Dieser Mangel muss zu einer erheblichen Beeinträchtigung der Reise geführt haben (§ 651e I 1 BGB). Eine solche ist regelmäßig zu bejahen, wenn eine für die Reise zentrale Einzelleistung (zB die Unterkunft) starke Mängel aufweist.[58] Teilweise wird dafür gefordert, dass insoweit eine zeitanteilige Minderung von wenigstens 50% gerechtfertigt sein muss,[59] während andere mehr als 25%[60] oder sogar nur 20% genügen lassen.[61] Dieser Streit kann vorliegend allerdings dahinstehen, da bei einem völligen Ausfall der Unterkunft als wesentlichem Teil der Reiseleistung eine zeitanteilige Minderung von 50% durchaus als angemessen erscheint, sodass nach allen Auffassungen von einer erheblichen Beeinträchtigung der Reise durch den Mangel gesprochen werden kann.

ee) Von dem grundsätzlichen Erfordernis des Abhilfeverlangens mit Fristsetzung nach § 651e II BGB ist hier entsprechend den Erörterungen unter den Ziffern A. II. 1. c) auszugehen bzw. abzusehen.

ff) Damit liegen die Voraussetzungen für eine Kündigung nach § 651e I 1 BGB vor.

c) Die Vorschrift des § 651e BGB könnte jedoch von § 651j I BGB verdrängt und damit überhaupt nicht anwendbar sein.[62] Denn liegen dessen Voraussetzungen vor, so kann die Kündigung *allein* nach Maßgabe dieser Vorschrift, und damit nicht nach § 651e BGB, erfolgen.[63]

Eine erhebliche Beeinträchtigung der Reise muss auf höhere Gewalt zurückgehen. Darunter versteht man ein von außen kommendes, nicht innerhalb des Risikos einer Partei liegendes und nicht beherrschbares Ereignis.[64] Erfasst sind damit insbesondere Naturereignisse, wie hier der Hurrikan »Andrew«. Die Reise wurde also durch höhere Gewalt (erheblich) beeinträchtigt.

Da der Sturm auch bei Vertragsschluss nicht voraussehbar war, liegen die Voraussetzungen von § 651j BGB vor. § 651e BGB ist folglich nicht anwendbar.

d) Ergebnis

Ein Anspruch der Eheleute R nach §§ 651e, 346 I BGB besteht demzufolge nicht.

2. Dem Ehepaar könnte aber ein Rückzahlungsanspruch nach §§ 651j, 651e, 346 I zustehen.

---

58 Erman/*Schmid* § 651e Rn. 4; MüKoBGB/*Tonner* § 651e Rn. 3.

59 LG Hannover NJW-RR 1992, 50; LG Hamm NJW-RR 1992, 50 (51); LG Köln MDR 1991, 840 (841); Palandt/*Sprau* § 651e Rn. 2.

60 LG Hannover NJW-RR 1986, 213 (214).

61 LG Frankfurt NJW-RR 1993, 61 und NJW 1983, 2884; LG Frankfurt NJW-RR 1992, 1083 (1083); Frankfurter Tabelle NJW 1985, 113 (115).

62 **Klausurtipp:** Die Anwendbarkeit der Vorschrift ist hier ausnahmsweise im Anschluss an die Prüfung der Voraussetzungen zu prüfen, da sich nur so alle Teile des Sachverhalts würdigen lassen.

63 Der sich früher um das Verhältnis von § 651e BGB und § 651j BGB rankende Streit hat sich damit erledigt (vgl. Jauernig/*Teichmann* § 651j Rn. 1; *Tempel* NJW 1997, 621, 623). Zu diesem Streit s. BGHZ 85, 50 (58); 109, 224 (227 f.); LG Frankfurt NJW-RR 1991, 691 (694); *Bartl* NJW 1983, 1092 (1096); MüKoBGB/*Löwe*, 1. Aufl. 1978, § 651j Rn. 2; *Teichmann* JZ 1983, 109 (110) und JZ 1990, 1117 (1121); *Tempel* JuS 1984, 81 (88); *Wolter* AcP 183, 35 (51).

64 BGHZ 100, 188.

a) Gem. den Ausführungen zu § 651e BGB (vgl. oben C. I. 1. a) hat man auch im Falle der Kündigung nach § 651j BGB einen Rückzahlungsanspruch aus § 346 I BGB anzunehmen.

b) Die Voraussetzungen für eine Kündigung nach § 651j I BGB liegen vor (s. oben C. I. 1. c).

c) Einwendungen. Der Anspruch könnte aber nach § 389 BGB (teilweise) erloschen sein. Zwar kommen Gegenansprüche des V in Betracht. Eine Aufrechnungserklärung ist jedoch nicht ersichtlich, sodass § 389 BGB jedenfalls nicht vorliegt.

d) Einreden. Möglicherweise steht V aber die Einrede des nichterfüllten Vertrages (§ 320 I 1 BGB) zu.

aa) Dazu muss V überhaupt ein Gegenanspruch zustehen. Gem. §§ 651j II 1, 651e III 2 BGB hat V Anspruch auf eine nach § 638 III BGB zu bemessende Entschädigung, für deren genaue Berechnung es hier an Angaben fehlt. Hierunter fallen aber jedenfalls die Kosten für den Rücktransport.[65] Auch wenn man bzgl. dieser Kosten wegen des kurzen Aufenthalts der Eheleute an eine Anwendung des § 651e III 3 BGB denken könnte,[66] müssten diese Kosten gleichwohl von den Eheleuten ersetzt werden, da § 651j II 1 BGB auf diese Vorschrift gerade nicht verweist. V hat also einen Gegenanspruch.[67]

bb) Ferner muss dieser Anspruch im Gegenseitigkeitsverhältnis zum Anspruch der Eheleute R auf Rückzahlung stehen. Nach gesicherter Auffassung fallen unter § 320 BGB nicht nur die eigentlichen Hauptleistungspflichten, hier also die sich aus § 651a I BGB ergebenden Verpflichtungen der Parteien. Vielmehr lässt sich die Vorschrift auch auf gegenseitige Verträge im Abwicklungsstadium, insbesondere nach Rücktritt, anwenden.[68] Hier tritt der Anspruch des V auf Entschädigung nach §§ 651j II 1, 651e III 2 BGB an die Stelle des nach §§ 651j II 1, 651e III 1 BGB untergegangenen Anspruchs auf den Reisepreis (§ 651a I 2 BGB). Im Gegenseitigkeitsverhältnis dazu steht der Anspruch der Eheleute R auf Rückzahlung des Reisepreises (§§ 651j, 651e, 346 I BGB).

cc) Da V auch nicht vorzuleisten verpflichtet ist, steht ihm die sich aus § 320 I 1 BGB ergebende Einrede zu.[69]

e) Ergebnis

Die Eheleute R haben gegen V einen Anspruch auf Rückzahlung des Reisepreises aus §§ 651j, 651e, 346 I BGB. Dieser ist jedoch – zurzeit – nicht durchsetzbar (§ 320 I 1 BGB).[70]

II. Ein Anspruch der Eheleute R gegen V auf Minderung aus § 651d BGB scheidet aus, nachdem bereits infolge der Kündigung der Anspruch auf den vereinbarten Rei-

---

65 *Tempel* NJW 1997, 621 (624).

66 Vgl. *Tempel* NJW 1997, 621 (624).

67 Sollten für den verfrühten Rückflug *Mehr*kosten entstanden sein, so kann V die Hälfte dieser Kosten gem. § 651j II 2 BGB ersetzt verlangen.

68 Vgl. Jauernig/*Stadler* § 320 Rn. 4.

69 **Klausurtipp:** Bei anderer Lösung bleibt § 273 I BGB zu prüfen.

70 **Merke:** Würden die Eheleute R Klage erheben, würde V zur Leistung Zug um Zug verurteilt (§ 322 I BGB).

sepreis auch bezüglich erbrachter Leistungen gem. § 651e III 1 BGB weggefallen ist und somit kein Raum für eine Minderung verbleibt.[71]

III. Schließlich bestehen keine Ansprüche des Ehepaares R gegen den Reiseveranstalter V auf Schadensersatz wegen Nichterfüllung aus § 651f I BGB oder auf Entschädigung wegen vertaner Urlaubszeit aus § 651f II BGB, da V den fraglichen Mangel entsprechend den obigen Ausführungen unter Ziffer A. III. 4. b) nicht zu vertreten hatte.

Zur Vertiefung: *Brender*, Das reisevertragliche Gewährleistungsrecht und sein Verhältnis zum allgemeinen Recht der Leistungsstörungen, 1985; *Brox*, Das Reisevertragsgesetz, JA 1979, 493; Frankfurter Tabelle zur Reisepreisminderung, NJW 1985, 113; *Führich*, Reiserecht, 4. Aufl. 2002; *Führich*, Reisevertrag nach modernisiertem Schuldrecht, NJW 2002, 1082; *Heinz*, Die Rechtsstellung des Reisenden nach Inkrafttreten der Reisevertragsnormen, 1983; *Klatt*, Gesetz über den Reisevertrag, 1979; *Larenz*, Zur Typologie des Reisevertrages, VersR 1980, 689; *Lettmaier/Fischinger*, Grundfälle zum Reisevertragsrecht, JuS 2010, 14 und 99; *Lorenz*, Grundwissen – Zivilrecht: Der Reisevertrag (§§ 651a ff. BGB), JuS 2014, 589; *Löwe*, Das neue Pauschalreiserecht, 1981; *Meyer*, Das Verhältnis der §§ 651c ff. BGB zu den allgemeinen Leistungsstörungsregeln, 1986; *Müller*, Schadensersatz auf Grund verdorbenen Urlaubs, 1986; *Teichmann*, Die Struktur der Leistungsstörungen im Reisevertrag, JZ 1979, 737; *Tempel*, Die Bemessung der Minderung der Vergütung in Reisevertragssachen, NJW 1985, 97; *Tempel*, Entwicklungen im Reisevertragsrecht, JuS 1984, 81; *Tempel*, Probleme der Berechnung von Vergütung und Entschädigung bei höherer Gewalt in Reisesachen, NJW 1997, 621; *Tonner*, Die Entwicklung des Reisevertragsrechts durch Rechtsprechung, Gesetzgebung und Verbandsverhandlungen, AcP 189 (1989) 122; *Tonner/Krause*, Urlaub und Witterungsrisiko, NJW 2000, 3665; *Wollter*, Das Verhältnis des reiserechtlichen Gewährleistungsrechts der §§ 651c ff. zum allgemeinen Recht der Leistungsstörungen, AcP 183 (1983) 35.

---

71 Vgl. MüKoBGB/*Tonner* § 651d Rn. 4; Palandt/*Sprau* § 651d Rn. 2.

10. Fall: Forschende Bürgen

Sachverhalt

Trotz anhaltender Rezession in Deutschland haben die vorher unbeschäftigten Wissenschaftler X und Y ein Unternehmen zur Erforschung von genverändertem Raps in Form einer GmbH gegründet, wobei beide Gesellschafter je zur Hälfte beteiligt sind. Die Gründung an sich verläuft ordnungsgemäß. Der talentierte Biochemiker F übernahm den Posten des Geschäftsführers.

Da man allerdings für die Forschungsvorhaben sehr teure Geräte benötigt und das Firmenkapital noch unzureichend ist, macht sich F mit Zustimmung von X und Y zur ortsansässigen Großbank G auf, um einen Kredit iHv 1 Mio. Euro (monatliche Zinslast: 6.000 Euro) für die GmbH aufzunehmen.

Der Filialleiter von G ist zwar von der Geschäftsidee begeistert, möchte aber für das Darlehen gewisse Sicherheiten haben. Um zu testen, ob F es auch wirklich ernst nimmt mit seinem Arbeitsplatz, soll er sich genauso für die Schuld verbürgen wie der wohlhabende X. F meint, er verdiene zwar nur 2.000 Euro brutto, sei alleinstehend und habe kaum Privatvermögen; um aber den Abschluss nicht zu gefährden, willigt er letztlich nach einigem guten Zureden des Filialleiters in den Abschluss des Bürgschaftsvertrags ein. F unterzeichnet den Vertrag, in dem er sich selbstschuldnerisch für die Darlehensforderung gegen die B-GmbH verbürgt. Gleichzeitig unterzeichnet er als Geschäftsführer der B-GmbH den Darlehensvertrag.

Wenig später bekommt X Post von G, anbei ein Formular für einen selbstschuldnerischen Bürgschaftsvertrag. Da ihn dieser »Papierkrieg« nervt, unterzeichnet er nur das Formular ohne eine Bürgschaftssumme einzusetzen und bittet den Filialleiter der G telefonisch, er möge das unvollständige Formular doch besser selbst ausfüllen. Das geschieht ordnungsgemäß in Höhe der Bürgschaftssumme.

Da allerdings die internationale Konkurrenz schneller und besser arbeitet, laufen die Geschäfte zunehmend schlechter.

Als die fälligen Ratenzahlungen der B-GmbH ausbleiben, kündigt G wirksam den Kredit. Da bei der B-GmbH nichts mehr zu holen ist, wendet sich G nun an F und X. F macht geltend, er sei wirtschaftlich mit einer so hohen Summe von Anfang an überfordert gewesen. Außerdem sei er, was zutrifft, bei Abschluss des Bürgschaftsvertrages nicht über seine Rechte als Verbraucher informiert worden. Ebenso weist X jegliche Ansprüche der G von sich; schließlich habe erst der Filialleiter der G die Bürgschaftssumme in das Formular eingetragen. Im Übrigen habe er sich bei der Unterzeichnung des Formulars in einem Irrtum befunden. Er habe die finanzielle Leistungsfähigkeit der B-GmbH falsch eingeschätzt und hätte sich bei einem derartigen Geschäftsverlauf nie verbürgt.

Nehmen Sie bitte gutachterlich umfassend zu den geltend gemachten Ansprüchen der G gegen F und X Stellung. Dabei sind alle aufgeworfenen Rechtsfragen zu erörtern.

Lösungsvorschlag

A. G könnten Ansprüche gegen F und X zustehen.

I. Ansprüche G gegen F

1. Anspruch aus § 765 I BGB

Ein Anspruch der G gegen F könnte sich zunächst aus dem Bürgschaftsvertrag gem. § 765 I BGB ergeben.

a) Einigung

F unterzeichnete zusammen mit der Darlehensgewährung durch G auch einen Bürgschaftsvertrag.[1] Darin verpflichtete sich F, für die Verbindlichkeit der B-GmbH gegenüber G einzustehen. Es liegt damit eine Einigung zwischen F und G hinsichtlich eines Bürgschaftsvertrags vor.

b) Zu sichernde Forderung

Aufgrund des streng akzessorischen Charakters der Bürgschaft[2] muss F sich im Hinblick auf eine zumindest bestimmbare Forderung der G gegen einen bestimmten Hauptschuldner verbürgt haben. Vorliegend kommt allein die Sicherung des Darlehensrückzahlungsanspruchs der G gegen die B-GmbH gem. § 488 I 2 BGB in Betracht. Ein solcher Rückzahlungsanspruch muss bestehen und durchsetzbar sein.

aa) Bestehen einer Forderung

Eine Einigung bzgl. des Darlehensvertrags kann durch eine Vertretung der B-GmbH durch F erfolgt sein. F einigte sich mit G über den Abschluss eines Darlehensvertrages iHv 1 Mio. Euro, indem er als Geschäftsführer der B-GmbH den Vertrag unterzeichnete. Diese Willenserklärung des F wirkt gem. § 164 I 1 BGB für und gegen B, wenn F die B-GmbH überhaupt verpflichten konnte und wirksam gem. §§ 164 ff. BGB vertreten hat.

(1) Verpflichtung der B-GmbH

Die B-GmbH besitzt gem. § 13 I GmbHG die Fähigkeit, Träger von Rechten und Pflichten zu sein.

(2) Wirksame Vertretung

Weiterhin muss F die B-GmbH wirksam vertreten haben. F kam bei seinem rechtsgeschäftlichen Handeln eigene Entscheidungsmacht zu, sodass er eine eigene Willenserklärung abgab und nicht als Bote tätig wurde. Weiterhin unterzeichnete F ausdrücklich im Namen der B-GmbH den Darlehensvertrag. Er handelte damit offenkundig in fremden Namen. Schließlich muss F auch mit Vertretungsmacht gehandelt haben.

---

1 Der Sachverhalt spricht eindeutig vom Vorliegen eines Bürgschaftsvertrags. Eine vertiefte Auseinandersetzung mit der Abgrenzung zwischen Bürgschaft und Schuldbeitritt ist deshalb nicht erforderlich.

2 Palandt/*Sprau* Vorbem § 765 Rn. 2; Hk-BGB/*Staudinger* § 765 Rn. 2.

F ist Geschäftsführer der B-GmbH. Damit konnte F die B-GmbH gem. §§ 35, 37 GmbHG wirksam vertreten.

bb) Zwischenergebnis

F hat die B-GmbH demnach wirksam vertreten. Damit besteht nach Auszahlung des Geldes gem. § 488 I 2 BGB ein Rückzahlungsanspruch der G gegen die B-GmbH. G kündigte aufgrund ausbleibender Ratenzahlungen wirksam den Darlehensvertrag. Damit wurde der Zahlungsanspruch auch fällig.

c) Formnichtigkeit gem. § 125 S. 1 iVm §§ 766 S. 1, 126 I BGB

Die Bürgschaftserklärung muss gem. §§ 766, 126 I BGB schriftlich erfolgen. F unterzeichnete einen Bürgschaftsvertrag. Damit ist das Schriftformerfordernis gewahrt. § 350 HGB gelangt in diesem Kontext nicht zur Anwendung. Zur Anwendung dieser Vorschrift ist erforderlich, dass sich ein Kaufmann verbürgt. F ist allerdings nur Geschäftsführer der GmbH. Zwar ist die GmbH als juristische Person Formkaufmann nach § 6 I HGB iVm § 13 III GmbHG, allerdings ist F als Geschäftsführer abhängig beschäftigt, sodass es für die Kaufmannseigenschaft schon am Merkmal der Selbstständigkeit (vgl. § 84 I 2 HGB) fehlt.

d) Sittenwidrigkeit gem. § 138 I BGB

F macht geltend, er sei durch die Übernahme der Bürgschaft mit einer Summe dieser Größenordnung von Anfang an wirtschaftlich überfordert gewesen. Aus diesem Grund könnte das Rechtsgeschäft sittenwidrig und nach § 138 I BGB nichtig sein. Dafür muss die Übernahme der Bürgschaft gegen »das Anstandsgefühl aller billig und gerecht Denkenden« verstoßen. Diese wenig fassbare Formel[3] wird mit den Anforderungen der herrschenden Rechts- und Sozialethik weiter konkretisiert.[4] Im Rahmen der Ausfüllung von Generalklauseln wie § 138 I BGB können im Wege mittelbarer Drittwirkung auch Wertvorstellungen des Grundgesetzes Eingang ins Zivilrecht finden.[5] Paradigmatisch dafür ist die Rechtsprechung des BVerfG zur Sittenwidrigkeit sog. Ehegattenbürgschaften – oder genauer Bürgschaften naher Angehöriger. Nach Auffassung des BVerfG besteht eine Pflicht zur Inhaltskontrolle von Bürgschaftsverträgen dann, wenn eine Seite besonders hoch belastet wird und diese Belastung Ergebnis strukturell ungleicher Verhandlungsstärke ist. Hier wirken die Grundsätze des Sozialstaatsprinzips (vgl. Art. 20 I, 28 I GG) durch die Generalklausel des § 138 I BGB fort.[6]

Der BGH erkennt auf Basis dieser dogmatischen Prämissen die Fallgruppe einer krassen finanziellen Überforderung des Bürgen an.[7] Der Bürge ist in diesem Sinne überfordert, falls bei Vertragsschluss davon ausgegangen werden kann, dass er nicht einmal die laufenden Zinsen der Forderung aus pfändbarem Einkommen und/oder seinem Vermögen dauerhaft wird tilgen können.[8] Eine monatliche Zinslast iHv

---

3 Vgl. RGZ 80, 219 (221).
4 MüKoBGB/*Armbrüster* § 138 Rn. 15, zu den einzelnen Fallgruppen Rn. 32 ff.
5 BVerfGE 7, 198 (205 f.); BGHZ 80, 153 (157); Staudinger/*Sack/Fischinger* (2011) § 138 Rn. 37 ff.
6 BVerfG NJW 1994, 36 (38).
7 Palandt/*Ellenberger* § 138 Rn. 38b–38e.
8 BGHZ 135, 66 (70); BGH NJW 2001, 815 (816); zur Berücksichtigung von Belastungen bei der Beurteilung der Leistungsfähigkeit BGH BKR 2010, 63.

6.000 Euro überfordert F, der nur auf Einnahmen iHv 2.000 Euro monatlich verweisen kann, krass. Außerdem steht F auch kaum Privatvermögen zur Verfügung.

Die Rechtsprechung verlangt allerdings als weiteres Kriterium, dass der Bürge zum Hauptschuldner in einer emotionalen Beziehung steht, aufgrund derer er sich zum Abschluss des Bürgschaftsvertrags verpflichtet fühlt, oder dass der Hauptschuldner oder der Gläubiger in verwerflicher Weise auf das Vorstellungsbild des Bürgen eingewirkt haben.[9] F steht weder zur B-GmbH selbst noch zu den diese betreibenden X und Y in einem Verhältnis persönlicher Verbundenheit. Bei einem Arbeitsverhältnis stehen nicht Emotionen, welche die Fähigkeit zu rationalem Handeln erheblich beeinträchtigen, sondern die beiderseitigen, häufig gegensätzlichen Interessen der Parteien im Vordergrund.[10] Bei Geschäftsführern und Gesellschaftern begründet die Tatsache der Überforderung noch nicht die Vermutung der Übernahme aus emotionaler Verbundenheit.[11]

Verwerflich ist die Einwirkung auf das Vorstellungsbild des Bürgen dann, wenn die Entschlussfreiheit unzulässig beeinträchtigt wird,[12] indem etwa das durch die Bürgschaft verursachte Risiko verharmlost,[13] der Bürge überrumpelt,[14] auf diesen psychischer Druck[15] ausgeübt oder dessen erkennbare geschäftliche Unerfahrenheit[16] zum eigenen Vorteil ausgenutzt wird. F willigte nach einigem guten Zureden in den Abschluss des Bürgschaftsvertrags ein. Dass der Filialleiter, dessen Handeln sich G zurechnen lassen muss (§ 166 BGB analog), unzulässig auf die Entscheidungsfreiheit des F eingewirkt hat, ist nicht ersichtlich. Nach der allgemeinen Lebenserfahrung besteht im Übrigen eine Vermutung für die Kenntnis der mit der Bürgschaft allgemein zusammenhängenden Risiken. Schließlich lässt sich noch argumentieren, dass F zwar kein Gesellschafter ist, bei welchem der Gläubiger eines Darlehens grundsätzlich ein berechtigtes Interesse an der persönlichen Haftung des maßgeblich beteiligten Gesellschafters hat;[17] allerdings zieht F auch Vorteile aus seiner Beschäftigung bei der GmbH. Ferner handelte F auch nicht ausdrücklich nur aus Sorge um den Erhalt des Arbeitsplatzes bzw. war es schon absehbar, dass sich die GmbH in wirtschaftlichen Schwierigkeiten befand.[18]

Damit ist die Übernahme der Bürgschaft durch F nicht nach § 138 I BGB nichtig.

e) Formnichtigkeit nach § 494 I BGB analog

F macht weiterhin gegen eine Inanspruchnahme aus dem Bürgschaftsvertrag geltend, dass er bei Abschluss des Vertrages nicht über seine Rechte als Verbraucher infor-

---

9 BGH ZIP 2002, 167 (170).
10 BGH NJW 2004, 161 (162).
11 BGH NJW 2002, 1337 (1339).
12 Ausführlich dazu MüKoBGB/*Habersack* § 765 Rn. 15 ff.
13 BGH NJW 1999, 135 (135 f.).
14 BGHZ 120, 272 (276 f.).
15 BGH WM 1997, 511 (512).
16 BGHZ 128, 255 (267 f.).
17 BGHZ 137, 329 (336 f.); BGH NJW 2002, 1337 (1338).
18 **Hinweis:** Vgl. zur Frage der Sittenwidrigkeit einer Arbeitnehmerbürgschaft in diesen Fällen BGH NJW 2004, 161. Ebenfalls offen gelassen werden konnte, ob eine krass finanzielle Überforderung wegen des Instituts der Restschuldbefreiung nach §§ 286 ff. InsO ausscheidet.

miert worden ist. Nach § 494 I BGB[19] ist ein Verbraucherdarlehensvertrag nichtig, wenn die Schriftform insgesamt nicht eingehalten ist oder wenn eine der in Art. 247 §§ 6 und 9 bis 13 EGBGB für den Verbraucherdarlehensvertrag vorgeschriebenen Angaben fehlt. Zunächst kann festgehalten werden, dass es sich bei einem Bürgschaftsvertrag nicht um einen entgeltlichen Darlehensvertrag iSd § 491 I BGB handelt.[20] Der Bürge erhält gerade keinen Anspruch auf Auszahlung des Darlehensbetrages. Allerdings könnten §§ 491 ff. BGB analog auf den Bürgschaftsvertrag Anwendung finden.

Eine Auffassung argumentiert im Interesse eines effektiven Verbraucherschutzes für eine solche Analogie. Zwar handele es sich nicht um einen Darlehensvertrag, allerdings sei der Bürge gerade aus dem Umstand, dass er keinen Anspruch auf Auszahlung gegen den Gläubiger hat, zumindest ebenso schutzwürdig wie der Hauptschuldner.[21] Darüber hinaus ist die Bürgschaft, insbesondere eine selbstschuldnerische Bürgschaft wie hier, mit einem Schuldbeitritt vergleichbar, auf welchen nach Auffassung des BGH die §§ 491 ff. BGB im Wege der Analogie zur Anwendung gelangen. Dabei wird für die Bestimmung der Anwendbarkeit hinsichtlich der Verbrauchereigenschaft auf den jeweiligen Beitretenden abgestellt (sog. Einzelbetrachtung). G hat bei Abschluss des Vertrages in Ausübung ihrer gewerblichen beruflichen Tätigkeit gehandelt und ist damit Unternehmer nach § 14 I BGB. F ist Geschäftsführer und damit, wie oben bereits näher ausgeführt, nicht Kaufmann. F verbürgt sich vielmehr als natürliche Person, die ein Rechtsgeschäft zu einem Zwecke abschließt, der nicht seiner beruflichen selbstständigen Tätigkeit zugerechnet werden kann, und ist damit Verbraucher iSd § 13 BGB. Diese Auffassung würde zur Formnichtigkeit des Darlehensvertrags nach § 494 I BGB gelangen. Eine Heilung nach § 494 II BGB ist auch nicht durch die Zahlung an die Hauptschuldnerin B-GmbH eingetreten. Die Einzelbetrachtung muss auch in diesem Fall durchgehalten werden.

Die überwiegende Auffassung spricht sich allerdings gegen die Anwendung von §§ 491 ff. BGB analog auf die Bürgschaft aus.[22] Es wird argumentiert, dass es schon an einer für die Analogie erforderlichen planwidrigen Regelungslücke fehle. Die §§ 766, 768, 770, 771, 776 BGB zeigten, dass der Bürge nicht ebenso schutzwürdig ist wie ein Kreditnehmer oder Schuldbeitretender, da seine Inanspruchnahme durch den Eintritt des Sicherungsfalles bedingt und seine Haftung nur akzessorisch ist. Danach kommen die §§ 491 ff. BGB nicht zur Anwendung.

Der BGH vertritt die Auffassung, dass eine Analogie jedenfalls dann ausscheidet, wenn der Hauptschuldner nicht unter den persönlichen oder sachlichen Anwendungsbereich der §§ 491 ff. BGB fällt.[23] Damit müssten auf den Darlehensvertrag der B-GmbH die §§ 491 ff. BGB anwendbar sein. In sachlicher Hinsicht handelt es sich also um einen entgeltlichen Darlehensvertrag. Der Kredit soll der B-GmbH als Start-

---

19 **Merke:** Die Formnichtigkeit ist vor einem möglichen Widerruf des Verbraucherdarlehensvertrags gem. § 355 iVm § 495 I BGB zu prüfen. Ist der Vertrag schon aufgrund des mangelnden Formerfordernisses nichtig, erübrigt sich ein Widerruf. Gleichwohl konnten die Bearbeiter das Problem der Anwendbarkeit der §§ 491 ff. BGB im Rahmen der Widerrufsprüfung thematisieren.

20 OLG Düsseldorf WM 2009, 847; Erman/*Saenger* § 491 Rn. 25.

21 *Becker/Dietrich* NJW 2000, 2798 (2799 f.); *Tiedtke* NJW 2001, 1015 (1027); vgl. auch Derleder/ Knops/Bamberger/*Knops*, Handbuch zum deutschen und europäischen Bankrecht, 2. Aufl. 2009, § 25 Rn. 67.

22 OLG Düsseldorf WM 2007, 2009; OLG Frankfurt a.M. ZGS 2007, 240; Palandt/*Sprau* § 765 Rn. 4; MüKoBGB/*Habersack* vor § 765 Rn. 8; *Zahn* ZIP 2006, 1069 (1071).

23 BGHZ 138, 321 (323 ff.) zum VerbrKrG.

hilfe dienen. Es liegt damit ein Existenzgründungsdarlehen vor, welches der Gesetzgeber ausdrücklich in § 512 BGB näher geregelt hat. Bei der B-GmbH handelt es sich aber nicht um eine natürliche Person, auch ist die Grenze von 75.000 Euro bei weitem überschritten. Damit kommt auch nach dieser Auffassung ein Formmangel nicht in Betracht. Der EuGH hat diese Rechtsprechung sogar für den Fall bestätigt, dass Bürge und Hauptschuldner Verbraucher sind.[24]

Der Bürge ist nicht in der Situation des Vertragspartners eines Verbraucherdarlehensvertrages. Ihn interessieren nicht so sehr die wirtschaftlichen Bedingungen dieses Vertrages, sondern eventuelle Belastungen durch das Bürgschaftsrisiko. Um dem Bürgen diese Gefahren vor Augen zu führen, reicht aber das Formerfordernis nach § 766 S. 1 BGB aus. Der grundsätzlich als schutzwürdig anzusehende Bürge muss sich zwecks Information über die Bedingungen der Bürgschaft an den Hauptschuldner wenden. Obgleich dem Gesetzgeber das gegenständliche Problem bekannt war, hat er insbesondere auch bei der erneuten Reform der §§ 491 ff. BGB keine Änderungen vorgenommen.[25] Die besseren Gründe sprechen damit gegen eine analoge Anwendung der §§ 491 ff. BGB.[26]

Es liegt keine Formnichtigkeit analog § 494 I BGB vor.

f) Durchsetzbarkeit der Forderung

Nach § 771 BGB kann der Bürge die Befriedigung des Gläubigers verweigern, solange nicht der Gläubiger die Zwangsvollstreckung gegen den Hauptschuldner ohne Erfolg versucht hat. Keine Anwendung findet dies jedoch nach § 349 HGB auf Bürgschaften von Kaufleuten. Oben wurde bereits ausgeführt, dass F als abhängig beschäftigter Geschäftsführer kein Kaufmann ist. Allerdings hat sich F hier »selbstschuldnerisch« verbürgt. Nach § 773 I Nr. 1 BGB ist die Einrede der Vorausklage ausgeschlossen, wenn der Bürge auf die Einrede verzichtet, insbesondere wie hier, wenn er sich als Selbstschuldner verbürgt. Damit steht F die Einrede der Vorausklage nicht zu.

g) Zwischenergebnis

G hat gegen F einen Anspruch iHv 1 Mio. Euro gem. § 765 I BGB.

2. Ergebnis zu I.

F haftet nach § 765 I BGB iHv 1 Mio. Euro.

II. Ansprüche G gegen X

1. Anspruch als Bürge aus § 765 I BGB

Zunächst könnte G gegen X wegen der übernommenen Bürgschaft nach § 765 I BGB einen Anspruch iHv 1 Mio. Euro haben.

---

24 EuGH NJW 2000, 1323 (1324) auf Vorlage des LG Potsdam ZIP 1998, 1147 ff.; mittlerweile ganz hM, vgl. nur Palandt/*Sprau* § 765 Rn. 4.
25 Ebenso Jauernig/*Stadler* § 765 Rn. 12b, bereits zur Reform im Jahre 2002.
26 **Klausurtipp:** Eine andere Ansicht dürfte heute nur noch schwer vertretbar sein; die verbliebenen Punkte zu § 765 wären dann jedenfalls in einem Hilfsgutachten zu erörtern.

a) Einigung

Dafür müssen sich G und X auf den Abschluss eines Bürgschaftsvertrags geeinigt haben. Das Angebot der G ist im Zusenden des Bürgschaftsformulars zu sehen. Die Annahme des X könnte in der Unterschrift unter das Formular gesehen werden. Allerdings muss die Einigung alle essentialia negotii enthalten, also auch die Höhe der Bürgschaft. Insofern reicht es allerdings aus, dass die Höhe der Hauptverbindlichkeit zumindest bestimmbar ist.[27] X wollte sich für die Darlehensforderung der B-GmbH verbürgen. Aus diesem Umstand ist auch die Höhe der Hauptforderung bestimmbar. Damit liegt eine wirksame Einigung vor.

b) Zu sichernde Forderung

Oben wurde bereits dargelegt, dass ein Rückzahlungsanspruch der G gegen die B-GmbH gem. § 488 I 2 BGB besteht.

c) Formnichtigkeit nach § 125 S. 1 iVm §§ 766 S. 1, 126 I BGB

Die Bürgschaftserklärung des X muss auch dem Formerfordernis der §§ 766 S. 1, 126 I BGB genügen. Ein diesbezüglicher Mangel zieht die Nichtigkeit des Vertrags gem. § 125 S. 1 BGB nach sich. Zunächst ist erneut festzuhalten, dass auch der Gesellschafter einer GmbH nicht Kaufmann ist; Kaufmann ist allein die Gesellschaft. Damit ist § 350 HGB auf den Gesellschafter nicht anwendbar, § 766 S. 1 BGB muss auch gegenüber X gewahrt werden.[28]

aa) Unterschrift auf Bürgschaftsurkunde

X könnte den Anforderungen des § 766 S. 1 BGB schon durch die Unterzeichnung des Bürgschaftsformulars genügt haben. Zwar bezog sich die Einigung auf eine ganz bestimmte Forderung. Das Formerfordernis des § 766 S. 1 BGB erfordert aber, dass die schriftlich fixierte Erklärung den Hauptschuldner, den Gläubiger und die Höhe der zu sichernden Forderung enthält. Allein der Umstand, dass die Höhe der Forderung bestimmbar war, genügt der Warnfunktion des § 766 S. 1 BGB, mit welchem dem Bürgen die Gefahren der Bürgschaft möglichst deutlich vor Augen geführt werden sollen, nicht.[29]

bb) Eintragung der Bürgschaftshöhe durch Filialleiter

Durch die Eintragung der Höhe der Hauptforderung wurde durch den Filialleiter der G körperlich eine vollständige formgültige Bürgschaftserklärung hergestellt. In diesem Zeitpunkt hatte allerdings der Bürge weder Handlungswillen für den Realakt der Ausfüllung noch Erklärungsbewusstsein für eine rechtsgeschäftliche Verpflichtung.

cc) Zurechnung durch Ausfüllungsermächtigung

Weiterhin könnte dem X die Erklärung des Filialleiters aufgrund einer diesem erteilten sog. Ausfüllungsermächtigung zugerechnet werden. Die Ausfüllungsermächtigung ist im Kontext mit Blanketterklärungen als Institut allgemein anerkannt. Hier-

---

27 Bamberger/Roth/*Rohe* § 765 Rn. 16 f.
28 BGHZ 121, 228; 132, 122; 165, 43; Baumbach/Hopt/*Hopt* § 350 Rn. 7; aA *K. Schmidt* HandelsR § 18 Rn. 34 ff. (S. 643 ff.) für geschäftsführende Gesellschafter.
29 BGHZ 132, 119 (122 f.); MüKoBGB/*Habersack* § 766 Rn. 10.

durch wird dem Blankettaussteller die Vervollständigung des Blanketts durch den Dritten analog § 164 oder analog § 185 BGB zugerechnet.[30] X bat den Filialleiter der G nur telefonisch, die Erklärung für ihn zu vervollständigen.[31] § 766 S. 1 BGB setzt voraus, dass die Bürgschaftserklärung der Schriftform genügt. Es existiert keine Regelung für das Formerfordernis einer Ausfüllungsermächtigung oder die Erteilung einer Vollmacht zur Abgabe einer Bürgschaftserklärung nach § 167 II BGB.

Aufgrund dessen ging der BGH früher davon aus, dass eine Ausfüllungsermächtigung dem Formerfordernis des § 766 S. 1 BGB nicht zu genügen braucht.[32] Schon die schriftliche Fixierung auf dem Blankett sorge dafür, dass der Bürge sich nicht übereilt verbürgt. Die bewusste Unterzeichnung erfülle den Schutzzweck des § 766 S. 1 BGB. Außerdem verlangt § 126 I BGB allein, dass die Urkunde vom Aussteller durch Namensunterschrift eigenhändig unterzeichnet wird, was bei dem Blankett ebenfalls der Fall sei. Danach liegt eine formwirksame Bürgschaftserklärung vor.

Nunmehr hat der BGH seine Auffassung hierzu geändert.[33] Die Formstrenge des Bürgschaftsrechts erlaube es nicht, die essentialia negotii einer formfreien Abrede zwischen Bürge und Dritten zu überlassen. Dogmatisch kann die Ausfüllungsermächtigung mit der Bevollmächtigung verglichen werden. § 167 II BGB bestimmt für diese, dass die Vollmacht nicht der Form des abzuschließenden Vertrages genügen muss. Aber schon für Grundstücksgeschäfte ist eine teleologische Reduktion aufgrund des Schutzzwecks von § 311 b I 1 BGB bei Vorliegen einer unwiderruflichen Vollmacht anerkannt.[34] Auch das Formerfordernis des § 766 S. 1 BGB zwingt vorliegend zur teleologischen Reduktion des § 167 II BGB. Andernfalls würde der Schutzzweck des § 766 S. 1 BGB (Schutz vor Übereilung) ausgehöhlt. Die Formvorschrift kann dann ihre Warnfunktion nicht erfüllen, da nach Sinn und Zweck dem Bürgen der konkrete Geschäftsinhalt schriftlich vor Augen geführt werden muss, um ihn hinreichend vor den Gefahren der Bürgschaft zu warnen. Diese Erwägungen zwingen zur teleologischen Reduktion des § 167 II BGB für den vorliegenden Fall, sodass keine formwirksame Erklärung gegeben ist.[35]

dd) Zurechnung kraft veranlassten Rechtsscheins analog § 172 II BGB

Allerdings könnte sich X die vom Filialleiter ausgefüllte Erklärung nach den Grundsätzen des veranlassten Rechtsscheins zurechnen lassen müssen.[36] Die dogmatische Vergleichbarkeit der Ausfüllungsermächtigung mit der Bevollmächtigung wurde oben näher dargelegt. Insofern kommt eine analoge Anwendung von § 172 II

---

30 **Hinweis:** Art. 10 WG setzt die Möglichkeit einer Ausfüllungsermächtigung de lege lata voraus. Zur Ausfüllungsermächtigung im Einzelnen näher *Flume* BGB AT II § 15 II 1d (S. 253 f.); *Larenz/Wolf* BGB AT, 8. Aufl. 1997, § 27 Rn. 27.

31 **Klausurtipp:** § 181 Alt. 2 BGB steht der Wirksamkeit der Ausfüllungsermächtigung nicht entgegen, da X die Mehrvertretung gestattet hatte.

32 RGZ 57, 66 (67); BGH NJW 1992, 1448 (1449 f.),

33 BGHZ 132, 119 (123 ff.); MüKoBGB/*Habersack* § 766 Rn. 21 f.

34 RGZ 110, 319 (320); Erman/*Maier-Reimer* § 167 Rn. 5.

35 **Klausurtipp:** An dieser Stelle könnte man sich bei entsprechender Argumentation erneut der Gegenauffassung anschließen. Eine weitere Prüfung der noch folgenden Rechtsprobleme sollte aufgrund der Hinweise im Sachverhalt allerdings zumindest in einem Hilfsgutachten erfolgen.

36 **Klausurtipp:** Vertretbar ist es auch, die Prüfung abzubrechen und mit einem vollständig neuen Anspruch aus § 242 BGB (Rechtsscheinshaftung) oder § 172 II BGB analog anzusetzen.

BGB in Betracht. Diese Norm stellt einen gesetzlich geregelten Unterfall der allgemeinen Rechtsscheinhaftung dar, welche ihrerseits in § 242 BGB verortet wird.[37]

Überwiegend wird eine analoge Anwendung von § 172 II BGB befürwortet.[38] Nach den Grundsätzen der Rechtsscheinhaftung muss zunächst ein Rechtsscheinsträger gegeben sein. Das ist mit dem unterschriebenen und durch einen Dritten letztlich vollständig ausgefüllten Blankett der Fall. Eine Zurechnung setzt weiterhin voraus, dass der Rechtsschein zurechenbar veranlasst wurde (sog. Veranlassungsprinzip). X hat das Blankett unterschrieben und sich dieses Blanketts willentlich begeben. Er hat dafür gesorgt, dass seine Erklärung in den Rechtsverkehr gelangen konnte und damit beim Empfänger schutzwürdiges Vertrauen hierauf hervorgerufen. X hat damit den Rechtsschein veranlasst. Schließlich muss G analog § 173 BGB auch gutgläubig gewesen sein.[39] Im vorliegenden Fall füllte der Filialleiter der G den Vordruck selbst aus. Der Filialleiter wird hier als Stellvertreter der G gem. §§ 164 ff. BGB tätig. Damit kommt es für die Kenntnis von bestimmten Umständen nach § 166 I BGB auf die Person des Vertreters an. Der Filialleiter weiß aber nun gerade von der Blankettausfüllung. Er weiß, dass die ursprüngliche Bürgschaftserklärung nicht vollständig war und kennt alle Umstände, die einer Zurechnung analog § 172 II BGB entgegenstehen. Damit ist G nicht gutgläubig.[40] Die Grenze der Risikoverteilung zwischen Vertrauen des Empfängers und Schutz des Erklärenden ist gerade die Kenntnis des Vertragspartners. Eine Zurechnung nach § 172 II BGB analog scheidet folglich aus.

Die Gegenauffassung lehnt die analoge Anwendung von § 172 II BGB von vornherein ab.[41] Die Zurechnung einer nichtigen Willenserklärung scheitere am Schutzzweck (Warnfunktion) der Nichtigkeitsnorm. Damit scheidet eine Zurechnung der Erklärung kraft veranlassten Rechtsscheins jedenfalls aus.

ee) Ausschluss gem. § 242 BGB

Womöglich kann sich X aber nach den Grundsätzen von Treu und Glauben gem. § 242 BGB nicht auf die Formnichtigkeit berufen. Dies wird in extremen Ausnahmefällen bejaht, wenn das Ergebnis der Formnichtigkeit »schlechthin untragbar« ist.[42] Bei formunwirksamen Bürgschaften ist dies der Fall, wenn der Bürge bereits unmittelbar und umfangreich Vorteile aus dem Bürgschaftsvertrag gezogen hat und sich erst Jahre später auf die Formnichtigkeit desselben beruft.[43] Dem Sachverhalt kann allerdings nicht mit hinreichender Sicherheit entnommen werden, ob tatsächlich umfangreiche Profite aus dem Vertrag gezogen wurden. Jedenfalls wurde die Eintragungsabsicht schnell wieder aufgegeben, sodass eine längere Zeit noch nicht ver-

---

37 Vgl. etwa MüKoBGB/*Schramm* § 172 Rn. 1.
38 BGHZ 132, 119 (127 f.); Bamberger/Roth/*Rohe* § 766 Rn. 8.
39 MüKoBGB/*Schramm* § 172 Rn. 18.
40 **Klausurtipp:** An dieser Stelle ist es wichtig zu erkennen, dass der Filialleiter als Vertreter der G handelt. Eine entgegengesetzte Argumentation ist nur schwer vertretbar, da die Vertrauenshaftung aus dem Vorliegen schutzwürdigen Vertrauens beim Empfänger abgeleitet wird. Weiß nun aber der Vertreter von allen maßgeblichen Umständen, gereicht dies dem Vertretenen nach § 166 I BGB zum Nachteil, der Schutz des Erklärenden ist dann vorrangig. Das unterscheidet den vorliegenden Fall von den Standardkonstellationen zur Ausfüllungsermächtigung beim Bürgschaftsblankett.
41 *Bülow* ZIP 1996, 1694 (1695 f.); *Keim* NJW 1996, 2774 (2775 f.).
42 Statt aller Erman/*Böttcher/Hohloch* § 242 Rn. 117.
43 Bamberger/Roth/*Rohe* § 766 Rn. 16; MüKoBGB/*Habersack* § 766 Rn. 30.

strichen ist. Damit ist X die Berufung auf die Formnichtigkeit nicht gem. § 242 BGB verwehrt.[44]

ff) Exkurs : Anfechtung der Bürgschaftserklärung

Der Sachverhalt wirft des Weiteren Fragen hinsichtlich der Anfechtung der Bürgschaftserklärung auf.[45]

(1) Anfechtung des Rechtsscheins[46]

X könnte die Zurechnung kraft veranlassten Rechtsscheins nicht gegen sich gelten lassen wollen und diese mit der Begründung anfechten, er habe sich bei Unterzeichnung des Blanketts im Irrtum befunden. Damit ist das Problem der Anfechtung des Rechtsscheins aufgeworfen.

Die grundsätzliche Möglichkeit der Anfechtung des Rechtsscheins ist sehr umstritten. Zum Teil wird eine solche Anfechtung generell als unzulässig angesehen.[47] Ein Rechtsschein sei keine Willenserklärung und damit nicht anfechtbar; der Rechtsschein könne nur so beseitigt werden, wie er auch gesetzt wurde. Danach kommt allein eine Beseitigung ex nunc in Betracht; die nach § 142 I BGB ex tunc wirkende Anfechtung ist unzulässig. Dagegen wird vorgebracht, dass der Rechtsschein schwerlich stärker geschützt sein könne, als eine Willenserklärung. Dies stelle einen Wertungswiderspruch dar. Eine Anfechtung komme grundsätzlich in Betracht.[48]

Für die Blankettausfüllung wird überwiegend die Anfechtbarkeit generell abgelehnt.[49] Diese stehe mit der Haftung des Blankettausstellers nach § 172 II BGB analog in Widerspruch. Aufgrund der Ähnlichkeit des Blanketts mit einer Vollmachtsurkunde, bei welcher der Vollmachtgeber ebenfalls nicht die Bevollmächtigung mit der Begründung anfechten kann, er habe diese nicht gewollt, kommt auch die Anfechtung des Blanketts als solches nicht in Betracht. Allein für den Fall, dass sich der Aussteller bei der Ausfüllung des Blanketts irrt, kommt eine Anfechtung in Betracht.[50] Ein solcher Irrtum ist jedoch vorliegend nicht ersichtlich. X wollte seine Erklärung gerade in dieser Weise abgeben. Es liegt auch kein Fall der abredewidrigen Ausfüllung vor, sodass es ohnehin an einem Anfechtungsgrund mangelt. Macht X geltend, dass er sich über die Bedeutung der Erklärung, also über deren Rechtsfolge geirrt hat, handelt es sich allein um einen sog. Rechtsfolgenirrtum, der als Motivirrtum unbeachtlich ist.[51]

Eine Anfechtung des Rechtsscheins scheidet damit jedenfalls aus.

---

44 **Klausurtipp:** Ein gegenteiliges Ergebnis ist bei entsprechender Argumentation möglich.
45 **Klausurtipp:** Bejaht man die Gutgläubigkeit des G, ist die Prüfung obligatorisch. Nach dem hier beschrittenen Lösungsweg ist aufgrund des eindeutigen Hinweises im Sachverhalt zumindest ein hilfsgutachtlicher Problemaufriss zu erwarten, ohne dass auf alle vertretenen Ansichten im Detail eingegangen werden muss.
46 **Hinweis:** Nach der Lehre von den Doppelwirkungen im Recht sind auch nichtige Rechtsgeschäfte anfechtbar, vgl. dazu *Werner/Neureither* 22 Probleme BGB AT, 7. Problem, 34 ff. mwN.
47 Bamberger/Roth/*Valenthin* § 167 Rn. 19; Soergel/*Leptien* § 167 Rn. 22.
48 Hk-BGB/*Dörner* § 172 Rn. 8; Erman/*Maier-Reimer* § 167 Rn. 27; *Faust* BGB AT § 26 Rn. 38; *Becker/Schäfer* JA 2006, 597, 600 f.; *Schwarze* JZ 2004, 588, 591.
49 BGHZ 40, 65, 68; Palandt/*Ellenberger* § 172 Rn. 5; *Wolf/Neuner* § 50 Rn. 103 ff.
50 MüKoBGB/*Schramm* § 172 Rn. 17.
51 Dazu näher Palandt/*Ellenberger* § 119 Rn. 15; *Flume* BGB AT II, § 23, 4, S. 465 ff.

(2) Anfechtung wegen Finanzlage der B

Weiterhin macht X geltend, er fechte die Bürgschaftserklärung wegen Irrtums über die finanzielle Leistungsfähigkeit der B-GmbH an. Er bringt vor, dass er sich bei Kenntnis eines derartigen Geschäftsverlaufs niemals verbürgt hätte. Nach § 119 II BGB kann eine Willenserklärung bei Irrtum über die Eigenschaft einer Person angefochten werden. Sinn und Zweck der Bürgschaft ist es aber, dem Gläubiger dieses Risiko der finanziellen Leistungsfähigkeit des Hauptschuldners abzunehmen. Der Gläubiger soll hierdurch gerade dann geschützt werden, wenn der Hauptschuldner nicht mehr zahlen kann. Jede andere Auffassung stellt den Sicherungszweck des Bürgschaftsvertrags infrage.[52] Geht der Bürge einerseits das Risiko der Zahlungsunfähigkeit des Hauptschuldners durch den Abschluss des Bürgschaftsvertrags ein und ficht er andererseits bei Verwirklichung dieses Risikos den Bürgschaftsvertrag an, setzt er sich zu seinem ursprünglichen Verhalten in Widerspruch. Damit schließt das aus § 242 BGB abzuleitende Rechtsinstitut vom Verbot widersprüchlichen Verhaltens die Anfechtung nach § 119 II BGB aus.[53]

d) Zwischenergebnis

G hat gegen X keinen Anspruch aus § 765 I BGB auf Zahlung iHv 1 Mio. Euro.[54]

2. Haftung als Gesellschafter

G hat zudem gegen X keinen Anspruch auf Zahlung iHv 1 Mio. Euro aufgrund dessen Stellung als Gesellschafter, da mit Eintragung der GmbH ins Handelsregister die GmbH als juristische Person entstanden ist und keine darüber hinaus gehenden Ansprüche gegen Gesellschafter bestehen.

3. Ergebnis zu II.

X haftet nicht als Bürge gem. § 765 I BGB.

B. Gesamtergebnis

G hat gegen F einen Anspruch nach § 765 I BGB.

> **Zur Vertiefung:** *Balzer/Wilkens*, Auf den Bürgen, fertig, los!, JA 2002, 383; *Ehricke*, Bürgschaften von Geschäftsführern und Gesellschaftern einer GmbH für die Verbindlichkeiten ihrer Gesellschaft, WM 2000, 2177; *Schimansky*, Aktuelle Rechtsprechung des BGH zur krassen finanziellen Überforderung von Mithaftenden bei der Kreditgewährung, WM 2002, 2437; *Heinemann/Pickartz*, Der praktische Fall – Zivilrecht: Bürgschaft und BGB-Gesellschaft, JuS 2002, 1081; *Tonner*, Neues zur Sittenwidrigkeit von Ehegattenbürgschaften – BGHZ 151, 34, und BGH NJW 2002, 2230, JuS 2003, 325; *Schmolke*, Grundfälle zum Bürgschaftsrecht, JuS 2009, 585 (Teil 1); 679 (Teil 2); 784 (Teil 3).

---

52 BGH NJW 1988, 3205 (3206); MüKoBGB/*Habersack* § 765 Rn. 37.

53 **Klausurtipp:** Denkbar ist auch eine Auseinandersetzung mit § 313 BGB (Störung der Geschäftsgrundlage). Jedoch fällt nach der Risikoverteilung des Bürgschaftsvertrags das Risiko der Zahlungsunfähigkeit des Hauptschuldners in den Verantwortungsbereich des Bürgen. Die zu § 119 II BGB entwickelte Argumentation ist auf § 313 BGB zu übertragen.

54 **Klausurtipp:** Wird der Anspruch hingegen bejaht, muss noch kurz auf die nach § 773 I Nr. 1 BGB ausgeschlossene Einrede der Vorausklage nach § 771 BGB eingegangen werden.

III. Verbraucherschutzrecht

11. Fall: Der finanzierte Dielenschrank

Sachverhalt

K und seine Ehefrau F haben ein Haus gekauft, welches bislang kaum möbliert ist. K hat im Möbelgeschäft des V einen Dielenschrank zum Preis von 399 EUR gesehen, der ihm gefällt. Es handelt sich um ein Ausstellungsstück eines Möbel-Programms, das nicht mehr produziert wird. Ohne Absprache mit F geht er Anfang Januar in den Laden des V und entscheidet sich für den besagten Dielenschrank. K erkundigt sich bei V nach den Möglichkeiten einer Finanzierung, da er zwar über Rücklagen verfügt, diese aber nicht anbrechen möchte. V, der seit vielen Jahren mit der Sparkasse S zusammenarbeitet, berät K ausführlich über die Finanzierungsmöglichkeiten. Daraufhin beschließt K, den gewünschten Schrank bei V zu kaufen und zahlt 49 EUR an. Für den Rest des Kaufpreises möchte er bei S ein Darlehen beantragen, das er in sechs monatlichen Raten von 50 EUR und einer Restzahlung von 60 EUR zurückzahlen will.

V hat entsprechende Darlehensanträge der S im Geschäft vorrätig und hilft K beim Ausfüllen eines Formulars, nach welchem K den Schrank von V kauft und das Darlehen bei S beantragt. Dabei weist V den K ausdrücklich auf die auf der Rückseite des Formulars abgedruckten Geschäftsbedingungen des V und der S hin. Dort heißt es unter anderem: »*Die gesetzlichen Gewährleistungsbedingungen sind ausgeschlossen. Der Käufer hat das Recht auf Nachbesserung.*« Auch enthält das Formular eine den gesetzlichen Anforderungen entsprechende Widerrufsbelehrung. V trägt in den Darlehensantrag zudem die sonstigen gesetzlich vorgeschriebenen Angaben ein. K unterschreibt und erhält eine Durchschrift des Formulars. Daraufhin kann er den Schrank gleich mitnehmen.

Wenige Tage später erhält K ein Schreiben der S, aus dem hervorgeht, dass sein Darlehensantrag angenommen werden kann, wenn eine Sicherung des Darlehensrückzahlungsanspruchs dadurch erbracht wird, dass die Ehefrau F den Beitritt zu der Schuld des K aus dem Darlehensvertrag erklärt. F, die geschäftlich recht unerfahren ist und auch mangels Ausbildung keiner Arbeit nachgeht, gibt bei einem gemeinsamen Besuch mit K bei der S eine entsprechende Erklärung mündlich ab. Am 31.1. wird K durch S mitgeteilt, dass der Darlehensvertrag zustande gekommen ist und der Restkaufpreis von 350 EUR an den V überwiesen wurde. Im Übrigen bestätigt S die im Antrag genannten Darlehensbedingungen.

Nachdem K fünf Monatsraten (Februar bis Juni) pünktlich an die S überwiesen hat, bemerkt er, dass sich trotz sorgfältiger Behandlung des Schrankes die Türen aus den Scharnieren zu lösen beginnen und nicht mehr verschließen lassen. K fordert daraufhin V auf, binnen 14 Tagen den Schrank zu reparieren, was dieser zunächst am dritten Tag auch versucht. V muss die Nacherfüllung aber vorerst aufgeben, da er versehentlich das falsche Werkzeug mitgebracht hat. Er verspricht aber, die Reparatur in den nächsten Tagen erneut zu versuchen. Nachdem V gegangen ist, verliert K die Geduld. Da er handwerklich sehr begabt ist, repariert er den Schrank kurzerhand selbst. Zuvor hatte K der S mitgeteilt, dass er wegen der Mängel den Kaufpreis um 110 EUR mindere und deshalb keine Zahlung an S mehr leisten werde. S antwortet darauf, dass sie mit der Qualität des Schrankes nichts zu tun habe und verlangt die Zahlung der beiden noch ausstehenden Raten. Gleiches verlangt S auch von F.

Darüber hinaus wendet sich K an V und verlangt von diesem die Auszahlung der durch V ersparten Nachbesserungskosten. Er ist der Auffassung, dass er V die Reparaturarbeiten abgenommen habe und V keinen Vorteil aus den ersparten Kosten ziehen dürfe. V verweigert die Zahlung. Ein Freund des K rät diesem zudem, den Darlehensvertrag vorsichtshalber schriftlich zu widerrufen, was K am 20.6. macht.

Welche Ansprüche haben S und K?

Lösungsvorschlag

A. Ansprüche der S

I. S könnte einen Anspruch gegen K auf Zahlung der restlichen Raten in Höhe von 110 EUR aus einem mit K geschlossenen Darlehensvertrag gem. § 488 I 2 BGB haben.

1. Voraussetzung hierfür ist, dass zwischen K und S ein wirksamer Darlehensvertrag geschlossen wurde.

Angebot und Annahme liegen vor. Hinsichtlich des Abschlusses des Darlehensvertrages bestehen deshalb keine Bedenken. Gleichwohl kann die Vereinbarung nach § 494 I BGB unwirksam sein, wenn es sich um einen Verbraucherdarlehensvertrag handelt und dieser den gesetzlich vorgesehenen Formerfordernissen nicht genügt.

a) Dies setzt voraus, dass sowohl der persönliche als auch der sachliche Anwendungsbereich der §§ 491 ff. BGB eröffnet ist.

aa) Es muss sich um einen entgeltlichen Darlehensvertrag zwischen einem Unternehmer als Darlehensgeber und einem Verbraucher als Darlehensnehmer handeln. Abzugrenzen hiervon ist das Teilzahlungsgeschäft iSv § 506 BGB. Ein Teilzahlungskauf zeichnet sich aber dadurch aus, dass der Verkäufer dem Käufer die Kaufpreiszahlung kreditiert. Bei einem dreiseitigen Verhältnis wie dem hier vorliegenden drittfinanzierten Kauf kommt ein Teilzahlungsgeschäft indes nicht in Betracht.[1]

bb) Der persönliche Anwendungsbereich ist eröffnet, wenn der Darlehensnehmer ein Verbraucher iSd § 13 BGB und der Darlehensgeber Unternehmer iSd § 14 BGB ist.

(1) Der Abschluss des Darlehensvertrages dient der Finanzierung des für private Zwecke anzuschaffenden Dielenschranks. Deshalb handelt es sich bei K um einen Verbraucher iSv § 13 BGB.

(2) Der Abschluss von Darlehensverträgen gehört zu den gewerblichen Tätigkeiten des Kreditinstituts S, welches Unternehmer iSv § 14 BGB ist.

cc) Der sachliche Anwendungsbereich des § 491 I BGB ist eröffnet, wenn ein entgeltlicher Darlehensvertrag zwischen diesen Parteien geschlossen worden ist.

(1) Vorliegend ist ein Darlehensvertrag gem. § 488 I BGB zwischen K und S geschlossen worden. Der endgültige Vertragsschluss erfolgte dabei nicht durch den V als Vertreter der S, sondern erst im Anschluss beim Besuch von K und F bei S.

(2) Die Darlehensgewährung erfolgte auch entgeltlich (§ 491 I BGB). Die Kosten der Finanzierung belaufen sich auf insgesamt 10 EUR (6 Raten à 50 EUR + 60 EUR Restzahlung = 360 EUR – 350 EUR Darlehensbetrag = 10 EUR).

dd) Die Bestimmungen über Verbraucherdarlehensverträge finden nur dann uneingeschränkte Anwendung, wenn kein Ausnahmetatbestand iSv § 491 II, III BGB vorliegt.

---

1 Palandt/*Weidenkaff* § 506 Rn. 6.

(1) Der Darlehensbetrag von 350 EUR überschreitet die Bagatellgrenze von 200 EUR, weshalb die Anwendbarkeit der Bestimmungen über den Verbraucherdarlehensvertrag nicht nach § 491 II Nr. 1 BGB ausgeschlossen ist.

(2) Die Anwendbarkeit ist des Weiteren ausgeschlossen, wenn die Darlehenslaufzeit weniger als drei Monate beträgt und nur geringe Kosten vereinbart sind, § 491 II Nr. 3 BGB.[2] Vereinbart wurde eine Ratenzahlung von sieben Monaten. Deshalb liegt auch in zeitlicher Hinsicht kein Bagatellfall vor.

b) Auch die nach § 492 BGB erforderlichen Formerfordernisse müssen beim Vertragsschluss eingehalten worden sein.

aa) Der Darlehensvertrag ist schriftlich (§ 126 BGB) abgeschlossen worden und entspricht daher den Anforderungen des § 492 I 1 BGB.

bb) Darüber hinaus müssen im Darlehensvertrag die gesetzlichen Mindestangaben des § 492 II BGB iVm Art. 247 § 6 I Nr. 1 iVm § 3 Nr. 1–13 EGBGB, wie zB der Nettodarlehensbetrag, der Gesamtbetrag und der effektive Jahreszins, enthalten sein. Nach den Vorgaben des Sachverhaltes genügte der Darlehensvertrag diesen gesetzlichen Anforderungen.

c) Zwischenergebnis

Zwischen S und K ist deshalb ein (schwebend) wirksamer Darlehensvertrag zustande gekommen.

2. Der Anspruch könnte jedoch aufgrund eines wirksamen Widerrufs erloschen sein, §§ 495, 355 BGB.

a) Dazu muss K eine Widerrufserklärung iSd § 355 I 2 BGB abgegeben haben. Er hat auf Rat eines Freundes hin den Darlehensvertrag am 20.6. schriftlich widerrufen.

b) Fraglich ist jedoch, ob dieser Widerruf innerhalb der gesetzlichen Widerrufsfrist erfolgt ist. Diese beträgt gem. § 355 II BGB 14 Tage und beginnt bei Vertragsschluss, soweit nicht ein anderes bestimmt ist. Abweichende Regelungen ergeben sich aus § 356b BGB für Verbraucherdarlehensverträge. Danach ist der Fristbeginn insbesondere davon abhängig, dass dem Darlehensnehmer eine für ihn bestimmte Vertragsurkunde, sein schriftlicher Antrag oder eine Abschrift der Vertragsurkunde oder seines Antrags zur Verfügung gestellt werden, die die Pflichtangaben nach § 492 II BGB enthält. K erhielt eine Durchschrift des Formulars und damit eine Abschrift seines Antrags. Diese enthielt auch die – von V zuvor eingetragenen – Pflichtangaben nach § 492 II BGB und ebenso eine Widerrufsbelehrung, die den gesetzlichen Anforderungen entsprach. Folglich begann die Widerrufsfrist mit Vertragsschluss und war jedenfalls zum Zeitpunkt des Widerrufs am 20.6. schon abgelaufen. Da die Widerrufserklärung erst nach Ablauf der Frist erfolgte, ist der Widerruf unwirksam, der

---

2 **Merke:** Anders als die frühere Gesetzesfassung (§ 499 I BGB aF) nennt § 506 I BGB die Voraussetzung des Aufschubs von »mehr als drei Monaten« nicht. Dies darf jedoch nicht dahingehend interpretiert werden, dass es auf dieses Erfordernis nicht mehr ankäme. Denn Art. 2 II lit. f VerbrKrRL sieht für Verträge mit entsprechender Laufzeit gerade eine Ausnahme vor, die in § 491 II Nr. 3 BGB umgesetzt wurde, auf den § 506 IV BGB ausdrücklich verweist. Damit ist nunmehr zwar zusätzlich erforderlich, dass nach § 491 II Nr. 3 BGB auch nur »geringe Kosten vereinbart« sind; das Zusammentreffen kurzer Laufzeit und geringer Kosten wird jedoch praktisch häufig sein, sodass die Drei-Monats-Grenze ihre Bedeutung behält; vgl. Erman/*Saenger* § 506 Rn. 3.

Darlehensvertrag und damit der Anspruch auf Darlehensrückzahlung sind durch den Widerruf nicht erloschen.

3. Zwischen S und K ist daher ein wirksamer Darlehensvertrag zustande gekommen.

4. Weiterhin können K Einwendungen aus dem Kaufvertrag gegenüber S zustehen, § 359 I BGB.

a) Voraussetzung ist, dass es sich bei dem Kaufvertrag über den Dielenschrank und den Darlehensvertrag um verbundene Verträge iSv § 358 III BGB handelt.

aa) Ein erstes Indiz für eine Verbundenheit der Verträge gem. § 358 III 1 BGB liegt vor, wenn das Darlehen ganz oder teilweise der Finanzierung des anderen Vertrages dient.[3] Der zwischen K und S abgeschlossene Darlehensvertrag diente der Finanzierung des Kaufvertrages zwischen K und V über den Dielenschrank.

bb) Weiterhin verlangt die Verbundenheit eine wirtschaftliche Einheit (§ 358 III 1 BGB). Gem. § 358 III 2, 2. Fall BGB liegt eine solche wirtschaftliche Einheit vor, wenn sich der Darlehensgeber bei der Vorbereitung oder dem Abschluss des Verbraucherdarlehensvertrages der Mitwirkung des Unternehmers bedient. S bediente sich des V, der die notwendigen Antragsformulare vorrätig hatte und gemeinsam mit K ausfüllte.

b) Weiterhin muss ein wirksamer Kaufvertrag vorliegen. K hat den Darlehensvertrag nicht wirksam widerrufen und war hierzu auch aufgrund des Fristablaufs nicht mehr in der Lage. Deshalb ist der Kaufvertrag insbesondere nicht gem. § 358 II 1 BGB ex nunc nichtig.

c) Fraglich ist weiterhin, ob K aufgrund von § 359 I BGB berechtigt ist, Einwendungen aus dem Kaufvertrag gegenüber S geltend zu machen.

aa) Das durch den Darlehensvertrag finanzierte Entgelt für den Dielenschrank übersteigt 200 EUR. Deshalb ist die Geltendmachung von Einwendungen nicht nach § 359 II 2. Fall BGB ausgeschlossen.

bb) Die möglicherweise geltend zu machenden Einwendungen beruhen auch nicht auf einer nachträglichen Vereinbarung zwischen V und K, sondern auf dem ursprünglich geschlossenen Kaufvertrag. Daher liegt auch kein Ausschluss nach § 359 I 2 BGB vor.

d) Es bleibt zu prüfen, ob die geltend zu machenden Einwendungen tatsächlich bestehen. Vorliegend kommt die Einwendung der Minderung nach §§ 441, 437 Nr. 2, 434 BGB in Betracht.

aa) Ein Kaufvertrag ist zwischen V und K zustande gekommen.

bb) Weiterhin müsste ein Sachmangel iSd § 434 BGB bei Gefahrübergang vorgelegen haben.

(1) Ein Sachmangel liegt gem. § 434 I 1 BGB vor, wenn der Kaufgegenstand nicht die vereinbarte Beschaffenheit hat. Hinsichtlich des Dielenschranks ist zwischen V und K keine besondere Vereinbarung bzgl. der Beschaffenheit getroffen worden. Doch auch wenn keine Vereinbarung vorliegt, ist ein Sachmangel gem. § 434 I 2 Nr. 1 BGB

---

3 Erman/*R. Koch* § 358 Rn. 1: »Prototyp« des Kaufs in Gestalt des sog. »B-Geschäfts«.

gegeben, wenn die Sache sich nicht zur nach dem Vertrag vorausgesetzten Verwendung eignet. Voraussetzung ist aber auch hier zumindest eine irgendwie gestaltete Absprache über den Verwendungszweck, der über die »gewöhnliche Verwendung« hinausgeht.[4] K und V haben sich über einen bestimmten Verwendungszweck des Dielenschranks nicht gesondert geeinigt. Daher bleibt nur die Frage, ob ein Sachmangel iSd § 434 I 2 Nr. 2 BGB vorliegt. Dies ist der Fall, wenn die Sache sich nicht zur gewöhnlichen Verwendung eignet und nicht die Beschaffenheit aufweist, die bei Sachen gleicher Art üblich ist und die der Käufer nach der Art der Sache erwarten durfte. Bei einem Dielenschrank gehört es zur üblichen Verwendung, Gegenstände darin aufzubewahren und diese gleichzeitig durch die Türen nach außen hin zu verbergen. Es gehört daher zur üblichen und vom Käufer zu erwartenden Beschaffenheit, dass sich die Türen des Schrankes problemlos schließen lassen und fest mit dem Schrank verbunden sind. Vorliegend lösten sich die Türen aber aus den Scharnieren, was zwangsläufig dazu führt, dass die Türen nicht mehr fest mit dem Schrank verbunden sind und ein Verschließen des Schrankes nicht mehr ohne Weiteres möglich ist. Es liegt folglich ein Sachmangel iSd § 434 I 2 Nr. 2 BGB vor.

(2) Dieser Sachmangel muss auch zum Zeitpunkt des Gefahrübergangs vorgelegen haben. Der Gefahrübergang fällt beim Kauf beweglicher Sachen auf den Zeitpunkt der Übergabe der Sache, § 446 S. 1 BGB. Die Übergabe des Dielenschrankes erfolgte bereits beim ersten Besuch des K bei V im Januar. Zu diesem Zeitpunkt war ein Lösen der Türen aus den Scharnieren für K und V nicht ersichtlich. Jedenfalls kann nicht abschließend geklärt werden, ob bereits zu diesem Zeitpunkt der Sachmangel schon vorhanden war. Hierüber könnte die Beweislastumkehr des § 476 BGB hinweghelfen. Danach wird vermutet, dass ein Sachmangel bei Gefahrübergang vorlag, wenn dieser sich binnen der ersten sechs Monate nach Gefahrübergang zeigt. Hier zeigte sich der Mangel binnen fünf Monaten nach Gefahrübergang. Die Voraussetzungen der Beweislastumkehr liegen insoweit vor. Weitere Voraussetzung hierfür ist jedoch, dass es sich um einen Verbrauchsgüterkauf handelt. Ein solcher liegt nach § 474 I 1 BGB vor, wenn ein Kaufvertrag zwischen einem Unternehmer (§ 14 BGB) und einem Verbraucher (§ 13 BGB) geschlossen worden ist. K ist Verbraucher. V müsste Unternehmer sein. Der Verkauf von Möbeln gehört zur gewerblichen Tätigkeit des V, weshalb er Unternehmer ist. Ein Ausschlussgrund nach § 474 I 2 BGB ist hier nicht ersichtlich. Folglich wird vermutet, dass der Sachmangel bereits zum Zeitpunkt des Gefahrübergangs vorgelegen hat. Ein Sachmangel bei Gefahrübergang ist somit gegeben.

cc) Weiterhin dürfte die Gewährleistung für Sachmängel nicht aufgrund von Kenntnis des Sachmangels (§ 442 BGB) ausgeschlossen sein. K hatte jedoch keine Kenntnis von den fehlerhaften Scharnieren; die Gewährleistung ist hierdurch nicht ausgeschlossen.

dd) Es darf auch kein vertraglicher Gewährleistungsausschluss vorliegen.

(1) In dem von V vorgelegten Vertragsdokument waren die gesetzlichen Gewährleistungsbedingungen ausgeschlossen und die Rechte des Käufers auf die Nachbesserung beschränkt.

---

4 Hk-BGB/*Saenger* § 434 Rn. 11; zu den Anforderungen an eine Abrede s. BGH NJW 2009, 2807; zur Vorrangigkeit dieses sog. subjektiven Fehlerbegriffs vgl. auch MüKoBGB/*H.P. Westermann* § 434 Rn. 6.

(2) Fraglich ist, ob dieser Gewährleistungsausschluss wirksam ist.

(a) Zunächst könnte es V verwehrt sein, sich auf den vereinbarten Gewährleistungsausschluss zu berufen, wenn er den Mangel arglistig verschwiegen oder eine Beschaffenheitsgarantie für die Sache übernommen hat, § 444 BGB. V wusste jedoch nichts von einer Mangelhaftigkeit des Schrankes, konnte einen solchen also auch nicht arglistig verschweigen. Auch eine Beschaffenheitsgarantie hat er nicht übernommen, sodass er sich auf den Gewährleistungsausschluss berufen kann.

(b) Der Gewährleistungsausschluss könnte jedoch aufgrund von § 475 BGB unwirksam sein.

(aa) Es handelt sich um einen Verbrauchsgüterkauf iSv § 474 I 1 BGB.

(bb) Der Gewährleistungsausschluss bezweckt, dem K das Recht zur Ausübung seiner gesetzlichen Mängelrechte zu nehmen. Es handelt sich also um eine abweichende Vereinbarung zum Nachteil des Verbrauchers. Der Gewährleistungsausschluss ist deshalb nach § 475 BGB unwirksam.

(c) Des Weiteren kommt ein Verstoß gegen § 309 Nr. 8 b) bb) BGB in Betracht. Die Beschränkung der Gewährleistungsrechte auf die Nachbesserung verstößt gegen § 309 Nr. 8 b) bb) BGB. Jedoch geht § 475 BGB dieser Regelung als zwingendes Recht vor, sodass § 309 Nr. 8 b) bb) BGB insoweit keine Anwendung findet.[5]

(d) Zwischenergebnis

Es liegt ein Verstoß gegen § 475 BGB vor. Deshalb kann sich der Unternehmer V nicht auf den Gewährleistungsausschluss berufen.

ee) Weitere Voraussetzung der Minderung ist gem. § 441 I 1 BGB,[6] dass zuvor eine angemessene Frist zur Nacherfüllung gesetzt worden ist und diese fruchtlos abgelaufen ist, §§ 437 Nr. 2 iVm §§ 441, 323 I BGB. K hat V zur Nacherfüllung aufgefordert und eine 14-tägige Frist gesetzt. Diese war am Tag der Selbstvornahme des K noch nicht abgelaufen.

ff) Die Fristsetzung könnte jedoch wegen ernsthafter und endgültiger Verweigerung der Nacherfüllung, §§ 437 Nr. 2 iVm 441, 323 II Nr. 1 BGB entbehrlich gewesen sein. V hat die Nacherfüllung nach dem erfolglosen ersten Versuch nicht ernsthaft und endgültig verweigert. Vielmehr hat er eine weitere, zeitnahe Nachbesserung versprochen.

gg) Die Fristsetzung könnte weiter wegen Fehlschlags der Nacherfüllung, § 437 Nr. 2 iVm §§ 441, 440 S. 1 2. Fall BGB entbehrlich gewesen sein. Nach der Vermutung des § 440 S. 2 1. Hs. BGB gilt die Nachbesserung als fehlgeschlagen, wenn zwei Versuche der Nachbesserung nicht erfolgreich gewesen sind. Hier hat bislang nur ein Nachbesserungsversuch stattgefunden, sodass die Vermutung nicht eingreift. Auch

---

5 MüKoBGB/*Wurmnest* § 309 Nr. 8 Rn. 12; Erman/*Roloff* § 309 Rn. 80a.

6 **Hinweis:** Aufgrund der Formulierung »statt zurückzutreten« sind die Rücktrittsvoraussetzungen auch bei der Minderung zu prüfen, vgl. BGH NJW 2005, 1348; Erman/*Grunewald* § 441 Rn. 1; Hk-BGB/*Saenger* § 441 Rn. 2; Palandt/*Weidenkaff* § 441 Rn. 7.

aus § 440 S. 2 2. Hs. BGB ergibt sich nichts anderes, da keine entsprechenden Anhaltspunkte bestehen.[7]

hh) Die Fristsetzung könnte allerdings noch wegen Unzumutbarkeit der Nacherfüllung § 437 Nr. 2 iVm §§ 441, 440 S. 1 3. Fall BGB entbehrlich gewesen sein. Das Abwarten des zweiten Nacherfüllungsversuches durch V war keinesfalls unzumutbar.[8] Die Behebung des Mangels hing nur von der Verwendung des richtigen Werkzeuges ab und war binnen weniger Tage abzusehen.

ii) Schließlich könnte die Fristsetzung wegen Unmöglichkeit der Nacherfüllung § 437 Nr. 2 iVm §§ 441, 326 V, 323 BGB entbehrlich gewesen sein. Es handelt sich bei dem Dielenschrank um ein Einzelstück, das nicht hätte nachgeliefert werden können. Aufgrund der Selbstvornahme kann der Mangel nun auch nicht mehr nachgebessert werden. Deshalb ist die Nacherfüllung durch die Selbstvornahme des K unmöglich geworden.[9]

Fraglich ist jedoch, ob die Unmöglichkeit der Nacherfüllung K zur Minderung berechtigt. Hiergegen könnten § 326 V iVm § 323 VI BGB sprechen, die ein Rücktritts- bzw. Minderungsrecht ausschließen, wenn die Unmöglichkeit der Nacherfüllung allein oder weit überwiegend vom Gläubiger der Nacherfüllung zu verantworten ist. K hat die Ursache für die Unmöglichkeit der Nacherfüllung durch seine eigenständige Reparatur gesetzt. Fraglich ist, ob dies auch eine alleinige oder weit überwiegende Verantwortlichkeit für den Umstand der Unmöglichkeit darstellt.

Eine solche Verantwortlichkeit des Käufers nimmt die wohl hM an.[10] Ein Zugestehen des Rücktritts- und Minderungsrechts selbst im Falle alleiniger oder überwiegender Verantwortlichkeit des Käufers, der die Kaufsache eigenmächtig nachgebessert hat, würde dazu führen, dass der Käufer ohne die Setzung einer Nacherfüllungsfrist den Mangel beseitigen und den Kaufpreis mindern könnte.[11] Die Nacherfüllungsfrist sei jedoch zwingende Voraussetzung zur Entstehung eines Minderungs- oder Rücktrittsrechts, welche erst nach dem fruchtlosen Ablauf dieser Frist entstünden.[12] Der Gesetzgeber habe dem Verkäufer das »Recht zur zweiten Andienung«[13] eingeräumt und

---

7 Zu Umständen, aus denen sich etwas anderes ergibt, Bamberger/Roth/*Faust* § 440 Rn. 32; Erman/*Grunewald* § 440 Rn. 7. **Hinweis:** Gemäß § 359 I 3 BGB kann der Verbraucher, wenn er Nacherfüllung verlangen kann, die Rückzahlung des Darlehens erst verweigern, wenn die Nacherfüllung fehlgeschlagen ist. Der Begriff des Fehlschlagens ist hier weiter als in § 440 S. 1, 2. Fall BGB und umfasst auch die Verweigerung, Unzumutbarkeit oder Verzögerung der Nacherfüllung, vgl. Erman/*R. Koch* § 359 Rn. 18. Die Einwendungen des K aus dem Kaufvertrag sind vorliegend also nicht schon mangels Fehlschlagens der Nacherfüllung iSv § 440 S. 1, 2. Fall BGB ausgeschlossen.

8 Beispiele für eine Unzumutbarkeit bei Bamberger/Roth/*Faust* § 440 Rn. 35 ff.; Erman/*Grunewald* § 440 Rn. 3 f.; Palandt/*Weidenkaff* § 440 Rn. 8.

9 **Hinweis:** Die Frage der Unmöglichkeit bei Selbstvornahme der Nacherfüllung ist von BGH NJW 2005, 1348 (1349) offen gelassen worden. Hierfür aber MüKoBGB/*Ernst* § 326 Rn. 108; MüKoBGB/*H.P. Westermann* § 439 Rn. 10; einschränkend *Dauner-Lieb/Arnold* ZGS 2005, 10 (11 Fn. 9); *Dauner-Lieb* ZGS 2005, 169 (170); aA *Gsell* ZIP 2005, 922 (925); aus neuerer Zeit zu diesem Problem *Schollmeyer/Utlu* Jura 2009, 730.

10 BGH NJW 2005, 1348; OLG München ZGS 2007, 80; MüKoBGB/*Ernst* § 326 Rn. 108; *Fest* ZGS 2006, 173 ff.; *Gsell* ZIP 2005, 922 (924); *S. Lorenz* NJW 2003, 1417 (1418); *S. Lorenz* NJW 2005, 1321 (1322).

11 *Fest* ZGS 2006, 173 (175).

12 MüKoBGB/*H.P. Westermann* § 439 Rn. 10.

13 MüKoBGB/*H.P. Westermann* § 439 Rn. 10; *Fest* ZGS 2006, 173 (178).

auf ein Selbstvornahmerecht wie in § 637 BGB verzichtet.[14] In Anbetracht dieser Erwägungen dürfe der Käufer nicht davon profitieren, wenn er selbst die noch fehlende Rücktrittsvoraussetzung – den fruchtlosen Fristablauf –herbeiführt.[15] Auf den vorliegenden Fall angewandt, würde man mit dieser Auffassung zu dem Ergebnis kommen, dass die Fristsetzung in diesem Fall nicht entbehrlich ist und mithin das Minderungsrecht dem K insgesamt nicht zugestanden werden kann.

Nach einer anderen Auffassung sei der Schuldner schon durch die Lieferung der mangelhaften Sache insoweit für das Geschehen (mit-)verantwortlich, dass ein alleiniges oder weit überwiegendes Verschulden des Gläubigers schon nicht mehr angenommen werden könne.[16] Das Rücktrittsrecht bei mangelhafter Leistung beruhe zum einen auf der Schlechtleistung und zum anderen auf der nicht fristgerechten Behebung bzw. Nichtbehebung des Mangels.[17] Hinsichtlich einer eigenmächtigen Mängelbeseitigung durch den Käufer wird vorgeschlagen, das Rücktrittsrecht daran scheitern zu lassen, dass letztendlich kein Mangel mehr vorliege, also auch kein Rücktritts- oder Minderungsgrund bestehe[18] bzw. der Geltendmachung des Rücktritts- oder Minderungsrechts § 242 BGB entgegenstehe.[19] Für den vorliegenden Fall würde das nach dieser Auffassung jedenfalls bedeuten, dass K kein Minderungsrecht zusteht.

Nach beiden Ansichten steht dem K also kein Minderungsrecht zu.

jj) Zwischenergebnis

Die Voraussetzungen der Minderung liegen nicht vor. K kann S die Minderung nicht im Wege des § 359 BGB entgegensetzen.

5. Sonstige Einwendungen, Einreden

Der durch K ausgesprochene Widerruf könnte in einen Rücktritt umgedeutet werden (§ 140 BGB), was allerdings eher fernliegt. Jedenfalls wären die Rücktrittsvoraussetzungen – wie gezeigt – ebenfalls nicht gegeben. Sonstige Einwendungen oder Einreden sind nicht ersichtlich. Der Anspruch ist somit durchsetzbar.

6. Ergebnis

Wegen unwirksamer Minderung besteht ein Anspruch der S gegen K auf Restzahlung von 110 EUR aus § 488 I 2 BGB.

II. Möglicherweise hat S zudem einen Anspruch auf Zahlung von 110 EUR gegen F aufgrund eines von dieser erklärten Schuldbeitritts,[20] §§ 311 I, 241 I BGB.

---

14 **Hinweis:** Auch eine Analogie zu § 637 BGB scheidet daher aus, vgl. Hk-BGB/*Saenger* § 437 Rn. 16.

15 *Fest* ZGS 2006, 173 (175).

16 *Dauner-Lieb/Arnold*, FS Hadding, 2004, 5 (28); *Heinrichs*, FS E. Schmidt, 1998, 159 (163); Palandt/*Grüneberg* § 323 Rn. 29.

17 *Dauner-Lieb/Arnold*, FS Hadding, 2004, 25 (27); *Heinrichs*, FS E. Schmidt, 1998, 159.

18 *Dauner-Lieb/Arnold*, FS Hadding, 2004, 25 (28 Fn. 16); *Dauner-Lieb* ZGS 2005, 169 (170).

19 Palandt/*Grüneberg* § 323 Rn. 29; *Heinrichs*, FS E. Schmidt, 1998, 159 (164): »venire contra factum proprium«.

20 Zur Rechtsnatur des Schuldbeitritts Erman/*Röthel* Vor § 414 Rn. 12; Hk-BGB/*Schulze* Vor § 414 Rn. 2.

1. Die Hauptverbindlichkeit, auf die sich der Schuldbeitritt beziehen soll, ist vorliegend die Darlehensrückzahlungsverpflichtung des K aus dem zwischen K und S geschlossenen Darlehensvertrag. Die Vereinbarung zwischen S und F ist auf die zum Zeitpunkt der Vereinbarung noch nicht existente Darlehensrückzahlungsverpflichtung des K bezogen. Fraglich ist, ob die für den Schuldbeitritt zu leistenden Willenserklärungen auch schon vor dem Entstehen der Hauptschuld abgegeben, also antizipiert werden können. Grundsätzlich bestehen diesbezüglich keine Bedenken.[21]

Die Hauptverbindlichkeit muss auch fällig und durchsetzbar sein.[22] Die noch ausstehenden Raten sollen von K zum jeweiligen Fälligkeitszeitpunkt an S bewirkt werden. Diesem Anspruch stehen ansonsten keine Einwendungen und Einreden gegenüber (s. oben).

2. Darüber hinaus müsste ein wirksamer Schuldbeitritt vereinbart worden sein.

a) Hinsichtlich des Vertragsschlusses bestehen keine Bedenken, F hat ihren Schuldbeitritt auf Verlangen der S dieser gegenüber mündlich erklärt.

b) Eine Unwirksamkeit des Schuldbeitritts könnte sich aus der Mitverpflichtung der Ehefrau F ergeben, wenn sie als nicht berufstätige Angehörige des K keine sinnvolle Sicherheit bieten kann und durch den Vertragsschluss wirtschaftlich stark überfordert wird. Insoweit kommt ein Verstoß gegen § 138 BGB in Betracht.

Nach stRspr. ist die Bestellung von Sicherheiten durch nahe Angehörige immer einer gesonderten Betrachtung zu unterziehen.[23] Danach soll die Bestellung einer Sicherheit durch eine emotional nahe stehende Person sittenwidrig sein, wenn die Verpflichtung den Sicherungsgeber finanziell »krass überfordert«. Vorliegend beläuft sich der Darlehensbetrag auf 360 EUR. Bei dieser Summe kann selbst bei der nicht berufstätigen F davon ausgegangen werden, dass sie dies nicht finanziell »krass überfordert«. Ein Verstoß gegen § 138 BGB liegt somit nicht vor.

c) Weiterhin könnte der Schuldbeitritt jedoch nach § 125 BGB unwirksam sein. F hat gegenüber der S lediglich mündlich den Beitritt zur Schuld des K erklärt.

aa) Grundsätzlich ist der Schuldbeitritt formlos möglich.[24]

bb) Indes ist zu erwägen, ob die Sicherheitenbestellung durch einen Schuldbeitritt nicht der Sicherheitenbestellung durch eine Bürgschaft gem. § 765 BGB ähnelt und daher zumindest analog den Schutz des § 766 BGB verdient.[25] Voraussetzung für eine Analogie ist eine planwidrige Regelungslücke mit vergleichbarer Interessenlage. Der Gesetzgeber hat bislang davon abgesehen, den rechtsgeschäftlichen Schuldbeitritt gesetzlich zu regeln. Es muss daher schon an einer Planwidrigkeit dieser Regelungslücke gezweifelt werden. Darüber hinaus unterscheiden sich die beiden Situationen

---

21 BGH NJW-RR 1993, 307, 308; Hk-BGB/*Schulze* Vor § 414 Rn. 3; MüKoBGB/*Bydlinski* Vor § 414 Rn. 12; Palandt/*Grüneberg* Überbl v § 414 Rn. 2.

22 **Hinweis:** Der Schuldbeitretende kann entsprechend § 417 BGB dem Gläubiger alle Einwendungen und Einreden gegen die Hauptverbindlichkeit entgegenhalten, vgl. BGHZ 58, 251, 255 zur Verjährung; Hk-BGB/*Schulze* Vor § 414 Rn. 6.

23 BGHZ 120, 272 ff., BGH NJW 1999, 58; 1999 (2584); BGHZ 146, 42 ff. = NJW 2001, 815 (816); Hk-BGB/*Schulze* Vor § 414 Rn. 3; MüKoBGB/*Bydlinski* Vor § 414 Rn. 16.

24 StRspr. seit RGZ 59, 232 (233); BGH NJW 1991, 3095 (3098); BGHZ 121, 1 (3 f.) = NJW 1993, 584; MüKoBGB/*Bydlinski* Vor § 414 Rn. 13; Palandt/*Grüneberg* Überbl v § 414 Rn. 3.

25 MüKoBGB/*Habersack* Vor § 765 Rn. 13, 15; *Rüßmann*, FS Heinrichs, 1998, 451 (483 ff.).

dadurch, dass der Bürge idR selbstlos bzw. altruistisch handelt, während der Schuldbeitretende idR eigene wirtschaftliche Ziele verfolgt.[26]

Vorliegend hat F ein eigenes wirtschaftliches Interesse am Zustandekommen des Darlehensvertrages. Der durch das Darlehen zu finanzierende Dielenschrank kommt auch F zugute, dient dieser doch der Ausstattung der ehelichen Wohnung. Mit der überwiegenden Auffassung bedurfte daher der durch F erklärte Schuldbeitritt keiner Schriftform analog § 766 BGB.

cc) Ein Schriftformbedarf könnte sich jedoch aus §§ 491 ff. BGB ergeben.

(1) Diese Vorschriften sollen nach der Rechtsprechung des BGH entsprechend ihres Schutzzwecks auf den Schuldbeitrittsvertrag analog anzuwenden sein.[27] Begründet wird die Analogie damit, dass die Schutzbedürftigkeit des schuldbeitretenden Verbrauchers[28] regelmäßig sogar größer sei als die des Darlehensnehmers.[29] Der beitretende Verbraucher werde verpflichtet, ohne dafür einen eigenen Darlehensauszahlungsanspruch oder sonstige Rechte gegenüber dem Darlehensgeber zu erhalten.

Darüber hinausgehend wird sogar eine direkte Anwendung der §§ 491 ff. BGB befürwortet.[30] Der Schuldbeitritt eines Verbrauchers sei von den verbraucherkreditrechtlichen Regelungen der §§ 491 ff. BGB erfasst, da der Schutzstandard des Abzahlungsgesetzes fortgeführt und nicht geschmälert werden solle.[31]

Demgegenüber wird dieser Analogie insoweit Kritik entgegengebracht, als sie eine unterschiedliche Behandlung von Bürgschaft und Schuldbeitritt zur Folge habe.[32] Es sei inkonsequent, zunächst den Schuldbeitritt nicht der Schriftform analog § 766 BGB zu unterwerfen und anschließend die Form des § 491 BGB zu verlangen.[33] Zudem könne dies zu einer Überdehnung des Verbraucherbegriffs führen.[34]

Hiergegen lässt sich jedoch vorbringen, dass es nicht im Sinne des beitretenden Sicherheitengebers sein kann, wenn zu seinem Schutz weder eine Schriftform nach § 766 BGB noch nach § 492 BGB gewährt wird. Es kommt zudem auf die Zweckrichtung der jeweiligen Formvorschrift an. Wie bereits gezeigt, schützt § 766 BGB

---

26 RGZ 59, 233; Palandt/*Grüneberg* Überbl v § 414 Rn. 3; Erman/*Röthel* Vor § 414 Rn. 20; einschränkend MüKoBGB/*Bydlinski* Vor § 414 Rn. 13; Bamberger/Roth/*Rohe* §§ 414, 415 Rn. 41 und *Baumann* ZBB 1993, 171 ff.: Fehlt dem Schuldbeitretenden ein eigenes wirtschaftliches Interesse, so sei § 766 BGB analog anzuwenden und mithin der Schuldbeitritt schriftformbedürftig; ähnlich auch *Madaus* BKR 2008, 54 (56).

27 BGHZ 133, 71 (74 f.) = NJW 1996, 2156 f.; BGH NJW 1997, 3169 f.; BGHZ 133, 220 (222 f.) = NJW 1996, 2865; BGHZ 134, 94 (97) = NJW 1997, 654; BGHZ 138, 321 (325) = NJW 1998, 1939; BGH NJW 2000, 3496 f.; BGH NJW 2000, 3133 (3136); 2002, 133 (135); 2003, 2742 (2743); 2006, 431; Erman/*Saenger* § 491 Rn. 21; Jauernig/*Berger* § 491 Rn. 4; Palandt/*Weidenkaff* § 491 Rn. 10; kritisch MüKoBGB/*Bydlinski* Vor § 414 Rn. 15.

28 **Merke:** Für eine analoge Anwendbarkeit muss der Schuldbeitretende selbst Verbraucher sein, der Darlehensnehmer hingegen muss nicht in den Schutzbereich der §§ 491 ff. BGB fallen, Bamberger/Roth/*Rohe* §§ 414, 415 Rn. 42; Erman/*Saenger* § 491 Rn. 21; MüKoBGB/*Müschel* Vor § 414 Rn. 15; Palandt/*Weidenkaff* § 491 Rn. 10.

29 Erman/*Saenger* § 491 Rn. 21.

30 *Bülow*/Artz § 491 Rn. 118.

31 *Bülow*/Artz § 491 Rn. 118.

32 MüKoBGB/*Schürnbrand* § 491 Rn. 56 f. mwN; *Rüßmann*, FS Heinrichs, 1998, 451 (483 ff.).

33 MüKoBGB/*Schürnbrand* § 491 Rn. 56 f.; *Rüßmann* FS Heinrichs, 1998, 451 (483).

34 *Kurz* NJW 1997, 1828 (1829): die von der Rspr. vorgenommene Einstufung eines GmbH-Geschäftsführers als Verbraucher könne zu Umgehungsversuchen führen.

den altruistisch Handelnden, § 492 BGB den (oftmals unerfahrenen) Verbraucher. Während der Verbraucher im Rahmen des § 492 BGB schon aufgrund seiner Position schützenswert ist, ist er dies nicht zwangsläufig nach § 766 BGB.[35] Der vorgeworfene Widerspruch besteht insofern nicht.

Mithin ist von einer Anwendbarkeit der §§ 491 ff. BGB (direkt oder analog) auszugehen. Die Formvorschriften der §§ 491 ff. BGB sind folglich im Grundsatz anwendbar.

(2) Indes müssten die §§ 491 ff. BGB auch einschlägig sein. Dazu müsste F Verbraucherin iSd § 13 BGB sein. Der Schuldbeitritt zur Darlehensschuld ihres Ehemannes K erfolgte aus rein privaten Zwecken. Daher ist F Verbraucherin.

(3) Die S schloss den Schuldbeitrittsvertrag im Rahmen ihrer gewerblichen Tätigkeit, ist also Unternehmerin iSd § 14 BGB.

dd) Folglich sind die §§ 491 ff. BGB anwendbar. Als Formvorschrift kommt hier § 492 BGB in Betracht. Ohne auf die einzelnen Formanforderungen dieser Norm eingehen zu müssen, ist hier festzustellen, dass der Schuldbeitritt durch F *mündlich* gegenüber S erklärt wurde. Die erforderliche Form wurde daher insgesamt nicht eingehalten.

ee) Fraglich ist weiter, ob im Rahmen der Anwendbarkeit der §§ 491 ff. BGB auch § 494 II 1 BGB zumindest analoge Anwendung finden kann und daher mit der Auszahlung des Darlehens eine Heilung des Formmangels nach § 494 II 1 BGB eintritt.

Gegen eine Heilung spricht, dass die Vorschrift des § 494 II 1 BGB den Darlehensnehmer vor einer unmittelbaren Inanspruchnahme auf Rückzahlung des vollständigen Darlehensbetrages aus Kondiktion bewahren soll.[36] Dieser Kondiktionsanspruch würde den Schuldbeitretenden nicht betreffen, da der Schuldbeitritt sich auf den vertraglichen Darlehensrückzahlungsanspruch bezieht und nicht auf einen etwaigen Kondiktionsanspruch.[37]

Zudem setzt die Heilung voraus, dass die Darlehensvaluta an den jeweiligen Beitretenden ausgezahlt wird.[38] Wird also das Darlehen an den Beigetretenen ausgezahlt, tritt ihm gegenüber die Heilung ein. Im vorliegenden Fall wird die Darlehensvaluta hingegen direkt an V ausgezahlt und damit die Verbindlichkeit des K gegenüber V getilgt. Von einer Auszahlung an F kann daher selbst dann nicht ausgegangen werden, wenn man eine solche Direktauszahlung an den Verkäufer im verbundenen Geschäft als Empfang oder Inanspruchnahme iSd § 494 II BGB versteht.

Daher findet vorliegend durch die Auszahlung des Darlehensbetrages an V eine Heilung der fehlenden Form des § 492 BGB nicht statt. Es bleibt bei der Rechtsfolge der Nichtigkeit nach § 125 BGB. Der rechtsgeschäftliche Schuldbeitritt der F ist formunwirksam.

---

35 Ähnlich *Dehn* WM 1993, 2115 (2118).
36 BGH NJW 2000, 3496; Bamberger/Roth/*Möller* § 494 Rn. 8; MüKoBGB/*Schürnbrand* § 494 Rn. 20.
37 BGHZ 134, 94 (98 ff.); MüKoBGB/*Bydlinski* Vor § 414 Rn. 15; Jauernig/*Stürner* Vor § 414 Rn. 2.
38 BGHZ 134, 94 (98) = NJW 1997, 654; BGH NJW 1997, 1443 = WM 1997, 710; BGH NJW 1997, 3169 = WM 1997, 2000 (2001); BGH WM 2000, 1799.

3. Zwischenergebnis

S hat keinen Anspruch auf Zahlung von 110 EUR aus dem Schuldbeitritt.

III. S könnte jedoch gegen F einen Anspruch auf Zahlung von 110 EUR aus § 488 I 2 BGB iVm § 1357 I 2 BGB[39] haben.

1. Der Darlehensvertrag ist zwischen S und K wirksam zustande gekommen.[40]

2. Zudem müssen die Voraussetzungen des § 1357 I 2 BGB vorliegen, um gegenüber F eine Haftung aus dem Darlehensvertrag bejahen zu können.

a) K und F sind miteinander verheiratet, also Ehegatten iSd § 1357 I 2 BGB.

b) K und F leben auch gemeinsam in einem Haus, sodass der Ausschlussgrund des Getrenntlebens, § 1357 III BGB, nicht eingreift.

c) Fraglich ist, ob der durch die S finanzierte Kauf des Dielenschranks ein Geschäft zur angemessenen Deckung des Lebensbedarfs der Familie iSd § 1357 I 1 BGB ist. Dabei stellt sich zunächst die grundsätzliche Frage, ob Darlehensverträge überhaupt vom Anwendungsbereich des § 1357 I BGB erfasst werden.[41]

aa) Einer Ansicht zufolge sollen (Verbraucher-)Darlehensverträge grundsätzlich vom Anwendungsbereich des § 1357 I BGB ausgeschlossen sein.[42] Beim Abschluss des Darlehensvertrages prüfe der Darlehensgeber idR, ob eine Mitverpflichtung des Ehegatten zu Sicherungszwecken erforderlich sei, weshalb bei der Nichtaufnahme des Ehegatten in den Darlehensvertrag die Vermutung des § 1357 I 2 BGB erheblich entkräftet werde.[43] In diesem Fall ergebe sich nämlich »aus den Umständen« schon etwas anderes.[44] § 1357 I BGB soll aber ausnahmsweise anwendbar sein, wenn ein mit einem Geschäft zur Deckung des Lebensbedarfs verbundenes Geschäft vorliegt.[45] Vorliegend handelt es sich bei dem zwischen S und K abgeschlossenen Darlehensvertrag um einen mit dem zwischen V und K zustande gekommenen Kaufvertrag iSd § 358 III BGB verbundenen Vertrag,[46] sodass nach dieser Auffassung hier eine Mitverpflichtung der F durch § 1357 I BGB in Betracht käme.

bb) Andererseits wird die Ansicht vertreten, dass auch (Verbraucher-)Darlehensverträge Geschäfte zur angemessenen Deckung des Lebensbedarfs einer Familie sein können.[47] Darlehensverträge seien aber nur dann erfasst, wenn sie in einem angemessenen, das Familieneinkommen zumutbar belastenden Umfang zur Deckung des

---

39 Ausführlich zur sog. Schlüsselgewalt *Huber* Jura 2003, 145.

40 S. oben A. I. 1.–3.

41 Vgl. MüKoBGB/*Schürnbrand* § 491 Rn. 60 zu Verbraucherdarlehensverträgen; Palandt/*Brudermüller* § 1357 Rn. 11; ausführlich Erman/*Kroll-Ludwigs* § 1357 Rn. 17.

42 Hk-BGB/*Kemper* § 1357 Rn. 10 mit Einschränkungen bzgl. Ratenkäufen; MüKoBGB/*Roth* § 1357 Rn. 27 f. mit Einschränkungen in Bezug auf ein mit einem Geschäft zur Deckung des Lebensbedarfs verbundenes Geschäft.

43 MüKoBGB/*Roth* § 1357 Rn. 28.

44 LG Aachen FamRZ 1980, 566 f.; MüKoBGB/*Roth* § 1357 Rn. 28.

45 MüKo/*Roth* § 1357 Rn. 27 f.

46 Vgl. oben I. 4. a).

47 AG Lampertheim NJW-RR 1987, 1155; Erman/*Kroll-Ludwigs* § 1357 Rn. 17; MüKoBGB/*Schürnbrand* § 491 Rn. 60; *Schanbacher* NJW 1994, 2335; *Schmidt* FamRZ 1991, 629 ff.

Lebensbedarfs erfolgen.[48] Auch hiernach wäre eine Mitverpflichtung der F über § 1357 I BGB möglich.

cc) Beide Ansichten gelangen hier zum gleichen Ergebnis. Ein Streitentscheid ist daher entbehrlich. Eine Mitverpflichtung der F durch den § 1357 I BGB kommt grundsätzlich in Betracht und hängt davon ab, ob ein Vertrag zur angemessenen Deckung des Lebensbedarfs vorliegt.

dd) Vorliegend beläuft sich die Darlehenssumme auf die relativ geringe Summe von 360 EUR. Die notwendigen Mittel stehen K – und damit praktisch seiner Ehefrau F – als »Rücklage« zur Verfügung. Eine Überforderung des Familieneinkommens scheidet daher aus. Darüber hinaus ist mit dem Darlehensvertrag der Kaufvertrag über den Dielenschrank verbunden (s. oben). Der Kaufvertrag liefert den Zweck der Darlehensaufnahme und muss zur Beurteilung der Angemessenheit des Geschäfts zur Deckung des Lebensbedarfs herangezogen werden.[49] Vorliegend wird ein Einrichtungsgegenstand für die eheliche Wohnung angeschafft, was für eine Einordnung des Geschäfts als eines zur Deckung des Lebensbedarfs spricht. Darüber hinaus kann die Vergleichssituation berücksichtigt werden, dass das Geschäft nicht finanziert, sondern direkt aus eigenen Mitteln bewirkt wird.[50] In diesem Fall ist die Angemessenheit des Geschäfts durchaus zu bejahen, weil der zu zahlende Preis zum Familieneinkommen nicht außer Verhältnis steht. Als Richtschnur wird vorgeschlagen, die Darlehenssumme auf ¼ des Monatsbedarfs der Familie zu beschränken.[51] Im vorliegenden Fall ist nichts über den Monatsbedarf der Eheleute K und F bekannt, aus den Umständen lässt sich aber erkennen, dass diese Grenze hier wohl eingehalten wird. K und F haben ein Haus gekauft und verfügen über ausreichende Rücklagen, sodass ein monatlicher Bedarf von 1440 EUR (das Vierfache der Darlehenssumme) als Minimum realistisch erscheint.

Die Anschaffung eines Dielenschrankes für das bislang nicht vollständig eingerichtete Haus zählt aufgrund dieser Erwägungen zu den Geschäften zur Deckung des Lebensbedarfes der Eheleute.[52] Der Darlehensvertrag erstreckt sich mithin auch auf F.

d) Weiterhin ist fraglich, ob der mitzuverpflichtende Ehegatte in gleicher Weise unterrichtet werden muss wie der Unterzeichner des Verbraucherdarlehensvertrages.[53]

aa) Einer Ansicht zufolge seien auch gegenüber dem Ehegatten die Schriftform- und Angabenerfordernisse der §§ 491 ff. BGB einzuhalten.[54] Der Verbraucherschutz müsse auch dem nach § 1357 I 2 BGB mitverpflichteten Ehegatten zugutekommen.

Die Rechtsfolgen der Nichteinhaltung sind innerhalb dieser Auffassung wiederum umstritten. Einerseits soll eine Heilung iSd § 494 II BGB möglich sein.[55] Andererseits soll es bei Nichteinhaltung der Form gegenüber dem mitzuverpflichtenden Ehegatten

---

48 LG Berlin NJW 1975, 351; Erman/*Kroll-Ludwigs* § 1357 Rn. 17.
49 Staudinger/*Kessal-Wulf* (2012) § 491 Rn. 30; ausführlich *Lüke* AcP 178 (1978) 21.
50 Staudinger/*Kessal-Wulf* (2012) § 491 Rn. 30.
51 Palandt/*Brudermüller* § 1357 Rn. 11.
52 **Klausurtipp:** Mit entsprechender Argumentation ist auch ein gegenteiliges Ergebnis vertretbar.
53 **Klausurtipp:** Die sachliche Anwendbarkeit der §§ 491 ff. BGB ist oben bereits festgestellt worden.
54 LG Detmold NJW-RR 1989, 10; AG Elmshorn NJW-RR 1987, 457 (jeweils zum Abzahlungskauf); *Kliffmüller* FuR 1992, 138 ff.; *Schmidt* FamRZ 1991, 629 ff.
55 *Schmidt* FamRZ 1991, 629 (635); *Bülow*/Artz § 491 Rn. 124, 128.

zu keiner Mitverpflichtung über § 1357 I BGB kommen.[56] Vorliegend käme es nach dieser Auffassung entweder zu einer Mitverpflichtung der F zu veränderten Konditionen entsprechend § 494 II BGB oder zu keiner Mitverpflichtung.

bb) Demgegenüber wird von anderer Seite vertreten, dass die Formerfordernisse der §§ 491 ff. BGB dem Ehegatten gegenüber nicht anzuwenden seien.[57] Würde man dieser Auffassung im vorliegenden Fall folgen, würde man zu dem Ergebnis gelangen, dass die Mitverpflichtung nicht aufgrund eines Formmangels von vornherein unwirksam wäre.

cc) Es ist zunächst zu erwägen, ob die Aushändigung der Vertragsunterlagen an den vertragsschließenden Ehegatten (hier K) bereits ausreicht, da der Ehegatte sich regelmäßig hierdurch über die Vertragsbedingungen und das Widerrufsrecht informieren kann.[58] Hinzu kommt speziell im vorliegenden Fall, dass F möglicherweise schon im Rahmen des von S verlangten Schuldbeitritts hinreichend Kenntnis erlangen konnte. Doch einerseits hat eine Belehrung der F durch die S im Rahmen des rechtsgeschäftlichen Schuldbeitritts nicht stattgefunden und andererseits lässt sich nicht mit Sicherheit sagen, ob die geschäftlich unerfahrene F die Vertragsunterlagen des K zur Kenntnis genommen hat. Eine Entscheidung ist demnach weiterhin erforderlich.

Der mitzuverpflichtende Ehegatte ist als Verbraucher zu qualifizieren, weshalb es grundsätzlich nicht erkennbar ist, warum ihm die verbraucherschützenden Regelungen der §§ 491 ff. BGB nicht zugute kommen sollten. Ein Vergleich mit der Situation des rechtsgeschäftlichen Schuldbeitritts liegt nahe.

Gegen das Formerfordernis gegenüber dem Ehepartner spricht allerdings, dass bei einer entsprechenden Belehrung des Ehepartners die Situation der Mitdarlehensaufnahme erreicht ist. Ist der Ehepartner Mitdarlehensnehmer, ist § 1357 BGB irrelevant und besteht bereits eine rechtsgeschäftliche Mitverpflichtung. Bei der Einbeziehung handelt es sich zudem um eine Art gesetzlichen Schuldbeitritt, bei dem die Formerfordernisse – anders als beim rechtsgeschäftlichen Schuldbeitritt (s. oben) – nicht auf die beitretende Person anwendbar sind,[59] da die Verpflichtung des Ehegatten eine gesetzliche und keine rechtsgeschäftliche Rechtsfolge ist. Der im Hintergrund stehende Ehegatte wird darüber hinaus ausreichend geschützt, nämlich einerseits durch die Anwendung der Verbraucherschutzvorschriften auf den im Vordergrund stehenden Ehegatten, der grundsätzlich seine Entscheidungsmöglichkeiten zugunsten der Familie abwägen wird, und andererseits durch die Limitierungen des § 1357 I BGB selbst.[60]

Mit dieser Argumentation ist im vorliegenden Fall eine Anwendung der Formvorschriften der §§ 491 ff. BGB auf den mitzuverpflichtenden Ehegatten abzulehnen.[61] Die Voraussetzungen des § 1357 I 2 BGB liegen damit vor.

---

56 *Kliffmüller* FuR 1992, 138 (144).
57 MüKoBGB/*Schürnbrand* § 491 Rn. 61, der darauf hinweist, dass damit iE § 1357 BGB doch nicht zur Anwendung käme; ebenso Staudinger/*Kessal-Wulf* (2012) § 491 Rn. 31; *Schanbacher* NJW 1994, 2335 ff.
58 *Bosch* FamRZ 1977, 569 (572).
59 Staudinger/*Kessal-Wulf* (2012) § 491 Rn. 31.
60 Staudinger/*Kessal-Wulf* (2012) § 491 Rn. 31.
61 **Klausurtipp:** AA vertretbar.

3. Zwischenergebnis

S hat einen Anspruch gegen F auf Zahlung von 110 EUR aus § 488 I 2 BGB iVm § 1357 I 2 BGB.

B. Ansprüche des K

I. K könnte gegen V einen Anspruch auf Erstattung des zuviel gezahlten Kaufpreises aus § 441 IV BGB haben. Wie bereits zuvor festgestellt, scheidet die Minderung aus und somit auch der Anspruch aus § 441 IV BGB.

II. K könnte des Weiteren gegen V einen Anspruch auf Zahlung ersparter Nacherfüllungskosten aus § 326 II 2 BGB (analog[62]) iVm §§ 326 IV, 346 ff. BGB haben.

Aufgrund der Tatsache, dass der Kaufpreis bereits vollständig an V bewirkt worden ist, kann eine Anrechnung der ersparten Nacherfüllungskosten nur durch Erstattung des zu viel gezahlten Betrages an den K erfolgen.

1. Für einen solchen Erstattungsanspruch muss zunächst ein wirksames Schuldverhältnis zwischen V und K bestehen. Der zwischen V und K geschlossene Kaufvertrag über den Dielenschrank ist das relevante Schuldverhältnis. Dieser ist auch wirksam.[63]

2. Darüber hinaus muss die Nacherfüllung unmöglich iSd § 275 I BGB geworden sein.[64] Unmöglich ist eine Leistung, wenn sie in tatsächlicher und rechtlicher Hinsicht dauerhaft nicht erbracht werden kann.[65] Die Leistung, die hier als unmöglich in Betracht kommt, ist die Nacherfüllung des V im Rahmen der Mängelgewährleistung. Als Unterarten der Nacherfüllung sind sowohl die Nachlieferung als auch die Nachbesserung denkbar, § 439 I BGB.[66] Da es sich bei dem Schrank jedoch um ein Einzelstück handelt, scheidet eine Nachlieferung von vornherein aus. Die Nachbesserung ist nicht mehr möglich / erforderlich, da der Schrank mittlerweile durch K repariert worden ist. Die Reparatur kann nicht mehr erbracht werden. Daher ist die Nachbesserung iSd § 275 I BGB unmöglich geworden.

3. Diese Unmöglichkeit müsste gem. § 326 II 1 BGB zudem vom Gläubiger allein oder weit überwiegend zu verantworten sein. K als Gläubiger hat hier aufgrund sei-

---

62 Nach hM ist § 326 II 2 BGB *analog* anzuwenden (Palandt/*Grüneberg* § 326 Rn. 13 mwN). Die systematische Stellung der Anrechnungsregel in Absatz 2 legt nahe, dass diese unmittelbar nur in Fällen des Wegfalls der Gegenleistung aufgrund von § 326 II 1 BGB eingreift. Der Fortbestand der Gegenleistungspflicht des Gläubigers ergibt sich bei erfolgtem Leistungsaustausch bzw. nicht vertragsgemäßer Leistung aber bereits aus § 326 I 2 BGB. AA aber *Lorenz* NJW 2005, 1321 (1322); *Ebert* NJW 2004, 1761 (1763).

63 Vgl. oben unter A. I. 3. b).

64 Von BGH NJW 2005, 1348 (1349) offen gelassen; *Dauner-Lieb/Arnold* ZGS 2005, 10 (11 Fn. 9); aA *Gsell* ZIP 2005, 922 (923); *Oechsler* NJW 2004, 1825: keine Unmöglichkeit bei Selbstvornahme durch den Käufer; differenzierend Erman/*Grunewald* § 439 Rn. 11: eine generelle Aussage über die Unmöglichkeit durch die Selbstvornahme lasse sich nicht treffen, sodass GoA und Bereicherungsrecht als Ausgleichsinstrumente heranzuziehen seien; ähnlich auch MüKoBGB/*H.P. Westermann* § 439 Rn. 10: der Verkäufer könne sich bei einer erfolgten Nachbesserung durch den Käufer stets noch unter den Voraussetzungen des § 439 III BGB für Nachlieferung entscheiden.

65 Hk-BGB/*Schulze* § 275 Rn. 2; Palandt/*Grüneberg* § 275 Rn. 13.

66 Eingehend Hk-BGB/*Saenger* § 439 Rn. 1.

ner eigenen Reparaturleistungen die Unmöglichkeit der Nachbesserung herbeigeführt. Er hat daher diese Unmöglichkeit auch zu verantworten.

4. Fraglich ist jedoch, ob die Anrechnung der ersparten Aufwendungen bzw. die Auszahlung der ersparten Aufwendungen dadurch ausgeschlossen ist, dass K den Ablauf der Nacherfüllungsfrist nicht abgewartet und die Nachbesserung selbst vorgenommen hat.

a) Nach einer Auffassung[67] gebiete das Mängelgewährleistungsrecht, vor der eigenständigen Behebung des Mangels dem Verkäufer eine angemessene Frist zur Nacherfüllung zu setzen. Andernfalls würden wesentliche Grundsätze des Schuldrechts missachtet. Einerseits habe der Gesetzgeber ganz bewusst auf die Aufnahme eines Selbstvornahmerechtes des Käufers verzichtet, was insbesondere der Vergleich zum Werk- und Mietvertragsrecht zeige. Dort seien Selbstvornahmerechte inkl. Kostenersatzansprüche des Bestellers/Mieters ausdrücklich geregelt (§§ 536a II, 637 BGB), weswegen im Umkehrschluss ein solches Recht dem Kaufrecht nicht immanent sei.[68] Andererseits würde das dem Kaufrecht zugrunde liegende Prinzip des Vorrangs des Nacherfüllungsanspruchs umgangen werden.[69] Dieses Prinzip habe seinen Zweck unter anderem darin, dass dem Verkäufer nicht die Beweissichtung und -sicherung unmöglich gemacht werden solle, schließlich solle er ja auch die Kosten faktisch übernehmen. Ohne eine eigene Möglichkeit der Untersuchung des Mangels sei dies aber nahezu ausgeschlossen.

Im vorliegenden Fall ist zwar durch K eine Frist zur Nacherfüllung gesetzt worden, jedoch hat er den Ablauf der Frist nach dem ersten Reparaturversuch durch V und einen noch ausstehenden zweiten Versuch nicht abgewartet und den Mangel am Dielenschrank selbst behoben. Dies ist eine leichte Variation der Konstellation, über die der BGH in besagtem Urteil zu entscheiden hatte. Jedoch ergibt sich auch für diese Fallkonstellation nach der Rechtsprechung des BGH nichts anderes. Wenn nämlich gefordert wird, dass der Käufer zunächst eine Frist zur Nacherfüllung setzen muss, kann er zur Selbstvornahme erst dann berechtigt sein, wenn diese Frist fruchtlos verstrichen ist. Dies ist vorliegend aber gerade nicht der Fall. Die von K gesetzte Frist war zum Zeitpunkt der Selbstvornahme des K noch nicht verstrichen. Zwar war durch V bereits ein erfolgloser Reparaturversuch vorgenommen worden, jedoch ergibt sich aus § 440 S. 2 BGB, dass K den zweiten Reparaturversuch des V hätte abwarten müssen, der binnen der Frist ohne Weiteres hätte noch durchgeführt werden können (s. oben).

Folglich wäre im Anschluss an den BGH der Anspruch auf Auszahlung der durch V ersparten Kosten der Nachbesserung durch das Verhalten des K ausgeschlossen.

b) Andererseits wird vertreten,[70] dass es auf ein Setzen einer Nacherfüllungsfrist nicht ankomme. Die Bedenken, die der BGH hinsichtlich der Unterwanderung der

---

67 BGH NJW 2005, 1348; LG Aachen DAR 2004, 452 (453); AG Daun ZGS 2003, 397 = NJW-RR 2003, 1465; Erman/*Grunewald* § 439 Rn 11; Hk-BGB/*Saenger* § 437 Rn. 16; MüKoBGB/*H.P. Westermann* § 439 Rn. 10; *Ball* NZV 2004, 217 (227); *Dauner-Lieb/Dötsch* ZGS 2003, 250; *Dauner-Lieb* ZGS 2003, 455; *Dötsch* MDR 2004, 975 (977 f.); *Schroeter* JR 2004, 441.
68 BGH NJW 2005, 1348 (1349); *Grunewald*, Kaufrecht, 2006, § 9 Rn. 59 ff.
69 BGH NJW 2005, 1348 (1349).
70 Bamberger/Roth/*Faust* § 437 Rn. 37; *Ebert* NJW 2004, 1761 (1763); *Katzenstein* ZGS 2004, 349; *S. Lorenz* NJW 2005, 1321 ff.; 2006, 1175 ff.; *Schollmeyer/Utlu* Jura 2009, 730.

Grundsätze des modernisierten Schuldrechts hege, seien unbegründet. Zunächst stehe das Recht zur zweiten Andienung dem Verkäufer nur gegen Tragung der Kosten der Nacherfüllung zu, er habe also nicht nur Vorteile aus diesem Recht.[71] Hinzu komme, dass es sich beim Fristsetzungserfordernis nicht um eine Pflicht des Käufers handelt, sondern um eine Obliegenheit, bei deren Verletzung der Käufer sich lediglich seiner Rechte auf Rücktritt, Minderung und Schadensersatz statt der Leistung begebe. Hinsichtlich der Anrechnung nach § 326 II 2 BGB sage dies jedoch nichts aus. Im Übrigen sei nicht ersichtlich, in welcher Weise der Verkäufer durch diesen Erstattungsanspruch unangemessen belastet sei, zumal der Käufer die Beweislast für das Vorliegen eines Mangels einschließlich der Notwendigkeit des konkreten Nacherfüllungsverlangens trage.[72]

Dieser Ansicht zufolge wäre im vorliegenden Fall keine Aufforderung und damit auch kein Abwarten der Frist zur Nacherfüllung erforderlich gewesen, der geltend gemachte Anspruch wäre gegeben.

c) Der zweiten Auffassung ist ihre Interessenabwägung zugute zu halten. Es macht keinen Unterschied für den Verkäufer, ob er die Nacherfüllung selbst vornimmt oder er sich die für die nicht mehr notwendige Nacherfüllung fiktiv entstandenen Kosten anrechnen lassen muss. Zudem ist in dringenden Fällen das Bestehen auf die Nacherfüllungsfrist für den Käufer misslich.[73]

Dem ist jedoch gerade bezogen auf den vorliegenden Fall entgegenzuhalten, dass eine Nachfristsetzung für K keinerlei Nachteile mit sich bringt, da eine unmittelbare Nacherfüllung durch V möglich ist. Darüber hinaus gewährt die Anwendung des § 326 II 2 BGB zwar kein Recht zur Selbstvornahme, jedoch läuft es bei der Rechtsfolgenbetrachtung quasi darauf hinaus. Der selbst vornehmende Käufer bekommt für die eigenhändige Nachbesserung einen Ausgleich über den Umweg der ersparten Aufwendungen des Verkäufers. Dies widerspricht dem Vorrang der Nacherfüllung. Daran kann auch eine ansonsten mögliche Interessendivergenz nichts ändern. Zudem wird die bewusste Entscheidung des Gesetzgebers, im Kaufrecht auf die Erstattung von Selbstvornahmekosten zu verzichten, durch die angebotene Analogie ohne Grund unterlaufen. Der Käufer, der sich nicht an die gesetzlich vorgegebene Reihenfolge der Gewährleistungsrechte hält, kann hierfür nicht auch noch »belohnt« werden.

Demzufolge ist der Anspruch auf Auszahlung der ersparten Nacherfüllungskosten, § 326 II 2 BGB (analog) iVm §§ 326 IV, 346 ff. BGB, ausgeschlossen.

III. Ein Anspruch auf Schadensersatz gem. §§ 437 Nr. 3, 280, 281 BGB muss aufgrund der bereits vorgenommenen Wertung ebenfalls ausscheiden.[74] Gleiches muss für Ansprüche aus Geschäftsführung ohne Auftrag[75] und Bereicherungsrecht[76] gelten, da

---

71 *S. Lorenz* NJW 2005, 1321 (1322).
72 *S. Lorenz* NJW 2005, 1321 (1322).
73 *S. Lorenz* NJW 2006, 1175 (1179).
74 Bezüglich dieser Wertung ebenfalls BGH NJW 2005, 1348 (1350); LG Aachen NJW 2004, 452 f.
75 *Dauner-Lieb/Arnold* ZGS 2005, 10 (13); aA Erman/*Grunewald* § 439 Rn. 11; *Oechsler* NJW 2004, 1825.
76 *Dauner-Lieb/Arnold* ZGS 2005, 10 (13); aA Erman/*Grunewald* § 439 Rn. 11.

eine Zulassung dieser Ansprüche Unklarheiten und Schwierigkeiten herbeiführen kann, welche die Sondervorschriften des Kaufgewährleistungsrechts vermeiden wollen.[77]

C. Gesamtergebnis

S hat einen Anspruch gegen K auf Restzahlung von 110 EUR aus § 488 I 2 BGB.

S hat einen Anspruch gegen F auf Zahlung von 110 EUR aus § 1357 I 2 BGB iVm § 488 I 2 BGB.

> **Zur Vertiefung:** *Baumann,* Zur Form von Schuldbeitritt und Schuldanerkenntnis, ZBB 1993, 171; *Czeguhn,* Das verflixte siebte Jahr, JA 2002, 769; *Dauner-Lieb,* Kein Kostenersatz bei Selbstvornahme des Käufers – Roma locuta, causa finita!?, ZGS 2005, 169; *Fest,* Der Umfang des Ausschlusses des Rücktrittsrechts gem. §§ 323 Abs. 6 Alt. 1, 326 Abs. 5 BGB, ZGS 2006, 173; *Gsell,* Rechtlosigkeit des Käufers bei voreiliger Selbstvornahme der Mängelbeseitigung, ZIP 2005, 922; *Kiehnle,* Mängelbeseitigung durch Selbstvornahme (Klausur), JA 2007, 15; *Lerach,* Anspruch des Käufers auf Verwendungsersatz nach § 347 II 1 BGB bei Selbstvornahme der Mängelbeseitigung, JuS 2008, 953; *Schanbacher,* Geschäfte zur Deckung des Familienlebensbedarfs gem. 1357 BGB und das Verbraucherkreditgesetz, NJW 1994, 2335; *Schollmeyer/Utlu,* Die Nacherfüllung im Kauf, Jura 2009, 721; *Tonner/Wiese,* Selbstvornahme der Mängelbeseitigung durch den Käufer, BB 2005, 903; *Zurth,* Die Selbstvornahme in der kaufrechtlichen Klausur, JA 2014, 494.

---

77 BGH NJW 2005, 1348 (1350).

12. Fall: Probleme mit der Kühlung

Sachverhalt

K aus Konstanz bestellt im April beim Versandhaus V-AG in Nürnberg einen neuen Kühlschrank Modell »Pro Comfort 74300« zum Preis von 429,95 EUR, den er seinem Sohn S zum Einzug in seine Studentenwohnung in Münster schenken will. Er vereinbart mit der V-AG, dass dieser direkt an die neue Adresse des S geschickt werden soll; die Kosten dafür übernimmt die V-AG. Auf dem Weg von Nürnberg nach Münster wird der Transporteur T ohne dessen Verschulden mit seinem Lieferwagen in einen Unfall verwickelt, bei dem der Kühlschrank vollständig zerstört wird. Dennoch besteht K weiterhin auf Lieferung eines Kühlschranks. Die V-AG hingegen verweigert eine Neulieferung und verlangt zudem Zahlung von K. Zu Recht?

Abwandlung 1:

Wie im Ausgangsfall bestellt K für seinen Sohn S den Kühlschrank, der diesmal ohne Zwischenfälle geliefert wird. Da S von dem neuen Gerät hellauf begeistert ist, bestellt K einige Zeit später ein gleiches Modell bei der V-AG. Dieses Gerät möchte er in seinem Imbissbetrieb für die Kühlung der dort angebotenen Getränke einsetzen. K hat allerdings nicht so viel Glück wie sein Sohn: Zwar wird der Kühlschrank im September ordnungsgemäß an ihn ausgeliefert, jedoch tritt im Februar des folgenden Jahres ein Schaden an den Leitungen für die Kühlflüssigkeit auf. Daraufhin liefert die V-AG dem K einen neuen Kühlschrank und verlangt Herausgabe des defekten Geräts. Außerdem ist sie der Meinung, ihr stehe darüber hinaus Ersatz für die mehrmonatige Benutzung des Kühlschranks zu, weil K schließlich nun ein völlig neues Gerät erhalten habe. K ist gerne bereit, sich von dem defekten Kühlschrank zu trennen, weigert sich aber, weitere Zahlungen zu leisten. Bestehen die von der V-AG geltend gemachten Ansprüche?

Abwandlung 2:

Wiederum tritt an dem von K privat genutzten Kühlschrank ein Schaden auf. Nach erfolgloser Fristsetzung zur Nacherfüllung tritt K vom Vertrag zurück. Die V-AG verlangt Ersatz für die mehrmonatige Benutzung des Kühlschranks. K wendet ein, er habe der Presse entnommen, nach dem doch sehr umfassenden deutschen und europäischen Verbraucherschutzrecht müsse er als »Privatmann« niemals Nutzungsersatz leisten. Bestehen die von der V-AG (wie in Abwandlung 1) geltend gemachten Ansprüche?

Lösungsvorschlag

A. Ausgangsfall

I. Anspruch des K gegen V-AG aus § 433 I 1 BGB

K könnte einen Anspruch gegen die V-AG auf Lieferung eines Kühlschranks aus § 433 I 1 BGB haben. Zwischen K und der V-AG ist ein wirksamer Kaufvertrag (§ 433 BGB) zustande gekommen. Der Anspruch auf Lieferung könnte allerdings gem. § 275 I BGB erloschen sein.

1. Das Erlöschen des Anspruchs setzt voraus, dass die Lieferung unmöglich geworden ist. Der Kaufvertrag über einen Kühlschrank des Modells »Pro Comfort 74300« bezieht sich nicht auf einen bestimmten, individuellen Kühlschrank, sondern lediglich auf eine nach bestimmten Gattungsmerkmalen ausgewählte Sache iSd § 243 I BGB. Bei einer solchen Gattungsschuld trifft den Verkäufer regelmäßig eine Beschaffungspflicht und wird er durch den Untergang einzelner Sachen der Gattung nicht von seiner Leistungspflicht befreit.[1]

2. Allerdings könnte die Gattungsschuld nach § 243 II BGB bereits zur Stückschuld konkretisiert worden sein. Dann würde sich das Schuldverhältnis auf einen bestimmten Kühlschrank beschränken und die Beschaffungspflicht wäre erloschen. Konkretisierung tritt ein, wenn der Schuldner alles zur Leistung einer Sache mittlerer Art und Güte (§ 243 I BGB) seinerseits Erforderliche getan hat. Fraglich ist, ob V zur Lieferung des Kühlschranks alles Erforderliche getan hat. Welche Handlungen des Schuldners neben Auswahl und Aussonderung der Sache vorgenommen werden müssen, richtet sich nach der Art der geschuldeten abschließenden Leistungshandlung,[2] also danach, ob eine Bring-, Hol- oder Schickschuld vereinbart war. Leistungsort[3] für die vom Schuldner vorzunehmende Leistungshandlung ist nach § 269 I BGB im Zweifel der Wohnsitz des Schuldners. Ob sich bei einem Kauf im Versandhandel aber nicht aus der Natur dieses Schuldverhältnisses etwas anderes iSd § 269 I BGB ergibt, wird uneinheitlich beurteilt.

a) Nach einer Ansicht[4] ist bei einem Versandhandelskauf der Wohnsitz des Gläubigers bzw. der Ort, an den die Sache vereinbarungsgemäß geliefert werden soll, Leistungs- bzw. Erfüllungsort. Nicht nur die Ab-, sondern auch die Übersendung sei Teil der Verkäuferleistung.[5] Demnach läge eine Bringschuld vor, bei der Konkretisierung erst dann eintritt, wenn der Schuldner die Sache in Annahmeverzug begründender Weise (§§ 293 ff. BGB) anbietet.[6] Indes ist der Kühlschrank dem S noch nicht derartig angeboten worden, sodass nach dieser Auffassung keine Konkretisierung vorliegt.

---

1 Hk-BGB/*Schulze* § 243 Rn. 6.

2 Hk-BGB/*Schulze* § 243 Rn. 7.

3 **Merke:** Die Begriffe Erfüllungsort und Leistungsort werden im BGB synonym verwendet; ihr Gegenstück ist der Erfolgsort, also der Ort, an dem der Leistungserfolg eintritt.

4 OLG Stuttgart NJW-RR 1999, 1576 (1577); Palandt/*Grüneberg* § 269 Rn. 12; MüKoBGB/*Krüger* § 269 Rn. 20; *Borges* DB 2003, 1815 (1818); *Schildt* JR 1995, 89 (91); differenzierend Erman/*Grunewald* § 447 Rn. 4: Bringschuld jedenfalls dann, wenn Abholung ausgeschlossen.

5 Palandt/*Grüneberg* § 269 Rn. 12; *Schildt* JR 1995, 89 (91).

6 Hk-BGB/*Schulze* § 243 Rn. 7.

b) Nach einer anderen Auffassung[7] bleibt es bei der Vermutung des § 269 I BGB, nach der der Wohnsitz des Schuldners Leistungsort ist. Es läge also eine Schickschuld vor, bei der Konkretisierung dann eintritt, wenn der Schuldner die Sache an eine zuverlässige Transportperson übergeben hat.[8] Konkretisierung wäre demnach mit Übergabe an T und damit noch vor der Zerstörung eingetreten.

c) Zwar weist der Versandhandel die Besonderheit auf, dass dem Kunden üblicherweise keine Alternativen zum Versand zur Verfügung stehen, insbesondere eine Abholung am Wohnsitz des Schuldners nicht möglich ist.[9] Dies allein rechtfertigt aber noch keine Abweichung von der Grundregel des § 269 I BGB. Der Verkäufer möchte sich nicht verpflichten, dafür Sorge zu tragen, dass die abgeschickte (Massen-)Ware den Käufer auch wirklich erreicht. Es handelt es sich regelmäßig nicht um Güter, die besonders aufwändig oder nur mit spezieller Ausrüstung zu transportieren sind. Hinzu kommt die große Anzahl der zu versendenden Waren, die zudem üblicherweise von einer dritten, mit dem Verkäufer nicht verbundenen Person befördert werden. Pflicht des Verkäufers ist also nicht die Übersendung, sondern nur die Absendung. Mit dieser verlässt die Ware vereinbarungsgemäß den Machtbereich des Verkäufers und die Transportpflicht obliegt dem Transportunternehmen.

Auch § 269 III BGB stützt dieses Ergebnis: Selbst eine Übernahme der Versandkosten durch den Verkäufer, wie sie im Versandhandel zumindest ab einem bestimmten Bestellwert üblich ist, reicht allein für die Annahme einer Bringschuld nicht aus.[10] Das von der Gegenansicht vorgebrachte Argument, der Versender könne den Transport im Gegensatz zum Besteller versichern,[11] lässt sich im Rahmen der Gefahrtragung angemessen berücksichtigen. Für die Annahme einer Schickschuld spricht zudem die Erwähnung des § 447 BGB im Rahmen von § 474 II BGB. Der Gesetzgeber geht nämlich von einer grundsätzlichen Anwendbarkeit des § 447 BGB im Versandhandel aus.[12] Dem liegt die Sichtweise zugrunde, dass die Sache an einen anderen als den Erfüllungsort verschickt wird, es sich also nicht um eine Bringschuld handelt, bei der Leistungs- und Erfolgsort zusammen fallen würden.

Demzufolge lag eine Schickschuld vor. Ab der Übergabe an T beschränkte sich das Schuldverhältnis auf den konkreten ausgewählten und übergebenen Kühlschrank. Dieser ist bei dem Unfall zerstört worden. Damit kann weder die V-AG noch jemand anderes diesen Kühlschrank an K übergeben und übereignen. Folglich liegt ein Fall (objektiver) Unmöglichkeit iSv § 275 I BGB vor.

Somit ist der Anspruch des K gegen die V-AG auf Lieferung eines neuen Kühlschranks aus § 433 I 1 BGB erloschen.

---

7 BGH NJW 2003, 3341 (3342); Bamberger/Roth/*Unberath* § 269 Rn. 14; *Jost/Fitzer/Mohn* BB 1997, 1165 (1167).
8 Hk-BGB/*Schulze* § 243 Rn. 7.
9 LG Schwerin NJW-RR 2000, 868; *Jost/Fitzer/Mohn* BB 1997, 1165 (1168).
10 BGH NJW 2003, 3341 (3342); aA *Schildt* JR 1995, 89 (90 f.): Übernimmt der Käufer die Versandkosten, liegt nahe, dass der Versand bzw. Transport mit zu den Verkäuferpflichten gehört, also eine Bringschuld vorliegt.
11 *Schildt* JR 1995, 89; *Borges* DB 2003, 1815 (1817 f.).
12 BT-Drs. 14/6040, 243 f.

II. Anspruch V-AG gegen K aus § 433 II BGB

Fraglich ist, ob der V-AG ein Anspruch gegen K auf Kaufpreiszahlung nach § 433 II BGB zusteht.

1. Der mit dem Abschluss des Kaufvertrags entstandene Zahlungsanspruch könnte gem. § 326 I 1 1. Hs. BGB erloschen sein. Eine den V von der Leistungspflicht befreiende Unmöglichkeit der Hauptleistung nach § 275 I BGB liegt wie zuvor festgestellt vor. Damit entfällt nach § 326 I 1 BGB grundsätzlich auch der Anspruch auf die Gegenleistung, also die Kaufpreiszahlung.

2. Allerdings könnte § 326 I BGB durch § 447 I BGB eingeschränkt sein. Diese Norm bestimmt, dass die Preis-, also die Gegenleistungsgefahr, schon mit Übergabe an eine zur Versendung bestimmte Person oder Anstalt übergeht. K würde dann trotz des Untergangs der Ware zur Kaufpreiszahlung verpflichtet bleiben. Die V-AG hat die Sache an die Wohnung des S, den Sohn des K, also an einen anderen als den Erfüllungsort[13] gesandt. Fraglich ist, ob bei einem Kauf im Versandhandel, bei dem keine Abholungsmöglichkeit besteht, ein Versendungsverlangen des Käufers bejaht werden kann.[14] Dies kann freilich dahinstehen, wenn eine Anwendung des § 447 I BGB schon aus anderen Gründen ausgeschlossen ist.

Die Regelung des § 447 I BGB über die Gefahrtragung beim Versendungskauf findet gem. § 474 IV BGB bei einem Verbrauchsgüterkauf nur Anwendung, wenn der Käufer die Transportperson mit der Ausführung beauftragt und der Unternehmer dem Käufer diese Person nicht zuvor benannt hat. Bei dem Geschäft zwischen der V-AG und K könnte es sich um einen Verbrauchsgüterkauf (§ 474 I 1 BGB) handeln. K hat zu privaten Zwecken, also als Verbraucher iSd § 13 BGB, den Kühlschrank als bewegliche Sache von der gewerblich tätigen V-AG (§ 14 BGB) erworben. Somit liegt ein Verbrauchsgüterkauf vor. Zudem hat die V-AG den Kühlschrank verschickt und die Kosten dafür übernommen, sodass davon auszugehen ist, dass sie und nicht der K den T beauftragt hat. Damit findet die Gefahrtragungsregel des § 447 I BGB nach § 474 IV BGB keine Anwendung. Die Preisgefahr ist daher nicht auf K übergegangen. Der Kaufpreiszahlungsanspruch der V-AG ist also gem. § 326 I 1 1. Hs. erloschen.

Demzufolge hat die V-AG keinen Anspruch gegen K auf Kaufpreiszahlung aus § 433 II BGB.

---

13 Dazu oben A. I. 2. c). **Hinweis:** Der Streit um die Frage nach der Art der Schuld und dabei die Entscheidung vieler für eine Bringschuld resultierte auch aus dem Bedürfnis, den Verbraucher bei Versandhandelskäufen vor Einführung des § 474 II BGB vor der Pflicht zur Zahlung des Kaufpreises bei Untergang der Sache auf dem Transportweg zu schützen. Der Unterschied liegt iE darin, dass der Verkäufer bei Annahme einer Bringschuld nochmals hätte liefern müssen, dafür aber auch einen Anspruch auf Kaufpreiszahlung gehabt und so den Gewinn hätte realisieren können.

14 **Hinweis:** An dieses sind nicht allzu hohe Anforderungen zu stellen, ausreichend ist, dass der Verkäufer die Versendung als Nebenpflicht übernimmt, vgl. Hk-BGB/*Saenger* § 447 Rn. 3. Nach *Schildt* JR 1995, 89 ist das Merkmal im Versandhandel nicht erfüllt, da der Verkäufer die Versendung anbietet und keine Alternativen bestehen.

B. Abwandlung 1

I. Anspruch der V-AG gegen K auf Herausgabe aus §§ 439 IV, 346 I BGB

Die V-AG könnte gegen K einen Anspruch auf Herausgabe des Kühlschranks gem. §§ 439 IV, 346 I BGB haben. Die V-AG und K haben einen wirksamen Kaufvertrag über einen Kühlschrank zum Preis von 429,95 EUR geschlossen. Im Rahmen der Mängelgewährleistung hat die V-AG als Nacherfüllung (§§ 437 Nr. 1, 439 I 2. Var. BGB) einen neuen, mangelfreien Kühlschrank geliefert. Somit kann sie gem. §§ 439 IV, 346 I BGB Rückgabe des defekten Kühlschranks verlangen.

II. Anspruch der V-AG gegen K auf Nutzungsvergütung gem. §§ 439 IV, 346 I 2. Alt., II 1 Nr. 1 BGB

Darüber hinaus könnte der V-AG ein Anspruch gegen K auf eine Vergütung für die Dauer der Nutzung des zuerst gelieferten, defekten Geräts zustehen. Dabei ist zu berücksichtigen, dass ein von K etwa erzielter Gebrauchsvorteil (§§ 346 I 2. Alt., 100 2. Var. BGB) seiner Natur nach nicht körperlich herausgegeben werden kann, weshalb allein ein Anspruch auf Wertersatz nach §§ 439 IV, 346 I 2. Alt., II 1 Nr. 1 BGB in Betracht kommt.

1. Im Hinblick auf den Nutzungsersatzanspruch ist fraglich, ob § 439 IV BGB überhaupt eine Verweisung auf § 346 I 2. Alt., II 1 Nr. 1 BGB zu entnehmen ist.

Dazu ist die Reichweite der Verweisung in § 439 IV BGB durch Anwendung der klassischen Auslegungsmethoden zu ermitteln.

a) Der Wortlaut von § 439 IV BGB lässt diesen Schluss zu. Denn danach kann der Verkäufer, der zum Zwecke der Nacherfüllung eine mangelfreie Sache liefert, vom Käufer Rückgewähr der mangelhaften Sache »nach Maßgabe der §§ 346–348« verlangen. § 346 I BGB umfasst aber neben der Rückgabe der empfangenen Leistung ausdrücklich auch die Pflicht zur Herausgabe gezogener Nutzungen, die wiederum die Gebrauchsvorteile nach § 100 BGB einschließen. Wegen des umfassenden Verweises auf das Rücktrittsrecht lehnt die wohl überwiegende Meinung[15] eine nur teilweise vertretene Auffassung ab, die unter Berufung darauf, dass § 346 I BGB zwischen »Rückgewähr« der empfangenen Leistungen und der »Herausgabe« der gezogenen Nutzungen unterscheidet, § 439 IV BGB hingegen aber lediglich die »Rückgewähr der mangelhaften Sache« erwähnt, den Verweis auch nur auf diese beziehen will.[16] Danach hätte K Wertersatz für Nutzungen zu leisten.

b) Teilweise wird auf der Grundlage einer systematischen Auslegung die Auffassung vertreten, dass nach § 446 S. 2 BGB die Nutzung der Kaufsache von Anfang an dem Käufer gebühre, der auch den Kaufpreis gezahlt habe.[17] Bei einer Ersatzlieferung verbleibe der Kaufpreis einschließlich der daraus gezogenen Nutzungen dem Verkäufer, sodass es auf eine ungerechtfertigte Bereicherung des schlechtleistenden Verkäu-

---

15 Vgl. dazu *Fest* NJW 2005, 2959 (2960); *Witt* NJW 2006, 3322 (3324).

16 OLG Nürnberg NJW 2005, 3000 (3000 f.); LG Nürnberg-Fürth NJW 2005, 2558 (2560); *Rott* BB 2004, 2478 (2479).

17 *Gsell* NJW 2003, 1969 ff.; *Gsell* JuS 2006, 203 (204); *Kohler* ZGS 2004, 48 (49 ff.).

fers hinauslaufen würde, wenn man nur den Käufer zur Herausgabe der Nutzungen verpflichten wollte.[18] Danach hätte K keinen Nutzungsersatz zu leisten.

c) Bei historischer Betrachtung ist aber festzustellen, dass nach dem Willen des Gesetzgebers eine solche Pflicht des Käufers durchaus bestehen sollte. In der Gesetzesbegründung zu § 439 IV BGB[19] heißt es ausdrücklich, dass auch die »Nutzungen, also gem. § 100 auch die Gebrauchsvorteile« herauszugeben seien. Dies sei gerechtfertigt, weil der Käufer mit der Nachlieferung eine neue Sache erhalte und es deshalb nicht einzusehen sei, wenn er die zurückzugebende Sache bis dahin unentgeltlich nutzen und somit Vorteile aus der Mangelhaftigkeit ziehen könne. Die historische Auslegung führt damit zu dem Ergebnis, dass eine Nutzungsersatzpflicht des Käufers besteht.

d) Demzufolge ist K zum Nutzungsersatz verpflichtet. Für das schon vor Neufassung des § 474 V 1 BGB[20] überwiegende Verständnis spricht nunmehr, dass der Gesetzgeber dort die Anwendbarkeit des § 439 IV BGB für den Verbrauchsgüterkauf ausgeschlossen hat. Daraus folgt zwingend, dass § 439 IV BGB außerhalb dieses Regelungsbereichs einen Anwendungsbefehl für das vollständige Rückabwicklungssystem der §§ 346 ff. BGB und damit auch für die Verpflichtung zum Nutzungsersatz enthält.

Folglich erstreckt sich der Verweis auf §§ 346–348 BGB in § 439 IV BGB auch auf die Pflicht des Käufers, der nicht Verbraucher ist, zur Zahlung von Wertersatz für Nutzungen.

K muss der V-AG also Nutzungsersatz zahlen, bei dessen Berechnung die Mangelhaftigkeit der Sache zu berücksichtigen ist.

C. Abwandlung 2

I. Anspruch der V-AG gegen K auf Herausgabe des Kühlschranks aus § 346 I BGB

Die V-AG könnte gegen K einen Anspruch auf Herausgabe des Kühlschranks aus § 346 I BGB haben. Die V-AG und K haben einen wirksamen Kaufvertrag über einen Kühlschrank zum Preis von 429,95 EUR geschlossen. Von diesem Kaufvertrag ist K zurückgetreten (§§ 437 Nr. 2, 323 I BGB). Demzufolge ist der Kühlschrank nach § 346 I BGB herauszugeben.

II. Anspruch der V-AG gegen K auf Nutzungsersatz gem. § 346 I 2. Alt., II 1 Nr. 1 BGB

Fraglich erscheint jedoch, ob K auch hier Nutzungsersatz für die Dauer der Nutzung des dann herauszugebenden Kühlschranks leisten muss.

---

18 *Wagner/Michal* VuR 2006, 46 (48); ZGS 2005, 368 (372).
19 BT-Drs. 14/6040, 232 f.
20 Dazu ausführlich unten, Abwandlung 2.

1. Gesetzliche Grundregel

Die gesetzliche Grundregel ist insofern eindeutig: Nach § 346 I 2. Alt., II 1 Nr. 1 BGB hat jede Vertragspartei Wertersatz für Nutzungen zu leisten, die sie aus der (jeweils) herauszugebenden Sache gezogen hat.

2. Wertungswiderspruch zwischen Rücktritt und Ersatzlieferung?

Eine andere Bewertung könnte sich jedoch daraus ergeben, dass K im Fall des Rücktritts zum Nutzungsersatz verpflichtet wäre, während er bei der Ersatzlieferung diesen nicht zu leisten hätte. Es stellt sich damit die Frage, ob ein solcher Wertungswiderspruch zu rechtfertigen ist.[21] Zwar wollte der Gesetzgeber ursprünglich die Fälle von Rücktritt und Ersatzlieferung gleich behandeln.[22] Mit der Abschaffung der Ersatzpflicht bei der Neulieferung nach § 474 V 1 BGB ist nun aber ein Gleichlauf von Rücktritt und Ersatzlieferung nicht mehr zwingend geboten. Hierfür spricht auch, dass der Gesetzgeber eine entsprechende Einschränkung der Rücktrittsfolgen bei der Neufassung von § 474 V 1 BGB nicht in Betracht gezogen hat.[23]

Eine Ungleichbehandlung – Ersatzpflicht bei Rücktritt, keine Ersatzpflicht bei Ersatzlieferung – erscheint auch deshalb angemessen, weil sich beide Situationen grundlegend unterscheiden.

Denn im Fall des Rücktritts sind beide Parteien zum Nutzungsersatz verpflichtet, während bei der Ersatzlieferung nur der Käufer Ersatz zu leisten hätte.[24]

3. Ergebnis

Damit bleibt es bei der gesetzlichen Grundregel, dass der Käufer auch im Rahmen eines Verbrauchsgüterkaufs Nutzungsersatz zu leisten hat, wenn er vom Kaufvertrag zurücktritt.[25]

Die V-AG kann damit von K den geltend gemachten Nutzungsersatz verlangen.

> **Zur Vertiefung:** *Borges,* Der Leistungsort (Erfüllungsort) beim Versandhandel, DB 2004, 1815; *Gsell,* Grenzen der Nutzungsentschädigung bei Rückgabe einer mangelhaften Kaufsache, JuS 2006, 203; *Tiedke/Schmitt,* Probleme im Rahmen des kaufrechtlichen Nacherfüllungsanspruchs, DStR 2004, 2016 (Teil I) und 2060 (Teil II); *Wagner/Michal,* Nachlieferung nur gegen Nutzungsersatz?, ZGS 2005, 368; *Wertenbruch,* Gefahrtragung beim Versendungskauf nach neuem Schuldrecht, JuS 2003, 625; *Höpfner,* Nutzungsersatzpflicht beim Rücktritt vom Kaufvertrag, NJW 2010, 127; *Herrler,* Rückforderung von Nutzungsersatz beim Verbrauchsgüterkauf: Verzögerter Beginn der Verjährungsfrist wegen unübersichtlicher Rechtslage, NJW 2009, 1845; *Faust,* Pflicht zum Wertersatz beim Rücktritt, JuS 2009, 271.

---

21 So auch *Höpfner* NJW 2010, 127 (128).
22 BT-Drs. 14/6040, 193, 232 f.
23 Vgl. BT-Drs. 16/10607, 5. Die Regelung wurde inhaltsgleich zunächst in § 474 II 1 BGB eingefügt, mit dem Gesetz zur Umsetzung der Verbraucherrechterichtlinie und zur Änderung des Gesetzes zur Regelung der Wohnungsvermittlung (BGBl. I Nr. 58) dann aber in § 474 V 1 BGB verschoben.
24 *Roth* JZ 2001, 475 (489); *Kohler* ZGS 2004, 48 (49); *Herrler/Tomasic* ZGS 2007, 209 (211); *Höpfner* NJW 2010, 127 (129); dort auch zur weitergehenden Frage eines Wertungswiderspruchs zwischen Rücktritt und Schadensersatz.
25 So auch BGH NJW 2010, 148. Zu Recht wird darauf hingewiesen, dass der BGH in diesem Fall nicht (erneut) dem EuGH hat vorlegen müssen, *Höpfner* NJW 2010, 127 (130). Denn der EuGH hatte seine Entscheidung zum Nutzungsersatz beim Verbrauchsgüterkauf ausdrücklich auf die Ersatzlieferung beschränkt und darauf hingewiesen, dass sich bei der Vertragsauflösung eine abweichende Rechtslage ergeben könne, EuGH NJW 2008, 1433 Rn. 38 f.

IV. Bereicherungsrecht

13. Fall: Das angewiesene Auto

Sachverhalt

Fahrzeughändler B kauft von A ein gebrauchtes Auto im Wert von 30.000 EUR zum Preis von 25.000 EUR. Noch vor Übergabe verkauft B den Wagen an den C für 32.000 EUR. Er bittet deshalb A, das Fahrzeug direkt an C auszuliefern. Danach stellt sich heraus, dass der Kaufvertrag zwischen A und B von Anfang an nichtig war.

Welche Ansprüche stehen A gegen C und B zu?

Abwandlung 1:

Im Unterschied zum Ausgangsfall verschenkt B den Wagen an C.

Abwandlung 2:

Im Unterschied zum Ausgangsfall erfährt A über Dritte vom Weiterverkauf des B an C. Deshalb liefert er – ohne von B dazu aufgefordert zu sein – direkt an C.

Lösungsvorschlag

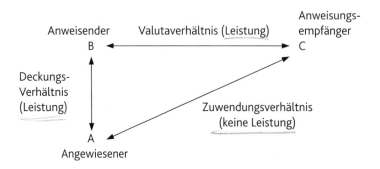

A. Ausgangsfall

I. Ansprüche A gegen C

1. Anspruch des A gegen den C aus § 812 I 1 1. Alt. BGB (Leistungskondiktion)

A könnte gegen den C einen Anspruch aus § 812 I 1 1. Alt. BGB auf Herausgabe des Wagens haben. Dann müsste C durch Leistung des A etwas ohne Rechtsgrund erlangt haben.

a) Etwas erlangt

Erlangtes etwas iSd § 812 BGB kann jeder Vermögensvorteil sein.[1] C hat das Eigentum und den Besitz an dem Fahrzeug übertragen bekommen und damit eine vermögenswerte Rechtsstellung erlangt.

b) Durch Leistung des B

Fraglich ist, ob er Eigentum und Besitz durch Leistung des A erlangt hat. Unter Leistung versteht man die bewusste und zweckgerichtete Mehrung fremden Vermögens.[2] Der Angewiesene verfolgt jedoch keinen eigenen Leistungszweck gegenüber dem Anweisungsempfänger.[3] Vielmehr will er durch die Zuwendung an diesen lediglich seine Verpflichtung aus dem Rechtsverhältnis mit dem Anweisenden erfüllen und damit gem. § 362 I, II iVm § 185 BGB zum Erlöschen bringen. Der Angewiesene bewirkt also mit seiner Zuwendung an den Anweisungsempfänger zunächst eine eigene Leistung an den Anweisenden (sog. Deckungsverhältnis) und zugleich als Leistungsmittler eine Leistung des Anweisenden an den Anweisungsempfänger (sog.

---

1 BGH NJW 1995, 53; Palandt/*Sprau* § 812 Rn. 2; Hk-BGB/*Schulze* § 812 Rn. 3.
2 BGH JZ 2000, 53 (55); BGH NJW 1987, 185; 1989, 900; maßgeblich ist dabei in erster Linie die Zweckbestimmung, BGH NJW 2002, 2871, die sich auch aus den Umständen ergeben kann, KG Berlin VersR 2009, 246 (zur Auszahlung einer Versicherungssumme). Entscheidend ist der objektive Empfängerhorizont, BGH NJW 2005, 60.
3 BGH NJW 2007, 915; OLG Düsseldorf NJW-RR 2009, 205.

Valutaverhältnis).[4] Vorliegend hat also A an B geleistet und B wiederum an C. Eine Leistung des A an C im sog. Zuwendungsverhältnis liegt hingegen nicht vor.

c) Ergebnis

A hat daher keinen Anspruch gegen den C aus § 812 I 1 1. Alt. BGB.

2. Anspruch des A gegen den C aus § 812 I 1 2. Alt. BGB (Eingriffskondiktion)

A könnte gegen den C aber einen Anspruch aus § 812 I 1 2. Var. BGB auf Herausgabe des Wagens haben. Dann müsste C in sonstiger Weise etwas auf Kosten des A erlangt haben

a) Etwas erlangt

C hat Eigentum und Besitz an dem Fahrzeug übertragen bekommen und damit etwas iSd § 812 I BGB erlangt.

b) In sonstiger Weise auf Kosten des B

C müsste das Eigentum und den Besitz in sonstiger Weise auf Kosten des B erlangt haben. Ein Erwerb in sonstiger Weise auf Kosten eines anderen kommt nur in Betracht, wenn dem Empfänger der Bereicherungsgegenstand von niemandem geleistet worden ist.[5] Die Eingriffskondiktion ist insofern subsidiär zur Leistungskondiktion (Vorrang der Leistungsbeziehung bzw. -kondiktion).[6] Im vorliegenden Fall hat C Eigentum und Besitz an dem Auto zwar nicht durch Leistung des A erhalten. Es lag jedoch eine Leistung hinsichtlich des Wagens im Verhältnis zwischen B und C (Valutaverhältnis) vor. Ein Erwerb in sonstiger Weise scheidet deshalb aus. Eine Direktkondiktion des A gegen C kommt folglich nicht in Betracht. Vielmehr hat die Rückabwicklung innerhalb der Leistungsbeziehungen, also »über das Dreieck« zu erfolgen.

c) Ergebnis

A hat also auch keinen Anspruch aus § 812 I 1 2. Alt. BGB gegen C.

II. Ansprüche A gegen B

1. Anspruch aus §§ 677, 681 S. 2, 667 BGB

A könnte einen Anspruch gegen B auf Herausgabe des Veräußerungserlöses iHv 32.000 EUR aus §§ 677, 681 S. 2, 667 BGB haben.

a) Fremdes Geschäft

Dann müsste die Veräußerung des Wagens an C ein für den B fremdes Geschäft sein. Ein fremdes Geschäft ist jede Angelegenheit, die nicht ausschließlich eine solche des Geschäftsführers selbst ist, sondern zumindest auch in den Sorgebereich eines anderen fällt.[7] Zwar war der zwischen A und B geschlossene Kaufvertrag nichtig. Gleich-

---

4 BGH NJW 2001, 2881.
5 BGH NJW 2005, 60; Palandt/*Sprau* § 812 Rn. 36.
6 Hk-BGB/*Schulze* § 812 Rn. 12.
7 BGH NJW-RR 2001, 1284; Jauernig/*Mansell* § 677 Rn. 3.

wohl hat B den Wagen wirksam von A übereignet bekommen. Der Eigentümer einer Sache, der diese herausgeben oder zurückgeben muss, besitzt sie gleichwohl als ihm gehörend und führt deshalb kein fremdes Geschäft, wenn er sie veräußert.[8] B hat daher nicht ein fremdes, sondern vielmehr ein eigenes Geschäft geführt.

b) Ergebnis

A hat keinen Anspruch gegen B auf Herausgabe des Veräußerungserlöses iHv 32.000 EUR aus §§ 677, 681 S. 2, 667 BGB.

2. Anspruch A gegen B aus § 816 I 1 BGB

A könnte einen Anspruch gegen B aus § 816 I 1 BGB auf Herausgabe des Veräußerungserlöses iHv 32.000 EUR haben.

a) Verfügung eines Nichtberechtigten

Dann müsste B durch den Verkauf und die Übereignung des Fahrzeugs an C als Nichtberechtigter verfügt haben. Verfügung ist ein Rechtsgeschäft, das unmittelbar auf die Veränderung, Übertragung oder Aufhebung eines bestehenden Rechts gerichtet ist.[9] B hat das Eigentum wirksam an C übertragen und damit eine Verfügung getroffen. Da er selbst das Eigentum jedoch wirksam von A übertragen bekommen hatte, konnte er als Berechtigter an C verfügen.

b) Ergebnis

A hat keinen Anspruch gegen B aus § 816 I 1 BGB auf Herausgabe des Veräußerungserlöses iHv 32.000 EUR

3. Anspruch des A gegen den B aus § 812 I 1 1. Alt. BGB (Leistungskondiktion)

A könnte einen Anspruch gegen den B aus § 812 I 1 1. Alt. BGB auf Herausgabe des Autos haben.

Dann müsste B durch Leistung des A etwas ohne Rechtsgrund erlangt haben.

a) Etwas erlangt

B müsste etwas erlangt haben. Erlangtes etwas kann jeder Vermögensvorteil sein. Als solches kommt hier das Eigentum am Wagen in Betracht. Ein »Streckengeschäft« stellt sich zwar nach außen so dar, als erfolgte ein Rechtserwerb unmittelbar zwischen Angewiesenem (A) und Drittem (C). Tatsächlich handelt es sich aber um zwei gesonderte Erwerbsvorgänge. A übereignet die Kaufsache im ersten Schritt an B, B sodann an C. Für das Merkmal der Übergabe nach § 929 S. 1 BGB im Verhältnis von Anweisendem und Drittem, hier also von B auf C, lässt es die hM genügen, dass der Anweisende (B) »Besitzverschaffungsmacht« innehat, also der Anweisungsempfänger (A) auf *Geheiß* des Anweisenden (B) den Besitz direkt an den Dritten (C) überträgt.[10]

---

8 BGHZ 75, 203.
9 Palandt/*Sprau* § 816 Rn. 4; Hk-BGB/*Schulze* § 816 Rn. 4.
10 BGH NJW 1973, 141 (141 f.); MüKoBGB/*Oechsler* § 929 Rn. 67 ff. S. dazu auch MüKoBGB/ *Schwab* § 812 Rn. 63 ff.

Somit hat B eine vermögenswerte Rechtsposition in Form des Eigentums an dem Wagen erlangt.

b) Durch Leistung des A

Wie bereits festgestellt, hat B das Fahrzeug auch durch Leistung des A erhalten.

c) Ohne Rechtsgrund

B müsste die Leistung, also den Wagen, ohne Rechtsgrund erlangt haben. Als Rechtsgrund kommt nur der zwischen A und B geschlossene Kaufvertrag in Betracht. Da dieser jedoch von Anfang an nichtig war, hat B die Leistung auch ohne Rechtsgrund erhalten.

d) Rechtsfolge gem. § 818 I BGB

Der Bereicherungsanspruch ist gem. § 818 I BGB grundsätzlich auf die Herausgabe des Erlangten sowie auf dasjenige, was der Empfänger aufgrund eines erlangten Rechts oder als Ersatz für die Zerstörung, Beschädigung oder Entziehung des erlangten Gegenstandes erwirbt (sog. Surrogate), gerichtet. Fraglich ist, ob der rechtsgeschäftliche Gegenwert, den der Bereicherungsschuldner durch rechtsgrundlose Veräußerung einer Sache erzielt hat, als Surrogat iSd § 818 I 2. Hs. BGB angesehen werden kann. Nach ganz herrschender Meinung stellt der Veräußerungserlös jedoch kein Surrogat iSd § 818 I 2. Hs. dar.[11] Dieser herrschenden Auffassung ist zuzustimmen. Surrogat eines Rechts ist nur, was in bestimmungsgemäßer Ausübung des Rechts erlangt wird, nicht aber das, was der Bereicherungsschuldner durch Rechtsgeschäft anstelle des ursprünglich erlangten Gegenstandes erwirbt.[12] Eine Herausgabe des Verkaufserlöses nach § 818 I BGB scheidet folglich aus.

e) Wertersatz gem. § 818 II BGB

B ist zur Rückübereignung des Wagens außerstande, weil er diesen wirksam an C verkauft und übereignet hat. Er ist deshalb gem. § 818 II BGB zum Wertersatz verpflichtet. Dabei ist die Pflicht zum Wertersatz iSv § 818 II BGB nach herrschender Auffassung grundsätzlich auf Erstattung des objektiven Wertes gerichtet.[13]

Fraglich ist, ob dies auch bei der rechtsgrundlosen Weiterveräußerung gelten soll, wenn der Veräußerungspreis vom objektiven Wert abweicht. Unstreitig ist die Behandlung der Fälle, in denen der Bereicherungsschuldner den Gegenstand unter seinem objektiven Wert weiterveräußert. Grundsätzlich ist zwar auch in diesen Fällen gem. § 818 II BGB der objektive Wert zu ersetzen, allerdings ist der Bereicherungsschuldner in Höhe des Differenzbetrages zwischen objektivem Wert und Veräußerungserlös nicht mehr bereichert und kann sich insoweit erfolgreich auf § 818 III BGB berufen.[14]

---

11   BGHZ 75, 203 (206); Staudinger/*Lorenz* (2007) § 818 Rn. 17; MüKoBGB/*Schwab* § 818 Rn. 41 f.
12   BGH NJW 2004, 1314; Palandt/*Sprau* § 818 Rn. 15; § 818 II BGB hält insofern eine Sonderregelung bereit.
13   RGZ 147, 396 (398); BGHZ 17, 236 (240); Staudinger/*Lorenz* (2007) § 818 Rn. 26; Hk-BGB/*Schulze* § 818 Rn. 8.
14   Palandt/*Sprau* § 818 Rn. 19, 43.

Fraglich und umstritten ist jedoch die Behandlung, wenn der Bereicherungsschuldner den Gegenstand – wie im vorliegenden Fall – über dem objektiven Wert weiterverkauft hat.

aa) Pro Gewinnhaftung

Teilweise wird in der Literatur vertreten, dass der Bereicherungsschuldner auch zur Herausgabe eines den objektiven Wert übersteigenden Gewinns (sog. commodum ex negotiatione) verpflichtet ist. Zur Begründung wird ausgeführt, es sei unbillig, dass der Berechtigte nicht die in seiner Leistung/seinem Recht liegende Chance des Gewinns erhält, auf der anderen Seite aber nach § 818 III BGB das Risiko eines Verlusts tragen soll.[15] Teilweise wird auch argumentiert, dass ein Weiterverkauf zu einem höheren Preis gezeigt habe, dass der objektive Wert ursprünglich zu niedrig angesetzt war. Der »wahre« objektive Wert liege in dem höheren Weiterverkaufspreis.[16] Folgt man dieser Auffassung, hätte der B Wertersatz iHv 32.000 EUR zu leisten.

bb) Contra Gewinnhaftung

Die ganz herrschende Auffassung und die ständige Rechtsprechung stellen auch in Fällen der Weiterveräußerung mit Gewinn allein auf den objektiven Verkehrswert ab.[17] Zur Begründung wird angeführt, dass der Gewinn nicht so sehr der Wertsubstanz der Sache, sondern vielmehr den Bemühungen oder den besonderen Möglichkeiten des Verfügenden zuzurechnen ist.[18] Es besteht also nach dieser Ansicht ein Anspruch auf Wertersatz iHv 30.000 EUR.

cc) Stellungnahme

Vorzugswürdig ist es, mit der herrschenden Auffassung die Wertersatzpflicht auf die Höhe des objektiven Wertes zu beschränken. Der Weiterverkäufer B hat gutgläubig und als Berechtigter über den Gegenstand verfügt. Es ist nicht einzusehen, warum der Erstverkäufer A am Verhandlungsgeschick des Weiterverkäufers partizipieren soll, zumal im vorliegenden Fall der Erstverkäufer A den Wagen sogar zu einem unterhalb des objektiven Wertes liegenden Preis an den Weiterverkäufer B veräußert hatte. Es besteht danach nur ein Wertersatzanspruch iHv 30.000 EUR.

f) Berücksichtigung des Gegenanspruchs des B auf Rückzahlung des Kaufpreises

Fraglich ist, ob und wie es sich auf den Anspruch des A auf Wertersatz auswirkt, dass er seinerseits zur Rückzahlung des Kaufpreises iHv 25.000 EUR an B gem. § 812 I 1 1. Alt. BGB verpflichtet ist.

Nach der früher vertretenen sog. strengen Zwei-Kondiktionen-Lehre standen sich die Bereicherungsansprüche der Vertragsparteien grundsätzlich unabhängig voneinander gegenüber. Der Bereicherungsschuldner konnte jedoch hinsichtlich seines Ge-

---

15 *Koppensteiner* NJW 1971, 1769 (1771); Erman/*Buck-Heeb* § 818 Rn. 16 ff.
16 *Larenz/Canaris* SchuldR BT II § 72 III 3; nach MüKoBGB/*Schwab* § 818 Rn. 42 hat die Streitfrage deshalb wenig praktische Relevanz.
17 BGHZ 82, 299; Palandt/*Sprau* § 818 Rn. 19; Hk-BGB/*Schulze* § 818 Rn. 8.
18 *Larenz*, FS v. Caemmerer, 1978, 209 (228); *Roth*, FS Niederländer, 1991, 363 (378).

genanspruchs bei gleichartigen Leistungen die Aufrechnung erklären bzw. bei ungleichartigen Leistungen ein Zurückbehaltungsrecht geltend machen.

Heute wird von der wohl allgemeinen Auffassung die Saldotheorie vertreten, wobei es innerhalb dieser freilich große Meinungsverschiedenheiten und ungeklärte Probleme gibt.[19] Einigkeit besteht jedoch insoweit, als bei der Rückabwicklung nichtiger Austauschverträge zwischen Leistung und Gegenleistung ein tatsächliches Abhängigkeitsverhältnis, das sog. faktische Synallagma besteht. Deshalb werden gleichartige Bereicherungsansprüche automatisch, also ohne Aufrechnungserklärung, miteinander verrechnet (= saldiert). A kann deshalb nur den Betrag gegen B geltend machen, um den sein eigener Bereicherungsanspruch den Bereicherungsanspruch des B übersteigt (Positivsaldo). Er kann also nur einen Bereicherungsanspruch iHv 5.000 EUR gegen B geltend machen.

g) Ergebnis

A hat gegen den B einen Anspruch aus §§ 812 I 1 1. Alt., 818 II BGB auf Wertersatz iHv 5.000 EUR.

B. Abwandlung 1

I. Anspruch des A gegen den B aus § 812 I 1 1. Alt. BGB

A könnte gegen B einen Anspruch auf Rückübereignung des Wagens aus § 812 I 1 1. Alt. BGB haben.

1. Etwas durch Leistung ohne Rechtsgrund erlangt

Wie im Ausgangsfall festgestellt, hat der B den Wagen durch Leistung des A ohne Rechtsgrund erlangt.

2. Inhalt und Umfang des Bereicherungsanspruchs

a) Wertersatz gem. § 818 II BGB

Da dem B die Rückübereignung des Autos an A wegen der wirksamen schenkweisen Übertragung an C unmöglich ist, hat B grundsätzlich gem. § 818 II BGB Wertersatz in Höhe des objektiven Wertes des Fahrzeugs von 30.000 EUR zu leisten.

b) Entreicherung gem. § 818 III BGB

Die Pflicht zum Wertersatz könnte jedoch nach § 818 III BGB ausgeschlossen sein, wenn der B nicht mehr bereichert wäre. Entreicherung liegt vor, wenn der Bereicherungsgegenstand beim Empfänger ersatzlos weggefallen ist. Hat der Empfänger das Erlangte schenkweise weggegeben, ist er grundsätzlich nicht mehr bereichert.[20] Hier hat

---

19 Zu den innerhalb der Saldotheorie streitigen Fragen der Berücksichtigung von Entreicherungen nach § 818 III BGB s. *Hoffmann* Jura 1997, 416 ff.; vgl. auch *Flume* JZ 2002, 321 ff.

20 Palandt/*Sprau* § 818 Rn. 43; Jauernig/*Stadler* § 818 Rn. 29 spricht anschaulich vom »Risiko unvorteilhafter Verwendung«; etwas anderes kann aber gelten, wenn der Bereicherungsschuldner zur Schenkung verpflichtet war und somit eigene Aufwendungen erspart hat, vgl. BGH NJW 1985, 2700; Hk-BGB/*Schulze* § 818 Rn. 10. Sind auch Ansprüche gegen den Erwerber zu prüfen, ist auch an einen Anspruch aus § 822 BGB zu denken.

B den erlangten Wagen an C verschenkt. Es gibt keine Hinweise darauf, dass B dabei eigene Aufwendungen erspart hat. Seine Wertersatzpflicht ist deshalb nach § 818 III BGB wegen Wegfalls der Bereicherung ausgeschlossen.

c) Kein Fall der verschärften Haftung gem. §§ 818 IV, 819 BGB

B war die Unwirksamkeit des zwischen ihm und A geschlossenen Vertrages im Zeitpunkt des Weiterverschenkens an C weder bekannt noch hatte A Klage gegen ihn erhoben. Die Berufung auf Entreicherung gem. § 818 III BGB ist daher auch nicht gem. §§ 818 IV, 819 I BGB ausgeschlossen.

3. Ergebnis

A hat keinen Anspruch gegen B aus § 812 I 1 1. Alt. BGB.

II. Ansprüche A gegen C

1. Anspruch aus § 812 I 1 1. Alt. BGB (Leistungskondiktion)

Ein Anspruch des A gegen den C aus § 812 I 1 1. Alt. BGB scheidet mangels Leistung im Verhältnis A – C aus (s. Ausgangsfall).

2. Anspruch aus § 812 I 1 2. Alt. BGB

Ein Anspruch des A gegen den C aus § 812 I 1 2. Alt. BGB scheitert daran, dass auch in der Abwandlung der C den Wagen durch Leistung des B (hier Erfüllung seiner Pflicht aus dem Schenkungsvertrag) erlangt hat und die Eingriffskondiktion wegen des Vorrangs der Leistungskondiktion nicht eingreift.

3. Anspruch aus § 816 I 2 BGB

Auch ein Anspruch aus § 816 I 2 BGB scheidet aus. Zwar hat B das Eigentum an den C wirksam unentgeltlich übertragen und damit eine unentgeltliche Verfügung iSd § 816 I 2 BGB getroffen. Allerdings war B Eigentümer und hat deshalb als Berechtigter verfügt.[21]

4. Anspruch des A gegen den C aus § 822 I BGB (analog)

A könnte einen Anspruch auf Herausgabe des Wagens gegen C entsprechend § 822 I BGB haben.

a) Etwas erlangt

B hat Eigentum an dem Wagen erworben.[22]

b) Unentgeltliche Zuwendung an einen Dritten

Der Empfänger müsste das Erlangte unentgeltlich einem Dritten zugewendet haben. B, der Empfänger des Autos, hat dieses unentgeltlich dem C, also einem Dritten, zugewendet.

---

21 Vgl. Ausgangsfall A. II. 2.a.
22 S. oben A. II. 3.a.

c) Rechtsgrundloser Vorerwerb des Zuwendenden

Der unentgeltlich Zuwendende müsste den Wagen rechtsgrundlos erworben haben. B hat das Fahrzeug ohne Rechtsgrund erworben, da der mit A geschlossene Kaufvertrag von Anfang an nichtig war.

d) Wegfall des Bereicherungsanspruchs gegen den Zuwendenden

Die Verpflichtung zur Herausgabe der Bereicherung des Zuwendenden müsste ausgeschlossen sein. Die Verpflichtung des A zur Herausgabe war auch wegen des Weiterverschenkens an C gem. § 818 III BGB ausgeschlossen.[23]

e) Ergebnis

A hat einen Anspruch auf Herausgabe des Wagens gegen C aus § 822 I BGB (analog).

C. Abwandlung 2

I. Anspruch des A gegen C aus § 812 I 1 1. Alt. BGB

Ein Anspruch des A gegen den C aus § 812 I 1 1. Alt. BGB scheidet mangels Leistung im Verhältnis A – C aus (s. Ausgangsfall).

II. Anspruch A gegen C aus § 812 I 1 2. Alt. BGB

A könnte einen Anspruch auf Herausgabe des Wagens gem. § 812 I 1 2. Alt. BGB gegen C haben.

1. Etwas erlangt

C hat Eigentum und Besitz an dem Auto erhalten und damit etwas erlangt.

2. In sonstiger Weise auf Kosten des A

Fraglich ist, ob C das Fahrzeug in sonstiger Weise auf Kosten des A erlangt hat. In sonstiger Weise ist eine Bereicherung nur erlangt, wenn der Bereicherungsgegenstand dem Empfänger von niemandem geleistet worden ist (Vorrang der Leistungsbeziehung bzw. -kondiktion).[24] Die Kondiktion in sonstiger Weise wäre also dann ausgeschlossen, wenn C den Wagen durch Leistung des B erhalten hätte.

Aus der Sicht des B liegt keine Leistung seinerseits an C vor, weil er A im Unterschied zum Ausgangsfall keine Anweisung zur Auslieferung an C erteilt hat. Allerdings ist nach Ansicht der Rechtsprechung und der ganz herrschenden Literaturmeinung nicht die Sicht des Zuwendenden, sondern eine objektive Betrachtungsweise aus der Sicht des Zuwendungsempfängers entscheidend (sog. Empfängerhorizont). Leistender ist demnach derjenige, den der Leistungsempfänger aus seiner objektivierten Sicht als Leistenden ansehen darf.[25] Die objektive Sicht des Leistungsempfängers ist durch Heranziehung allgemeiner Rechtsscheinsgrundsätze zu ermitteln.[26] B müss-

23 Vgl. 1. Abwandlung B. I. 2.c.
24 BGH NJW 2005, 60; Palandt/*Sprau* § 812 Rn. 7; Hk-BGB/*Schulze* § 812 Rn. 12; ausführlich Staudinger/*Lorenz* (2007) § 812 Rn. 62 ff.
25 BGH NJW 1999, 1393 (1394).
26 BGH NJW 2003, 582 (583); *Neef* JA 2006, 458 ff.

te also den Rechtsschein einer Weisung zurechenbar gesetzt haben und der Empfänger C müsste gutgläubig gewesen sein.

a) Rechtsschein einer wirksamen Weisung

Der Rechtsschein einer wirksam von B erteilten Weisung liegt aus Sicht des C vor. C hatte den Wagen von B gekauft. Es ist nicht ungewöhnlich, dass der Verkäufer einer Sache bei der Übergabe Hilfspersonen einsetzt. C durfte deshalb davon ausgehen, dass A auf Weisung des B das Auto an ihn geliefert hat.

b) Rechtsschein zurechenbar von B gesetzt

Allerdings hat B den Rechtsschein einer Anweisung zu keinem Zeitpunkt gesetzt. Vielmehr hat A es aus eigenem Antrieb für sinnvoll erachtet, den Wagen direkt an C auszuliefern.

Nach Rechtsscheinsgesichtspunkten beruhte die Auslieferung an C durch den A daher nicht auf einer Leistung des B, die Eingriffskondiktion ist nicht aufgrund des Vorrangs der Leistungskondiktion ausgeschlossen. C hat den Wagen somit in sonstiger Weise auf Kosten des A erlangt.

3. Ohne Rechtsgrund

Weiterhin müsste C das Fahrzeug ohne Rechtsgrund erlangt haben. Zwar hat C mit B einen wirksamen Kaufvertrag geschlossen. Entscheidend ist jedoch im Rahmen der Direktkondiktion, dass zwischen dem Zuwendenden A und dem Empfänger C kein rechtfertigendes Kausalverhältnis besteht.[27] C hat das Auto damit auch ohne Rechtsgrund von A erlangt.

4. Keine Entreicherung gem. § 818 III BGB

Da der Wagen noch im Vermögen des C vorhanden ist, kann sich C nicht auf Entreicherung berufen.

5. Ergebnis

A hat einen Anspruch auf Herausgabe des Autos gem. § 812 I 1 2. Alt. BGB.

Zur Vertiefung: *S. Lorenz*, Bereicherungsrechtliche Drittbeziehungen, JuS 2003, 729, 839; *Brauer/ Rossmann*, Das Bereicherungsrechtliche Mehrpersonenverhältnis – eine Bedienungsanleitung, JA 2001, 114; *Hoffmann*, Die Saldotheorie im Bereicherungsrecht, Jura 1997, 416; *Neef*, Die bereicherungsrechtliche Rückabwicklung bei fehlerhafter Anweisung, JA 2006, 458; *Giesen*, Grundsätze der Konfliktlösung im besonderen Schuldrecht: Die ungerechtfertigte Bereicherung, Jura 1995, 168, 234, 281; *Flume*, Die Rückabwicklung nichtiger Kaufverträge nach Bereicherungsrecht – Zur Saldotheorie und ihren »Ausnahmen«, JZ 2002, 321; *Stegmüller*, (Original-)Referendarexamensklausur – Zivilrecht: Kondiktion und Vindikation – Zwei Freunde, JuS 2010, 332; *Hennemann/Paal*, Referendarexamensklausur – Zivilrecht: Bereicherungsrecht und Minderjährigenrecht – Tauschhandel mit Folgen, JuS 2011, 246.

---

27 MüKoBGB/*Schwab* § 812 Rn. 350.

14. Fall: Der Schneeball

Sachverhalt

K war von B auf die Möglichkeit der Beteiligung an einem sogenannten »Schenkkreis« aufmerksam gemacht worden. Der »Schenkkreis« war nach Art einer Pyramide organisiert. Die an der Spitze stehenden Mitglieder des »Empfängerkreises« erhielten von ihnen nachgeordneten »Geberkreisen« bestimmte Geldbeträge. Daraufhin schieden die »Beschenkten« aus dem Spiel aus, an ihre Stelle traten die Mitglieder der nächsten Ebene, die nunmehr die Empfängerposition einnahmen. Es galt, genügend Teilnehmer für neu zu bildende »Geberkreise« zu finden, die bereit waren, den festgelegten Betrag an die in den »Empfängerkreis« aufgerückten Personen zu zahlen. Die Anwerbung war Sache der auf der untersten Ebene verbliebenen »Mitspieler«. Die Gewinnerwartung der Teilnehmer beruhte somit allein darauf, dass nach Art eines Schneeballsystems eine immer stärker ansteigende Zahl von Mitspielern hohe Einsätze einzahlt.

In Kenntnis des vorbeschriebenen Systems einigte sich K mit B und trat in einen »Geberkreis« ein. Er überwies 1.250 EUR an B, der mit anderen den Empfängerkreis besetzt hatte. K wollte weiter im Spiel bleiben und später selbst »Beschenkter« werden.

Als sich nach einigen Monaten abzeichnet, dass K nicht in den »Empfängerkreis« aufrücken wird, verlangt er von B die Rückerstattung des von ihm eingezahlten Betrags. B lehnt die Rückzahlung mit der Begründung ab, K habe noch nicht genügend neue Mitspieler angeworben.

Kann K von B die Rückzahlung von 1.250 EUR verlangen?

Lösungsvorschlag

A. Vertragliche Ansprüche des K gegen B

K und B haben sich über die Spielvereinbarung zur Teilnahme an dem »Schenkkreis« geeinigt. Dadurch wurde aber keine unmittelbare Verpflichtung zur Rückzahlung von 1.250 EUR begründet, weshalb vertragliche Ansprüche des K gegen B ausscheiden.

B. Anspruch des K gegen B auf Rückzahlung von 1.250 EUR aus § 812 I 1 Alt. 1 BGB (Leistungskondiktion)

K könnte gegen den B einen Anspruch auf Rückzahlung von 1.250 EUR aus § 812 I 1 Alt. 1 BGB haben. Dies setzt voraus, dass B etwas durch Leistung des K ohne Rechtsgrund erlangt hat.

I. Etwas erlangt

Als erlangtes Etwas iSv § 812 BGB gilt jeder Vorteil aufseiten des Begünstigten, der sein wirtschaftliches Vermögen in irgendeiner Art vermehrt hat,[1] wobei es erst erlangt ist, wenn es sich durch den Bereicherungsvorgang im Vermögen des Bereicherten etabliert und dadurch eine Verbesserung der Vermögenslage des Bereicherten herbeigeführt hat.[2] Bei der Zahlung von Geldbeträgen ist danach zu differenzieren, ob eine Barzahlung oder eine Überweisung erfolgt ist. Bei einer Barzahlung ist das erlangte Etwas im Eigentum und Besitz an den übergebenen Geldscheinen bzw. -münzen zu sehen. Liegt eine Überweisung auf ein Konto vor, begründet die Gutschrift eine schuldrechtliche Rechtsposition.[3] Das erlangte Etwas ist dann der Auszahlungsanspruch gegen die Bank. K hat an B 1.250 EUR überwiesen, weshalb B mit dem Auszahlungsanspruch gegen seine Bank einen vermögenswerten Vorteil und somit etwas iSd § 812 I 1 Alt. 1 BGB erlangt hat.[4]

II. Durch Leistung des K

Diesen Auszahlungsanspruch gegen seine Bank müsste B durch eine Leistung des K erlangt haben. Leistung ist jede bewusste und zweckgerichtete Mehrung fremden Vermögens.[5] Ob eine bewusste Vermögensmehrung vorliegt, beurteilt sich nach dem Empfängerhorizont.[6] K ist in den »Geberkreis« eingetreten und hat an B 1.250 EUR

---

1 BGH NJW 1995, 53 (54); Bamberger/Roth/*Wendehorst* § 812 Rn. 38; Erman/*Buck-Heeb* § 812 Rn. 4; Palandt/*Sprau* § 812 Rn. 8; Hk-BGB/*Schulze* § 812 Rn. 3; aA MüKoBGB/*Schwab* § 812 Rn. 3, der eine gegenständliche Orientierung des Bereicherungsanspruchs bevorzugt und damit einen Vermögenswert für nicht erforderlich erachtet.

2 Palandt/*Sprau* § 812 Rn. 8.

3 BGH NJW 2006, 1965 (1966); Palandt/*Sprau* § 812 Rn. 9.

4 **Klausurtipp:** Bei der Prüfung des erlangten Etwas ist genau zu differenzieren und sorgfältig zu formulieren, was genau der erlangte Vermögensvorteil ist. Daher sollte vermieden werden, von dem »erlangten Geld« zu sprechen.

5 BGHZ 111, 382 (386); BGH NJW 2004, 1169; Bamberger/Roth/*Wendehorst* § 812 Rn. 37; Erman/*Buck-Heeb* § 812 Rn. 11; Palandt/*Sprau* § 812 Rn. 14; Hk-BGB/*Schulze* § 812 Rn. 5; MüKoBGB/*Schwab* § 812 Rn. 41; Staudinger/*Lorenz* (2007) § 812 Rn. 4; Jauernig/*Stadler* § 812 Rn. 3.

6 Erman/*Buck-Heeb* § 812 Rn. 14; Palandt/*Sprau* § 812 Rn. 14.

überwiesen, um im Spiel zu bleiben und später selbst »Beschenkter« zu werden. Aus der »Sicht« des Leistungsempfängers[7] B liegt damit eine bewusste und zielgerichtete Vermögensmehrung durch K vor, sodass auch diese Voraussetzung erfüllt ist.

III. Ohne Rechtsgrund

B müsste den Auszahlungsanspruch gegen seine Bank ohne Rechtsgrund erlangt haben.

1. Es darf also kein die Vermögensverschiebung objektiv rechtfertigender Grund gegeben sein und der Empfänger kein Recht auf das Behalten des ihm zugeflossenen Vorteils haben.[8] Da die Leistungskondiktion dazu dienen soll, geplante Vermögensverschiebungen rückabzuwickeln, die zur Durchführung schuldrechtlicher Vereinbarungen vorgenommen worden waren, diese Vereinbarungen letztlich aber keinen Bestand hatten, ist es erforderlich, die Leistung in Beziehung zu einem konkreten Schuldverhältnis zu setzen.[9] Die Erfüllung der schuldrechtlichen Vereinbarung stellt einen rechtlichen Grund für die vorgenommene Vermögensverschiebung dar. Wenn das Schuldverhältnis aus irgendeinem Grund keinen Bestand (mehr) hat und der verfolgte Leistungszweck nicht erreicht worden ist, fehlt der Rechtsgrund für die Leistung, und die Anspruchsvoraussetzungen sind erfüllt.[10]

2. Ein Rechtsgrund für die Überweisung der 1.250 EUR könnte in der Spielvereinbarung des »Schenkkreises« liegen. K hat sich in Kenntnis des Spielsystems mit B über die Einzahlung seines Spielbetrages geeinigt. Fraglich ist aber, ob diese Spielvereinbarung wegen Verstoßes gegen die guten Sitten gem. § 138 I BGB nichtig ist.

Nach den Grundsätzen der Rechtsprechung ist ein Rechtgeschäft sittenwidrig, wenn es gegen das Anstandsgefühl aller billig und gerecht Denkenden verstößt (sog. Anstandsformel).[11] Die inhaltliche Bestimmung der guten Sitten richtet sich nach der herrschenden Rechts- und Sozialmoral.[12] Diese sind jedoch weder am tatsächlichen Verhalten in der Gesellschaft zu messen noch durch einfache Meinungsumfragen zu ermitteln.[13] Das ethische Minimum sittlicher Handlungsweise im Rechtsverkehr ist vielmehr größtenteils aus den Grundwerten der geltenden Rechtsordnung zu entnehmen, da die objektive Wertordnung des Grundgesetzes über § 138 BGB auf das Privatrecht einwirkt.[14]

---

7 Jauernig/*Stadler* § 812 Rn. 27.

8 Bamberger/Roth/*Wendehorst* § 812 Rn. 59; Palandt/*Sprau* § 812 Rn. 6; MüKoBGB/*Schwab* § 812 Rn. 338.

9 Staudinger/*Lorenz* (2007) § 812 Rn. 76.

10 Hk-BGB/*Schulze* § 812 Rn. 7.

11 BGHZ 10, 228 (232); 69, 295 (297); Palandt/*Ellenberger* § 138 Rn. 2; Hk-BGB/*Dörner* § 138 Rn. 3; Erman/*Arnold* § 138 Rn. 12; Staudinger/*Sack/Fischinger* (2011) § 138 Rn. 14; Jauernig/*Mansel* § 138 Rn. 6; MüKoBGB/*Armbrüster* § 138 Rn. 14.

12 Palandt/*Ellenberger* § 138 Rn. 2; Hk-BGB/*Dörner* § 138 Rn. 3.

13 Erman/*Arnold* § 138 Rn. 12; Staudinger/*Sack/Fischinger* (2011) § 138 Rn. 16; MüKoBGB/*Armbrüster* § 138 Rn. 14.

14 Jauernig/*Mansel* § 138 Rn. 6; Palandt/*Ellenberger* § 138 Rn. 4; Hk-BGB/*Dörner* § 138 Rn. 3, MüKoBGB/*Armbrüster* § 138 Rn. 20. Dies ist die sog. »mittelbare Drittwirkung von Grundrechten«. Über unbestimmte Rechtsbegriffe im Zivilrecht werden »Einfallstore« für die Grundrechte geschaffen, die ihre Wirkung sodann auch zwischen Privaten entfalten können. Vgl. zu dieser Thematik allgemein BVerfG NJW-RR 2004, 1710.

3. Zu klären ist deshalb, ob die Vereinbarung des »Schenkkreises« einen wichtigen Gemeinschaftsbelang verletzt und daher als sittenwidrig anzusehen ist. Die Regeln, die dem Schenkkreis zugrunde liegen, stellen ein Schneeballsystem dar. Nur wer den Einstiegspreis zahlt, erhält die Mitspielberechtigung. Darüber hinaus sind die Teilnehmer jedoch gehalten, weitere Mitspieler für das Spiel anzuwerben, um von der »Geberposition« in die »Empfängerposition« aufrücken zu können. Die Gewinnerwartung lässt sich in einem solchen System allein darauf stützen, dass eine immer größere Zahl von Teilnehmern einen hohen Einsatz einzahlt.[15] Die Spielkonzeption eines solchen Schenkkreises zielt darauf ab, dass die ersten Mitspieler einen (meist) sicheren Gewinn erzielen, während der Großteil der nachfolgend eintretenden Teilnehmer den Einsatz verlieren muss, weil aufgrund des Vervielfältigungsfaktors in absehbarer Zeit keine neuen Mitspieler mehr geworben werden können. Ein solches System verstößt gegen die guten Sitten.[16] Zudem kann der Schenkkreis zu einer Kommerzialisierung des Privatlebens führen, wenn Teilnehmer versuchen, neue Mitspieler aus ihrem privaten Umfeld und Bekanntenkreis zu gewinnen.[17] Auch insoweit ist der »Schenkkreis« als sittenwidrig anzusehen. Fraglich ist indes, ob sich dies allein aufgrund der vorhandenen Kenntnis des K von dem Spielsystem anders beurteilt.

a) Für eine abweichende Beurteilung, die nicht zur Annahme der Sittenwidrigkeit führen würde, ließe sich darauf verweisen, dass der Teilnehmer, der das System kennt, nicht schutzwürdig ist. Wer in Kenntnis des Systems eine Zahlung an den »Empfängerkreis« leistet, sollte erkennen können, dass es nur einzelne wenige Gewinner in diesem Spiel gibt.

b) Hiergegen spricht jedoch, dass der Begriff der guten Sitten als Teil der rechtlichen Sollensordnung objektiv-normativ zu bestimmen ist,[18] sich aber nicht nach der persönlichen Haltung des Rechtsanwenders richtet.[19] Auch vermag die Kenntnis des Spielsystems allein nicht die Sittenwidrigkeit zu beseitigen, da das System bezweckt, die Unerfahrenheit und Leichtgläubigkeit der Teilnehmer auszunutzen und zur Leistung ihres Einsatzes zu bewegen.[20] Trotz Kenntnis des Spielsystems wird sich K Hoffnungen gemacht haben, in den Empfängerkreis aufzurücken und selbst einen Gewinn zu erhalten. Für die Annahme der Sittenwidrigkeit derartiger Spielvereinbarungen ist darüber hinaus keine besondere Täuschung oder Irreführung des Mitspielers erforderlich.[21] Entscheidend ist nur der Umstand, dass dieses System nicht funktionieren kann.[22]

c) Deshalb sind die Spielregeln des Schenkkreises sittenwidrig und die entsprechenden Vereinbarungen damit gem. § 138 I BGB nichtig.[23]

d) Folglich hat B die Leistung des K ohne Rechtsgrund erlangt, weshalb die Voraussetzungen für einen Herausgabeanspruch aus ungerechtfertigter Bereicherung vorliegen.

---

15 BGH NJW 1997, 2314 (2315); OLG Köln NJW 2005, 3290.
16 BGH NJW 1997, 2314 (2315); LG Freiburg NJW-RR 2005, 491 (492).
17 OLG Köln NJW 2005, 3290.
18 Erman/*Arnold* § 138 Rn. 12.
19 Hk-BGB/*Dörner* § 138 Rn. 3.
20 BGH NJW 1997, 2314 (2315).
21 BGH NJW 1997, 2314 (2315).
22 LG Freiburg NJW-RR 2005, 492.
23 Hk-BGB/*Dörner* § 138 Rn. 8.

IV. Kein Ausschluss des Anspruchs

Der Anspruch des K darf nicht ausgeschlossen sein.

1. Kein Ausschluss gem. § 814 BGB

Die Rückforderung ist nach § 814 BGB ausgeschlossen, wenn der Leistende gewusst hat, dass er zur Leistung nicht verpflichtet war. Dies wäre etwa der Fall, wenn überhaupt keine Verbindlichkeit besteht.[24] Zwar war die zwischen B und K getroffene Spielvereinbarung gem. § 138 I BGB sittenwidrig und damit nichtig. Jedoch erfordert der Ausschlussgrund des § 814 BGB positive Kenntnis vom Nichtbestehen der Verbindlichkeit.[25] Für eine solche positive Kenntnis des K liegen aber keine Anhaltspunkte vor, sodass der Ausschlussgrund des § 814 BGB nicht einschlägig ist.

2. Kein Ausschluss gem. § 817 S. 2 BGB

Fraglich ist, ob der Anspruch des K aus § 812 I 1 Alt. 1 BGB an § 817 S. 2 BGB scheitert. Danach ist die Rückforderung einer Leistung ausgeschlossen, wenn nicht nur der Leistungsempfänger, sondern auch der Leistende gegen die guten Sitten verstoßen hat.

a) Vordergründig ist zu klären, ob die Norm des § 817 S. 2 BGB überhaupt für den Anspruch aus § 812 I 1 Alt. 1 BGB gilt. Allein dem Wortlaut nach bezieht sich § 817 S. 2 BGB nur auf § 817 S. 1 BGB. Dann hätte die Vorschrift jedoch nur einen eng begrenzten Anwendungsbereich, da im Fall verbotenen oder sittenwidrigen Handelns der Parteien das Grundgeschäft immer nichtig wäre und die condictio indebiti eingreifen würde.[26] Ein weiterer Grund für die Ausdehnung des Anwendungsbereichs liegt darin, dass im Fall eines einseitigen Sittenverstoßes des Leistenden der verwerflich handelnde Empfänger nicht besser stehen darf als der redlich handelnde.[27] Daher ist § 817 S. 2 BGB auf alle Bereicherungsansprüche aus Leistungskondiktion anwendbar.[28] K hat gegen B einen Anspruch aus der Leistungskondiktion des § 812 I 1 Alt. 1 BGB, weshalb die Norm des § 817 S. 2 BGB Anwendung findet.

b) Als weitere Voraussetzung für einen Rückforderungsausschluss muss ein objektiver Verstoß gegen ein gesetzliches Verbot oder die guten Sitten vorliegen. Dieser Verstoß gegen die guten Sitten liegt in der zwischen K und B getroffenen Vereinbarung über die Teilnahme an dem »Schenkkreis«. Vordergründig ist der Sittenverstoß bei B zu erkennen, der die Zahlung des K angenommen hat. Allerdings ermöglicht gerade K durch seine Zahlung eine Fortführung des »Schenkkreises« und die Schaffung weiterer Risikos für die nachfolgenden Teilnehmer, weshalb auch ihm der Vorwurf des Sittenverstoßes entgegengehalten werden muss.

c) Des Weiteren muss der leistende K sich des Sittenverstoßes bewusst gewesen sein bzw. sich der Kenntnis leichtfertig verschlossen haben. K kannte das Spielsystem

---

24 Bamberger/Roth/*Wendehorst* § 814 Rn. 6.

25 Palandt/*Sprau* § 814 Rn. 3; Hk-BGB/*Schulze* § 814 Rn. 2.

26 Erman/*Buck-Heeb* § 817 Rn. 11; Hk-BGB/*Schulze* § 817 Rn. 6; MüKoBGB/*Schwab* § 817 Rn. 10.

27 Bamberger/Roth/*Wendehorst* § 817 Rn. 11.

28 Heute ganz hM: BGHZ 36, 395 (399); 44, 1 (6); 50, 90 (91); BGH NJW 2005, 1490 (1491); Bamberger/Roth/*Wendehorst* § 817 Rn. 11; Palandt/*Sprau* § 817 Rn. 12; Hk-BGB/*Schulze* § 817 Rn. 6; Staudinger/*Lorenz* (2007) § 817 Rn. 10; MüKoBGB/*Schwab* § 817 Rn. 10; Erman/*Buck-Heeb* § 817 Rn. 11.

nach dem »Schneeballprinzip«. Ob sich ihm die Sittenwidrigkeit daraus unmittelbar erschloss, ist zwar nicht festzustellen. Es ist ihm jedoch zumindest ein leichtfertiges Verhalten vorzuwerfen, indem er sich den Bedenken gegen eine reale Gewinnchance verschlossen hat.[29] Mithin ist auch diese Voraussetzung des § 817 S. 2 BGB erfüllt, sodass in konsequenter Anwendung des § 817 S. 2 BGB der Rückforderungsanspruch des K ausgeschlossen wäre.

d) Es stellt sich aber die Frage, ob entgegen des Wortlauts der Norm eine einschränkende Auslegung[30] des § 817 S. 2 BGB vorgenommen werden muss, um aus Billigkeitsgründen zu einem »gerechten Ergebnis« zu kommen.[31]

aa) Es könnten nämlich Grund und Schutzzweck der Nichtigkeitssanktion des § 138 I BGB[32] gegen eine Anwendbarkeit des § 817 S. 2 BGB sprechen. Hauptzweck des § 138 I BGB ist es, Rechtsgeschäfte nicht zur Geltung gelangen zu lassen, die mit den ethischen Grundlagen einer Rechtsgemeinschaft nicht übereinstimmen und daher für diese nicht tragbar sind (sog. Eliminationszweck).[33] Bei dem hier vorliegenden Schneeballsystem wird die große Mehrheit der Teilnehmer nur ihren »Einsatz« leisten, aber keinen Gewinn einspielen, da aufgrund des Vervielfältigungsfaktors in diesem »Schneeballsystem« in kurzer Zeit keine ausreichende Zahl neuer Mitspieler angeworben werden kann. Vielmehr werden zugunsten einiger weniger Mitspieler leichtgläubige und unerfahrene Personen ausgenutzt und zur Zahlung ihres »Einsatzes« bewegt, was gegen die guten Sitten verstößt.[34] Der Schutz unerfahrener und leichtgläubiger Teilnehmer als Zweck der Verbotsnorm würde gerade in sein Gegenteil verkehrt, wenn die Initiatoren die auf sittenwidrige Weise erlangten »Einnahmen« behalten dürften.[35] Gerade diese würden praktisch zum Weitermachen derartiger Spiele animiert.[36]

bb) Gegen eine einschränkende Auslegung lässt sich die Kenntnis des K von der Spielkonzeption anführen. Wer das System des »Schenkkreises« kennt, sollte auch das dahinter stehende »Schneeballprinzip« durchschauen und die geringen Gewinnchancen erkennen müssen. Die jeder Gewinnerwartung zugrunde liegende Schädigung der später eintretenden Mitspieler darf einem verständigen Betrachter dieses Spielsystems nicht entgehen,[37] weshalb keine einschränkende Auslegung des § 817 S. 2 BGB vorzunehmen wäre.

cc) Da die Ansichten zu unterschiedlichen Ergebnissen führen, ist ein Streitentscheid erforderlich. Dabei ist vor allem die Situation unerfahrener Teilnehmer zu berücksichtigen, die vermutlich nicht auf Anhieb und ohne Ausnahme erkennen werden,

---

29 Vgl. zur Annahme der Leichtfertigkeit OLG Köln NJW 2005, 3290 (3291).

30 **Merke:** Sog. teleologische Reduktion einer Vorschrift.

31 **Klausurtipp:** An dieser Stelle sollte man eine eigenständige Argumentation vornehmen. Es gilt, mit Umsicht und Augenmaß die verschiedenen Möglichkeiten zu analysieren und dann mit einer strukturierten Argumentation zu einem vertretbaren Ergebnis zu gelangen. Hier lassen sich sowohl für als auch gegen eine einschränkende Auslegung Argumente finden, sodass unterschiedliche Ergebnisse möglich sind.

32 BGH NJW 2006, 45 (46); 2008, 1942.

33 MüKoBGB/*Armbrüster* § 138 Rn. 1.

34 BGH NJW 1997, 2314 (2315).

35 BGH NJW 2008, 1942; 2006, 45 (46); *Armgardt* NJW 2006, 2070; *K. Schmidt* JuS 2006, 265.

36 BGH NJW 2006, 45 (46); Bamberger/Roth/*Wendehorst* § 817 Rn. 24; Erman/*Buck-Heeb* § 817 Rn. 15a.

37 OLG Köln NJW 2005, 3290 (3291); LG Bonn NJW-RR 2005, 490 (491).

dass nur einige wenige Mitspieler in den obersten Positionen der Pyramide reale Gewinnchancen haben, wohingegen alle anderen Mitspieler ihre Einsätze verlieren. Selbst wenn ein Teilnehmer Kenntnis von dem Spielsystem hat, ist es doch wahrscheinlich, dass er Verlustrisiken ausblendet und auf einen Gewinn hofft, der ihm von den Initiatoren des Spiels angepriesen wird. Ähnlich wie bei der Situation des Glücksspiels werden die Teilnehmer einem erheblichen Suchtpotential ausgesetzt und für das Spiel begeistert, indem allen eine Gewinnchance in Aussicht gestellt wird, solange nur genügend neue Mitspieler angeworben werden.

Um den Rechtsverkehr vor solchen Methoden zu schützen, mittels derer (nur) die Initiatoren dieser Spiele die von den Teilnehmern eingesetzten Beträge erlangen, ordnet § 138 I BGB für entsprechende Vereinbarungen Nichtigkeit an. Ein solcher sittenwidriger Zustand soll gerade nicht aufrechterhalten werden und auch nicht die Grundlage für weiteres sitten- und verbotswidriges Handeln schaffen.[38] Dies entspricht auch dem in § 242 BGB niedergelegten Grundsatz von Treu und Glauben, wonach § 817 S. 2 BGB eine Vermögensverschiebung nicht sanktionieren darf, die als unbillig anzusehen wäre.[39] Der von der Rechtsordnung nicht gebilligte Zustand nach erbrachten Leistungen in einem Schenkkreis darf nicht durch den Ausschluss eines Rückforderungsrechts legalisiert werden.[40]

Daher ist die erstgenannte Auffassung vorzugswürdig, wonach die Vorschrift des § 817 S. 2 BGB einschränkend auszulegen ist. Der Ausschluss des § 817 S. 2 BGB ist jedoch aus generalpräventiven Gründen nicht nur auf Bereicherungsansprüche gegen die Initiatoren, sondern auch auf Bereicherungsansprüche gegen alle weiteren Mitspieler des »Schenkkreises« auszudehnen, damit für diese die Teilnahme am »Schenkkreis« nicht zu einem profitablen Geschäft wird.[41] Die Mitspieler auf der zweiten und dritten Stufe könnten dann nämlich die von ihnen zuvor verschenkten Beträge zurückverlangen, während ihnen die von Teilnehmern der folgenden Stufen gezahlten Beträge dauerhaft verbleiben würden.[42] In diesem Zusammenhang darf eine einzelfallbezogene Prüfung der Geschäftsgewandtheit und Erfahrenheit des betroffenen Gebers oder Empfängers keine Rolle spielen.[43]

Somit ist § 817 S. 2 BGB einschränkend dahingehend auszulegen, dass der Rückzahlungsanspruch des K aus § 812 I 1 Alt. 1 BGB nicht ausgeschlossen ist.

Diesem Ergebnis steht nicht die Wertung des § 762 I 2 BGB entgegen, wonach das aufgrund eines Spiels Geleistete nicht zurückgefordert werden kann. Diese Vorschrift gilt nur, wenn die Rückforderung auf den Spielcharakter gestützt wird. Vorliegend ist die Spielvereinbarung jedoch gem. § 138 I BGB sittenwidrig und damit nichtig, sodass B sich nicht auf § 762 I 2 BGB berufen kann, um die Rückzahlung der 1.250 EUR an K zu verweigern.[44]

V. Somit hat K gegen B einen Rückzahlungsanspruch iHv 1.250 EUR aus § 812 I 1 Alt. 1 BGB.

---

38 Staudinger/*Lorenz* (2007) § 817 Rn. 10.
39 Palandt/*Sprau* § 817 Rn. 18; Hk-BGB/*Schulze* § 817 Rn. 5.
40 BGH NJW 1990, 2542 (2543); Palandt/*Sprau* § 817 Rn. 18.
41 BGH NJW-RR 2009, 345 (346); Erman/*Buck-Heeb* § 817 Rn. 15a.
42 BGH NJW 2008, 1942.
43 BGH NJW-RR 2009, 345 (346); NJW 2008, 1942; Erman/*Buck-Heeb* § 817 Rn. 15a.
44 BGH NJW 2006, 45 (46).

C. Anspruch des K gegen B auf Rückzahlung der 1.250 EUR aus § 826 BGB

K könnte gegen B einen Anspruch auf Rückzahlung der 1.250 EUR auch auf der Grundlage von § 826 BGB haben. Das setzt voraus, dass B dem K durch sittlich verwerfliches Verhalten vorsätzlich einen Schaden zugefügt hat.

I. K müsste einen Schaden erlitten haben. Ein Schaden ist jede nachteilige Einwirkung auf die Vermögenslage, ebenso die Beeinträchtigung eines rechtlich anerkannten Interesses oder die Belastung mit einer ungewollten Verpflichtung.[45] Im Rahmen des § 826 BGB gelten die §§ 249 ff. BGB, sodass zur Bestimmung eines Vermögensschadens auf die Differenzhypothese[46] zurückgegriffen werden kann. Danach liegt der Schaden in der Differenz zwischen der Vermögenslage ohne das schädigende Ereignis (hypothetischer Zustand) und der tatsächlichen Vermögenslage (realer Zustand).[47] Durch die Zahlung von 1.250 EUR ohne Erhalt eines entsprechenden Äquivalents ist K ein Schaden entstanden.

II. B müsste mit Schädigungsvorsatz gehandelt haben. Dafür ist erforderlich, aber auch ausreichend, dass der Schädiger den Schaden wenigstens billigend in Kauf genommen hat.[48] B war in dem »Schenkkreis« in der »Empfängerposition« und wusste daher, dass der K höchstwahrscheinlich keinen Gewinn erhalten, sondern einen Verlust erleiden würde. Wer sich im »Empfängerkreis« befindet, muss sich im Klaren sein, dass nur die ersten Spieler Gewinne erzielen, die Masse der nachfolgenden Spieler jedoch nur ihren Einsatz verlieren kann.[49] Diesen Schaden des K hat B zumindest billigend in Kauf genommen.

III. Des Weiteren müsste ein sittenwidriges Verhalten des B gegeben sein. Anders als bei § 138 I BGB ist im Rahmen von § 826 BGB vor allem auf das Verhalten des Schädigers abzustellen. Der Begriff der Sittenwidrigkeit ist in beiden Vorschriften weitgehend gleich auszulegen, im Rahmen von § 826 BGB ist aber die Sittenwidrigkeit gerade im Verhältnis zum Geschädigten maßgebend, wohingegen für § 138 I BGB die Sittenwidrigkeit aus allgemeiner Sicht entscheidend sein kann.[50] Für die Annahme einer sittenwidrigen Schädigung müssen besondere Umstände gegeben sein, die das schädigende Verhalten wegen seines Zwecks oder des angewandten Mittels als verwerflich erscheinen lassen.[51] Es muss somit ein sittlich verwerfliches Handeln des Schädigers gegenüber dem Geschädigten vorliegen.[52] B hat von K in dem »Schenkkreis« 1.250 EUR erhalten. An einem verwerflichen Handeln des B gegenüber K fehlt es aber, weil K über die wesentlichen Merkmale des Spielsystems im Bilde war. Ihm war bewusst, dass er für seine Zahlung lediglich die Mitspielberechtigung und die Chance des Gewinns bekommt. Auch wenn K nicht ausdrücklich über die Marktverengung und die Stufe seines Eintretens aufgeklärt wurde, führte dies nur dann zur

---

45 Palandt/*Sprau* § 826 Rn. 3; Hk-BGB/*Staudinger* § 826 Rn. 3.
46 *Brox/Walker* SchuldR AT § 29 Rn. 2; *Medicus/Lorenz* SchuldR AT § 55 Rn. 635; PWW/*Luckey* § 249 Rn. 5; Palandt/*Grüneberg* Vor § 249 Rn. 10.
47 Hk-BGB/*Schulze* § 251 Rn. 1; MüKoBGB/*Oetker* § 249 Rn. 18.
48 BGH NJW 2000, 2896 (2897); 2004, 446 (448); NJW-RR 2009, 1207 (1210); Bamberger/Roth/ *Spindler* § 826 Rn. 10.
49 OLG Bamberg NJW-RR 2002, 1393 (1394).
50 Bamberger/Roth/*Spindler* § 826 Rn. 3.
51 BGH NJW 2001, 3702 (3703); OLG Köln NJW 2005, 3290 (3292).
52 BGH NJW 2005, 3290 (3292); OLG Celle NJW 1996, 2660 (2661).

Annahme eines Sittenverstoßes, wenn B die geistige Schwäche und Unerfahrenheit des K rücksichtslos ausgenutzt hätte.[53] Für eine derartige Schwäche und Unerfahrenheit liegen jedoch keine Anhaltspunkte vor. Daher ist im vorliegenden Fall ein sittlich verwerfliches Verhalten des B abzulehnen, sodass die Voraussetzungen für eine vorsätzliche sittenwidrige Schädigung nicht erfüllt sind.

IV. K hat somit keinen Anspruch gegen B auf Rückzahlung der 1.250 EUR aus § 826 BGB.

D. K hat gegen B einen Rückzahlungsanspruch iHv 1.250 EUR aus § 812 I 1 Alt. 1 BGB, nicht jedoch aus § 826 BGB.

Zur Vertiefung: *Armgardt*, Der Kondiktionsausschluss des § 817 S. 2 BGB im Licht der neuesten Rechtsprechung des BGH, NJW 2006, 2070; *Armgardt*, Die zweite Schenkkreisentscheidung des BGH als Ausgangspunkt für einen Paradigmenwechsel im Hinblick auf die Auslegung von § 817 S. 2 BGB, JR 2009, 177; *Goerth*, Zur Anwendbarkeit der Kondiktionssperre des BGB § 817 S. 2 auf Schenkkreise, VuR 2006, 76; *Schmidt-Recla*, Von Schneebällen und Drehkrankheiten – Vergleichende Überlegungen zur Restitutionssperre des § 817 S. 2 BGB, JZ 2008, 60; *Martinek*, Zur Rückforderung von Zuwendungen bei Schenkkreisen, JZ 2009, 364; *Möller*, Die Rechtsprechung des BGH zu sog. Schenkkreisen – ein Überblick, MDR 2010, 297; *Möller*, Leistungskondiktion trotz beiderseitiger Sittenwidrigkeit? – Die Einschränkung des § 817 S. 2 BGB durch den BGH, NJW 2006, 268; *Müller/Eckel*, Grundfälle zur Rückabwicklung sittenwidriger »Schenkkreise«, JuS 2013, 966.

---

53 Vgl. OLG Celle NJW 1996, 2660 (2661).

V. Deliktsrecht

15. Fall: Ungünstiger Parkplatz

Sachverhalt

Bäckermeister B hat seinem Gesellen G für Fahrten zur Arbeit und zu geschäftlichen Besorgungen unentgeltlich sein Fahrrad zur Verfügung gestellt. Eines Tages stellt G das Fahrrad vor der Bäckerei so ungeschickt ab, dass es umfällt und von dem vorbeifahrenden K mit seinem Kraftwagen schuldhaft beschädigt wird.

An dem Fahrrad ist ein Schaden iHv 750 EUR entstanden. Der deswegen in Anspruch genommene K macht geltend, dass sich B jedenfalls das mitwirkende Verschulden des G anrechnen lassen müsse. B hingegen lehnt dies ab und bekräftigt, G sei ein gewissenhafter, in jeder Hinsicht einwandfreier Mensch. Er habe ihn bei der Einstellung sorgfältig überprüft und ihn wiederholt auf die Erfordernisse des Straßenverkehrs hingewiesen. Die Richtigkeit dieser Behauptung des B ist zu unterstellen.

Wie ist die Rechtslage?

Abwandlung:

Bei im Übrigen gleichem Sachverhalt wird das Fahrrad von dem Fahrer des Lkw des V beschädigt, mit dem V von B gekauftes Mehl zur Bäckerei transportieren lässt. B macht einen Schadensersatzanspruch gegen V geltend. Dieser wendet gegen den von ihm grundsätzlich anerkannten Schadensersatzanspruch mitwirkendes Verschulden des G ein.

Wie ist in diesem Fall über die Anrechnung des Verschuldens des G zu entscheiden? Kommt es darauf an, ob Erfüllungsort für die Mehllieferung die Bäckerei des B war oder ein Versendungskauf iSv § 447 BGB vorlag?

Bearbeitervermerk: Die arbeitsrechtlichen Grundsätze über den innerbetrieblichen Schadensausgleich sind vorliegend nicht zu berücksichtigen.

Lösungsvorschlag

A. Ausgangsfall: Anspruch des B gegen K auf Zahlung von 750 EUR

I. Straßenverkehrsrechtliche Ansprüche

1. Anspruch aus § 7 I StVG, § 249 II 1 BGB

a) K hat den Schaden an dem Fahrrad des B zu ersetzen, wenn beim Betrieb eines Fahrzeugs, dessen Halter der K ist, das Fahrrad beschädigt worden ist. Das Fahrrad des B wurde von dem vorbeifahrenden Kraftwagen, also beim Betrieb des Fahrzeugs, beschädigt. Demzufolge besteht die Schadensersatzpflicht des Halters nach § 7 I StVG. Die Haltereigenschaft ist vom Eigentum unabhängig. Halter ist, wer das Kraftfahrzeug für eigene Rechnung gebraucht und hierzu die tatsächliche Verfügungsgewalt besitzt.[1] Dies trifft auf K zu, der folglich Halter seines Fahrzeugs ist.

b) Die Ersatzpflicht ist nach § 7 II StVG jedoch ausgeschlossen, wenn der Unfall durch höhere Gewalt verursacht worden ist. Höhere Gewalt ist nach der Rechtsprechung nur dann gegeben, wenn der Unfall auf einem betriebsfremdem, von außen durch erkennbare Naturkräfte oder durch Handlungen dritter Personen herbeigeführtem Ereignis beruht, das nach menschlicher Erfahrung und Einsicht unvorhersehbar war, mit wirtschaftlich erträglichen Mitteln auch durch äußerste Sorgfalt nicht verhütet oder unschädlich gemacht werden konnte und auch nicht wegen seiner Häufigkeit in Kauf zu nehmen ist.[2] Danach liegt höhere Gewalt hier schon deshalb nicht vor, weil K das Fahrrad schuldhaft durch sein Fahrverhalten beschädigt hat, sodass die Haftung nicht nach § 7 II StVG ausgeschlossen ist.

2. Anspruch aus § 18 I StVG

K könnte ebenso als Führer des Fahrzeugs nach § 18 I StVG zum Schadensersatz verpflichtet sein. K hat das Fahrzeug selbst gefahren und war somit Führer iSv § 18 I StVG. Jedoch soll diese Vorschrift nach hM nur Anwendung finden, wenn Halter und Fahrer nicht identisch sind,[3] weil § 18 I StVG auf die ebenfalls erfüllten Voraussetzungen des § 7 I StVG verweist.[4]

3. Haftungsminderung

K ist demzufolge zumindest als Halter des Fahrzeugs nach § 7 I StVG, ohne dass es eines Verschuldens bedarf, zum Ersatz des von ihm verursachten Schadens verantwortlich. In Betracht kommt jedoch eine Haftungsminderung nach § 9 StVG infolge Mitverschuldens des Verletzten. G hat das Fahrrad so ungeschickt abgestellt, dass es umgefallen ist und überhaupt erst von dem Kraftfahrzeug des K beschädigt werden konnte. Nach § 9 StVG muss sich B das Verschulden des G zurechnen lassen, der die tatsächliche Gewalt über das Rad hatte. B kann demzufolge nach § 7 I StVG, § 249 II

---

1 Hentschel/König/Dauer/*König*, StVG § 7 Rn. 14.
2 BGHZ 62, 351 (354); BGH NJW 1990, 1167 (1168).
3 Hentschel/König/Dauer/*König*, StVG § 18 Rn. 1.
4 **Hinweis:** Dabei ist allerdings zu berücksichtigen, dass § 7 StVG eine Gefährdungshaftung begründet, wohingegen § 18 StVG eine Verschuldenshaftung mit einer Verschuldensvermutung darstellt.

S. 1 BGB nicht Ersatz des gesamten Schadens von 750 EUR verlangen, weil das Mitverschulden des G nach § 9 StVG zu einer Haftungsminderung führt.

II. Ansprüche aus unerlaubter Handlung

1. Anspruch aus § 823 I BGB

a) Nach § 16 StVG ist § 823 BGB neben der straßenverkehrsrechtlichen Haftungsnorm des § 7 StVG anwendbar.

b) K hat das Fahrrad des B beschädigt und durch diese Handlung eine Verletzung des Eigentums des B verursacht. Dies geschah auch rechtswidrig und schuldhaft. Es ist ein Schaden iHv 750 EUR entstanden.

2. Anspruch aus § 823 II BGB, § 1 StVO

a) Die Vorschrift des § 1 StVO bezweckt den Schutz anderer Verkehrsteilnehmer und ist daher ein Schutzgesetz iSv § 823 II BGB.[5]

b) § 1 StVO beinhaltet das Gebot der gegenseitigen Rücksichtnahme im Straßenverkehr. Insbesondere obliegt danach jedem Verkehrsteilnehmer eine Pflicht zur aufmerksamen Fahrbahn- und Verkehrsbeobachtung, um so durch vorausschauendes Verhalten Unfallereignisse zu vermeiden.[6] Durch sein schuldhaft schädigendes Verhalten hat K gegen diese allgemeine Pflicht zur gegenseitigen Rücksichtnahme verstoßen. Damit ist die Verpflichtung des K zur Leistung von Schadensersatz auch nach § 823 II BGB, § 1 StVO begründet.

K ist daher auch unter dem Gesichtspunkt der unerlaubten Handlung nach § 823 I BGB und § 823 II BGB, § 1 StVO zur Leistung von Schadensersatz verpflichtet.

3. Haftungsminderung

a) Jedoch könnte auch insoweit ein Mitverschulden des G zu einer Haftungsminderung nach § 9 StVG führen. Voraussetzung hierfür ist, dass diese Vorschrift im Recht der unerlaubten Handlung Anwendung findet. Jedoch weichen die straßenverkehrsrechtlichen Haftungsnormen sowohl hinsichtlich der Voraussetzungen als auch bezüglich der Rechtsfolge nicht nur unerheblich von den Grundsätzen des Rechts der unerlaubten Handlung ab. So beruht die Vorschrift des § 7 StVG auf dem Grundsatz der Gefährdungshaftung. Weiterhin sind für die straßenverkehrsrechtliche Haftung anders als für das Recht der unerlaubten Handlung bestimmte Haftungshöchstbeträge in § 12 StVG vorgesehen. Demzufolge ist § 9 StVG auch nicht entsprechend anwendbar.

b) B könnte sich aber ein Mitverschulden des G nach § 254 I BGB anrechnen lassen müssen.

aa) Ein Mitverschulden des B selbst liegt nicht vor, sodass § 254 I BGB nicht unmittelbar anwendbar ist.

bb) Soweit eine Anrechnung des Mitverschuldens des G in Betracht kommt, der durch das ungeschickte Abstellen des Fahrrades gleichfalls eine Ursache für dessen

---

5 BGHZ 23, 90 (97).
6 Hentschel/König/Dauer/*König* StVO § 1 Rn. 7.

Beschädigung gesetzt hat, ist fraglich, ob dem B ein solches über § 278 BGB zuzurechnen ist.

(1) Die Anwendbarkeit des § 278 BGB ist bereits deshalb zweifelhaft, weil § 254 I BGB anders als § 254 II BGB keinen Verweis auf diese Zurechnungsnorm enthält. Indes ist § 254 II BGB Ausfluss des in Abs. 1 dieser Vorschrift zugrunde gelegten allgemeinen Gedankens, dass dem Schädiger die Schadensfolgen nicht angelastet werden sollen, die auf eine Mitverursachung des Geschädigten zurückzuführen sind. Wegen des einheitlichen Grundgedankens der beiden Absätze des § 254 BGB ist demzufolge die Vorschrift des § 278 BGB auch auf beide Absätze anwendbar und § 254 II 2 BGB als selbstständiger Abs. 3 zu lesen.[7]

(2) Jedoch setzt die Anwendung des § 278 BGB nach ihrem Wortlaut, insbesondere aufgrund der Begriffe »Schuldner« und »Erfüllung seiner Verbindlichkeit«, ein bereits bestehendes Schuldverhältnis voraus. Bei der Inanspruchnahme aus § 823 BGB wegen einer unerlaubten Handlung entsteht eine Verbindlichkeit aber gerade erst aufgrund des haftungsbegründenden Unfalls.

(aa) Dennoch soll nach einer Auffassung[8] § 278 BGB auch dann anwendbar sein, wenn im Zeitpunkt der verschuldeten Schadensmitverursachung kein Schuldverhältnis bestanden hat. Weil § 254 BGB lediglich den Verstoß gegen die Wahrung eigener Interessen und Obliegenheiten, nicht aber die Erfüllung einer dem Vertragspartner gegenüber bestehenden Verpflichtung erfasse, beziehe sich die in dieser Vorschrift enthaltene Verweisung lediglich auf die Rechtsfolgen des § 278 BGB, weshalb auf das Bestehen eines Vertragsverhältnisses nicht abgestellt werden dürfe. Soweit § 254 BGB danach als Rechtsfolgenverweis angesehen wird, ist dem B das Verschulden des G über §§ 254 II 2, 278 BGB zuzurechnen, sodass B ein anzurechnendes Mitverschulden trifft.

(bb) Demgegenüber setzt nach anderer Auffassung[9] die Anwendbarkeit des § 278 BGB auch im Rahmen des § 254 BGB das Bestehen eines Schuldverhältnisses, zumindest aber einer weitgehend ähnlichen Sonderverbindung wie beispielsweise eines Vertrages mit Schutzwirkung zugunsten Dritter voraus. Eine »entsprechende« Anwendung des § 278 BGB sehe § 254 II 2 BGB nämlich nur deshalb vor, weil insoweit ein Verschulden gegen sich selbst und nicht gegenüber einem anderen in Rede stehe. Grundsätzlich müsse sich der Schädiger, soweit nicht bereits eine vertragliche Sonderbeziehung bestehe, das Verschulden Dritter nur im Rahmen des § 831 BGB anrechnen lassen, wobei insoweit die Möglichkeit der Exkulpation bestehe. Es würde daher eine ungerechtfertigte Ungleichbehandlung darstellen, wenn sich der Geschädigte im Zusammenhang mit einer unerlaubten Handlung das Verschulden von Hilfspersonen anrechnen lassen müsste, ohne dass eine vertragliche Verbindung bestünde. Demzufolge beinhalte § 254 BGB in Bezug auf § 278 BGB eine Rechtsgrundverweisung.

(cc) Tatsächlich handelt es sich bei § 278 BGB um eine gegenüber § 831 BGB weitergehende Zurechnungsnorm, deren Anwendung nur bei Bestehen einer entsprechenden Treuebindung, wie sich diese insbesondere aus Vertragsverhältnissen ergibt, ge-

---

7 RGZ 62, 108; BGHZ 1, 249; BGH NJW 2009, 582; Palandt/*Grüneberg* § 254 Rn. 48.
8 *Enneccerus/Lehmann* SchuldR § 16 II 2; *Deutsch* HaftungsR I, § 20 I 2.
9 BGHZ 103, 338 (342); Erman/*Ebert* § 254 Rn. 72, 74 f.; Palandt/*Grüneberg* § 254 Rn. 48 ff.

rechtfertigt ist.[10] Daher ist der letztgenannten Auffassung zu folgen, die für die Anwendbarkeit des § 278 BGB voraussetzt, dass bereits ein Schuldverhältnis besteht.

(3) Indes bestand zwischen B und K vor Schadenseintritt kein Schuldverhältnis. Dieses wurde vielmehr erst durch den Unfall im Rahmen des § 823 BGB begründet. Daher kann dem B das Verhalten des G nicht nach §§ 254 II 2, 278 BGB zugerechnet werden.

cc) Letztlich kommt eine Anrechnung des Mitverschuldens nur nach § 254 iVm § 831 BGB in Betracht. Zwar verweist § 254 BGB nicht ausdrücklich auf § 831 BGB. Aufgrund des Gebotes der Gleichbehandlung ist dem Geschädigten das Mitverschulden Dritter aber ebenso anzulasten wie dem Schädiger.[11] § 831 BGB findet daher vorliegend Anwendung.

Dann müsste G Verrichtungsgehilfe des B gewesen sein. Verrichtungsgehilfe ist, wer mit Wissen und Wollen des Geschäftsherrn in dessen Interesse tätig wird und von dessen Weisungen abhängig ist. G war als Geselle Verrichtungsgehilfe des B.

Der G muss eine tatbestandsmäßige und rechtswidrige Handlung begangen haben. Das ungeschickte Abstellen des Fahrrades stellt eine solche Handlung dar (s. unter A. 3.).

Darüber hinaus ist erforderlich, dass G in Ausführung der Verrichtung und nicht nur bei Gelegenheit gehandelt hat. Vorliegend wurde G das Fahrrad zur Erledigung geschäftlicher Besorgungen zur Verfügung gestellt, er nutzte es zum Unfallzeitpunkt auch diesbezüglich. Ein unmittelbarer innerer Zusammenhang zwischen Verrichtung und schädigender Handlung ist somit gegeben.

Jedoch hat B geltend gemacht, dass G stets gewissenhaft war, er ihn sorgfältig überwacht und auch wiederholt auf die Erfordernisse des Straßenverkehrs hingewiesen habe. Damit hat B den Entlastungsbeweis nach § 831 I 2 BGB geführt, weshalb eine Zurechnung des Mitverschuldens des G über § 254 iVm § 831 BGB ausgeschlossen ist.

B. Abwandlung: Anspruch des B gegen V auf Zahlung von 750 EUR

I. Variante 1: Erfüllungsort ist die Bäckerei des B

1. Anspruch aus § 280 I 1 iVm § 278 BGB

Der Anspruch besteht, wenn das Verhalten des Fahrers eine dem V zurechenbare schuldhafte Verletzung der diesem aus einem Vertrag mit B obliegenden Pflichten darstellt.

a) Aufgrund des von B und V geschlossenen Kaufvertrages bestand zwischen diesen ein Schuldverhältnis.

b) Hieraus ergab sich aufgrund der Bestimmung des Leistungsortes nach § 269 BGB insbesondere die Pflicht des V zur Anlieferung der von B gekauften Ware. Dabei be-

---

10 Erman/*Ebert* § 254 Rn. 72.
11 Str., wie hier *Belling/Riesenhuber* ZZP 108 (1995) 445; *Medicus,* FS Huber, 2006, 437; aA hingegen BGH NJW 1996, 1405; OLG Hamm NJW-RR 2005, 817; Palandt/*Grüneberg* § 254 Rn. 59.

stand ganz allgemein die Nebenpflicht, Rechtsgüter des anderen Vertragsteils nicht zu verletzen.[12]

c) Eine Verletzung dieser Pflicht erfolgte durch das Verhalten des Fahrers des V, der das Fahrrad des B rechtswidrig und schuldhaft beschädigt hat. Diese Pflichtverletzung könnte V nach § 278 BGB zuzurechnen sein. V hatte sich seines Fahrers zur Erfüllung der ihm aus dem Kaufvertrag mit B obliegenden Verpflichtung zur Anlieferung der Ware bedient. Das Verschulden seines Erfüllungsgehilfen hat V daher nach § 278 BGB im gleichen Umfang zu vertreten wie eigenes Verschulden. Soweit dem Fahrer ein schuldhaftes Verhalten nicht zur Last fiele, was jedoch hier dem Sachverhalt nach der Fall ist, wäre im Rahmen des bestehenden Schuldverhältnisses das Verschulden nach § 280 I 2 BGB zu vermuten.

d) Demzufolge hat V dem B Ersatz für den von seinem Fahrer verursachten Schaden nach § 280 I 1 BGB iVm § 278 BGB zu leisten.

e) Fraglich ist auch insoweit, ob B ein Mitverschulden des G nach §§ 254 I, 278 BGB anzurechnen ist.

aa) Bereits vor dem schädigenden Ereignis bestand ein Vertragsverhältnis zwischen B und V. Bedenken hinsichtlich der Anwendbarkeit des § 278 BGB im Rahmen des § 254 BGB[13] bestehen daher nicht.

bb) Voraussetzung für die Zurechnung des schuldhaften Verhaltens eines Erfüllungsgehilfen ist grundsätzlich, dass dieser die schädigende Handlung in Erfüllung einer Obliegenheit des Schuldners und nicht nur bei Gelegenheit einer solchen begangen hat.[14] Indes bezieht sich § 254 BGB nicht auf eine gegenüber dem Vertragspartner bestehende Pflicht, sondern auf die Missachtung eigener Interessen.[15] Daher ist eine modifizierte Anwendung des § 254 BGB geboten. § 280 I 1 BGB sanktioniert die Verletzung der Pflicht des Schädigers, auf Vermögenswerte des Vertragspartners Rücksicht zu nehmen. Ausgehend von dieser Pflicht ist demzufolge der Kreis der Personen zu bestimmen, deren Verhalten sich der Geschädigte zurechnen lassen muss. Insoweit kommen alle die Personen in Betracht, welche der Geschädigte so in seiner Organisation eingesetzt hat, dass ihnen die Verhinderung von Schäden, welche durch einen Schädiger verursacht werden, als Nebenpflicht obliegt.

G oblag die Pflicht, das ihm anvertraute Fahrrad des B vor Schaden zu bewahren. Demzufolge war er in den Interessenbereich des B eingegliedert. Folglich muss sich B das schuldhafte Verhalten des G gem. §§ 254, 278 BGB zurechnen lassen.

2. Anspruch aus § 7 I StVG

V haftet als Halter des Fahrzeugs für den von seinem Fahrer verursachten Schaden ebenfalls nach § 7 I StVG. Insoweit ergeben sich keine Abweichungen zum Ausgangsfall.[16]

---

12 Palandt/*Grüneberg* § 241 Rn. 7.
13 Vgl. dazu oben A. II. 3 b) bb).
14 Erman/*H.P. Westermann* § 278 Rn. 39.
15 BGHZ 3, 46 (49).
16 Vgl. oben A. I. 1. **Klausurtipp:** Daneben kommt auch eine Ersatzpflicht des Fahrzeugführers nach § 18 I StVG in Betracht. Diese ist jedoch aufgrund der Fallfrage, die sich lediglich auf Ansprüche gegen V erstreckt, nicht zu erörtern.

3. Ansprüche aus unerlaubter Handlung

a) Ansprüche aus §§ 831, 823 I BGB und §§ 831, 823 II BGB, § 1 StVO sind gegeben. Für eine Exkulpation sind keine Anhaltspunkte ersichtlich.

b) Jedoch kommt die Anrechnung eines Mitverschuldens des G nach §§ 254, 278 BGB in Betracht.

aa) Entsprechend der zuvor dargelegten Ansicht, wonach Voraussetzung für die Anrechnung eines Mitverschuldens nach §§ 254, 278 BGB im Rahmen eines Anspruchs aus unerlaubter Handlung das Bestehen eines Schuldverhältnisses bereits vor dem schädigenden Ereignis ist,[17] kommt eine Anrechnung des Mitverschuldens nicht in Betracht. Dies gilt insbesondere auch unabhängig davon, ob neben dem deliktischen Anspruch ein solcher aus positiver Vertragsverletzung besteht, hinsichtlich dessen das Mitverschulden Berücksichtigung findet.[18]

bb) Demgegenüber wird die Auffassung[19] vertreten, dass der Geschädigte für seine Hilfspersonen auch dann nach §§ 254 II 2, 278 BGB ohne Entlastungsmöglichkeit einstehen müsse, wenn zwar zwischen dem Schädiger und dem Geschädigten eine vertragliche Beziehung bestehe, er seine Ersatzforderung aber nicht auf vertragliche Anspruchsgrundlagen, sondern ausschließlich auf Bestimmungen des Delikts- oder Haftpflichtrechts stütze. Dies wird damit begründet, dass es unerheblich sei, welche Anspruchsgrundlage der Anspruchsteller wähle, wenn nur eine vertragliche Beziehung bestehe.

Jedoch vermag diese Argumentation der herrschenden Meinung nicht zu überzeugen. Letztlich würde nämlich nicht der klagende Anspruchsteller, sondern das Gericht, welches stets die eigentlich dem Vertragsrecht vorbehaltene Anrechnung des Mitverschuldens über §§ 254, 278 BGB vornähme, damit zugleich auch über die Anspruchsgrundlage entscheiden. Zwar ist es grundsätzlich möglich, durch vertragliche Vereinbarungen deliktische Ansprüche in diesem Sinne zu modifizieren. Soweit dem Vertrag aber selbst durch Auslegung nicht zu entnehmen ist, dass sich die Anrechnung des Mitverschuldens auch auf deliktische Ansprüche erstrecken soll, kann dem Geschädigten, der lediglich einen Anspruch aus unerlaubter Handlung geltend macht, das Mitverschulden eines Erfüllungsgehilfen nicht zugerechnet werden.

II. Variante 2: Versendungskauf iSv § 447 BGB

Anspruch aus § 280 I 1 iVm § 278 BGB

Der Anspruch besteht, wenn das Verhalten des Fahrers eine dem V zurechenbare schuldhafte Verletzung der diesem aus einem Vertrag mit B obliegenden Pflichten darstellt.

1. Aufgrund des von B und V geschlossenen Kaufvertrages bestand zwischen diesen ein Schuldverhältnis.

2. Der Fahrer des V müsste eine Pflicht aus dem Kaufvertrag schuldhaft und rechtswidrig verletzt haben. Die Vereinbarung eines Versendungskaufs nach § 447 BGB

---

17 Vgl. oben A. II. 3 b) bb) (2).
18 So wohl BGHZ 33, 247 (251).
19 BGHZ 9, 316 (319); 24, 325 (327).

beinhaltet nicht die Übernahme einer Transportpflicht durch den Verkäufer. Vielmehr ist dieser lediglich zur Auswahl einer geeigneten Transportperson verpflichtet. Die Transportgefahr trägt hingegen der Käufer.

Führt jedoch der Verkäufer den Transport selbst oder durch eigene Leute durch, so könnte die Anwendung des § 447 BGB ausscheiden, weil sich diese Vorschrift, welche die Belastung des Käufers mit der Transportgefahr vorsieht, nur rechtfertigen lässt, wenn sich der Transport außerhalb des Herrschaftsbereichs des Verkäufers abspielt.[20] Somit gelten diesbezüglich die gleichen Grundsätze wie bei der Bringschuld.[21]

Nach anderer Ansicht[22] ist § 447 BGB auch dann anwendbar, wenn der Verkäufer den Transport selbst oder durch eigene Leute durchführt. Jedoch hat der Verkäufer aufgrund seiner fortbestehenden Einwirkungsmöglichkeit weiterhin die Sorgfaltspflicht, alles zu unterlassen, was zur Schädigung des Käufers führen kann. Vorliegend hat der Fahrer des V das Fahrrad rechtswidrig und schuldhaft beschädigt. Dieses Verhalten ist dem V gem. § 278 BGB zuzurechnen.

3. Demzufolge hat V dem B nach beiden Ansichten Ersatz für den von seinem Fahrer verursachten Schaden nach den Grundsätzen der positiven Vertragsverletzung zu leisten.

4. Bezüglich des dem B anrechenbaren Mitverschuldens des G sowie der weiteren Ansprüche ergeben sich keinerlei Abweichungen zur ersten Variante.

Zur Vertiefung: *Becker,* Die gesetzlichen Ansprüche aus §§ 823 I, 831 BGB, JuS 1988, 247; *Coester-Waltjen,* Die Anspruchsgrundlagen und Abgrenzungen bei Amtshaftung und Organhaftung, Jura 1995, 368; *Deutsch,* Gefährdungshaftung – Tatbestand und Schutzbereich, JuS 1981, 317; *Diederichsen,* Ansprüche gegen den Haftpflichtversicherer nach Straßenverkehrsunfällen, Jura 1990, 105; *Früh,* Bürgerliches Recht in der Fallbearbeitung, JuS 1995, 701; *Garbe/Hagedorn,* Die zivilrechtliche Haftung beim Verkehrsunfall, JuS 2004, 287; *Hassold,* Die Lehre vom Organisationsverschulden, JuS 1982, 583; *Henke,* Mitverursachung und Mitverschulden – Wer den Schaden herausfordert, muss den Schädiger schonen, JuS 1988, 753; *Henke,* Die Versäumnisse Dritter und die Zurechnung als Mitverschulden des Geschädigten, JuS 1990, 30; *Hüffer,* Grundfälle zur Gefahrtragung beim Kaufvertrag, JuS 1988, 123; *Kupisch,* Die Haftung für Verrichtungsgehilfen (§ 831 BGB), JuS 1984, 250; *Lemke,* Gefährdungshaftung im Straßenverkehr unter Berücksichtigung der Änderungen durch das Schadensersatzreformgesetz, ZfS 2002, 318; *Leßmann,* Gefährdungshaftung, JA 1989, 117; *Leßmann,* Besondere Deliktstatbestände, JA 1988, 585; *Leßmann,* Einführung und Überblick zum Recht der unerlaubten Handlungen, JA 1988, 57; *Martis,* Mitverursachung und Mitverschulden beim Straßenverkehrsunfall mit einzelnen Haftungsquoten, JA 1997, 141; *Medicus,* Gefährdungshaftung im Zivilrecht, Jura 1996, 561; *Müller* Privilegierung von Kindern nach der Schadensersatzrechtsreform 2002, ZfS 2003, 433; *Pallasch,* Gefahrtragungsregeln im BGB, JA 1994, 504; *Schirmer,* Neues Schadenersatzrecht in der Praxis, DAR 2004, 21; *Schreiber,* Die Haftung für Hilfspersonen, Jura 1987, 647; *Ziegltrum,* Bürgerliches Recht – Eine Fahrt im Schnee, JuS 1982, 604.

---

20 Jauernig/*Berger* § 447 Rn. 12; *Wertenbruch* JuS 2003, 625; Palandt/*Weidenkaff* § 447 Rn. 12.
21 Vgl. unter B. I.
22 Insoweit wohl die hM, Erman/*Grunewald* § 447 Rn. 10; Staudinger/*Beckmann* (2014) § 447 Rn. 39; MüKoBGB/*H.P. Westermann* § 447 Rn. 16 f.; Bamberger/Roth/*Faust* § 447 Rn. 9.

16. Fall: SOS beim Wasserski

Sachverhalt

Die Eheleute M und F möchten auf dem Chiemsee Wasserski fahren und mieten dazu ein Motorboot. Nachdem sich M einige Zeit von F hat ziehen lassen, wechseln beide die Positionen. M steuert nun das Boot und F versucht sich auf den Skiern. Nach einigen missglückten Versuchen hat F keinen Spaß mehr, will zum Boot zurückschwimmen und nähert sich diesem von hinten an. M möchte das Boot sicherheitshalber noch ein paar Meter vorwärts bewegen und drückt die Gashebel nach vorne. Nun verfügt das gemietete Boot – anders als dies für Boote dieser Klasse üblich ist – zusätzlich zu Gashebeln auch über Getriebehebel, über die bestimmt wird, ob das Boot vorwärts oder rückwärts fährt. Das bedenkt der M, der auch sonst nie besonders vorsichtig ist, freilich in diesem Moment nicht. Weil die Getriebehebel gerade auf »rückwärts« eingestellt sind, wird F, als M Gas gibt, vom Boot erfasst und einige Meter zur Seite geschleudert. Hierdurch gerät sie unglücklicherweise in die Spur eines mit leicht überhöhter Geschwindigkeit herannahenden und von D gesteuerten Motorbootes, welches sie überfährt. Bei Einhaltung der zulässigen Höchstgeschwindigkeit hätte D rechtzeitig ausweichen können.

F kann zwar gerettet werden, erleidet aber mehrere Knochenbrüche. Ob diese auf den ersten oder zweiten Aufprall zurückzuführen sind, lässt sich nicht feststellen. Dies alles ist besonders »schmerzhaft«, weil F bereits eine 50 EUR teure Eintrittskarte für die am Abend des Unfalltags stattfindende Volksmusik-Gala »Sommerfest der guten Laune« erworben hat, die sie für dieses einmalige Ereignis nun weder nutzen noch kurzfristig weiterveräußern kann.

Hat F einen Anspruch auf Ersatz der von ihr selbst beglichenen Heilbehandlungskosten iHv 10.000 EUR und des Preises der Eintrittskarte von 50 EUR gegen M, der in der Folgezeit keinerlei Anstalten macht, sich um Schadensausgleich zu bemühen, und/oder gegen D?

Bearbeitervermerk: Es ist davon auszugehen, dass das Betreiben von Wasserskifahrten in Binnengewässern durch eine »Binnengewässer-Wassersport-Verordnung« (BGWS-VO) geregelt ist. Diese enthält detaillierte Vorschriften zum Schutz von Wasserskifahrern, gegen die M durch sein Manöver verstoßen hat.

Lösungsvorschlag

A. Anspruch der F gegen M auf Zahlung der Heilungskosten von 10.000 EUR

unter den Eheleuten

I. Anspruch aus § 823 I BGB

1. Rechtsgutsverletzung

F hat Knochenbrüche erlitten, weshalb die in § 823 I BGB genannten Rechtsgüter Körper und Gesundheit verletzt sind.

2. Handlung

In dem Nachvornedrücken der Gashebel durch M lag ein der Bewusstseinskontrolle und Willenslenkung unterliegendes und damit beherrschbares menschliche Verhalten[1] und nicht etwa ein bloßer Reflex.

3. Kausalität

Diese Handlung des M müsste ursächlich für die Verletzung der F gewesen sein.

a) Bei Zugrundelegung der Äquivalenztheorie kommt es dabei darauf an, dass das entsprechende Verhalten nicht hinweggedacht werden kann, ohne dass der konkrete Erfolg entfiele (»conditio sine qua non«).[2] Zwar ist unklar, ob die Verletzungen der F von dem Aufprall auf das von M gelenkte Boot oder aber von dem Boot des D stammen. Denkt man jedoch das Umschalten der Gashebel durch M hinweg, wäre der gesamte Geschehensverlauf erst gar nicht in Gang gesetzt worden. Das Verhalten des M war daher äquivalent kausal.

b) Nach der Adäquanztheorie darf die Folge wiederum nicht so weit außerhalb aller Wahrscheinlichkeit liegen, dass mit ihrem Eintritt vernünftigerweise nicht zu rechnen war.[3] Selbst wenn die Verletzung erst durch das Boot des D hervorgerufen worden sein sollte, lag ein derartiger Geschehensablauf aber nicht außerhalb jeder Wahrscheinlichkeit.[4]

c) Ferner ist zu berücksichtigen, dass die Rechtsgutsverletzung nach ihrer Art und Entstehungsweise auch unter den Schutzzweck der verletzten Norm fallen, mithin gerade aus dem Bereich derjenigen Gefahren stammen muss, zu deren Abwendung die verletzte Rechtsvorschrift erlassen wurde.[5] Mit der Pflicht, als Steuernder eines Wasserski-»Ziehbootes« den Gezogenen nicht zu gefährden, soll einerseits unmittelbaren Verletzungen des Skifahrers vorgebeugt werden. Zugleich soll diese Pflicht zum vorsichtigen Lenken des Bootes aber *auch* verhindern, dass durch das Boot erfasste Personen aufgrund eines ersten Unfalls Opfer weiterer Wasserverkehrsteilnehmer werden. Selbst wenn die Verletzung erst vom Boot des D herrühren sollte, wird dies deshalb vom Schutzzweck erfasst. Unabhängig davon, dass D zu schnell

---

1 Zu dieser Definition vgl. etwa BGHZ 39, 103 (106 ff.); Palandt/*Sprau* § 823 Rn. 2.
2 Hk-BGB/*Staudinger* § 823 Rn. 47; *Looschelders* SchuldR BT Rn. 1225.
3 BGHZ 137, 11 (19 ff.); Hk-BGB/*Staudinger* § 823 Rn. 48.
4 Für einen vergleichbaren Fall im Straßenverkehr eindeutig BGH NJW 1972, 1804 (1805).
5 BGHZ 27, 137 (139 ff.); 57, 245 (256); Palandt/*Grüneberg* Vorb v § 249 Rn. 29.

gefahren ist, stellt sich die Zweitkollision als wertungsmäßig zurechenbare Folge des Erstunfalls dar.[6] Auch unter diesem Gesichtspunkt ist also Kausalität gegeben.

4. Rechtswidrigkeit

Selbst wenn man mit einer im Schrifttum vertretenen Auffassung davon ausgeht, dass die Rechtswidrigkeit im Rahmen von § 823 I BGB nur bei unmittelbaren Rechtsgutsverletzungen indiziert wird und es ansonsten der Feststellung einer Verkehrspflichtverletzung bedarf,[7] bereitet das Rechtswidrigkeitsurteil vorliegend keine Schwierigkeiten. Auch wenn man annimmt, dass die Verletzung (möglicherweise) nur mittelbar von M verursacht wurde, hat er durch sein Manöver jedenfalls eine Verkehrspflicht verletzt.

5. Verschulden

a) Gem. § 823 I BGB müsste M vorsätzlich oder fahrlässig gehandelt haben. Insoweit kommt allein Letzteres in Betracht. Nach § 276 II BGB handelt fahrlässig, wer die verkehrserforderliche Sorgfalt außer Acht lässt. Bei Anwendung dieser Sorgfalt hätte M sich vor dem Drücken der Hebel versichert, dass die korrekte Richtung (»Vor«) eingestellt ist. Als er dies nicht beachtete, handelte er fahrlässig.

b) Allerdings könnte dem M die Haftungserleichterung des § 1359 BGB zugute kommen, nach der Ehegatten bei der Erfüllung der sich aus dem ehelichen Verhältnis ergebenden Verpflichtungen einander nur für diejenige Sorgfalt einzustehen haben, welche sie in eigenen Angelegenheiten anzuwenden pflegen.

aa) M und F sind verheiratet.

bb) § 1359 BGB gilt nach seinem Wortlaut für die »Erfüllung der sich aus dem ehelichen Verhältnis ergebenden Verpflichtungen«. Diese Umschreibung erfasst nicht nur die Pflichten aus §§ 1353 ff. BGB, sondern den Gesamtbereich des ehelichen Pflichtenkreises.[8] Insbesondere gilt § 1359 BGB auch für deliktische Verhaltenspflichten.[9] Insoweit gehörte es zum ehelichen Pflichtenkreis des M, gem. § 1353 I BGB bei der gemeinsamen Freizeitbetätigung des Wasserskifahrens die körperliche Unversehrtheit seiner Ehefrau zu schützen.[10] Der Anwendungsbereich der Haftungsprivilegierung aus § 1359 BGB ist demnach eröffnet.

cc) Die Privilegierung kommt M zugute, wenn er bei dem Bootsmanöver die Sorgfalt angewandt hat, die er in eigenen Angelegenheiten pflegt. Da er auch sonst unvorsichtig ist, würde ihm dieser Nachweis gelingen.

dd) Allerdings bestimmt § 277 BGB, dass auch derjenige, der nur für diejenige Sorgfalt einzustehen hat, welche er in eigenen Angelegenheiten anzuwenden pflegt, von der Haftung wegen grober Fahrlässigkeit nicht befreit ist. Demzufolge kann M nicht in den Genuss der Privilegierung des § 1359 BGB kommen, wenn er grob fahrlässig

---

6 So zum Parallelfall im Straßenverkehr OLG Saarbrücken NZV 1999, 510 (511) unter Berufung auf den vergleichbaren Fall BGH NJW 1972, 1804 (1805).

7 PWW/*Schaub* § 823 Rn. 13; Staudinger/*Hager* (2009) § 823 Rn. H 16; *Looschelders* SchuldR BT Rn. 1175.

8 OLG Nürnberg SpuRt 2008, 208 (209 f.).

9 BGH NJW 1988, 2667 (2669) zur Parallelnorm des § 1664 BGB; Jauernig/*Berger*/*Mansel* § 1359 Rn. 4.

10 OLG Nürnberg SpuRt 2008, 208 (210).

gehandelt hat. Grobe Fahrlässigkeit ist anzunehmen, wenn die verkehrserforderliche Sorgfalt in besonders schwerem, ungewöhnlich hohem Maße außer Acht gelassen wird. Dies ist der Fall, wenn einfachste, ganz nahe liegende Überlegungen nicht angestellt werden und dasjenige unbeachtet bleibt, was unter den gegebenen Umständen jedem einleuchten muss.[11] Neben die objektiv ungewöhnliche Schwere des Sorgfaltsverstoßes muss also eine subjektive Vorwerfbarkeit treten.[12] An einem derart schweren Verstoß muss man hier aber zweifeln. M hat zwar unvorsichtig gehandelt, doch wird man angesichts der ungewöhnlichen Hebelkonstruktion des Bootes davon ausgehen müssen, dass hier keine ganz simplen, jedem einleuchtenden Vorkehrungen versäumt wurden.[13] Die Frage nach dem Vorliegen grober Fahrlässigkeit kann aber ohnehin dahingestellt bleiben, wenn § 1359 BGB schon aus anderen Gründen nicht eingreift.

ee) So wird nämlich verbreitet angenommen, dass die Ausnahmevorschrift des § 1359 BGB keine Anwendung finden kann, wenn eine für alle Verkehrsteilnehmer geltende Regelung verletzt wurde, die keinen Spielraum für die Berücksichtigung eigenüblicher Sorgfalt lässt.[14] Es soll sich nämlich niemand darauf berufen können, er beachte die Verkehrsregeln weniger genau als vorgeschrieben.[15] Das ist vor allem für den Bereich des Straßenverkehrs weitgehend anerkannt.[16] Hintergrund dieser Überlegung ist zudem, dass dem Geschädigten nicht aufgrund § 1359 BGB der Anspruch gegen die (Kfz-) Haftpflichtversicherung des schädigenden Ehegatten verloren gehen soll.[17] Fraglich ist indes, ob sich dieser Gedanke auf den vorliegenden Fall übertragen lässt. Zwar spielen hier die versicherungsrechtlichen Aspekte keine Rolle, da anders als bei der Beteiligung von Kraftfahrzeugen (§ 1 PflVG, § 113 VVG) keine Versicherungspflicht besteht.[18] Hingegen dürfte der Ausgangsgedanke übertragbar sein. Wie der Bearbeitungshinweis nämlich vorgibt, wird das Betreiben von Wasserskisport durch die BGWS-VO detailliert geregelt. Aus diesem Grund und weil es sich bei Motorboot und Kfz jeweils um motorgetriebene Fahrzeuge handelt, lassen sich die Gefahrenlagen durchaus vergleichen. Es sprechen deshalb gute Gründe dafür, ebenso wie beim Straßenverkehr aufgrund der hohen Regelungsdichte eine Berufung auf eigenübliche Sorgfalt von vornherein zu versagen.[19] Für dieses Ergebnis lässt sich zudem anführen, dass § 1359 BGB als Ausnahmevorschrift zum grundsätzlich geltenden Haftungsmaßstab des § 276 BGB schon nach allgemeinen Grundsätzen eng auszulegen ist.[20]

---

11 BGHZ 77, 274 (276); 89, 153 (161); Palandt/*Grüneberg* § 277 Rn. 5.
12 Jauernig/*Stadler* § 276 Rn. 33; Erman/*H.P. Westermann* § 276 Rn. 16.
13 Vgl. auch OLG Nürnberg SpuRt 2008, 208 (210 f.).
14 BGHZ 46, 313 (317 f.) zur Parallelnorm des § 708 BGB. BGHZ 53, 352 (355 f.); 61, 101 (104 f.); 63, 51 (57).
15 Bamberger/Roth/*Hahn* § 1359 Rn. 7.
16 S. die bei Fn. 14 genannten Entscheidungen.
17 BGHZ 63, 51, 59; MüKoBGB/*Roth* § 1359 Rn. 17.
18 Als entscheidendes Argument sieht dies OLG Nürnberg SpuRt 2008, 208, 210 an; ähnlich *Lemcke* r + s 2009, 257 f.
19 BGH NJW 2009, 1875; *Born* FPR 2009, 319, 320. AA in der Vorinstanz OLG Nürnberg SpuRt 2008, 208, 210, wobei dort wohl die Regelungsdichte der Wasserskiregelungen verkannt wurde. Kritisch auch *Lemcke* r + s 2009, 257, 258.
20 BGH NJW 2009, 1875. Kritisch zu diesem Argument *Wellenhofer* JuS 2009, 763, 764, die § 1359 BGB gerade als Grundsatz und nicht als Ausnahme ansieht.

6. Kausaler Schaden

F ist für die Heilbehandlungskosten iHv 10.000 EUR[21] selbst aufgekommen. Deshalb ist ihr durch die Verletzung ein äquivalent- sowie adäquat-kausaler Schaden entstanden, der auch im Rahmen des Schutzzwecks der Norm liegt. Nach § 249 I BGB ist grundsätzlich Naturalrestitution zu leisten, wobei nach § 249 II 1 BGB bei Körperschäden der hierzu erforderliche Geldbetrag verlangt werden kann.

7. Ergebnis

F hat also grundsätzlich einen Anspruch auf Zahlung von Schadensersatz iHv 10.000 EUR gegen M aus § 823 I BGB.

8. Durchsetzbarkeit

Mitunter wird aus § 1353 I 2 BGB eine Durchsetzbarkeitssperre für Schadensersatzansprüche von Ehegatten untereinander hergeleitet. Diese soll gelten, solange sich der schädigende Ehegatte im Rahmen seiner wirtschaftlichen Möglichkeiten um einen (anderweitigen) Ausgleich des Schadens bemüht.[22] Da M vorliegend keinerlei Bemühungen zeigt, kommt eine derartige Durchsetzungssperre von vornherein nicht in Betracht. Der Anspruch der F ist folglich auch durchsetzbar.

II. Anspruch aus § 823 II BGB iVm BGWS-VO

1. Verletzung eines Schutzgesetzes

M müsste durch sein Verhalten gegen ein Schutzgesetz verstoßen haben. Wie der Sachverhalt vorgibt, hat M objektiv gegen die BGWS-VO verstoßen. Diese Regelung müsste als Schutzgesetz zu qualifizieren sein.

a) Es handelt sich bei der BGWS-VO nur um eine Verordnung, also kein Gesetz im formellen Sinne.[23] Gesetz iSv § 823 II BGB ist nach Art. 2 EGBGB aber jede Rechtsnorm. Deshalb kommt die Verordnung als Schutzgesetz grundsätzlich in Betracht.

b) Das Gesetz muss den Schutz eines anderen bezwecken, also überhaupt dem Individualschutz dienen.[24] Die BGWS-VO dient dem Schutz der Rechtsgüter von Wasserskifahrern.

c) Daneben muss aber gerade auch der Schutzbereich der Vorschrift betroffen sein.[25] Das gilt zunächst für den persönlichen Schutzbereich. F gehört zu dem von der Vorschrift geschützten Personenkreis der Wasserskifahrer. Auch der sachliche Schutzbereich ist betroffen, da Rechtsgüter (Körper, Gesundheit) der F verletzt sind, die durch die BGWS-VO geschützt werden sollen. Weil die Verordnung auch gerade vor Schädigungsverläufen wie dem hier eingetretenen (Bootsunfall) schützen möchte, ist der Schutzbereich insgesamt betroffen.

---

21 Nach »Schmerzensgeld« (§ 253 II BGB) war nicht gefragt. Ausführungen dazu erübrigen sich also.

22 BGHZ 53, 352, 356; 75, 134, 135 f.; Bamberger/Roth/*Hahn* § 1353 Rn. 24; Hk-BGB/*Kemper* § 1353 Rn. 5.

23 Zur Unterscheidung zwischen formellem und materiellem Gesetz s. Staudinger/*Merten* (2012) EGBGB Art. 2 Rn. 2.

24 Erman/*Schiemann* § 823 Rn. 157; *Looschelders* SchuldR BT Rn. 1282.

25 Zum Folgenden *Medicus/Lorenz* SchuldR BT Rn. 1321 ff.

2. Rechtswidrigkeit und Verschulden

Rechtswidrigkeit und Verschulden lassen sich wie bei dem Anspruch aus § 823 I BGB bejahen.

3. Kausaler Schaden

Auch mit Blick auf den ersatzfähigen Schaden gelten die Ausführungen zu § 823 I BGB entsprechend.

4. Ergebnis

F kann gegen M also auch nach § 823 II BGB in Verbindung mit der BGWS-VO auf Schadensersatzzahlung iHv 10.000 EUR für ihre Heilbehandlungskosten vorgehen.

III. Anspruch aus § 823 II BGB iVm § 229 StGB

Ein inhaltsgleicher Anspruch ergibt sich zudem aus § 823 II BGB in Verbindung mit dem Schutzgesetz des § 229 StGB, sofern man auch aus strafrechtlichem Blickwinkel die Zurechnung des Verletzungserfolgs zu M für den Fall bejaht, dass die Verletzungen der F (erst) von dem Boot des D herrühren.[26]

IV. Anspruch aus § 1359 BGB

Die Vorschrift des § 1359 BGB kommt nicht als Anspruchsgrundlage in Betracht, sondern regelt lediglich den Haftungsmaßstab.[27] Ein Anspruch auf der Grundlage dieser Norm scheidet folglich aus.[28]

B. Anspruch der F gegen M auf Zahlung der Kosten für die Gala-Eintrittskarte iHv 50 EUR aus § 823 I bzw. § 823 II BGB iVm BGWS-VO oder § 229 StGB

I. Haftungsbegründende Tatbestände

Die haftungsbegründenden Tatbestände von § 823 I und II BGB sind vorliegend erfüllt (s. A.).

II. Schadensersatz

Fraglich ist allein, ob die Tatsache, dass die Eintrittskarte im Wert von 50 EUR infolge des Unfalls ungenutzt verfallen ist, zu einem ersatzfähigen Schadens in dieser Höhe führt.

---

26 Zur Behandlung von Folgeschäden sowie des Dazwischentretens Dritter bei fahrlässigen Erfolgsdelikten im Strafrecht s. allgemein Schönke/Schröder/*Sternberg-Lieben/Schuster* § 15 Rn. 162, 169, 171.

27 AllgM, s. nur MüKoBGB/*Roth* § 1359 Rn. 2.

28 **Hinweis:** Für die Parallelnorm zum Eltern-Kind-Verhältnis, § 1664 BGB, ist dies streitig, insbes. wegen deren Abs. 2. Zum Streit s. Staudinger/*Engler* (2009) § 1664 Rn. 6 mwN.

1. Naturalrestitution

Da es sich bei dem »Sommerfest der guten Laune« um eine einmalige Veranstaltung handelt, kann F nicht mehr so gestellt werden, wie sie ohne das schädigende Ereignis stünde. Deshalb scheidet eine Naturalrestitution[29] nach § 249 BGB aus.

2. Schadenskompensation

Demnach kommt allenfalls Geldersatz (§ 251 I BGB) in Betracht. Wie § 253 I BGB zeigt, ist ein solcher grundsätzlich nur bei Vermögensschäden und nicht bei bloß immateriellen Schäden zu leisten. Folglich müsste hier ein Vermögensschaden vorliegen.

a) Das Vorliegen eines Vermögensschadens beurteilt sich nach der Differenzhypothese. Es ist also ein Vergleich der nun tatsächlich bestehenden Vermögenslage des Geschädigten mit derjenigen Situation vorzunehmen, die ohne den Unfall bestanden hätte.[30] Bezogen auf die Zahlung des Ticketpreises ist das Ergebnis eindeutig: Ohne den Bootsunfall hätte F 50 EUR für den Showbesuch ausgegeben. Nun, nach dem Bootsunfall, ist ihr Vermögen ebenfalls in dieser Höhe vermindert. Eine Differenz ergibt sich deshalb nicht.

b) Die Anwendung der Differenzhypothese ist aber lediglich der erste Schritt bei der Schadensberechnung. Ihr Ergebnis kann gegebenenfalls normativ zu korrigieren sein.[31]

aa) Ein Vermögensschaden könnte sich aus dem Frustrierungsgedanken ergeben, der die aufgrund des Unfalls vergeblichen (nutzlosen) Aufwendungen als ersatzfähig ansieht.[32] Dem kann aber allenfalls für geschäftliche Aufwendungen gefolgt werden, die in ihrer Folge den Aufwand möglicherweise wieder eingebracht hätten (sog. Rentabilitätsvermutung[33]). Im Übrigen spricht schon § 284 BGB gegen den Ersatz von Frustrationsschäden im Deliktsrecht. Die Norm wurde nämlich im Rahmen der Schuldrechtsmodernisierung für den vertraglichen Bereich eingefügt. Im allgemeinen Schadensrecht wurde dagegen auf eine entsprechende Regelung verzichtet.[34]

bb) Ein weiterer Ansatz könnte darin liegen, den Vermögenswert des Genusses zu berücksichtigen, den der Showbesuch mit sich gebracht hätte, diesen also zu »kommerzialisieren«.[35] Durch eine solche Berücksichtigung von Genüssen, die praktisch in vielen Fällen vorzunehmen wäre, würde aber letztlich die mit § 253 I BGB zum Ausdruck kommende Grundentscheidung des Gesetzes infrage gestellt, dass regelmäßig nur Vermögensschäden zu ersetzen sind.[36] Um der Gefahr zu begegnen, unter Verletzung des § 253 BGB die Ersatzpflicht auf Nichtvermögensschäden auszudehnen, soll die sog. Kommerzialisierung des Gebrauchs von Vermögensgütern auf Sachen beschränkt sein, »deren ständige Verfügbarkeit für die eigenwirtschaftliche Lebenshal-

---

29 Zum Begriff *Looschelders* SchuldR AT Rn. 949 ff.
30 BGHZ 98, 212 (217); Erman/*Ebert* § 249 Rn. 47; *Looschelders* SchuldR AT Rn. 880 f.
31 BGHZ 71, 234 (240); Bamberger/Roth/*Schubert* § 249 Rn. 13.
32 Hierzu BGHZ 99, 196; *Looschelders* SchuldR AT Rn. 991.
33 Staudinger/*Schiemann* (2005) § 249 Rn. 126 mwN zur Rechtsprechung.
34 *Medicus/Petersen* BürgerlR Rn. 825; *Martens* AcP 209 (2009) 445 (452).
35 Erman/*Ebert* § 249 Rn. 66.
36 Palandt/*Grüneberg* vor § 249 Rn. 11; Staudinger/*Schiemann* (2005) § 253 Rn. 15; *Looschelders* SchuldR AT Rn. 1003.

tung typischerweise von zentraler Bedeutung ist«.[37] Dies ändert aber nichts an den grundsätzlichen Bedenken gegen einen solchen Ansatz. Bereits die Unbestimmtheit im Merkmal der »zentralen Bedeutung« deutet an, dass dieser mit der Rechtssicherheit und Berechenbarkeit des Schadens in Konflikt gerät. Hinzu kommt in vielen Fällen die Schwierigkeit, den Kommerzialisierungwert einer Sache der Höhe nach allgemeingültig festzusetzen. So muss der Genuss der Show keineswegs immer dem zuvor aufgebrachten Eintrittspreis entsprechen.[38] Auch dieser Ansatz ist deshalb im Ergebnis abzulehnen.

cc) Somit kommt allenfalls in Betracht, den Vermögensschaden darin zu sehen, dass F das Recht verloren hat, die Show zu besuchen. Diesem durch die Eintrittskarte abgebildeten Recht kommt nämlich ein Marktwert zu, wie dies auch bei anderen verbrauchbaren Gütern der Fall ist.[39] Dennoch wird die Ersatzfähigkeit teilweise abgelehnt,[40] wobei insbesondere das Argument vorgebracht wird, dass in einem solchen Fall die Nichtnutzung des vermögenswerten Eintrittsrechts für die Veranstaltung auf einem subjekt- (Verletzung der F) und nicht auf einem objektbezogenen Eingriff (zB Vernichtung der Eintrittskarte als klarer Fall einer Schadensersatzpflicht) beruht.[41] Danach ließe sich das Verpassen der Show nur im Rahmen des Schmerzensgeldes berücksichtigen.[42] Die herrschende Meinung sieht dies freilich anders und bejaht in der vorliegenden Situation einen ersatzfähigen Schaden.[43] Das basiert auf einer Unterscheidung danach, ob mit der Nutzungsvereitelung zugleich ein Verlust des Substanzwertes einhergeht. Wenn dies wie beim Verfall einer Eintrittskarte für eine einzelne Veranstaltung der Fall ist (das Eintrittsrecht ist dann endgültig verloren), sei ein Vermögensschaden anzunehmen. Bleibt der Substanzwert dagegen trotz der zwischenzeitlichen Nutzungsvereitelung erhalten, sei kein Schadensersatz zu leisten.[44] Dieser Differenzierungsansatz dürfte geeignet sein, den Schadensersatz für Nutzungsbeeinträchtigungen wegen Verletzungen des nutzenden Subjekts nicht völlig ausufern zu lassen. Somit wird der hinter § 253 I BGB stehende Gedanke nicht negiert. Nach alldem kann F also Schadensersatz iHv 50 EUR (Wert des Anspruchs auf Einlass zur Veranstaltung) von M fordern.

III. Ergebnis

F hat gegen M einen Anspruch auf Schadensersatz aus § 823 I und II BGB iHv weiteren 50 EUR (zusätzlich zum Ersatz der Heilbehandlungskosten).

---

37 BGH NJW-RR 2008, 1198 (1198); vgl. zum Ausfall des Internet als Vermögensschaden des DSL-Anschlussinhabers BGHZ 196, 101.

38 Dazu *Martens* AcP 209 (2009) 445 (453).

39 *Martens* AcP 209 (2009) 445 (454).

40 MüKoBGB/*Oetker* § 249 Rn. 71; *Martens* AcP 209 (2009) 445 (456).

41 *Martens* AcP 209 (2009) 445 (454 ff.).

42 **Klausurtipp:** Nach Schmerzensgeld war vorliegend freilich nicht gefragt, s. oben Fn. 21.

43 Hk-BGB/*Schulze* § 253 Rn. 6; Palandt/*Grüneberg* § 249 Rn. 69; Staudinger/*Schiemann* (2005) § 251 Rn. 103; *Medicus*, FS 50 Jahre BGH I, 2000, 201 (220); *Schimmel/Buhlmann* Jura 2001, 600 (604).

44 **Hinweis:** So etwa im Fall OLG Hamm NJW 1998, 2292 f., in dem der Geschädigte seinen Rennwagen aufgrund seiner verletzungsbedingten Erkrankung nicht nutzen konnte, der Wagen bei späteren Rennen aber natürlich weiterhin einsetzbar war.

C. Anspruch der F gegen D auf Zahlung der Heilbehandlungskosten iHv 10.000 EUR

Zu untersuchen ist, ob auch gegen D Ansprüche der F bestehen.

I. § 823 I BGB

1. Rechtsgutverletzung

Die Verletzung der Rechtsgüter Körper und Gesundheit der F wurde bereits bejaht.

2. Verhalten

Auch hat D durch das Steuern und Beschleunigen seines Bootes ein der Bewusstseinskontrolle unterliegendes menschliches Verhalten an den Tag gelegt.

3. Kausalität

Bedenken ergeben sich aber hinsichtlich der Kausalität dieses Verhaltens für die Verletzungen der F. Denkt man im Rahmen der Äquivalenztheorie das Verhalten des D hinweg, erscheint es möglich, dass die Verletzungen, deren Herkunft ja nicht aufgeklärt werden kann, auch ohne das Verhalten des D eingetreten wären. Da den Geschädigten insoweit grundsätzlich die Beweislast trifft,[45] muss das auf § 823 I BGB gestützte Schadensersatzbegehren der F scheitern.

4. Ergebnis

Ein Schadensersatzanspruch der F aus § 823 I BGB gegen D besteht demzufolge nicht.

II. § 823 II BGB iVm BGWS-VO

Soweit D ebenfalls gegen die BGWS-VO verstoßen haben sollte, scheidet auch insofern ein Anspruch der F aus, weil sie den Kausalitätsnachweis nicht führen kann.

III. § 830 I 2 BGB

Möglicherweise kann sich F aber auf § 830 I 2 BGB stützen.[46] Grundvoraussetzung dafür ist, dass mehrere Personen unabhängig voneinander eine selbstständige unerlaubte Handlung begangen haben, der Verletzungserfolg zwar auf der Handlung eines jeden beruhen kann, sich jedoch nicht ermitteln lässt, wer tatsächlicher Urheber des Schadens war.[47] Im Einzelnen ergeben sich daher folgende Voraussetzungen:

---

45 Jauernig/*Teichmann* § 823 Rn. 63; MüKoBGB/*Wagner* § 823 Rn. 71.

46 **Merke:** Die Norm stellt nach überwiegender Meinung eine eigene Anspruchsgrundlage und keine bloße Beweislastregel dar, BGHZ 72, 355 (358); Palandt/*Sprau* § 830 Rn. 1; *Looschelders* SchuldR BT Rn. 1388; aA etwa *Brox/Walker* SchuldR BT § 51 Rn. 5.

47 Hk-BGB/*Staudinger* § 830 Rn. 20 (sog. »Alternativkausalität«, BGHZ 67, 14 [19]).

1. Anspruchsbegründendes Verhalten jedes Beteiligten unter Außerachtlassung der Kausalität

Jeder Beteiligte muss einen Haftungstatbestand verwirklicht haben, bei dem – abgesehen vom Nachweis der haftungsbegründenden Kausalität[48] – alle Tatbestandsvoraussetzungen vorliegen.[49] Lässt man die Kausalität außer Acht, haben sowohl M (s. oben) als auch D jedenfalls den Tatbestand von § 823 I BGB verwirklicht. D handelte nämlich insbesondere auch rechtswidrig und schuldhaft, als er mit überhöhter Geschwindigkeit den See befuhr.

2. Verursachung durch einen der Beteiligten sicher

Erforderlich ist, dass jedenfalls einer der Beteiligten den Schaden tatsächlich verursacht hat.[50] Hier steht außer Frage, dass entweder M oder D die Verletzung der F verursacht hat. Dritte kommen als Schädiger nicht in Betracht.

3. Fehlende Feststellbarkeit des Urhebers unter den Beteiligten

Es darf auch nicht feststellbar sein, welcher der Beteiligten den Schaden tatsächlich verursacht hat, weshalb »Urheberzweifel« bestehen müssen.[51] Weil aber auch Verletzungen durch das Boot des D noch äquivalent- und adäquat-kausal sowie zurechenbar auf dem Verhalten des M beruhen (s. oben unter A.) steht fest, dass M für den gesamten Schaden verantwortlich ist. Die Verursachung durch M ist somit nicht zweifelhaft. Dies ist aber gerade kein Fall des § 830 I 2 BGB, der den Geschädigten nur vor dem Unaufklärbarkeitsrisiko schützen soll.[52] Ein solches Risiko der F, auf ihrem Schaden »sitzen zu bleiben«, besteht wegen der feststehenden Haftung ihres Ehemannes M nicht.

4. Ergebnis

Ein Anspruch der F gegen D ergibt sich mithin auch nicht aus § 830 I 2 BGB.

D. Anspruch der F gegen D auf Zahlung der Kosten für die Gala-Eintrittskarte iHv 50 EUR

Ein Anspruch der F gegen D auf Ersatz des Eintrittskartenpreises scheitert demzufolge ebenfalls bereits an der fehlenden bzw. nicht nachweisbaren Kausalität.

> **Zur Vertiefung:** *Armbrüster*, Grundfälle zum Schadensrecht, JuS 2007, 411, 508, 605; *Benicke*, Deliktische Haftung mehrerer nach § 830 BGB, Jura 1996, 127; *S. Lorenz*, Grundwissen – Zivilrecht: Vertretenmüssen (§ 276 BGB), JuS 2007, 611; *Martens*, Schadensersatz für entgangene Theaterfreuden, AcP 209 (2009) 445; *Musielak*, Kausalität und Schadenszurechnung im Zivilrecht, JA 2013, 241; *Preisner*, Examenstypische Klausurenkonstellationen des Familien- und Erbrechts – Teil III: Schadensersatzprobleme und Ausgleichsansprüche, JA 2010, 584.

---

48 **Merke:** Obwohl § 830 I 2 BGB von der Verursachung des *Schadens* spricht, geht es um die haftungsbegründende Kausalität zwischen Verhalten und Rechtsgutverletzung, s. nur BGHZ 55, 86 (91); 142, 227 (239); Bamberger/Roth/*Spindler* § 830 Rn. 17; Jauernig/*Teichmann* § 830 Rn. 1.
49 BGH NJW 1995, 1286; Erman/*Schiemann* § 830 Rn. 6.
50 Palandt/*Sprau* § 830 Rn. 7; Bamberger/Roth/*Spindler* § 830 Rn. 19.
51 BGH NJW 1996, 3205 (3207); Erman/*Schiemann* § 830 Rn. 6; Hk-BGB/*Staudinger* § 830 Rn. 27.
52 BGHZ 72, 355 (358); *Medicus/Lorenz* SchuldR BT Rn. 1426 f. Zum Zweck des § 830 I 2 BGB Hk-BGB/*Staudinger* § 830 Rn. 19.

VI. Sachenrecht

17. Fall: Fahrrad auf Abwegen

Sachverhalt

Auf dem Campus der Universität wird das mit einer Kette gesicherte Fahrrad des Studenten S gestohlen. Der Dieb D veräußert das 150 EUR werte Rad für 160 EUR an X.

1. Welche Ansprüche hat S gegen X und D, und welche X gegen D? (Dabei ist davon auszugehen, dass S das Fahrrad in jedem Fall zurück haben will.)
2. Wie wäre es, wenn S dem D das Fahrrad geliehen hätte?
3. Wie wäre es, wenn D das geliehene Fahrrad seinem Freund X geschenkt hätte?

189

Lösungsvorschlag

A. Ausgangsfall (Frage 1)

I. Ansprüche des S gegen X

1. § 985 BGB

S könnte gegen X einen Anspruch auf Herausgabe des Fahrrades nach § 985 BGB haben.

a) Der Anspruchsgegner X müsste Besitzer[1] des Fahrrades sein. Seit dem Erwerb von D besitzt X das Rad als unmittelbarer Besitzer (§ 854 I BGB).

b) S müsste weiterhin Eigentümer des Rades sein.

aa) Ursprünglich war S Eigentümer.

bb) Eine Übereignung nach §§ 929 ff. BGB ist im Verhältnis von S und D mangels Einigung nicht erfolgt. Daher hat S sein Eigentum nicht aufgrund eines Eigentumserwerbs des D verloren.

cc) S könnte das Eigentum aber aufgrund eines Eigentumserwerbs des X verloren haben. Die für den Eigentumserwerb nach § 929 S. 1 BGB erforderliche Einigung liegt im Verhältnis von D und X vor. Auch die Übergabe hat stattgefunden. Weiterhin setzt § 929 S. 1 BGB voraus, dass der Veräußerer der Sache auch deren Eigentümer ist. D war aber nicht Eigentümer des Fahrrades (s. oben A. I. 1. b. bb).

Nach § 932 I 1 BGB kann der Erwerber allerdings auch dann Eigentümer werden, wenn die Sache nicht dem Veräußerer gehört. Erforderlich ist, dass der Erwerber gutgläubig ist. Die Gutgläubigkeit des Erwerbers wird vermutet[2] und ist hier nicht widerlegt, sodass die Voraussetzungen des § 932 I 1 BGB gegeben sind.

Zu beachten bleibt jedoch, dass ein gutgläubiger Erwerb nach dieser Vorschrift gem. § 935 I 1 1. Fall BGB nicht eintritt, wenn die Sache dem Eigentümer gestohlen worden, verloren gegangen oder sonst abhandengekommen war. Deshalb scheidet aufgrund des Diebstahls des D ein gutgläubiger Erwerb des X aus.

dd) Folglich ist S Eigentümer geblieben.

c) X ist gegenüber S auch nicht nach § 986 BGB zum Besitz berechtigt.

d) Daher besteht der Anspruch des S gegen X auf Herausgabe des Fahrrades nach § 985 BGB.

---

1 **Klausurtipp:** Grundsätzlich ist als erste Voraussetzung die Eigentümerstellung des Anspruchstellers zu prüfen. Soweit diese aber anders als die Besitzverhältnisse nicht ohne Weiteres zu überschauen ist, ist es zulässig, die unproblematische Prüfung des Besitzes vorzuziehen.

2 **Hinweis:** Aus der Fassung des § 932 I 1 BGB (»es sei denn, dass ...«) ergibt sich, dass die Beweislast für die Bösgläubigkeit dem Anspruchsteller obliegt, vgl. BGH NJW 2009, 38; Erman/*Bayer* § 932 Rn. 6.

2. § 861 I BGB

S könnte gegen X einen Anspruch auf Wiedereinräumung des Besitzes am Fahrrad nach § 861 I BGB haben.

a) S war Besitzer des Fahrrades.

b) Der Besitz müsste ihm durch verbotene Eigenmacht entzogen worden sein. Verbotene Eigenmacht liegt nach der Legaldefinition des § 858 I BGB vor, wenn dem Besitzer der Besitz ohne dessen Willen entzogen wird. Dies ist bei einem Diebstahl der Fall.

c) Fraglich ist jedoch, ob X dem S gegenüber fehlerhaft besitzt. Fehlerhaft ist nach § 858 II 1 BGB der durch verbotene Eigenmacht erlangte Besitz. Verbotene Eigenmacht fällt aber gerade nicht dem gutgläubigen X, sondern allein dem Dieb D zur Last. Auch sind keine Anhaltspunkte dafür ersichtlich, dass X die Fehlerhaftigkeit des Besitzes des D beim Erwerb kannte, weshalb S die Fehlerhaftigkeit des Besitzes nicht nach § 858 II 2 2. Fall BGB gegen sich gelten lassen muss.[3]

d) Der Anspruch aus § 861 I BGB besteht daher nicht.

3. § 1007 I BGB

Aufgrund der Gutgläubigkeit des X ist auch der Anspruch aus § 1007 I BGB nicht gegeben.

4. § 1007 II 1 BGB

Weiterhin kommt ein Herausgabeanspruch des S gegen X nach § 1007 II 1 BGB in Betracht. Danach kann S auch von dem gutgläubigen Besitzer X Herausgabe des Fahrrades verlangen, es sei denn, dass einer der beiden Ausnahmetatbestände eingreift. Deren Voraussetzungen liegen aber nicht vor, weshalb der Anspruch des S gegen X auf Herausgabe des Fahrrades nach § 1007 II 1 BGB gegeben ist.

5. § 812 I 1 1. Fall BGB

Schließlich könnte X gegenüber D nach § 812 I 1 1. Fall BGB zur Herausgabe des Fahrrades verpflichtet sein.

a) X hat den Besitz an dem Fahrrad des S und damit einen vermögenswerten Vorteil, also »etwas« iSv § 812 I BGB erlangt.

b) Diese Vermögensposition hat X aber nicht durch eine Leistung des S erlangt. Vielmehr war es D, der das Vermögen des X bewusst und zweckgerichtet vermehrt hat, sodass allein im Verhältnis X – D eine Leistung vorliegt.

c) Ein Anspruch aus § 812 I 1 1. Fall BGB scheidet daher aus.

6. § 812 I 1 2. Fall BGB

Es könnte aber ein Herausgabeanspruch nach § 812 I 1 2. Fall BGB wegen einer sog. Nichtleistungskondiktion bestehen.

---

3 **Klausurtipp:** Die erste Alternative von § 858 II 2 BGB kommt hier nicht in Betracht und muss daher auch nicht geprüft werden.

a) X hat etwas erlangt (s. oben A. I. 5. a).

b) Dies müsste in sonstiger Weise, also nicht durch Leistung, geschehen sein (sog. Grundsatz vom Vorrang der Leistungskondiktion bzw. Subsidiarität der Nichtleistungskondiktion[4]). Es genügt nicht, dass gerade im Verhältnis von Anspruchsteller und Anspruchsgegner keine Leistung vorliegt. Vielmehr darf der Gegenstand überhaupt nicht durch Leistung erlangt worden sein. Der Besitz am Fahrrad wurde X von D geleistet (s. oben A. I. 5. b). Folglich scheidet auch die zweite Alternative von § 812 I 1 BGB aus.

7. § 823 I BGB iVm § 249 I BGB

§ 823 I BGB kann zwar iVm § 249 I BGB Anspruchsgrundlage für ein Herausgabeverlangen (Naturalrestitution) sein.[5] Die Voraussetzungen des § 823 I BGB liegen indessen nicht vor, da X keines der in der Vorschrift aufgeführten Rechtsgüter des S verletzt hat.

II. Ansprüche des S gegen D

1. Ansprüche auf Erlösherausgabe

a) §§ 667 2. Fall, 681 S. 2, 687 II 1 BGB

S könnte ein Anspruch gegen D auf Herausgabe der von X gezahlten 160 EUR aus §§ 667 2. Fall, 681 S. 2, 687 II 1 BGB zustehen.

D hat das Fahrrad des S in seinem eigenen Interesse an X verkauft. Damit hat er ein objektiv fremdes Geschäft geführt, nämlich ein solches des Eigentümers S. Da D als Dieb auch in Kenntnis seiner fehlenden Berechtigung gehandelt hat, sind die Voraussetzungen des § 687 II 1 BGB gegeben. D kann also die sich aus § 681 S. 2 BGB ergebenden Ansprüche geltend machen. Dazu gehört auch der Anspruch auf Herausgabe des aus der Geschäftsführung Erlangten (§ 667 2. Fall BGB), also der von X an D gezahlten 160 EUR.

Der Anspruch ist daher iHv 160 EUR gegeben.

b) § 816 I 1 BGB

Weiterhin kommt ein Anspruch des S gegen D auf Herausgabe von 160 EUR nach § 816 I 1 BGB in Betracht.[6]

aa) D müsste als Nichtberechtigter eine Verfügung getroffen haben. Verfügung ist jede Übertragung, Belastung, Inhaltsänderung oder Aufhebung eines Rechts.[7] Durch die Veräußerung des Fahrrades an X wollte D das Eigentum daran übertragen, verfügte mithin über das Eigentum am Rad.

---

4 Vgl. hierzu *Larenz/Canaris* SchuldR BT II, § 70 II und insbes. VI 5. b).

5 Vgl. hierzu *Diederichsen/Wagner* BGB-Klausur 46.

6 **Klausurtipp:** § 816 I 1 BGB wird nach ganz hM nicht durch die Sondervorschriften des Eigentümer-Besitzer-Verhältnisses, deren Anwendungsbereich hier wegen bestehender Vindikationslage (vgl. oben A. I. 1) eröffnet ist, verdrängt (vgl. Palandt/*Sprau* § 816 Rn. 2; *O. Werner* JuS 1970, 239 jeweils mwN).

7 S. nur Jauernig/*Stadler* § 816 Rn. 2.

bb) Dies tat er auch als Nichtberechtigter, weil nicht er, sondern S Eigentümer des Rades war (s. oben A. I. 1. b).

cc) Ferner müsste die Verfügung dem Anspruchsteller gegenüber wirksam gewesen sein. Wegen § 935 I 1 BGB (s. oben A. I. 1. b) cc) konnte X nicht gutgläubig Eigentum erwerben. Die Verfügung war damit unwirksam. S hat zwar die Möglichkeit, diese Verfügung zu genehmigen, womit diese nach §§ 182 I, 184 I BGB rückwirkend wirksam würde. Da eine Genehmigung jedoch nicht ersichtlich ist, S das Fahrrad laut Sachverhalt vielmehr zurück haben möchte, besteht kein Anspruch nach § 816 I 1 BGB.[8]

c) § 285 I iVm § 985 BGB

Dem Erlösherausgabebegehren des S entspricht auch die Rechtsfolge des § 285 I BGB, sodass auch diese Anspruchsgrundlage in Betracht kommt.

Voraussetzung des Anspruchs ist zunächst, dass zwischen S und D ein Schuldverhältnis bestanden hat. Aus § 985 BGB ergab sich die Verpflichtung des D, das Fahrrad an S zurückzugewähren (s. oben A. I. 1. d)). Diese Verpflichtung stellt ein (gesetzliches) Schuldverhältnis dar. Gesetzliche Schuldverhältnisse sind auch nicht etwa – unter teleologischen Gesichtspunkten – prinzipiell vom Anwendungsbereich des § 285 I BGB auszunehmen.[9] Eine Anwendung der Norm auf den Anspruch aus § 985 BGB kommt also durchaus in Betracht.

Dies hätte jedoch zur Konsequenz, dass der Eigentümer von zwei verschiedenen Personen jeweils das volle Interesse ersetzt verlangen könnte. Vom ehemaligen Besitzer könnte er nach § 285 I BGB das Surrogat verlangen, vom neuen Besitzer Herausgabe der Sache selbst nach § 985 BGB. Im Rahmen von § 816 I 1 BGB kann sich dieses offenbar unbillige Ergebnis hingegen nicht einstellen. Den Anspruch aus § 816 I 1 BGB kann der Eigentümer nur erfolgreich geltend machen, wenn er die Verfügung des Nichtberechtigten nach § 185 II 1 1. Fall BGB genehmigt (s. oben A. II. 1. b)). Der Anspruch nach § 985 BGB geht im gleichen Moment verloren. Auf diese Weise stellt das Gesetz sicher, dass der Eigentümer nicht in doppelter Weise befriedigt wird.[10] Dieses allein sinnvolle Ergebnis darf nicht durch die Anwendung des § 285 I BGB ausgehebelt werden. Deswegen ist § 285 I BGB nicht auf den Anspruch aus § 985 BGB anzuwenden, die Lösung ergibt sich vielmehr aus § 816 I BGB.[11]

---

8 **Klausurtipp:** Für den Fall, dass S die Genehmigung doch erteilt, stellt sich die Frage, ob S von D nach § 816 I 1 BGB die von X an D gezahlten 160 EUR in voller Höhe herausverlangen kann, zum Streitstand vgl. MüKoBGB/*M. Schwab* § 816 Rn. 37 ff. Dies kann nur dann bejaht werden, wenn man mit der hM den Anspruch aus § 816 I 1 BGB auf dasjenige erstreckt, was der Nichtberechtigte aus dem der Verfügung zugrundeliegenden Geschäft als Gegenleistung erlangt, BGHZ 29, 157. Andere hingegen wollen den Anspruch auf den objektiven Wert des Gegenstandes der Verfügung beschränken, *v. Caemmerer*, FS Rabel, 1954, 333, 356; Soergel/*Mühl* Rn. 29. Danach könnte S von D nur 150 EUR verlangen. Diese Frage ist aus dem Wortlaut der Norm nicht eindeutig zu beantworten. Für die hM spricht aber nicht nur § 816 I 2 BGB, sondern auch, dass das Recht, die Sache gewinnbringend zu verwerten, zu den dem Eigentümer zugewiesenen Befugnissen zählt, BGHZ 29, 157 (160). Deswegen könnte S von D nach § 816 I 1 BGB den von X gezahlten Erlös von insgesamt 160 EUR herausverlangen, wenn er die Verfügung genehmigt.

9 Vgl. Jauernig/*Stadler* § 285 Rn. 3; MüKoBGB/*Emmerich* § 285 Rn. 11; *O. Werner* JuS 1970, 239 (240); 1972, 589.

10 **Hinweis:** Dasselbe will § 255 BGB gewährleisten, dazu unten A. II. 2. a) bb).

11 So iE auch RGZ 115, 31 (33); vgl. auch BGHZ 75, 208 zu § 281 aF; MüKoBGB/*Emmerich* § 285 Rn. 15; Jauernig/*Stadler* § 285 Rn. 3.

2. Ansprüche auf Schadensersatz

a) §§ 989, 990 I 1 BGB

S könnte ein Schadensersatzanspruch iHv 150 EUR nach §§ 989, 990 I 1 BGB gegen D zustehen.

aa) Voraussetzungen

(1) Voraussetzung hierfür ist zunächst das Bestehen einer Vindikationslage nach § 985 BGB. S ist Eigentümer des Fahrrades. D war im Besitz des Fahrrades, ohne hierzu berechtigt zu sein (s. jeweils oben A. I.). Damit ist eine Vindikationslage im Verhältnis S – D gegeben.

(2) D kann das Fahrrad nicht herausgeben (§ 989 BGB), weil er es an X veräußert hat. Dies tat er vorsätzlich, also auch schuldhaft (§ 276 I 1 BGB).

(3) Bevor dem D die Herausgabe unmöglich geworden ist, müsste der Anspruch auf Herausgabe (aus § 985 BGB) rechtshängig geworden sein. Dies war jedoch mangels Klageerhebung (noch) nicht geschehen (vgl. §§ 261 I, 253 I ZPO). § 989 BGB kann folglich nicht unmittelbar angewendet werden. Der Besitzer haftet jedoch auch dann nach § 989 BGB, wenn er beim Erwerb des Besitzes nicht in gutem Glauben war (§ 990 I 1 BGB). D war bösgläubig, weil er das Fahrrad gestohlen hatte.

bb) Rechtsfolge

D ist also verpflichtet, S den durch die Unmöglichkeit der Herausgabe entstandenen Schaden zu ersetzen. Eine Naturalrestitution nach § 249 I BGB scheidet dabei aus, weil D dem S das Fahrrad nach Veräußerung an X nicht mehr verschaffen kann. Die Herstellung des Zustandes, der bestehen würde, wenn der zum Ersatz verpflichtende Umstand nicht eingetreten wäre (§ 249 I BGB), ist also nicht möglich (§ 251 I 1. Fall BGB). D hat S demnach in Geld zu entschädigen.

Dies kommt grundsätzlich[12] nur in Betracht, wenn ein Vermögensschaden vorliegt (§ 253 I BGB). Ein solcher kann hier nur darin liegen, dass S den Besitz am Fahrrad verloren hat. Man könnte erwägen, das Vorliegen eines Vermögensschadens mit dem Argument zu verneinen, dass S ja Eigentümer geblieben sei und so gegenüber X einen Herausgabeanspruch aus § 985 BGB habe. Sofern dieser Anspruch realisierbar ist, könne sich S den Besitz ohne Weiteres zurückverschaffen, sodass ein Vermögensschaden überhaupt nicht vorliege. Diese Argumentation steht jedoch in deutlichem Widerspruch zur Regelung des § 255 BGB. Danach hat der Ersatzberechtigte die Wahl: Er kann Herausgabe vom Besitzer oder Schadensersatz vom Schädiger verlangen. Der Schadensersatzanspruch gegen den Schädiger entfällt also nicht etwa deswegen, weil gleichzeitig ein Anspruch auf Herausgabe gegen einen Dritten besteht. Entscheidet sich der Eigentümer für den Schadensersatzanspruch, so steht dem Schädiger die Verteidigungsmöglichkeit des § 255 BGB zu. Dies ändert aber nichts daran, dass der Schadensersatzanspruch als solcher besteht. D hat S daher iHv 150 EUR (Wert des Fahrrades) zu entschädigen.

---

12 Ausnahmen sind zB §§ 253 II, 651f II BGB, 97 II UrhG.

b) §§ 992, 823 I BGB

Daneben könnte sich ein Anspruch des S gegen D auf Zahlung von 150 EUR aus §§ 992, 823 I BGB ergeben.

aa) Zunächst ist die Anwendbarkeit von § 823 I BGB zu prüfen. Grundsätzlich kommt eine Schadensersatzhaftung des Besitzers bei Vorliegen einer Vindikationslage neben der Haftung aus §§ 989, 990 I 1 BGB nicht in Betracht (§ 993 I 2. Hs. BGB iVm § 993 I 1. Hs. BGB).[13] Hiervon macht jedoch § 992 BGB eine Ausnahme. Dessen zweiter Fall ist hier einschlägig, sodass einer Anwendung von § 823 I BGB nichts entgegensteht. Liegen die Voraussetzungen des § 823 I BGB vor, steht dieser Anspruch mit dem aus §§ 989, 990 I 1 BGB in Anspruchskonkurrenz.[14]

bb) Indem D das Fahrrad an X veräußert hat, verletzte er in rechtswidriger Weise das Eigentum des S (Entzug der Nutzungsmöglichkeit). Da er wusste, dass das Rad dem S gehörte, geschah dies vorsätzlich, also schuldhaft (§ 276 I 1 BGB).

cc) Im Hinblick auf den Inhalt der nach § 823 I BGB gegebenen Schadensersatzpflicht ergeben sich keine Unterschiede zum Anspruch aus §§ 989, 990 I 1 BGB. D schuldet damit auch nach §§ 992, 823 I BGB die Zahlung von 150 EUR.

c) Ein Anspruch auf Wertersatz nach §§ 812 I 1 2. Fall, 818 II BGB (ggf. iVm §§ 818 IV, 819 I BGB) besteht nicht, da die §§ 987 ff. BGB insofern[15] eine abschließende Regelung enthalten (§ 993 I 2. Hs. BGB).

III. Ansprüche des X gegen D

1. § 311a II BGB

Hinsichtlich der Ansprüche des X kommt ein Schadensersatzanspruch gem. § 311a II BGB[16] gegen D in Betracht.

a) D und X haben einen Kaufvertrag geschlossen. Aufgrund dieses Kaufvertrages war D nach § 433 I BGB verpflichtet, X Eigentum an dem Fahrrad zu verschaffen. Dass D von seiner Leistungspflicht unter Umständen befreit ist, steht der Wirksamkeit des Vertrages jedenfalls nicht entgegen, § 311a I BGB.

b) Voraussetzung für einen vertraglichen Schadensersatzanspruch ist weiterhin, dass die vertragliche Grundlage nicht durch Anfechtung erloschen ist (§ 142 I BGB). Eine Anfechtung ist hier jedoch nicht ersichtlich.[17]

c) Aus dem Kaufvertrag war D nach § 433 I BGB verpflichtet, X das Eigentum an dem Fahrrad zu übertragen. Dies könnte nach § 275 I BGB unmöglich sein. Unmöglichkeit liegt vor, wenn der Schuldner die Leistung keinesfalls erbringen kann.[18] D war die Übereignung des Fahrrades von vornherein nicht möglich (§ 275 I BGB), da

---

13   O. *Werner* JuS 1970, 239; 1972, 589.
14   Vgl. Jauernig/*Berger* § 992 Rn. 1; O. *Werner* JuS 1972, 589.
15   Etwas anderes gilt für den unter A. II. 1. b) geprüften Anspruch auf Erlösherausgabe nach § 816 I 1 BGB, vgl. Fn. 6.
16   **Merke:** § 311a II BGB ist eine eigenständige Anspruchsgrundlage.
17   **Klausurtipp:** Sie wäre hier wegen Täuschung über die Eigentumsverhältnisse in Betracht gekommen. Eine Anfechtungserklärung liegt hier aber nicht vor. Deswegen ist auch ein Anspruch aus § 812 I 1 1. Fall BGB nicht zu prüfen.
18   MüKoBGB/*Ernst* § 275 Rn. 32; Bamberger/Roth/*Unberath* § 275 Rn. 1.

er als Nichtberechtigter das Eigentum am Fahrrad nicht übertragen konnte, §§ 932 I, 935 I 1 1. Alt. BGB. Jedoch könnte er die Eigentumsübertragung an X herbeiführen, indem er den wahren Eigentümer S dazu veranlasst, an ihn oder gleich an den X das Eigentum am Fahrrad zu übertragen. Schließlich liegt Unmöglichkeit nicht schon allein bei fehlender Verfügungsmacht vor, sondern bezieht sich auf die Unmöglichkeit der Beschaffung.[19]

Dies ist hier fraglich. Unmöglichkeit der Leistungserbringung liegt jedenfalls dann nicht vor, wenn es dem Verkäufer möglich ist, dem Käufer das Eigentum zu verschaffen, zB durch Ankauf der Sache vom wahren Eigentümer.[20] Jedoch ist Unmöglichkeit jedenfalls dann gegeben, wenn der wahre Eigentümer die Sache auf jeden Fall zurück haben will und unter keinen Umständen bereit ist, die Sache zu veräußern. So liegt hier der Fall.

Dieses Leistungshindernis bestand schon bei Vertragsschluss. Eine Genehmigung des S hinsichtlich der Verfügung des D ist ebenfalls nicht gegeben. Es liegt also ein Fall der subjektiven anfänglichen Unmöglichkeit vor.[21] § 311a II BGB ist folglich einschlägig.[22]

d) Gem. § 311a II 2 BGB entfällt der Ersatzanspruch, wenn der Schuldner das Leistungshindernis bei Vertragsschluss nicht kannte und seine Unkenntnis auch nicht zu vertreten hat. Anknüpfungspunkt ist dabei die Kenntnis vom Leistungshindernis bei Vertragsschluss.[23] D wusste, dass er als Nichtberechtigter handelt und somit nicht in der Lage ist, dem X das Eigentum am Fahrrad zu verschaffen.[24] Jedoch müsste D auch Wissen bzw. fahrlässige Unkenntnis hinsichtlich der fehlenden Bereitschaft des S zur Übereignung an ihn oder X gehabt haben. Schließlich liegt Unmöglichkeit gerade deshalb vor, weil S nicht bereit ist, das Fahrrad zu übereignen. Zwar kann man D nicht ein Wissen diesbezüglich unterstellen, jedoch liegt fahrlässige Unkenntnis vor. D hätte sich vorher nach der Bereitschaft des S zur Übereignung erkundigen müssen. Der Anspruch entfällt daher nicht nach § 311a II 2 BGB.

e) X kann gem. § 311a II S. 1 BGB wahlweise Schadensersatz statt der Leistung oder Aufwendungsersatz nach § 284 BGB verlangen. Zweifelhaft ist hier der Umfang des Schadensersatzes. Beim Schadensersatz statt der Leistung ist X so zu stellen, wie er stehen würde, wenn D ordnungsgemäß erfüllt hätte. Bei ordnungsgemäßer Erfüllung hätte X ein Fahrrad im Wert von 150 EUR erhalten. Damit beläuft sich das positive Interesse auf Ersatz von 150 EUR.

---

19 *Meier* Jura 2002, 187 (191).

20 BGH NJW 10, 1074 f.; Hk-BGB/*Schulze* § 275 Rn. 15.

21 **Hinweis:** Dabei spielt es gem. § 275 I BGB keine Rolle mehr, ob die Leistungserbringung subjektiv oder objektiv unmöglich ist.

22 **Klausurtipp:** An dieser Stelle könnte man auch §§ 437 Nr. 3, 435, 433, 311a II BGB anprüfen mit der Begründung, dass die fehlende Eigentumsverschaffung einen Rechtsmangel darstellt. Dies wird jedoch zu Recht abgelehnt, da sich die Pflicht zur Eigentumsverschaffung unmittelbar aus § 433 I 1 BGB ergibt und das Eigentum keine auf der Sache ruhende Last ist, vgl. Bamberger/Roth/*Faust* § 435 Rn. 15; Palandt/*Weidenkaff* § 435 Rn. 8; *Knöpfle* NJW 1991, 889 f.; aA *Meier* JR 2003, 353 ff.

23 Hk-BGB/*Schulze* § 311a Rn. 2.

24 **Klausurtipp:** Auf die Problematik des § 311a II als Garantiehaftungstatbestand kommt es hier nicht an, zur Vertiefung dazu vgl. *Ehmann/Sutschet* JZ 2004, 62 (66).

f) Fraglich ist, ob X besser stünde, wenn er anstelle von Schadensersatz statt der Leistung Aufwendungsersatz gem. § 284 BGB von D verlangt. X könnte unter Umständen von D den Kaufpreis iHv 160 EUR gem. §§ 311a II 1, 284 BGB ersetzt verlangen.

Nach der wohl herrschenden Ansicht ist die schon erbrachte Gegenleistung von § 284 BGB nicht erfasst. Der Gläubiger kann sowohl Schadensersatz als auch die schon erbrachte Gegenleistung nach § 326 IV iVm §§ 346 ff. BGB in Ausübung des Rücktrittsrecht verlangen.[25] Dem Gläubiger steht es frei, neben dem Schadensersatz auch den Rücktritt zu erklären (§ 325 BGB). Das Rücktrittsrecht ist vorrangig und abschließend im Hinblick auf die Rückerstattung des Kaufpreises.[26] Der Gläubiger kann somit auch nach §§ 311a II 1 2. Alt. 1 iVm 284 BGB nicht die schon erbrachte Gegenleistung zurückverlangen.

g) X kann von D gem. § 311 II 1 1. Alt. BGB 150 EUR als positives Interesse ersetzt verlangen.

2. § 346 I iVm § 326 IV BGB

X könnte einen Anspruch auf Rückzahlung des Kaufpreises iHv 160 EUR jedoch nach § 346 I iVm § 326 IV BGB haben, wenn X eine nicht geschuldete Gegenleistung bewirkt hat.

a) X hat die Zahlung des Kaufpreises an D bewirkt. Gem. § 326 I S. 1 BGB war er dazu nicht verpflichtet, da die Leistungserbringung aufseiten des D gem. § 275 I BGB unmöglich war.[27]

b) Fraglich ist, ob § 326 I 2 BGB eingreift mit der Folge, dass der Anspruch des D auf Kaufpreiszahlung nicht entfällt. Dazu müsste es sich bei der Leistung des D um eine mangelhafte Leistung iSv §§ 434, 435 BGB handeln. Die Nichtverschaffung des Eigentums kann jedoch nicht als Sach- oder Rechtsmangel angesehen werden.[28] Die Pflicht zur Eigentumsverschaffung ergibt sich unmittelbar aus § 433 I 1 BGB, und damit handelt es sich um ein Problem des allgemeinen Schuldrechts in Verknüpfung mit der Pflicht zur Eigentumsverschaffung.[29] Eine mangelhafte Leistung liegt daher nicht vor. Es bleibt bei § 326 I 1 BGB.

c) X kann von D folglich die Rückzahlung des Kaufpreises iHv 160 EUR gem. § 346 I iVm § 326 IV BGB verlangen.[30]

3. § 346 I iVm § 326 V BGB

Daneben ist ein Anspruch des X gegen D aus § 346 I BGB iVm § 326 V BGB auf Rückzahlung der 160 EUR denkbar.

---

25 *Reim* NJW 2003, 3662 (3665); Erman/*H.P. Westermann* § 284 Rn. 10; Jauernig/*Stadler* § 284 Rn. 8.

26 MüKoBGB/*Ernst* § 284 Rn. 16a; Erman/*H P. Westermann* § 284 Rn. 10.

27 Vgl. oben A. III. 1. c.

28 Bamberger/Roth/*Faust* § 435 Rn. 15; Palandt/*Weidenkaff* § 435 Rn. 8; *Knöpfle* NJW 1991, 889 f.

29 Bamberger/Roth/*Faust* § 435 Rn. 15; *Knöpfle* NJW 1991, 889 f.

30 **Merke:** § 346 I BGB begründet eine Verpflichtung zur Rückgewähr der erhaltenen Geldsumme, nicht jedoch der konkreten Geldstücke, vgl. MüKoBGB/*Gaier* § 346 Rn. 17.

X steht ein Rücktrittsrecht nach § 326 V BGB zu, da X von seiner Leistungspflicht aus § 275 I BGB befreit ist.

X muss sein Rücktrittsrecht durch Erklärung nach § 349 BGB ausgeübt haben. Dafür ist im Sachverhalt nichts ersichtlich. Die Rücktrittserklärung ist aber noch nachholbar.

Vor Erklärung des Rücktritts steht X folglich kein Anspruch aus § 346 I iVm § 326 V BGB zu.

4. §§ 280 I, 311 II, 241 II BGB

Ein Anspruch des X gegen D auf Zahlung von Schadensersatz könnte sich noch aus §§ 280 I, 311 II, 241 II BGB (culpa in contrahendo) ergeben.

a) Dies setzt voraus, dass die §§ 280 I, 311 II, 241 II BGB überhaupt neben § 311a II BGB anwendbar sind. Dies ist umstritten. Nach einer Ansicht kann sich der Gläubiger nicht auf die Verletzung einer vorvertraglichen Aufklärungspflicht berufen, wenn gleichzeitig ein Anspruch aus § 311a II BGB gegeben ist. In diesem Fall würde der Anspruch aus §§ 280 I, 311 II, 241 II BGB von § 311a II BGB verdrängt, da ansonsten die gesetzgeberische Wertentscheidung, wahlweise Schadensersatz statt der Leistung oder Ersatz vergeblicher Aufwendungen nach § 284 BGB zu verlangen, umgangen würde.[31]

Jedoch ist fraglich, ob der Gesetzgeber mit der Einführung des § 311a II BGB dem Gläubiger die Möglichkeit auf Ersatz des negativen Interesses gem. §§ 280 I, 311 II, 241 II BGB nehmen wollte. Aus der Gesetzesbegründung ergibt sich vielmehr, dass der Gläubiger zusätzlich den Ersatz des positiven Interesses verlangen kann. Es ist kein Grund ersichtlich, warum eine Haftung aus c.i.c. allein aufgrund der Anwendbarkeit von § 311a II BGB ausgeschlossen sein soll.[32] Zudem beruht die Haftung aus § 311a II BGB im Gegensatz zur Haftung aus c.i.c. nicht auf einer vorvertraglichen Pflichtverletzung, sondern hat ihre Wurzeln in dem Leistungsversprechen trotz Kenntnis oder fahrlässiger Unkenntnis vom Erfüllungshindernis.[33] Es handelt sich folglich bei der Haftung aus § 311a II BGB um eine eingeschränkte Garantiehaftung für die Leistungsfähigkeit,[34] während Anknüpfungspunkt für die Haftung gem. §§ 280 I, 311 II, 241 II BGB die fehlende Aufklärung über die Leistungsfähigkeit bzw. die arglistige Täuschung ist. Die §§ 280 I, 311 II, 241 II BGB sind daher neben § 311a II BGB anwendbar.[35]

b) Im Übrigen müssen die Voraussetzungen der §§ 280 I, 311 II, 241 II BGB vorliegen.

D hat eine Pflicht verletzt, indem er dem X arglistig verschwieg, dass er nicht Eigentümer des Fahrrades und somit nicht in der Lage war, ihm das Eigentum am Fahrrad zu übertragen.

Dies hatte D auch zu vertreten, § 280 I 2 BGB, da er mit Vorsatz handelte (§ 276 I BGB).

---

31 Erman/*Kindl* § 311a Rn. 12; Jauernig/*Stadler* § 311a Rn. 11.
32 In diesem Sinne AnwK/*Dauner-Lieb* § 311a Rn. 30; aA Palandt/*Grüneberg* § 311a Rn. 14; Mü-KoBGB/*Ernst* § 311a Rn. 21.
33 *Häublein* NJW 2003, 388 (392 f.); *Katzenstein* JR 2003, 447 (448).
34 *Häublein* NJW 2003, 388 (392 f.).
35 *Penner/Gärtner* JA 2003, 940 (946); *Häublein* NJW 2003, 388 (393).

c) X kann somit von D Ersatz des ihm durch die Pflichtverletzung entstandenen Schadens (negatives Interesse) verlangen. Zur Schadensermittlung sind die Vermögenslagen vor und nach dem schädigenden Ereignis zu vergleichen. Hätte D den X über die wahren Verhältnisse aufgeklärt, hätte X das Fahrrad nicht gekauft. X hätte sich also den Kaufpreis iHv 160 EUR erspart.

X hat folglich einen Anspruch auf Schadensersatz iHv 160 EUR gem. §§ 280 I, 311 II, 241 II BGB.

5. § 823 II BGB iVm § 263 I StGB

Ein Anspruch des X gegen D auf Zahlung von 160 EUR könnte schließlich nach § 823 II BGB iVm § 263 I StGB begründet sein.

a) § 263 StGB bezweckt den Schutz des Individualvermögens und ist damit ein Schutzgesetz iSv § 823 II BGB.

b) D müsste das Betrugsdelikt des § 263 I StGB verwirklicht haben. D hat X über die Eigentumsverhältnisse an dem Fahrrad getäuscht und auf diese Weise bei X, der D für den berechtigten Eigentümer hielt, einen entsprechenden Irrtum erregt. Aufgrund dieses Irrtums erfolgte die Zahlung von 160 EUR durch X an D, also eine Vermögensverfügung. Somit ist dem X ein Schaden in gleicher Höhe entstanden. D handelte auch in der Absicht, sich einen rechtswidrigen Vermögensvorteil zu verschaffen, wobei auch die allseits geforderte Stoffgleichheit zwischen eingetretenem Schaden und erstrebtem Vorteil[36] gegeben ist. Der Straftatbestand des § 263 I StGB ist damit verwirklicht.

c) Folglich ist D zum Schadensersatz verpflichtet. Nach § 249 I BGB ist X so zu stellen, als wenn die Täuschung nicht erfolgt wäre. X hätte dann nicht das Fahrrad von D gekauft und diesem auch nicht in Vollzug des Kaufvertrages 160 EUR ausgehändigt. Der Anspruch ist damit auf Rückzahlung von 160 EUR gerichtet.

B. S hat D das Fahrrad geliehen (Frage 2)

I. Ansprüche des S gegen X

1. § 985 BGB[37]

Ein Herausgabeanspruch des S gegen X nach § 985 BGB besteht, wenn S Eigentümer und X unberechtigter (§ 986 BGB) Besitzer des Fahrrades ist.

---

36 *Fischer* StGB § 263 Rn. 187.

37 **Beachte:** Vor dem Anspruch aus § 985 BGB kommt auch ein Rückgabeanspruch aus § 604 IV BGB in Betracht. Danach ist nämlich nach Beendigung der Leihe nicht nur der Entleiher, sondern auch derjenige zur Herausgabe verpflichtet, dem der Entleiher die Sache »überlassen« hat. Auf einen entgegenstehenden Willen des Entleihers kommt es dabei nicht an (Palandt/*Weidenkaff* § 604 Rn. 8). In der *Veräußerung* an X wird man eine »Überlassung« indes nicht sehen können. Insbesondere darf über § 604 IV BGB nicht ein gutgläubiger Erwerb des X ausgehebelt werden. Jedenfalls könnte X dem Herausgabeverlangen des S den *dolo agit*-Einwand des § 242 BGB entgegenhalten, wenn dieser die Sache sogleich wieder (gem. § 985 BGB) an X herausgeben müsste.

Ursprünglich war S Eigentümer (s. oben A. I. 1. b) aa)). Durch die Übergabe des Fahrrades an D hat S das Eigentum am Fahrrad nicht verloren (§ 929 S. 1 BGB), da S und D sich nicht über eine Übertragung des Eigentums am Rad, sondern nur über eine Nutzungsüberlassung geeinigt haben.

Möglicherweise hat S sein Eigentum aber dadurch verloren, dass D das Fahrrad an X veräußerte. Einigung und Übergabe iSv § 929 S. 1 BGB liegen vor. D war jedoch nicht Eigentümer des Fahrrads, sodass ein Erwerb vom Berechtigten nicht stattfinden konnte.

X könnte das Eigentum an dem Fahrrad aber nach §§ 929 S. 1, 932 I BGB erworben haben. Einigung und Übergabe liegen vor. X war gutgläubig. Da S das Fahrrad an D verliehen hatte und es ihm damit nicht abhandengekommen war, steht auch die Vorschrift des § 935 I 1 BGB dem Eigentumserwerb des X nicht entgegen. Somit hat S sein Eigentum verloren. Daher besteht kein Herausgabeanspruch nach § 985 BGB.

2. Der Anspruch aus § 861 I BGB besteht schon deswegen nicht, weil S der Besitz nicht durch verbotene Eigenmacht entzogen worden ist (§ 858 I BGB). Ferner besitzt X dem S gegenüber nicht fehlerhaft (s. oben Ausgangsfall A. I. 2. c)).

3. Im Hinblick auf § 1007 I BGB ergeben sich keine Abweichungen zum Ausgangsfall. Der Anspruch ist wegen der Gutgläubigkeit des X nicht gegeben.

4. Ein Herausgabeanspruch des S gegen X aus § 1007 II 1 BGB besteht – im Unterschied zum Ausgangsfall – nicht, weil X Eigentümer des Rades geworden ist (§ 1007 II 1 1. Fall BGB).

5. Die bereicherungsrechtlichen Ansprüche (§ 812 I 1 1. und 2. Fall BGB) bestehen wie im Ausgangsfall nicht.[38] Dasselbe gilt für § 823 I BGB iVm § 263 I StGB.

6. Ergebnis

S kann von X nicht die Herausgabe des Fahrrades verlangen.

II. Ansprüche des S gegen D

1. Auf Erlösherausgabe

a) §§ 285 I, 604 I BGB

S könnte gegen D ein Anspruch auf Herausgabe der von X gezahlten 160 EUR nach §§ 285 I, 604 I BGB zustehen.

aa) Nach dem zwischen S und D geschlossenen Leihvertrag war D verpflichtet, die Sache an S zurückzugeben (§ 604 I BGB). Diese Verpflichtung stellt ein Schuldverhältnis iSv § 285 I BGB dar.

bb) Indem D das Fahrrad an X veräußert hat, ist die Erfüllung dieser Verpflichtung, also die Rückgabe des Fahrrades, unmöglich geworden (§ 275 I BGB).

cc) D müsste infolge des Umstandes, der die Leistung unmöglich macht, einen Ersatz oder einen Ersatzanspruch erlangt haben (sog. stellvertretendes commodum). D

---

38 **Klausurtipp:** Es besteht allerdings ein Unterschied zum Ausgangsfall: Hier hat X nicht nur den Besitz, sondern auch das Eigentum (s. oben Ausgangsfall A. I. 5. und 6.) erlangt.

hat infolge der Veräußerung von X die 160 EUR als Ersatz erhalten, sodass er diese nach § 285 I BGB an S herauszugeben verpflichtet ist.

b) Daneben könnte ein Anspruch aus § 816 I 1 BGB gegeben sein.

D, welcher nur Entleiher und nicht Eigentümer des Fahrrades war, hat hierüber als Nichtberechtigter eine Verfügung getroffen, als er es an X übereignete. Da – wie unter B. I. 1. festgestellt – X nach §§ 929 S. 1, 932 I 1 BGB Eigentum an dem Rad erworben hat, ist diese Verfügung auch dem Eigentümer S gegenüber wirksam. Weil man den Ausführungen im Ausgangsfall[39] zufolge die 160 EUR als »durch die Verfügung erlangt« anzusehen hat, schuldet D die Zahlung von 160 EUR auch nach § 816 I 1 BGB.

2. Auf Schadensersatz

a) §§ 283 S. 1, 280 I, III, 604 I BGB

Ein Anspruch des S auf Schadensersatz könnte sich aus §§ 283 S. 1, 280 I, III, 604 I BGB ergeben.

aa) Dazu müsste ein wirksames Schuldverhältnis zwischen S und D bestehen. S und D haben einen Leihvertrag gem. § 598 BGB abgeschlossen.

bb) Des Weiteren müsste der Schuldner D von seiner Leistungspflicht nach § 275 I BGB befreit worden sein. Infolge der wirksamen Veräußerung an den X (§§ 929 S. 1, 932 I BGB), ist die Rückgabe des Rades an S nachträglich unmöglich geworden, § 275 I BGB. Für den Anspruch aus §§ 283 S. 1, 280 I, III BGB ist es unerheblich, ob es sich um einen synallagmatischen oder nicht synallagmatischen Anspruch handelt.[40]

cc) Fraglich ist, worin die Pflichtverletzung bei §§ 283 S. 1, 280 I, III BGB zu sehen ist. Sie kann zum einen darin zu sehen sein, dass der Schuldner die Umstände herbeigeführt hat, die zu seiner Leistungsbefreiung nach § 275 BGB führen. Zum anderen kann die Pflichtverletzung allein in der Nichterbringung der geschuldeten Leistung liegen.[41] Dies kann hier letztlich offen bleiben, da D nach beiden Varianten eine Pflichtverletzung begangen hat, indem er das Rad an den X verkaufte.

dd) D hat diese Pflichtverletzungen auch zu vertreten, da ein vorsätzliches Handeln gegeben ist.

ee) S kann damit von D gem. §§ 283 S. 1, 280 I, III, 604 I BGB Schadensersatz statt der Leistung verlangen. Dies beläuft sich auf das positive Interesse, dh der Gläubiger ist so zu stellen, als sei die Leistung wie geschuldet erbracht worden (§§ 249 I, 251 I BGB).

D schuldet S folglich den Ersatz des objektiven Wertes des Rades, dh die Zahlung von 150 EUR.

---

39 Ausgangsfall A. II. 1. b) cc) (Fn. 8).
40 *Eckert* SchuldR AT Rn. 356; Erman/*H.P. Westermann* § 283 Rn. 3; MüKoBGB/*Ernst* § 283 Rn. 2.
41 Zum Streitstand s. *Eckert* SchuldR AT Rn. 359; Bamberger/Roth/*Unberath* § 283 Rn. 2; MüKo-BGB/*Ernst* § 283 Rn. 4.

b) §§ 989, 990 I 1 BGB

Ein Schadensersatzanspruch des S gegen D iHv 150 EUR könnte ferner nach §§ 989, 990 I 1 BGB gegeben sein.

Voraussetzung hierfür ist zuerst das Bestehen eines Eigentümer-Besitzer-Verhältnisses zum Zeitpunkt der Veräußerung an X. Zwar war S Eigentümer und D Besitzer. Aufgrund des Leihvertrages mit S war D jedoch nach § 986 I 1 1. Fall BGB (Recht zum Besitz aus eigenem Recht) zum Besitz berechtigt, weshalb ein Schadensersatzanspruch nach §§ 989, 990 I 1 BGB mangels einer Vindikationslage ausscheidet.

Nach einer Auffassung haftet aber auch der berechtigte Fremdbesitzer, der unberechtigt Eigenbesitz an der Sache ergreift, entsprechend § 990 I 1 BGB.[42] Für eine solche Erweiterung des Anwendungsbereichs des § 990 I 1 BGB besteht indes kein Bedürfnis, weil dem Eigentümer in einem solchen Fall regelmäßig bereits vertragliche und deliktische Schadensersatzansprüche gegen den Besitzer zustehen. Diese Ansprüche unterliegen zudem alle der regelmäßigen dreijährigen Verjährung (§ 195 BGB), da ein Anspruch aus §§ 989, 990 BGB nicht als dinglicher Anspruch anzusehen ist, der gem. § 197 I Nr. 1 BGB in 30 Jahren verjährt.

Ein Schadensersatzanspruch nach §§ 989, 990 I 1 BGB besteht somit nicht.

c) § 823 I BGB

Schließlich kommt ein Schadensersatzanspruch des S gegen D iHv 150 EUR nach § 823 I BGB in Betracht.

aa) Da – wie soeben gesehen[43] – zwischen S und D kein Eigentümer-Besitzer-Verhältnis bestand, hindert § 993 I 2. Hs. BGB nicht die Anwendbarkeit von § 823 I BGB.

bb) Die Voraussetzungen der Norm müssten vorliegen. Die Übereignung des Fahrrades an X, welcher hieran gutgläubig Eigentum erwerben konnte, begründet zugleich eine Verletzung der Eigentümerstellung des S. D handelte auch rechtswidrig und schuldhaft.

cc) D ist daher verpflichtet, den dem S entstandenen Schaden zu ersetzen, also ihn iHv 150 EUR zu entschädigen.

Der Anspruch des S gegen D auf Zahlung von 150 EUR nach § 823 I BGB ist daher gegeben.

d) § 823 II BGB iVm § 246 I StGB

Gleichfalls könnte ein Schadensersatzanspruch des S gegen D aus § 823 II BGB iVm § 246 I StGB gegeben sein.

aa) Das Unterschlagungsdelikt des § 246 I StGB bezweckt den Schutz des Eigentums des Einzelnen und stellt daher ein Schutzgesetz iSv § 823 II BGB dar.

---

42 BGHZ 31, 129 (133 ff.).
43 Vgl. zuvor B. II. 2. b). **Klausurtipp:** Folgt man der Gegenmeinung, so muss das Eingreifen von § 993 I 2. Hs. BGB hingegen konsequenterweise bejaht werden. Die Voraussetzungen der Ausnahmevorschrift des § 992 BGB liegen hier – im Gegensatz zum Ausgangsfall (dort A. II. 2. b) aa) – nicht vor.

bb) Indem D sich dazu entschloss, das von S geliehene Fahrrad an X zu übereignen, verwirklichte er eine rechtswidrige Zueignungshandlung und erfüllte somit vorsätzlich den Tatbestand der Unterschlagung, zusätzlich sogar den der veruntreuenden Unterschlagung, § 246 II StGB.

cc) Demzufolge ist D dem S auch nach § 823 I BGB iVm § 246 I StGB (iVm §§ 249 I, 251 I 1 1. Fall BGB) zum Ersatz des Wertes des Fahrrades verpflichtet.

III. Ansprüche des X gegen D

1. § 311a II BGB

D könnte nach § 311a II BGB verpflichtet sein, Schadensersatz iHv 150 EUR an X zu zahlen.

D und X haben einen Kaufvertrag geschlossen. Eine Anfechtung (§ 142 I BGB) ist nicht ersichtlich.[44] Aufgrund dieses Kaufvertrages war D nach § 433 I BGB verpflichtet, X Eigentum an dem Fahrrad zu verschaffen. Diese Pflicht hat D erfüllt, als X nach §§ 929 S. 1, 932 I 1 BGB Eigentum von D erwarb. Damit hat D keine Pflicht gegenüber X verletzt. Der Anspruch aus § 311a II BGB besteht nicht.

2. § 346 I iVm § 326 IV BGB

Auch kann X von D nicht den gezahlten Kaufpreis gem. § 346 I BGB iVm § 326 IV BGB zurückverlangen. Die Leistungserbringung ist im Gegensatz zum Ausgangsfall nicht unmöglich geworden. Damit entfällt die Gegenleistungspflicht nicht nach § 326 I 1 BGB.

3. § 823 I BGB iVm § 263 I StGB

Ebenso besteht mangels eines Schadens des X, welcher das Eigentum wirksam erworben hat, auch kein Anspruch aus § 823 I BGB iVm § 263 I StGB.

C. D hat das geliehene Fahrrad dem X geschenkt (Frage 3)

I. Ansprüche des S gegen X auf Herausgabe

1. §§ 985, 861 I, 1007 I, 1007 II 1 BGB

Im Hinblick auf die Anspruchsgrundlagen §§ 985, 861 I, 1007 I, 1007 II 1 BGB ergeben sich keine Abweichungen zur ersten Abwandlung. Hiernach ist X nicht zur Herausgabe verpflichtet.

2. § 816 I 2 BGB

Jedoch könnte X nach § 816 I 2 BGB dem S die Herausgabe des Fahrrades schulden.

---

44 **Klausurtipp:** Gleichwohl ist eine Fallgestaltung denkbar, bei der trotz wirksamer Vertragserfüllung eine Anfechtung in Betracht kommt, etwa wenn sich der Erwerber aufgrund einer Bekanntschaft mit dem früheren Eigentümer hierzu sittlich verpflichtet fühlt, wofür hier jedoch keine Anhaltspunkte gegeben sind.

a) Zunächst sind die Voraussetzungen des § 816 I 1 BGB zwischen S und D zu prüfen, weil § 816 I 2 BGB auf § 816 I 1 BGB aufbaut. Diese liegen vor. Unterschiede zur ersten Abwandlung bestehen insoweit nicht (dort B. II. 1. b)).

b) Die in § 816 I 1 BGB vorausgesetzte Verfügung müsste unentgeltlich erfolgt sein (§ 816 I 2 BGB). Auch dieses Erfordernis ist gegeben, da D die Sache an X verschenkt hat.

c) X hat auch unmittelbar durch die Verfügung einen rechtlichen Vorteil erlangt, nämlich das Eigentum am Fahrrad. Demzufolge ist er gem. § 816 I 2 BGB zur Herausgabe verpflichtet.

II. Ansprüche des S gegen D

Ansprüche auf Erlösherausgabe kommen nicht in Betracht, weil D aus der Schenkung nichts erlangt hat.

Was die Voraussetzungen möglicher Schadensersatzansprüche des S anbelangt, kann auf die Ausführungen zur ersten Abwandlung verwiesen werden (dort B. II. 2.). Nicht ganz unproblematisch ist hingegen die Rechtsfolgenseite. Es könnte an einem Vermögensschaden des S (§§ 249 I, 251 I 1. Fall, 253 BGB) fehlen, weil S gegen X einen Anspruch auf Herausgabe nach § 816 I 2 BGB hat. Auch hier wird man jedoch unter Rückgriff auf die Wertung des § 255 BGB einen Schaden annehmen können. D schuldet S demnach Zahlung von 150 EUR aus den §§ 283 S. 1, 604 I, § 823 I sowie § 823 II BGB iVm § 246 I StGB.

III. Ansprüche des X gegen D

1. § 311a II BGB

Man könnte einen Schadensersatzanspruch des X gegen D aus § 311a II BGB in Betracht ziehen. Denn auch bei einer Handschenkung[45] ist der Schenker verpflichtet, dem Beschenkten Eigentum am Schenkungsgegenstand zu verschaffen (vgl. § 516 I BGB). Diese Verpflichtung hat D jedoch erfüllt (vgl. soeben B. I. 1.). Unmöglichkeit liegt daher nicht vor. Der Anspruch besteht folglich nicht.

2. § 523 I BGB

Schließlich kommt ein Schadensersatzanspruch des X gegen D nach § 523 I BGB in Betracht.

Dazu müsste das Fahrrad mit einem Mangel im Rechte behaftet gewesen sein. Dabei muss der Mangel nach hM zur Zeit des Schenkungsvollzugs vorliegen.[46] Im Zeitpunkt des Schenkungsvollzugs ist X indes Eigentümer der Sache geworden, sodass zu dieser Zeit ein Mangel im Rechte nicht mehr vorhanden war. Ein Anspruch ist nach dieser Vorschrift demnach ebenfalls nicht begründet.

---

45 Mangels Anhaltspunkten kann man nicht von einem Schenkungsversprechen (§ 518 I 1 BGB) ausgehen.

46 Palandt/*Weidenkaff* § 523 Rn. 2.

Zur Vertiefung: *Hager,* Grundfälle zur Systematik des Eigentümer-Besitzer-Verhältnisses und der bereicherungsrechtlichen Kondiktionen, JuS 1987, 877; *Hirsch,* Schadensersatz statt der Leistung, Jura 2003, 289; *Katzenstein,* Die Nichterfüllungshaftung nach § 311a II BGB, JR 2003, 447; *Meier,* Neues Leistungsstörungsrecht: Anfängliche Leistungshindernisse, Gattungsschuld und Nichtleistung trotz Möglichkeit, Jura 2002, 187; *Penner/Gärtner* Unmöglichkeit nach Angebotsabgabe, JA 2003, 940; *Reim,* Der Ersatz vergeblicher Aufwendungen, NJW 2003, 3662; *Schreiber,* Das Eigentümer-Besitzer-Verhältnis, Jura 1992, 356, 533; *Weber,* Gutgläubiger Erwerb an beweglichen Sachen gem. §§ 932 ff. BGB, JuS 1999, 1; *Westermann,* Die Grundlagen des Gutglaubensschutzes, JuS 1963, 1; *Ranieri,* Original-Referendarexamensklausur – Bürgerliches Recht: Probleme des Eigentümer-Besitzer-Verhältnisses, JuS 2004, 53; *Lorenz,* Grundwissen – Zivilrecht: Das Eigentümer-Besitzer-Verhältnis, JuS 2013, 495.

18. Fall: Familiäre Sicherheiten

Sachverhalt

Der Schreiner S hat erst kürzlich seine Meisterprüfung abgelegt. Nun will er sich selbstständig machen. Zur Einrichtung einer Werkstatt benötigt er 90.000 EUR. Deshalb bittet er seine Eltern (E) um Hilfe. Diese können ihm zwar kein Geld leihen. Jedoch stellen sie ihm ihr nicht belastetes Grundstück als Sicherheit zur Verfügung.

Daraufhin wendet sich S an seinen Großonkel (G). Dieser erklärt sich schließlich bereit, ein zinsloses Darlehen über 90.000 EUR zu gewähren. Jedoch macht er zur Bedingung, dass die Hälfte dieses Betrages hypothekarisch gesichert wird. Die Rückzahlung des Darlehens soll erst nach fünf Jahren in Monatsraten von 1.000 EUR beginnen. S ist damit einverstanden. Er veranlasst sogleich, dass seine Eltern zugunsten des G an ihrem Grundstück eine Briefhypothek über 45.000 EUR bestellen. Die Eltern händigen G den Hypothekenbrief aus und G zahlt den Darlehensbetrag an S aus.

Nach zwei Jahren zerstreiten sich S und G. Von diesem Streit erfährt durch Zufall ein Nachbar (N) der Eltern des S, welcher schon seit langem an deren Grundstück interessiert ist. Weil er eine Chance sieht, die Eltern des S unter Druck zu setzen und diese zum Verkauf ihres Grundstücks zu bewegen, bietet er G an, die Hypothek zu kaufen. G geht darauf ein und tritt Forderung und Hypothek unter Aushändigung des Briefes an N ab. Weil sich N aber schon mit dem Kauf seines eigenen Hausgrundstücks übernommen hatte und seine eigenen Verbindlichkeiten nicht mehr bedienen kann, muss er schon kurz darauf unter Aushändigung des Briefes Forderung und Hypothek an seine Bank (B) abtreten. Sowohl die Abtretungserklärung des G an N als auch die des N an die B erfolgen in schriftlicher Form und werden öffentlich beglaubigt.

Kurz darauf verlangt B von S Zahlung und von seinen Eltern Duldung der Zwangsvollstreckung, was diese ablehnen. Daraufhin erhebt B wegen der geltend gemachten Ansprüche Klage gegen S und seine Eltern. Diese können im Prozess zweifelsfrei nachweisen, dass G – was unbemerkt blieb – bei der Übertragung der Hypothek an N derart unter Psychopharmaka stand, dass er sich in einem die freie Willensbildung ausschließenden Zustand befand.

Welche Ansprüche hat B gegen E und S?

Lösungsvorschlag

A. Anspruch der B gegen E auf Duldung der Zwangsvollstreckung gem. § 1147 BGB

B könnte gegen E einen Anspruch auf Duldung der Zwangsvollstreckung aus § 1147 BGB haben.

I. Dies setzt zunächst voraus, dass B Inhaberin der Hypothek ist.

1. B könnte die Hypothek nach §§ 1153 I, 1154 I 1 1. Hs., 398, 401 I BGB von N erworben haben.[1]

a) Eine für eine Forderung bestehende Hypothek wird nach § 1153 I BGB durch Abtretung dieser Forderung erworben. N und B haben sich gem. § 398 BGB über die Abtretung einer ursprünglich dem G gegen S zustehenden Forderung geeinigt.

b) Die Abtretung einer durch eine Hypothek gesicherten Forderung muss ferner den besonderen Anforderungen des § 1154 I 1 1. Hs. BGB genügen. Die Abtretungserklärung wurde in schriftlicher Form erteilt. Auch der Hypothekenbrief wurde übergeben, sodass diese Erfordernisse erfüllt sind.

c) Voraussetzung für den Erwerb der Hypothek aufgrund einer Forderungsabtretung ist weiterhin, dass der Abtretende auch Inhaber der Hypothek ist. Hinsichtlich der Berechtigung des N in Bezug auf die Hypothek bestehen indes Zweifel. N ist Hypothekengläubiger gewesen, wenn er die Hypothek seinerseits wirksam nach §§ 1153 I, 1154 I 1 1. Hs., 398, 401 I BGB von G erworben hatte.

Ursprünglich hatten die E nach §§ 1113 I, 1116 I, 873 I BGB zur Sicherung einer Verbindlichkeit des S gegenüber G für diesen wirksam eine Hypothek an ihrem Grundstück bestellt. Sodann hatten sich G und N über die Abtretung der dem G gegen S zustehenden und hypothekarisch gesicherten Forderung geeinigt. G hatte die Erklärung aber in einem Zustand vorübergehender Störung der Geistestätigkeit abgegeben, weshalb seine Willenserklärung nach § 105 II BGB nichtig war. N konnte daher die Forderung und mit dieser die Hypothek nicht gem. §§ 1153 I, 1154 I 1 1. Hs., 398, 401 I BGB wirksam von G erwerben.[2]

d) Da N nicht Hypothekengläubiger geworden war, konnte B ihrerseits die Hypothek nicht nach §§ 1153 I, 1154 I 1 1. Hs., 398, 401 I BGB wirksam von N erwerben.

2. B könnte die Hypothek von dem nichtberechtigten N jedoch nach §§ 1153 I, 1154 I 1 1. Hs., 1155 S. 1, 1138 1. Fall, 892 I 1 BGB gutgläubig erworben haben.

---

1 **Klausurtipp:** Schon hier sollte man sich klar machen, dass es rechtlich zwar den *Erwerb* einer Hypothek gibt, eine von der Forderung unabhängige *Übertragung* einer Hypothek wegen § 1153 I, II BGB jedoch nicht möglich ist. Spricht der Sachverhalt umgangssprachlich davon, dass sich die Beteiligten über die »Übertragung einer Hypothek geeinigt« haben, oder davon, dass eine »Hypothek übertragen« oder »abgetreten« wurde, müssen diese Vorgänge in die Übertragung der (hypothekarisch gesicherten) *Forderung* umgedeutet (§ 140 BGB) werden.

2 **Klausurtipp:** Ein gutgläubiger Erwerb der Hypothek durch N scheidet aus, da die Gutglaubenstatbestände nur den guten Glauben an die Berechtigung, nicht dagegen an die Geschäftsfähigkeit schützen.

Der Erwerb einer Hypothek nach §§ 398, 1154 I 1 1. Hs. BGB setzt neben dem Bestehen einer durch diese gesicherten Forderung voraus, dass der Verfügende sowohl Inhaber dieser Forderung als auch der Hypothek ist. Wegen des Rechtsscheins, welchen die Eintragung der Hypothek im Grundbuch entfaltet, kann eine Hypothek bei Vorliegen der Voraussetzungen des § 892 I 1 BGB auch wirksam von einem Nichtberechtigten erworben werden. Soweit der Veräußerer nicht selbst im Grundbuch als Inhaber der Hypothek eingetragen ist (wie hier N), besteht nach der Vorschrift des § 1155 S. 1 BGB, welche hinsichtlich der Legitimation an die Inhaberschaft des Hypothekenbriefes und eine auf einen im Grundbuch eingetragenen Gläubiger zurückzuführende Reihe von öffentlich beglaubigten Abtretungserklärungen anknüpft, ebenfalls die Möglichkeit des gutgläubigen Erwerbs.

a) Voraussetzung des Hypothekenerwerbs ist nach § 1153 I BGB die Abtretung der hypothekarisch gesicherten Forderung. N und B haben sich gem. § 398 BGB und unter Beachtung der Anforderungen des § 1154 I 1 1. Hs. BGB über die Abtretung der ursprünglich dem G gegen S zustehenden Forderung geeinigt.

b) N war aufgrund der Nichtigkeit der von ihm mit G getroffenen Vereinbarung nicht Inhaber der Hypothek (s. unter A. I. 1. c).

aa) Dennoch könnte B die Hypothek nach § 892 I 1 BGB gutgläubig von N erworben haben. Voraussetzung für den gutgläubigen Erwerb wäre jedoch, dass sich die Berechtigung des N aus dem Grundbuch ergibt. Nach der Vereinbarung zwischen G und N sollte dieser die Hypothek aber nach §§ 398, 1153, 1154 I 1 1. Hs. BGB aufgrund einer öffentlich beglaubigten Abtretungserklärung und Briefübergabe außerhalb des Grundbuchs erwerben. N war daher nicht aufgrund einer Eintragung im Grundbuch legitimiert.

bb) B könnte die Hypothek aber nach § 1155 S. 1 BGB gutgläubig erworben haben, wenn N durch eine Reihe öffentlich beglaubigter Abtretungserklärungen legitimiert war.

N war Besitzer des Hypothekenbriefes. Sein Gläubigerrecht ergab sich aus einer zusammenhängenden, auf einen eingetragenen Gläubiger, nämlich den G, zurückzuführenden Reihe von öffentlich beglaubigten Abtretungserklärungen. Folglich sind die Voraussetzungen des § 1155 S. 1 BGB gegeben, weshalb die §§ 891, 892 BGB in gleicher Weise Anwendung finden, als wenn N als Gläubiger im Grundbuch eingetragen gewesen wäre. Demzufolge ist N im Verhältnis zu B als Hypothekengläubiger anzusehen, wenn auch die weiteren Voraussetzungen des § 892 I 1 BGB gegeben sind.

Voraussetzung für die Anwendbarkeit des § 892 I 1 BGB ist zunächst ein, hier vorliegender, rechtsgeschäftlicher Erwerb. Weiterhin war die Unwirksamkeit des Hypothekenerwerbs des N von G der B nicht bekannt. Schließlich war im Grundbuch auch kein Widerspruch eingetragen.

cc) Demzufolge war N aufgrund der gesetzlichen Vermutung des § 891 I BGB als Hypothekengläubiger legitimiert, weshalb ein gutgläubiger Erwerb der Hypothek durch B nach §§ 1153 I, 1154 I 1 1. Hs., 1155, 892 I 1 BGB grundsätzlich möglich war.

c) Der wirksame Erwerb einer Hypothek setzt aber nach § 1153 I BGB regelmäßig voraus, dass der Veräußerer auch Inhaber der gesicherten Forderung ist. Allerdings bestand für N keine Forderung, weil die Abtretung von G an N aufgrund § 105 II BGB unwirksam war. Der gutgläubige Erwerb einer Forderung ist grundsätzlich ausgeschlossen und wäre nur unter den Voraussetzungen des § 405 BGB zulässig,[3] die jedoch nicht vorliegen. Nach § 1138 1. Fall BGB finden aber die Vorschriften der §§ 891–899 BGB für die Hypothek auch in Ansehung der Forderung Anwendung. Demzufolge wird beim rechtsgeschäftlichen Erwerb unter der Voraussetzung, dass dem Erwerber nicht bekannt ist, dass die Forderung dem Veräußerer nicht zusteht und auch kein Widerspruch im Grundbuch eingetragen ist, das Bestehen einer dem Veräußerer zustehenden Forderung nach §§ 1138 1. Fall, 892 I 1 BGB insoweit fingiert, als dies für den Erwerb der Hypothek erforderlich ist.

Wie unter A. I. 2. b) aa) festgestellt, war N zwar nicht als Gläubiger der Hypothek im Grundbuch eingetragen. Vielmehr ergab sich seine Legitimation aufgrund der auf einen eingetragenen Gläubiger zurückzuführenden Kette öffentlich beglaubigter Abtretungserklärungen nach § 1155 S. 1 BGB. Diese Vorschrift ist auch im Rahmen des Gutglaubensschutzes nach §§ 1138 1. Fall, 892 I 1 BGB in Bezug auf die Forderung anzuwenden.[4] Daher kann auch insoweit hinsichtlich der Legitimation des N auf die Inhaberschaft des Hypothekenbriefes und die entsprechenden Abtretungserklärungen abgestellt werden. Im Übrigen sind, wie schon zuvor erörtert, die Voraussetzungen für den gutgläubigen Erwerb nach § 892 I 1 BGB gegeben.

Demzufolge wird das Bestehen einer dem N zustehenden Forderung nach §§ 1138 1. Fall, 1155 S. 1, 892 I 1 BGB insoweit fingiert, als dies für den Erwerb der Hypothek erforderlich ist.

II. Daneben erfordert § 1147 BGB, dass der Anspruchsgegner der Eigentümer desjenigen Grundstücks ist, auf dem die Hypothek lastet. Diese Voraussetzung ist in Person der Eheleute E gegeben.

III. Ferner dürfen dem Eigentümer keine Verteidigungsmöglichkeiten (Einwendungen und Einreden) gegenüber seiner Inanspruchnahme zustehen.

1. Einwendungen sind hier nicht ersichtlich.

2. Möglicherweise steht den Eheleuten aber eine Einrede zu.[5] Eine Einrede der Eheleute aus eigenem Recht ist nicht ersichtlich. Gem. § 1137 I 1 1. Fall BGB kann der Eigentümer gegen die Hypothek auch die dem persönlichen Schuldner, hier S, gegen die Forderung zustehenden Einreden geltend machen. S stand die Einrede mangelnder Fälligkeit zu, da die Rückzahlung des Darlehens auf fünf Jahre gestundet war. Diese Einrede kann gem. § 1137 I 1 1. Fall BGB auch von den Eheleuten E erhoben

---

3 Palandt/*Grüneberg* § 405 Rn. 1; Erman/*H.P. Westermann* § 405 Rn. 1; Staudinger/*Busche* (2012) § 405 Rn. 1.

4 Vgl. Erman/*Wenzel* § 1155 Rn. 1.

5 **Merke:** Gegen eine Hypothek kann ein Eigentümer zwei Arten von Einreden erheben: Einerseits stehen ihm diejenigen (sog. pfandrechtsbezogenen) Einreden zu, die sich unmittelbar gegen die Hypothek richten (zB Abtretungsausschluss, Beschränkung, Stundung, nachträglicher Vollstreckungsverzicht), wegen § 1137 I 1 BGB andererseits aber auch die (sog. forderungsbezogenen) Einreden, die sich gegen die durch die Hypothek gesicherte Forderung richten (zB Fälligkeit der Forderung, Erlassverpflichtung, Stundung). Beim gutgläubigen einredefreien Erwerb einer Hypothek ist entsprechend zu unterscheiden: Pfandrechtsbezogene Einreden können nach §§ 1157 S. 2, 892 BGB, forderungsbezogene Einreden dagegen nach §§ 1138 Alt. 2, 892 BGB überwunden werden.

werden. Allerdings beinhaltet § 1137 I 1 1. Fall BGB nur einen Grundsatz. Die von der Vorschrift getroffene Anordnung wird von der Regelung des § 1138 2. Fall BGB überlagert. Danach gelten die §§ 891–899 BGB, insbesondere also § 892 I 1 BGB, auch in Ansehung der dem Eigentümer zustehenden Einreden. Da die Einrede nicht im Grundbuch eingetragen war, kann sie zugunsten der Eheleute gem. § 892 I 1 BGB nur fortbestehen, wenn die Erwerberin B vom Bestehen der Einrede Kenntnis hatte. Das ist aber nicht der Fall. Die Einrede mangelnder Fälligkeit kann somit von den Eheleuten nicht erhoben werden.

IV. Ergebnis

Der Anspruch aus § 1147 BGB ist gegeben. Die E müssen die Zwangsvollstreckung in ihr Grundstück in Form der Zwangsversteigerung oder Zwangsverwaltung[6] dulden.[7]

B. Anspruch der B gegen S auf Zahlung von 90.000 EUR gem. §§ 488 I 2, 398 BGB

B kann gegen S die ursprünglich dem G zustehende Forderung auf Zahlung von 90.000 EUR aus dem Darlehensvertrag geltend machen, wenn sie diese wirksam von N erworben hat.

I. B könnte die Forderung nach § 398 S. 1 BGB erworben haben. Eine Einigung über die Forderungsübertragung liegt vor. Da für die Forderung eine hypothekarische Sicherung besteht, müssen ferner die Anforderungen des § 1154 I 1 1. Hs. BGB beachtet werden. Dies haben die Beteiligten getan, wie oben unter A. I. 1. b) schon festgestellt wurde. Schließlich müsste N auch Inhaber der Forderung gewesen sein. N konnte die Forderung jedoch seinerseits nicht wirksam von G erwerben, da dieser zu diesem Zeitpunkt geschäftsunfähig war (§ 105 II BGB). Danach ist B also nicht Inhaberin der Forderung.

II. Zu prüfen bleibt, ob B die Forderung gutgläubig erworben hat.

1. Ein gutgläubiger Erwerb von Forderungen ist grundsätzlich nicht möglich.[8]

2. Allerdings könnte die Regelung des § 1138 1. Fall BGB iVm § 892 I 1 BGB greifen, was dazu führen würde, dass N als Inhaber der Forderung zu behandeln wäre. Die Vorschrift passt hier jedoch ihrer Rechtsfolge nach nicht: Sie vermag die Anwendbarkeit des § 892 I 1 BGB auf die Forderung nur insofern herbeizuführen, als es um den Erwerb der Hypothek geht. Hier geht es aber um den Erwerb der Forderung. Damit scheidet ein gutgläubiger Erwerb der Forderung durch B auch nach den §§ 1138 1. Fall, 892 I 1 BGB aus.

---

6 Vgl. hierzu §§ 866 I, 869 ZPO iVm dem Gesetz über die Zwangsversteigerung und die Zwangsverwaltung (ZVG).

7 **Klausurtipp:** Die Eheleute können die Zwangsvollstreckung allerdings abwenden: Unter den Voraussetzungen des § 1142 I BGB können sie die B befriedigen. Die Forderung geht dann gem. § 1143 I 1 BGB auf sie über. Die Hypothek folgt der Forderung gem. § 1153 I BGB und steht dann nicht mehr der B zu.

8 Palandt/*Grüneberg* § 405 Rn. 1; Erman/*H.P. Westermann* § 405 Rn. 1; Staudinger/*Busche* (2005) § 405 Rn. 1.

III. B ist hiernach also nicht Inhaberin der Forderung geworden. Vielmehr ist die Forderung bei G verblieben. Zu konstatieren ist also eine Trennung von Hypothek und Forderung. Ob es bei diesem Ergebnis verbleiben kann, ist umstritten:[9]

1. Von den Vertretern der sog. Einheitstheorie[10] (auch »Mitreißtheorie«) wird es als unbillig angesehen, wenn das Auseinanderfallen von Hypothek und Forderung zu einer Verdoppelung des Gläubigerrechts führt, weil unterschiedliche Gläubiger einerseits den persönlichen Schuldner wegen der schuldrechtlichen Forderung und zum anderen den Eigentümer aufgrund der dinglichen Sicherheit in Anspruch nehmen können.[11] Demzufolge soll vom gutgläubigen Erwerber der Hypothek kraft dieses guten Glaubens auch die Forderung erworben werden können. Als Argument wird § 1153 II BGB angeführt, wonach die Hypothek nicht ohne die Forderung übertragen werden kann (strenge Akzessorietät). Dies sei zugleich Ausdruck der Absicht des Gesetzgebers, eine Doppelbelastung auszuschließen.

Nach der Einheitstheorie hat B somit (doch) einen Anspruch gegen S aus § 488 I 2 BGB. Dies gilt aber nur, soweit die Forderung hypothekarisch gesichert ist, denn nur in diesem Umfang kann sie zusammen mit der Hypothek übertragen werden. Eine dingliche Sicherheit ist aber nur für die Hälfte der Forderung von insgesamt 90.000 EUR bestellt worden. Der Anspruch der B besteht danach nur iHv 45.000 EUR. In Höhe der restlichen 45.000 EUR steht die Darlehensforderung dagegen weiterhin dem G zu.

2. Nach der Trennungstheorie[12] ist ein Auseinanderfallen von Hypothek und Forderung derart möglich, dass der Gutgläubige nur die (forderungsentkleidete) Hypothek und nicht auch die Forderung erwirbt. Dies wird damit begründet, dass sich aus § 1153 II BGB nichts Gegenteiliges schließen lasse. Vielmehr würde andernfalls das Akzessorietätsverhältnis von Hypothek und Forderung umgekehrt (die Hypothek folgt der »Herrin« Forderung, vgl. § 1153 I BGB). Die Spaltung sei unvermeidliche Folge der gesetzlichen Regelung, dass Hypotheken gutgläubig erworben werden können und Forderungen nicht.

Diese Argumentation vermag insbesondere deshalb zu überzeugen, weil sie mit dem Wortlaut des Gesetzes in Einklang steht. Außerdem spricht für die Trennungstheorie, dass die von der Einheitstheorie maßgeblich gegen sie angeführte Gefahr einer Doppelbelastung des Eigentümer-Schuldners nicht besteht. Dies ergibt sich aus dem Verhältnis der Hypothek als Sicherung zur Forderung. Im Normalfall geht die Hypothek nach §§ 1163 I 2, 1177 I 1 BGB als Eigentümergrundschuld auf den Eigentümer über, wenn die persönliche Forderung getilgt wird. Wenn aus dem Grundstück gezahlt wird, geht die Forderung nach § 1143 I BGB auf den Eigentümer über, soweit dieser nicht der persönliche Schuldner ist. Befriedigt der persönliche Schuldner den Gläubiger, so erlischt die Forderung nach § 362 I BGB. Aus der Systematik des Gesetzes ergibt sich also, dass der Eigentümer die Forderung nur dann zu erfüllen braucht, wenn er dadurch das dingliche Recht erwirbt. Der Eigentümer hat daher

---

9 S. hierzu insgesamt *Karper* JuS 1989, 33 ff.; *Petersen/Rothenfußer* WM 2000, 657 ff.
10 Erman/*Wenzel* § 1153 Rn. 3; *Baur/Stürner* SachenR§ 38 Rn. 22 ff.; Soergel/*Konzen* § 1138 Rn. 10; unentschieden Palandt/*Bassenge* § 1153 Rn. 2.
11 **Hinweis:** Entsprechendes gilt, wenn der persönliche Schuldner zugleich als Eigentümer die dingliche Sicherheit bestellt hat, also sog. Eigentümer-Schuldner ist.
12 *Jahr/Kropf* JuS 1963, 356 ff.; MüKoBGB/*Eickmann* § 1153 Rn. 13; *Petersen/Rothenfußer* WM 2000, 657, 662; Staudinger/*Wolfsteiner* (2009) § 1138 Rn. 9.

nach §§ 1144, 273 I BGB eine Einrede gegen die Forderung, solange ihm nicht Zug um Zug gegen Zahlung die erforderlichen Löschungsbewilligungen erteilt bzw. der Hypothekenbrief ausgehändigt wird.

Nach der Trennungstheorie ist G Inhaber der Forderung geblieben, weshalb der B ein Anspruch aus § 488 I 2 BGB gegen S nicht zusteht.

3. Ergebnis

Ein Anspruch der B gegen S auf Zahlung von 45.000 EUR gem. §§ 488 I 2, 398 S. 1 BGB ist demzufolge nur nach der Einheitstheorie gegeben.

III. Einreden

Soweit der Einheitstheorie gefolgt wird, ist zu berücksichtigen, dass die Rückzahlung des Darlehens durch S auf fünf Jahre gestundet, die Fälligkeit somit also hinausgeschoben war. Diese Einrede, welche dem S gegenüber seinem Gläubiger G zustand, kann dieser nach § 404 BGB, der nach allgemeiner Meinung auch Einreden (im materiellrechtlichen Sinne) erfasst,[13] auch gegenüber der B geltend machen. Auch wenn man der Einheitstheorie folgte, könnte B Rückzahlung des Darlehens bis zur Höhe von 45.000 EUR erst nach Ablauf von fünf Jahren und sodann auch nur in monatlichen Raten von 1.000 EUR verlangen, sodass ein durchsetzbarer Anspruch der B gegen S derzeit in keinem Fall besteht.

Zur Vertiefung: *Baur/Stürner* SachenR § 38, insbesondere Rn. 22 ff.; BGH NJW-RR 1993, 369 ff.; *Braun/Schultheiß*, Grundfälle zu Hypothek und Grundschuld, JuS 2013, 871 und 973; *Klinkhammer-Rancke*, Hauptprobleme des Hypothekenrechts, JuS 1973, 665; *Reischl*, Grundfälle zu den Grundpfandrechten, JuS 1998, 125, 220, 318, 414, 514, 614; *H.P. Westermann*, Die Grundpfandrechte, Jura 1979, 281.

---

13 MüKoBGB/*Roth* § 404 Rn. 5; Palandt/*Grüneberg* § 404 Rn. 2; Staudinger/*Busche* (2012) § 404 Rn. 10.

19. Fall: Schlechtgehende Geschäfte

Sachverhalt

Im April 2002 bewilligte der Schreiner E seinem Sohn S »für geleistete Arbeiten« eine Sicherungshypothek iHv 50.000 EUR auf sein bisher unbelastetes Betriebsgrundstück. Die Hypothek wurde entsprechend eingetragen. Eine Forderung für geleistete Arbeiten ist aber nie entstanden und war auch gar nicht beabsichtigt. E und S wollten mit der Hypothek allein den Rang für die Bank B sichern, von der E ein Darlehen erwartete. Entgegen dieser Erwartung wurde das Darlehen nicht gewährt.

Als E aufgrund der schlechten Auftragslage im Frühjahr 2003 in Zahlungsschwierigkeiten geriet, bestellte er der Ostthüringer Holzhandelsgesellschaft mbH (O) zur Sicherung von Ansprüchen aus Warenlieferungen wirksam eine Briefhypothek iHv 30.000 EUR an demselben Grundstück. Die O trat nur einen Monat später ihrer Hausbank H in schriftlicher Form einen rangersten Teil von 10.000 EUR aus dieser Hypothek außerhalb des Grundbuches ab. Der Brief verblieb bei der O, die diesen für die H treuhänderisch mitverwaltete.

Im Herbst 2003 trat S die 2002 bestellte Buchhypothek in vollem Umfang an den mit E gut befreundeten Bauunternehmer F ab, der von der Vorgeschichte des Rechts Kenntnis hatte und für einen Anbau an das Privathaus des E Bauarbeiten für 50.000 EUR geleistet hatte. E stimmte dieser Abtretung zu. Sie wurde im Grundbuch eingetragen.

Da die Geschäfte des E zunehmend schlechter gehen und dieser keine Anstalten macht, die offenen Forderungen zu begleichen, fragen F, H und O im Frühjahr 2004 nach ihren Rechten. Da die Hypothekengläubiger befürchten müssen, in der Zwangsversteigerung teilweise auszufallen, interessieren sie auch die Möglichkeiten zusätzlicher Befriedigung. Im Schuppen steht eine Präzisionssäge, für die E einen noch unter Eigentumsvorbehalt stehenden neuen Typ in Betrieb genommen hat. Eine Hobelbank war der Kreissparkasse K im März 2002 zur Sicherheit übereignet worden.

Lösungsvorschlag

A. Ansprüche des F gegen E

I. § 631 I BGB

F hatte für einen Anbau an das Privathaus des E Bauarbeiten im Gegenwert von 50.000 EUR geleistet. Daher besteht nach § 631 I BGB ein Werklohnanspruch des F gegen E in dieser Höhe.[1]

II. §§ 1147, 1113 BGB

Ein Anspruch des F gegen E auf Duldung der Zwangsvollstreckung nach §§ 1113, 1147 BGB besteht, wenn eine Hypothek für S wirksam bestellt und anschließend an F abgetreten wurde.

1. Fraglich ist zunächst, ob wirksam eine Hypothek für S bestellt wurde.

a) Die Bestellung einer Hypothek erfolgt nach §§ 873 I, 1113 BGB durch Einigung und Eintragung. Diese Voraussetzungen sind gegeben.

b) Die Hypothek ist ein akzessorisches Recht, weshalb nicht nur für die Sicherungshypothek (§ 1184 I BGB) das Bestehen einer Forderung unabdingbar ist. Die Hypothek sollte von E hier zur Sicherung einer Forderung des S für geleistete Arbeiten bestellt werden. Diese Forderung bestand jedoch nicht. Zum Zeitpunkt der Bestellung des Rechts kann somit allenfalls eine Eigentümergrundschuld für E nach §§ 1163 I 1, 1177 I BGB entstanden sein.

c) Jedoch ergeben sich auch hinsichtlich der Wirksamkeit der Bestellung einer Eigentümergrundschuld Bedenken. Die Erklärungen von E und S könnten nämlich nach § 117 I BGB nichtig sein, soweit sich diese auf ein Scheingeschäft beziehen.

Die Parteien haben zur Erreichung des mit dem Rechtsgeschäft erstrebten Erfolgs, nämlich der Bestellung einer Sicherungshypothek zum Zwecke der dinglichen Sicherung eines künftigen Darlehensrückzahlungsanspruchs unter besonderer Berücksichtigung der Rangstelle, ein ernst gemeintes Rechtsgeschäft für notwendig erachtet. Dass dies nicht in der Form der Sicherungshypothek realisierbar war, führt nicht schon zur Qualifizierung der Einigung als nichtiges Scheingeschäft.[2]

Selbst das Auseinanderfallen von bezeichneter Forderung im Grundbuch und gewollter künftiger Forderung führt nach Ansicht der Rechtsprechung[3] und der wohl überwiegenden Auffassung in der Literatur[4] nicht zur Nichtigkeit der Hypothekenbestellung, da die dingliche Sicherung als solche tatsächlich gewollt war und die unrichtige Angabe des Schuldgrundes in der Eintragung unschädlich ist. Nach anderer

---

1 **Klausurtipp:** § 651 ist hier nicht anwendbar, da der Unternehmer seine Leistung an einer bereits bestehenden Sache des Bestellers (Grundstück) erbringt und die Schöpfung des Gesamterfolges im Zusammenhang mit dieser Sache den Schwerpunkt der Verpflichtung des Unternehmers bildet, vgl. Palandt/*Sprau* § 651 Rn. 4.
2 Vgl. hierzu BGHZ 36, 84 (87 ff.)
3 BGHZ 36, 84 (89); BayObLGZ 1951, 594 (596 f.).
4 Erman/*Wenzel* § 1115 Rn. 5; Palandt/*Bassenge* § 1115 Rn. 20; Soergel/*Konzen* § 1115 Rn. 7; Staudinger/*Wolfsteiner* (2009) § 1115 Rn. 55.

Ansicht ist für eine wirksame Hypothek die Identität von eingetragener und tatsächlich entstandener Forderung notwendig.[5] Nach dieser Ansicht wäre keine Eigentümergrundschuld entstanden.

d) Folgt man der Ansicht der Rechtsprechung, so ist eine Eigentümergrundschuld wirksam entstanden.

2. F müsste diese Eigentümergrundschuld auch wirksam als Sicherungshypothek erworben haben.

Bei Valutierung des Darlehens durch B wäre im Vollzug der geplanten Abtretung an B die zunächst entstandene Eigentümergrundschuld kraft Gesetzes als Hypothek auf B übergegangen.[6] Zwar war die stattdessen vorgenommene Abtretung an F nicht durch die ursprüngliche Parteiabrede gedeckt. Hinsichtlich Zeit und Art der Valutierung einer Hypothek sind der Parteiwillkür jedoch keine Schranken gesetzt. Der Grundstückseigentümer kann mit dem eingetragenen Hypothekar nicht nur vereinbaren, es solle die Hypothek erst nachträglich valutiert werden, sondern auch, dass dieser die Hypothek an einen Dritten abtreten soll, in dessen Person erst die Valutierung erfolgt. Eine entsprechende Bestimmung kann auch nachträglich noch von den Beteiligten, hier dem E als Grundstückseigentümer, dem S als formal ausgewiesenen Hypothekeninhaber sowie dem F als neu einzutragendem Berechtigten, getroffen werden,[7] wie dies hier geschehen ist.

3. F hat somit durch Abtretung des für S eingetragenen Rechts die Hypothek als Sicherungshypothek erworben. Folglich besteht ein Anspruch des F gegen E auf Duldung der Zwangsvollstreckung nach §§ 1113, 1147 BGB.

B. Anspruch der H gegen E

§§ 1113, 1147 BGB

H könnte gegen E einen Anspruch auf Duldung der Zwangsvollstreckung nach §§ 1113, 1147 BGB zustehen. Der Anspruch besteht, wenn H von O eine Teilhypothek nach §§ 398, 1154 I, 1153, 1117, 930 BGB erworben hat.

I. Dies setzt zunächst voraus, dass O am Grundstück des E wirksam eine Hypothek bestellt worden ist. E und O hatten sich nach §§ 873 I, 1113 I BGB über die Bestellung einer Briefhypothek zur Sicherung von Ansprüchen aus Warenlieferungen iHv 30.000 EUR geeinigt. Damit wurde der O eine Briefhypothek in dieser Höhe nach §§ 873 I, 1113 ff. BGB wirksam bestellt.

II. H könnte eine Teilhypothek hieraus von O erworben haben. Die Abtretung einer durch eine Briefhypothek gesicherten Forderung vollzieht sich nach §§ 398, 1154 BGB durch Abtretung der Forderungen in schriftlicher Form und Übergabe des Hypothekenbriefes.

---

5 So *H.P. Westermann* JZ 1962, 302 f.
6 Vgl. zum Erwerb der Eigentümergrundschuld bei Valutierung Erman/*Wenzel* § 1163 Rn. 11; Palandt/*Bassenge* § 1163 Rn. 10; MüKoBGB/*Eickmann* § 1163 Rn. 42; Soergel/*Konzen* § 1163 Rn. 7.
7 BGHZ 36, 84 (89 f.); Soergel/*Konzen* § 1163 Rn. 9; Staudinger/*Wolfsteiner* (2009) § 1163 Rn. 34.

1. Die Abtretung eines Teils von 10.000 EUR aus der Forderung der O gegen E von insgesamt 30.000 EUR erfolgte in schriftlicher Form.

2. Jedoch händigte O der H nicht gem. § 1154 I S. 1, 1. Hs. BGB den Hypothekenbrief aus. Grundsätzlich kann nach §§ 1154 I 1, 2. Hs., 1117 I 1, 2 BGB die Briefübergabe durch Besitzkonstitut nach § 930 BGB ersetzt werden. Fraglich ist aber, ob dies auch im Falle der Teilabtretung gilt.

Die Teilabtretung eines Grundpfandrechts ohne Bildung eines Teilbriefes ist wirksam, wenn der Zessionar Allein- oder Mitbesitz am Stammbrief erhält.[8] Hinsichtlich des bei O verbleibenden Teils der Hypothek hat dieser in Bezug auf den Brief Eigenbesitzerwillen. Nach überwiegender Ansicht ist aber die gleichzeitige Ausübung von Eigen- und Fremdbesitzerwillen nicht möglich, gibt es also keinen mehrstufigen Mitbesitz.[9]

O hatte hinsichtlich des Briefes weiterhin Eigenbesitzerwillen. Daher konnte H keinen Mitbesitz erwerben. Folglich fehlt es an der Briefübergabe.

III. Mangels wirksamer Teilabtretung hat H kein Recht erworben. Der Anspruch gegen E auf Duldung der Zwangsvollstreckung besteht daher nicht.

C. Ansprüche der O

I. Gegen E

1. § 433 II BGB

Es besteht ein Anspruch der O gegen E auf Zahlung des Kaufpreises iHv 30.000 EUR aus § 433 II BGB. Dem liegen Warenlieferungen der O in gleicher Höhe zugrunde.

2. §§ 1147, 1113 BGB

Weiterhin besteht ein Anspruch der O gegen E auf Duldung der Zwangsvollstreckung nach §§ 1147, 1113 BGB. Der O wurde am Grundstück der E wirksam eine Briefhypothek iHv 30.000 EUR bestellt.[10] Die O ist Inhaberin der Hypothek in diesem Umfang geblieben, nachdem die beabsichtigte Teilabtretung an H nicht wirksam erfolgt ist.[11]

II. Ansprüche gegen F

§ 888 I iVm § 1179a I 1, II 1 BGB

O könnte gegen F einen Anspruch auf Zustimmung zur Rangänderung gem. §§ 888 I, 1179a I 1, II 1 BGB haben.

---

8 MüKoBGB/*Eickmann* § 1154 Rn. 20; Palandt/*Bassenge* § 1154 Rn. 11.
9 BGHZ 85, 263, 265 f.; Erman/*Wenzel* § 1154 Rn. 8; MüKoBGB/*Eickmann* § 1154 Rn. 20; Palandt/*Bassenge* § 1154 Rn. 11; Soergel/*Konzen* § 1154 Rn. 19 f.; *Abel* NJW 1966, 2044 (2046); *K. Schmidt* JuS 1983, 308 (309). Die Möglichkeit eines mehrstufigen Mitbesitzes bejahen hingegen *v. Prittwitz/Gaffron* NJW 1957, 85 (86 f.).
10 Vgl. oben B. I.
11 S. dazu B. II.

Die Vorschrift des § 1179a BGB gewährt dem Gläubiger einer nachrangigen Hypothek einen Löschungsanspruch bezüglich einer vorrangigen Hypothek, die mit dem Eigentum in einer Person vereinigt ist. Handelt es sich bei dem vorrangigen Recht um eine Eigentümergrundschuld, so besteht der Löschungsanspruch nach § 1179a II BGB, sobald sich ergibt, dass die zu sichernde Forderung nicht entstehen wird.

Als zu sichernde Forderung ist hier eine Scheinforderung des S eingetragen. Tatsächlich sollte aber eine künftige Forderung der B gesichert werden. Da die unrichtige Angabe des Schuldgrundes in der Eintragung für die Wirksamkeit der Hypothekenbestellung unschädlich ist,[12] muss in diesem Zusammenhang konsequent auf die tatsächlich zu sichernde Forderung abgestellt werden. Der Löschungsanspruch besteht also ab dem Zeitpunkt der Weigerung der B, das Darlehen zu gewähren.

Aufgrund der Bezugnahme des § 1179a I 3 BGB auf die Vormerkungsregelung sind zwischenzeitlich vorgenommene Verfügungen nach § 883 II BGB relativ unwirksam. Selbst wenn es also an einer ausdrücklichen Weigerung der B fehlt, das Darlehen zu gewähren, so ist jedenfalls die nachträgliche Vereinbarung zwischen E, S und F, nunmehr eine Forderung des F zu sichern, vormerkungswidrig, weil diese genauso wie die Forderungsauswechslung bewirkt, dass das Entstehen einer endgültigen Eigentümergrundschuld hinausgeschoben wird.[13]

Gutgläubiger Erwerb in Bezug auf den Rang nach § 892 I BGB scheidet infolge Kenntnis des F von der Vorgeschichte des Rechts aus. Somit kann O aufgrund der Tatsache, dass die ursprünglich zu sichernde Forderung der B nicht entstanden ist, wegen zwischenzeitlicher Vereinigung von Recht und Eigentum das Aufrücken im Rang und damit von F die Zustimmung zur Rangänderung verlangen.[14]

D. Umfang der Hypothekenhaftung

Nach § 1120 BGB erstreckt sich die Hypothek auch auf Erzeugnisse, Bestandteile und Zubehör (sog. erweiterter Haftungsverband der Hypothek). Daher werden die Gläubiger auch daran interessiert sein, solche Gegenstände zu verwerten, um sich hieraus zu befriedigen.

I. Die Säge fällt nach §§ 1120, 97 BGB als Zubehör des Betriebsgrundstücks in den Haftungsverband der Hypothek. Dies gilt nach § 1122 II BGB jedoch nur solange, wie die wirtschaftliche Zweckbestimmung nicht durch Ersatzbeschaffung aufgehoben wird.[15] Daher ist die ausgesonderte Säge nicht mehr Grundstückszubehör und unterliegt demzufolge nicht mehr der Hypothekenhaftung.

II. Die als Ersatz angeschaffte Säge ist zwar Zubehör des Betriebsgrundstückes, steht jedoch nicht im Eigentum des E. Dem E steht jedoch ein Anwartschaftsrecht an der

---

12 Vgl. oben A. II. 1.
13 S. dazu Erman/*Wenzel* § 1179a Rn. 6; Palandt/*Bassenge* § 1179a Rn. 5; MüKoBGB/*Eickmann* § 1179a Rn. 2 ff.; Soergel/*Konzen* § 1179a Rn. 13.
14 **Klausurtipp:** Soweit man unter A. die Auffassung vertritt, dass keine Eigentümergrundschuld entstanden ist und F überhaupt kein Grundpfandrecht erworben hat, ist statt des Anspruchs auf Zustimmung zur Rangänderung ein Anspruch der O gegen F auf Löschungsbewilligung hinsichtlich des nach dieser Ansicht zu Unrecht eingetragenen Rechts der F gem. § 894 BGB zu bejahen.
15 Erman/*Wenzel* § 1122 Rn. 2; MüKoBGB/*Eickmann* § 1122 Rn. 3.

Säge zu. Ein solches unterliegt dem Hypothekenbeschlag.[16] Daher erstreckt sich die Hypothekenhaftung auch auf das Anwartschaftsrecht des E an der ersatzweise angeschafften Säge.

III. Die Hobelbank ist nach § 97 I BGB ebenfalls Zubehör des Betriebsgrundstückes. Diese war jedoch schon vor der Begründung der Hypotheken der K sicherungsübereignet worden. Die Zubehörhaftung erfasst nur solche Gegenstände, die im Augenblick der Entstehung der Hypothek im Eigentum des Grundstückseigentümers bereits stehen oder erst später in sein Eigentum gelangen. Zubehörstücke, welche bereits vor der Bestellung von Grundpfandrechten sicherungsübereignet wurden, unterliegen hingegen nicht der Hypothekenhaftung nach § 1120 BGB.[17] Damit unterfällt die Hobelbank nicht der Hypothekenhaftung, ohne dass es hierbei darauf ankommt, dass die Hobelbank nicht von dem Grundstück entfernt wurde.

Zur Vertiefung: *Armbrüster*, Bürgerliches Recht – Die hoffnungsvollen Grundpfandgläubiger, JuS 1989, 824 – 827; *Armbrüster*, Der Kampf ums Zubehör (zwischen Grundpfandgläubiger und Sicherungseigentümer), JA 1984, 196–202; *Kollhosser*, Auflösung des Anwartschaftsrechts trotz Zubehörhaftung?, JZ 1985, 370–377; *Marotzke*, Die Aufhebung grundpfandrechtsbelasteter Eigentumsanwartschaften, AcP 186 (1986) 490–517; *Marotzke*, Das Anwartschaftsrecht als methodisches Problem, JA 1977, 429–436; *Plander*, Haftung und Enthaftung von Zubehör für eine Eigentümergrundschuld, JuS 1981, 565; *Preuß*, Eigentümergrundschuld und Eigentümerhypothek, Jura 2002, 548; *Rambold*, Ausgewählte Probleme des gesetzlichen Löschungsanspruchs, Rpfleger 1995, 284; *Reinicke*, Der Kampf um das Zubehör zwischen Sicherungseigentümer und Grundpfandgläubiger – BGHZ 92, 280, JuS 1986, 957; *Reischl*, Grundfälle zu den Grundpfandrechten, JuS 1998, 125, 220, 318, 414, 516, 614; *K. Schmidt*, Die Haftung von Grundstückszubehör für eine Eigentümergrundschuld, JuS 1980, 223; *Scholz*, Das Anwartschaftsrecht in der Hypothekenverbandshaftung, MDR 1990, 679; *Schreiber*, Hypothekenrecht, Jura 2002, 109; *Weirich*, Der gesetzliche Löschungsanspruch und die Löschungsvormerkung, Jura 1980, 127.

---

16 BGHZ 35, 85 (87 ff.); Erman/*Wenzel* § 1120 Rn. 9; MüKoBGB/*Eickmann* § 1120 Rn. 38; Soergel/*Konzen* § 1120 Rn. 5.
17 MüKoBGB/*Eickmann* § 1120 Rn. 32; Erman/*Wenzel* § 1120 Rn. 6.

20. Fall: Mittelloser Miterbe

Sachverhalt

A, B und C sind je zu einem Drittel Erben des E. Zur Sicherheit für einen erhaltenen Kredit iHv 10.000 EUR bestellt A dem K aufgrund notariell beurkundeter Vereinbarung ein Pfandrecht an seinem Miterbenanteil. Danach lässt G, ein weiterer Gläubiger des A, aufgrund einer titulierten Forderung iHv 150.000 EUR den Miterbenanteil des A pfänden. G bringt ein zum Nachlass gehörendes Grundstück zur Zwangsversteigerung. Der nach Abzug der Kosten verbleibende Erlösbetrag von 300.000 EUR wird auf Anordnung des Amtsgerichts hinterlegt. Die Miterben A, B und C vereinbaren daraufhin, dass jeder Miterbe 100.000 EUR erhalten soll. Dies wird der Hinterlegungsstelle mitgeteilt. Daraufhin erfolgt eine Auszahlung an B und C iHv je 100.000 EUR. Da G die restlichen 100.000 EUR für sich in Anspruch nehmen will, verlangt K von G Zustimmung zur Auszahlung von 10.000 EUR.

Zu Recht?

Lösungsvorschlag

K könnte gegen G einen Anspruch auf Zustimmung zur Auszahlung der hinterlegten Summe nach § 812 I 1 2. Alt. BGB haben.[1]

I. Voraussetzung für den bereicherungsrechtlichen Anspruch ist zunächst, dass G etwas, nämlich eine vermögenswerte Position,[2] erlangt hat. G hatte die Zwangsversteigerung eines Grundstücks betrieben. Kann der bei der Zwangsversteigerung erzielte Erlös – wie hier – nicht ausgezahlt werden, so wird dieser hinterlegt.[3] Die Herausgabe an einen Berechtigten kann in diesem Fall nur erfolgen, wenn diese von den an der Hinterlegung Beteiligten bewilligt wird.[4] Ohne Zustimmung des die Zwangsvollstreckung betreibenden Gläubigers G war keine Herausgabe möglich. Damit hat G eine vermögenswerte Rechtsposition erlangt, welche grundsätzlich nach § 812 I BGB kondiziert werden kann.

II. Diese vermögenswerte Position müsste G auf Kosten des K erlangt haben, dh durch den Eingriff in den Zuweisungsgehalt eines fremden Rechts. Die Bereicherung in sonstiger Weise ist durch einen Vermögensnachteil des Entreicherten und einen entsprechenden Vermögensvorteil des Bereicherten gekennzeichnet.[5] G, von dessen Zustimmung die Freigabe des gesamten hinterlegten Betrages abhängig ist, hat nur dann auf Kosten des K einen Vermögensvorteil erlangt, wenn der hinterlegte Betrag nicht vollständig dem G, sondern zumindest zu einem Teilbetrag auch dem K zustand. Insoweit kommt in Betracht, dass ein Pfandrecht des K einem solchen des G im Rang vorgeht.

Der hinterlegte Betrag kann G und K als Pfanderlös nur zustehen, wenn diese wirksam Pfandrechte an dem Miterbenanteil des A, also einem Anteil an der Gesamthandsgemeinschaft, erworben haben. Ob K einen Anspruch auf Auszahlung eines Teiles der hinterlegten Summe hat oder aber G die gesamten 100.000 EUR für sich beanspruchen kann, könnte demzufolge auf der Grundlage des § 1258 III BGB zu beurteilen sein. Dazu müsste ein Pfandrecht an einem Miteigentumsanteil nach § 1008 BGB bestehen. Bei einer Miterbengemeinschaft entsteht an den Nachlassgegenständen Gesamthandseigentum.[6] Hierbei handelt es sich aber nicht um Miteigentum, sodass § 1258 III BGB allenfalls analog iVm § 1273 II BGB anwendbar ist.[7] Diese Vorschrift beinhaltet die Regelung, wem der Erlös bei Aufhebung der Gemeinschaft gebührt.

1. Voraussetzung für die Anwendbarkeit des § 1258 III BGB ist zunächst das Bestehen eines Pfandrechts des K und eines solchen des G an dem Miterbenanteil des A.

a) Die Zulässigkeit eines Vertragspfandrechts an einem Miterbenanteil ergibt sich aus § 2033 I BGB, die eines Pfändungspfandrechts aus § 859 II ZPO.[8] Gegenstand eines

---

1 Vgl. zum bereicherungsrechtlichen Anspruch auf Zustimmung zur Auszahlung einer hinterlegten Summe BGH NJW 1970, 463; 1972, 1045; *Werner* JuS 1980, 175 (179).
2 Erman/*Buck-Heeb* § 812 Rn. 4.
3 Vgl. etwa § 117 II ZVG.
4 Vgl. für NRW etwa § 22 I; III Nr. 1 Hinterlegungsgesetz NRW.
5 Palandt/*Sprau* § 812 Rn. 43.
6 Hk-BGB/*Hoeren* § 2032 Rn. 1–3.
7 BGHZ 52, 99 (102).
8 BGHZ 52, 99 (102).

solchen Pfandrechts ist nach § 1258 iVm § 1273 II BGB die sich aus der Erbengemeinschaft ergebende Rechtsstellung des Schuldners am Nachlass, nicht aber ein Anteil an einem Einzelgegenstand, über welchen ein Miterbe nach § 2033 II BGB nicht verfügen kann.[9]

b) Die rechtsgeschäftliche Bestellung eines Pfandrechts an einem Recht richtet sich gem. § 1274 I BGB nach den für die Übertragung des Rechts geltenden Vorschriften. Gegenstand des Pfandrechts ist hier ein Miterbenanteil. Damit bedurfte die Bestellung eines Pfandrechts für K gem. § 2033 I 2 BGB der notariellen Beurkundung. Diese ist erfolgt, weshalb das Pfandrecht für K wirksam bestellt wurde.

Auch das Pfändungspfandrecht für G ist nach § 804 iVm §§ 857, 859 ZPO wirksam entstanden.

Fraglich ist indes der Rang dieser Pfandrechte. Nach §§ 1273 II, 1209 BGB, § 804 II, III ZPO geht grundsätzlich ein zeitlich früher entstandenes Pfandrecht einem späteren vor. Dabei gilt dieser Grundsatz der Priorität nicht nur für die jeweiligen Pfandrechtsarten untereinander, sondern auch für das Verhältnis eines vertraglichen Pfandrechts zum Pfändungspfandrecht, was sich aus § 804 II ZPO aE ergibt.[10] Damit geht das zeitlich früher bestellte vertragliche Pfandrecht des K dem Pfändungspfandrecht des G vor.

c) Das vorrangige Pfandrecht des K am Miteigentumsanteil des A könnte jedoch aufgrund der von G betriebenen Zwangsversteigerung des Grundstücks erloschen sein. Eine von einem Pfandgläubiger in einen Miteigentumsanteil betriebene Zwangsvollstreckung zum Zwecke der Aufhebung der Gemeinschaft nach §§ 2042 II, 753 BGB, §§ 180 ff. ZVG stellt jedoch keine Auseinandersetzung der Erbengemeinschaft dar, sondern dient lediglich der Vorbereitung der Auseinandersetzung.[11] Soweit eine Teilung in Natur nach § 752 BGB nicht möglich ist, muss nach § 753 BGB eine Versilberung des Nachlasses erfolgen, damit dieser teilbar wird. Diese Teilung erfolgt sodann nach der Vorschrift des § 752 BGB.

Zwar erwirbt der Ersteher mit dem Zuschlag gem. § 90 ZVG Eigentum an dem Nachlassgrundstück. Die Zahlungsforderung gegen den Ersteher und der Erlös tritt aber kraft dinglicher Surrogation an die Stelle des Grundstücks, dh der Erlös gehört zum Nachlass und damit der Miterbengemeinschaft.[12] Allein durch den Zuschlag hat sich damit der Gegenstand des Pfandrechts noch nicht geändert. Dieser ist nach wie vor der Miterbenanteil des A. Zwar handelte es sich hier nur um eine Teilauseinandersetzung, diese ist jedoch nach allgemeiner Meinung zulässig.

d) Der Gegenstand der Pfandrechte könnte sich aber, unabhängig von der Frage einer wirksamen Auseinandersetzung, bereits aufgrund der Hinterlegung des bei der Zwangsversteigerung erzielten Erlöses verändert haben. Durch die Hinterlegung der Summe auf Anordnung des Vollstreckungsgerichts entsteht eine Forderung der Erbengemeinschaft gegen die Hinterlegungsstelle auf Auszahlung. Damit hat sich jedoch nicht der Gegenstand des Pfandrechts, nämlich der Miterbenanteil, sondern

---

9 Staudinger/*Werner* (2010) § 2033 Rn. 27 f.
10 BGHZ 52, 99, 107 f.
11 Staudinger/*Werner* (2010) § 2042 Rn. 60.
12 Erman/*Aderhold* § 753 Rn. 1.

vielmehr der Nachlass verändert. Ebenso ist noch nicht die Auseinandersetzung hinsichtlich der Forderung erfolgt.

2. Voraussetzung für die Anwendbarkeit des § 1258 III BGB ist weiterhin, dass die Miterbengemeinschaft (Gesamthandsgemeinschaft) wirksam aufgehoben worden ist, also eine Erbauseinandersetzung erfolgt ist. Die Auseinandersetzung von Miterben erfolgt nach § 2042 II iVm § 752 BGB. Soweit die Nachlasswerte ohne Wertminderung teilbar sind, erfolgt eine Verteilung in Natur. Dies ist bei Geld der Fall. Steht eine Geldforderung mehreren zu, erfolgt die Teilung entsprechend der Vereinbarung der Berechtigten. Besteht ein Pfandrecht an einem Miterbenanteil, so üben die Pfandgläubiger nach § 1258 I BGB die Rechte der Miteigentümer und damit der Miterben aus. Dies gilt auch für die Mitwirkung bei der Auseinandersetzung des § 2042 BGB.[13] Daher bedurfte eine wirksame Teilungsvereinbarung der Zustimmung des K und des G.

a) Die Auseinandersetzung und deren Vollzug durch Aufteilung des Geldes unter den Miterben wurde nur von den Miterben A, B und C, nicht auch unter Mitwirkung des K und des G vereinbart. Die Auseinandersetzungsvereinbarung ist daher unwirksam gewesen, selbst wenn bereits 200.000 EUR an B und C ausgezahlt worden sind.

Soweit ein Anspruch der Erbengemeinschaft auf Auszahlung der restlichen 100.000 EUR besteht, handelt es sich dabei nicht um einen auf A entfallenden Erlösanteil, der nach § 1258 III BGB dem Pfandgläubiger gebührt, sondern um die Restforderung der Erbengemeinschaft gegen die Hinterlegungsstelle mit Anteil aller Erben. Mangels einer wirksamen Auseinandersetzung hat sich damit der Pfandgegenstand nicht geändert. Vielmehr bestehen die Pfandrechte des K und G an dem Anteil des A fort, und zwar an dem Anteil an der Erbengemeinschaft. Die Erbengemeinschaft hat nämlich Forderungen iHv 100.000 EUR gegen die Hinterlegungsstelle und iHv 200.000 EUR gegen B und C, weil diese den Geldbetrag aufgrund einer nichtigen Auseinandersetzungsvereinbarung, also rechtsgrundlos erhalten haben.

b) Die Auseinandersetzungsvereinbarung und deren Vollzug könnte jedoch durch Genehmigung gem. § 184 BGB seitens G und K wirksam geworden sein. Eine solche Genehmigung liegt in der Klage auf Auszahlung gegen die Hinterlegungsstelle bzw. in der Geltendmachung eines solchen Anspruchs. G und K wollen den hinterlegten Betrag in Anspruch nehmen. Daher ist von einer Genehmigung und damit einer wirksamen Erbauseinandersetzung auszugehen.

3. Nachdem hinsichtlich der Miterbenanteile eine wirksame Auseinandersetzung erfolgt ist, kommt somit nach § 1258 III iVm § 1273 II BGB ein Übergang der Pfandrechte von G und K auf den Erlös in Betracht. Dies ist der Fall, wenn an die Stelle des Erbteiles des A der Erlös getreten ist.

Nach allgemeiner Ansicht erstreckt sich das Pfändungspfandrecht eines Gläubigers, der einen Miterbenanteil gepfändet hat, kraft dinglicher Surrogation auf die Gegenstände, die bei Teilung auf den gepfändeten Erbteil entfallen. Dies gilt insbesondere auch bei der Pfändung von Forderungen.[14] Ob eine solche dingliche Surrogation[15]

---

13 Staudinger/*Wiegand* (2009) § 1258 Rn. 6.
14 Erman/*J. Schmidt* § 1258 Rn. 7.
15 Diese Auffassung befürworten etwa BGHZ 52, 99, 107 f.; Erman/*J. Schmidt* § 1258 Rn. 7; vgl. dazu auch *Wellmann* NJW 1969, 1903; Palandt/*Bassenge* § 1258 Rn. 4.

auch für das Vertragspfandrecht gilt, ist indes umstritten. Nach § 1258 III BGB »gebührt« der Erlös dem Pfandgläubiger. Diese Formulierung legt die Auslegung nahe, es trete keine dingliche Surrogation ein, sondern bei Aufhebung der Erbengemeinschaft erwerbe der Pfandgläubiger nur einen obligatorischen Anspruch auf ein neues Pfandrecht an den Gegenständen, die an die Stelle des Miterbenanteils treten.[16]

Die letztere Auffassung lässt sich nur bedingt durch die Materialien zum BGB belegen. In den Motiven[17] wird bezüglich § 1258 III BGB darauf abgestellt, dass bei Aufhebung der Erbengemeinschaft nach Wegfall des ursprünglichen Rechts ein neuer Gegenstand des Pfandrechts fehle, weshalb die Position des Pfandgläubigers durch obligatorische Ansprüche zu stärken sei. Dies trägt jedoch nicht der Situation bei der Versteigerung eines Grundstücks Rechnung. Denn der Miterbenanteil besteht bei der Versteigerung eines Grundstücks hinsichtlich des Erlöses bis zur Teilung fort. Damit bleibt auch das Pfandrecht am Miterbenanteil bestehen und wird durch den Erlös mit gesichert. Erst mit der Teilung des Erlöses fällt der Miterbenanteil fort. An dessen Stelle tritt indes sofort die Forderung des einzelnen Erben.[18] Einer besonderen obligatorischen Stärkung bedarf es daher nicht.

Es besteht also kein Grund, die dingliche Surrogation, welche im Übrigen auch in den Fällen der §§ 1287, 1247 BGB erfolgt, abzulehnen. Dies hätte nämlich gerade zur Folge, dass das Pfandrecht mit der Auseinandersetzung enden würde und der Gläubiger auf obligatorische Ansprüche beschränkt wäre. Hierin wäre gerade eine Schwächung des Vertragspfandrechts gegenüber einem späteren Pfändungspfandrecht zu sehen, welche das Vertragspfandrecht wertlos machen würde.[19] Eine Rechtfertigung des Vorzugs des Pfändungspfandrechts ist auch nicht deshalb berechtigt, weil der Pfändungspfandgläubiger einen vollstreckbaren Titel hat. Trotz der Verschiedenheit von Pfändungs- und Vertragspfandrecht besteht jedoch in der rangwahrenden Funktion gerade kein Unterschied, wie sich für das Vertragspfandrecht aus der Vorschrift des § 1209 BGB ergibt, auf welche § 804 II ZPO für das Pfändungspfandrecht verweist. Bei einem nur obligatorischen Anspruch auf Wiederbestellung eines Vertragspfandrechts würde ein solches einem zwischenzeitlich entstandenen Pfändungspfandrecht im Rang nachfolgen. Damit würde nach der obligatorischen Lösung ein im Rahmen der Zwangsvollstreckung entstandenes Pfändungspfandrecht immer die früher vorrangigen Vertragspfandrechte im Rang verdrängen. Weil aber auch für das Verhältnis eines Vertragspfandrechts zum Pfändungspfandrecht der Grundsatz der zeitlichen Priorität gilt,[20] würde dies gerade die rangwahrende Funktion beider Pfandrechte verändern.

4. Demzufolge haben sich nach § 1258 III BGB die Pfandrechte des K und des G kraft dinglicher Surrogation in der ursprünglichen Rangfolge am Erlös fortgesetzt. K hat ein erstrangiges Pfandrecht iHv 10.000 EUR am Erlös, G ein Pfandrecht für eine Forderung von 150.000 EUR an zweiter Stelle. Dem K, dessen Pfandrecht vorrangig ist, gebühren somit aus dem Erlös 10.000 EUR.

---

16 So RGZ 84, 395 (397).
17 Band III, S. 835 = *Mugdan* Band III, S. 466; vgl. auch BGHZ 52, 99 (106).
18 Erman/*Bayer* § 2047 Rn. 2.
19 BGHZ 52, 99 (107); *Lange/Kuchinke* ErbR § 44 II 5.
20 Vgl. BGHZ 52, 99 (107 f.).

III. G hat die Rechtsposition, aufgrund der eine Herausgabe des hinterlegten und dem K zustehenden anteiligen Betrages der Zustimmung des G bedarf, auch ohne Rechtsgrund erlangt.

IV. Daher besteht der Anspruch des K gegen G auf Zustimmung zur Auszahlung des hinterlegten Betrages von 10.000 EUR.

Zur Vertiefung: *Büdenbender,* Rückgewähransprüche im Bürgerlichen Recht, JuS 1998, 227; *Gursky,* Die neuere höchstrichterliche Rechtsprechung zum Mobiliarsachenrecht, JZ 1997, 1154; *Helms,* Übungsblätter Klausur Zivilrecht: »Drei Hochzeiten und ein Todesfall«, JA 1997, 757; *Hohloch,* Rechtsprechungsübersicht: Formfreies einvernehmliches Ausscheiden eines Miterben aus Erbengemeinschaft gegen Abfindung, JuS 1998, 760; *Hoffmann,* Die Saldotheorie im Bereicherungsrecht, Jura 1997, 416; *Lieb,* Zur bereicherungsrechtlichen Rückabwicklung bei der Zession, Jura 1990, 359; *Müller-Graff/Stumpf,* Der praktische Fall – Bürgerliches Recht –, JuS 1993, 572; *Musielak,* Der praktische Fall – Bürgerliches Recht und Zivilprozessrecht –, JuS 1999, 881; *Schanbacher,* Grundfälle zum Pfandrecht, JuS 1993, 382; *Schreiber,* Verfügungen von Todes wegen, Jura 1996, 360; *Simon/Werner,* 22 Probleme FamR/ErbR, 3. Aufl. 2002; *Helms,* Drei Hochzeiten und ein Todesfall, JA 1997, 757; *Zeiss,* Klausurwichtige Ansprüche bei Pfändung und Verwertung durch den Gerichtsvollzieher, Jura 1996, 281.

VII. Erbrecht

21. Fall: Wer kriegt was?

Sachverhalt

E, der mit seiner Ehefrau im Güterstand der Zugewinngemeinschaft lebt, verstirbt und hinterlässt ein mit Schreibmaschine geschriebenes Testament, das er eigenhändig mit Datum und Unterschrift versehen hat. In diesem Testament erklärt er seine Frau F zur Alleinerbin.

Neben seiner Ehefrau F hinterlässt E seine Mutter M, ein eheliches Kind K 1 und das nichteheliche Kind N. Ein weiteres eheliches Kind des E, K 2, ist bereits verstorben. K 2 hinterließ zwei Kinder, A 1 und A 2. Die Ehefrau des K 2 ist ebenfalls verstorben.

Das Vermögen des E besteht aus einem Grundstück im Wert von 240.000 EUR, Barvermögen iHv 120.000 EUR, einer Münzsammlung im Wert von 6.000 EUR sowie Hausratsgegenständen, unter anderem einen neuen Elektroherd im Wert von 1.000 EUR.

F ist der Ansicht, dass ihr aufgrund des Testaments der gesamte Nachlass zusteht. A 2 hält sich für den Erben der Münzsammlung, da sein Großvater ihm diese fest versprochen habe und nimmt die Münzsammlung auch an sich. M, die gerade ihre Küche renoviert, macht Ansprüche auf den Elektroherd geltend, den die F jedoch behalten will.

1. Welche Personen erben in welchem Umfang?
2. Darf A 2 die Münzsammlung behalten oder kann von ihm die Herausgabe verlangt werden. Wenn ja, an wen ist die Sammlung herauszugeben?
3. Haben M oder F einen Anspruch auf den Elektroherd?

Lösungsvorschlag

A. Erbfolge

I. Erbeinsetzung durch Testament

F erbt den gesamten Nachlass des E, wenn dieser seine Ehefrau wirksam zur Alleinerbin bestimmt hat. In Betracht kommt eine Erbeinsetzung durch Testament nach §§ 1922 I, 1937 BGB.

Voraussetzung hierfür ist, dass E wirksam ein Testament errichtet hat. Bedenken hinsichtlich der Testierfähigkeit des E nach § 2229 BGB bestehen nicht.

Fraglich ist jedoch, ob ein formwirksames Testament vorliegt. Nach § 2231 BGB kann ein Testament als öffentliches Testament zur Niederschrift eines Notars oder als eigenhändiges Testament gem. § 2247 BGB errichtet werden. E hat eine mit Schreibmaschine geschriebene Erklärung hinterlassen, welche er eigenhändig mit Datum und Unterschrift versehen hat. Vorliegend kommt daher allein ein eigenhändiges Testament in Betracht.

Ein eigenhändiges Testament setzt aber nach § 2247 I BGB zwingend eine eigenhändig geschriebene und unterschriebene Erklärung voraus. Eigenhändige Niederschrift bedeutet, dass das Schriftstück vollständig persönlich abgefasst sein muss.[1] Anders als beim Schriftformerfordernis nach § 126 I BGB reicht also lediglich die eigenhändige Namensunterschrift nicht aus. Denn das Erfordernis eines komplett eigenhändig geschriebenen Testaments bezweckt die Gewährleistung der Echtheit. Dem liegt die Erfahrung zugrunde, dass sich die Fälschung einer vollständig handschriftlich abgefassten Urkunde schwerer bewerkstelligen lässt und auch leichter nachzuweisen ist als die bloße Nachahmung der Unterschrift des Erblassers unter einem maschinell erstellten Text.[2]

Das mit Schreibmaschine geschriebene Testament des E erfüllt daher nicht das Erfordernis der eigenhändigen Errichtung des § 2247 I BGB und stellt somit kein formgültiges Testament dar. Erfordernisse anderer Testamentsformen sind ebenfalls nicht gewahrt. Mangels testamentarischer Verfügung ist F also nicht zur Alleinerbin bestimmt. Die Vermögensverhältnisse nach dem Tode des E bestimmen sich daher nach der gesetzlichen Erbfolge der §§ 1924 ff. BGB.

II. Gesetzliche Erbfolge

Neben seiner Ehefrau, mit der er in Zugewinngemeinschaft lebte, hinterlässt E seine Mutter M, ein eheliches Kind K 1, die Kinder A 1 und A 2 seines vorverstorbenen Kindes K 2 sowie das nichteheliche Kind N.

1. Erbrecht der Ehefrau

Das gesetzliche Erbrecht knüpft hinsichtlich der Rechtsnachfolge in den §§ 1924–1929 BGB an die Verwandtschaft mit dem Erblasser an. Dabei sind zunächst die Ab-

---

1 Soergel/*Mayer* § 2247 Rn. 14, 21.
2 BGHZ 47, 68 (70); Staudinger/*Baumann* (2012) § 2247 Rn. 37; Erman/*Kappler/Kappler* § 2247 Rn. 5; MüKoBGB/*Hagena* § 2247 Rn. 1.

kömmlinge des Erblassers als gesetzliche Erben erster Ordnung nach § 1924 I BGB zur Erbfolge berufen. Soweit solche nicht vorhanden sind, erben gem. §§ 1925–1930 BGB die Verwandten des Erblassers in aufsteigender Linie, wobei für das Erbrecht die Nähe der Verwandtschaft ausschlaggebend ist, welche sich wiederum nach der Zahl der sie vermittelnden Geburten beurteilt.[3]

Das gesetzliche Erbrecht des überlebenden Ehegatten des Erblassers ist hiervon abweichend in der Vorschrift des § 1931 BGB geregelt. Dieser erbt neben den Verwandten der ersten Ordnung gem. § 1924 I BGB, also neben Abkömmlingen des Erblassers, zu einem Viertel, neben Verwandten der zweiten Ordnung oder neben Großeltern zur Hälfte. E hinterlässt als Abkömmlinge Kinder bzw. Kindeskinder. Neben diesen ist seine Ehefrau F nach § 1931 I BGB zu einem Viertel der Erbschaft als gesetzliche Erbin berufen.

Auswirkungen auf die Rechtsnachfolge hat weiterhin auch das eheliche Güterrecht. E und F lebten im Güterstand der Zugewinngemeinschaft nach § 1363 BGB. Der sogenannte gesetzliche Güterstand der Zugewinngemeinschaft stellt den Regelfall dar, soweit nicht eine andere Vereinbarung in einem eigens geschlossenen Ehevertrag getroffen wird, welcher zur Wirksamkeit nach § 1410 BGB der notariellen Form bedarf. Der Güterstand der Zugewinngemeinschaft ist dadurch gekennzeichnet, dass nach § 1363 II BGB das Vermögen des Mannes und dasjenige der Frau nicht gemeinschaftliches Vermögen der Ehegatten werden. Jedoch wird der Zugewinn, den die Ehegatten in der Ehe erzielen, bei Beendigung der Zugewinngemeinschaft ausgeglichen. Dabei wird für jeden Ehegatten die Vermögenslage zum Zeitpunkt der Beendigung der Zugewinngemeinschaft mit der bei Eheschließung verglichen. An der Summe der so errechneten Zugewinne sind die Ehegatten zu gleichen Teilen zu beteiligen.[4]

Eine Beendigung der Zugewinngemeinschaft, welche einen Ausgleich des Zugewinns erfordert, stellt auch der Tod eines Ehegatten dar. In diesem Fall wird nach § 1371 I BGB der Ausgleich des Zugewinns verwirklicht, indem sich der gesetzliche Erbteil des überlebenden Ehegatten um ein Viertel der Erbschaft erhöht, wobei es unerheblich ist, ob die Ehegatten im einzelnen Fall überhaupt einen Zugewinn erzielt haben.[5]

Die F ist neben den Abkömmlingen ihres verstorbenen Ehemannes E nach § 1931 I BGB zu einem Viertel der Erbschaft als gesetzliche Erbin berufen. Da die Ehegatten im Güterstand der Zugewinngemeinschaft nach § 1363 BGB lebten, erhöht sich ihr Erbteil nach § 1371 I BGB um ein weiteres Viertel der Erbschaft. F ist damit nach §§ 1931 I, 1371 I BGB insgesamt zur Hälfte der Erbschaft als Erbin berufen.

---

3 Soergel/*Stein* Vor § 1922 Rn. 4; Erman/*Lieder* Vor § 1924 Rn. 4 ff.

4 Staudinger/*Thiele* (2007) § 1363 Rn. 34.

5 **Hinweis:** Hierin sieht MüKoBGB/*E. Koch* Vor § 1363 Rn. 12 einen Widerspruch zu dem der Zugewinngemeinschaft zugrunde liegenden Prinzip der hälftigen Trennung. Denn die in § 1371 I BGB vorgesehene *erbrechtliche Lösung* gleicht den Zugewinn ganz unabhängig von der Frage aus, ob und von wem ein Zugewinn erzielt wird. Selbst der an sich ausgleichspflichtige Ehegatte mit dem höheren Zugewinn partizipiert so am Vermögen des Verstorbenen.

2. Erbrecht der Abkömmlinge

Das eheliche Kind K 1 ist nach § 1924 I BGB Erbe erster Ordnung. An die Stelle des vorverstorbenen Kindes K 2 treten nach §§ 1923 I, 1924 III BGB dessen Abkömmlinge A 1 und A 2.

Nichteheliche Kinder sind seit dem 1998 in Kraft getretenen Erbrechtsgleichstellungsgesetz (ErbGleichG, BGBl. 1997 I 2968) ehelichen Kindern erbrechtlich vollständig gleichgestellt[6] und ebenso zu gesetzlichen Erben berufen.[7]

Wie zuvor festgestellt,[8] ist F gem. §§ 1931 I, 1371 I BGB zur Hälfte der Erbschaft als Erbin berufen. Als gesetzliche Erben der verbleibenden Hälfte der Erbschaft kommen nach § 1924 I BGB die Abkömmlinge des E zu gleichen Teilen in Betracht. Demnach sind N und K 1 jeweils zu einem Sechstel der Erbschaft zu Erben berufen.

K 2 ist bereits verstorben. An seine Stelle treten nach § 1924 III BGB seine Abkömmlinge und erben gem. § 1924 IV BGB wiederum zu gleichen Teilen. A 1 und A 2 teilen sich also den Erbteil von einem Sechstel, welcher dem K 2 zugestanden hätte. Daher sind A 1 und A 2 nach § 1924 BGB jeweils zu einem Zwölftel als Erben berufen.

3. Erbrecht der M

M ist die Mutter des Erblassers. Sie ist nach § 1925 I BGB Erbin zweiter Ordnung. Jedoch sind mit den Abkömmlingen des E Verwandte einer vorhergehenden Ordnung vorhanden, welche M nach § 1930 BGB von der Erbfolge ausschließen. M ist daher nicht zur Erbin berufen.

III. Zusammenfassung

Die Erbschaft besteht aus einem Grundstück im Wert von 240.000 EUR, Barvermögen iHv 120.000 EUR und einer Münzsammlung im Wert von 6.000 EUR. Insgesamt beträgt der Wert der Erbschaft 366.000 EUR. Die Hausratsgegenstände gebühren nach § 1932 BGB als Voraus dem Ehegatten und sind nicht in den Wert der Erbschaft einzubeziehen.[9] F ist zur Hälfte als Erbin berufen (Wert 183.000 EUR). K 1 und N sind zu je einem Sechstel als Erbe berufen (Wert jeweils 61.000 EUR), A 1 und A 2 zu je einem Zwölftel (Wert jeweils 30.500 EUR).

---

6 **Hinweis:** Zuvor waren nichteheliche Kinder nicht zum gesetzlichen Erben berufen und nach § 1934a I BGB aF neben ehelichen Abkömmlingen und überlebendem Ehegatten des Erblassers auf einen Erbersatzanspruch gegen die Erben in Höhe des Wertes des Erbteils beschränkt. Der Gesetzgeber wollte so möglichen Konflikten vorbeugen, welche sich aus der Beteiligung der Ehefrau des Erblassers oder deren gemeinsamen ehelichen Kindern einerseits und unehelichen Abkömmlingen des Erblassers andererseits an einer Erbengemeinschaft ergeben können. Vgl. dazu Soergel/ *Stein,* 13. Aufl. 2002, vor § 1934a Rn. 5, 9; Staudinger/*Werner* (2008) Vorbem. §§ 1924–1936 Rn. 42.

7 Staudinger/*Werner* (2008) Vorbem. §§ 1924–1936 Rn. 46a und § 1924 Rn. 5.

8 S. oben A. II. 1.

9 Vgl. dazu Soergel/*Stein* § 1932 Rn. 7, 10; Soergel/*Wolf* § 2150 Rn. 2 und unten C.; Erman/*Lieder* § 1932 Rn. 10 ff.; MüKoBGB/*Leipold* § 1932 Rn. 9 ff.

B. Rechtslage hinsichtlich der Münzsammlung

I. Gem. §§ 1922 I, 2032 BGB ging das gesamte Vermögen des Erblassers mit dessen Tode im Wege der Universalsukzession[10] auf die Erbengemeinschaft des E über. Die Münzsammlung des E ist weder Gegenstand einer testamentarischen Verfügung des E (§ 1937 BGB) noch eines Vermächtnisses (§ 1939 BGB). Ein Schenkungsversprechen von Todes wegen (§ 2301 BGB) liegt ebenso nicht vor, wie auch Anhaltspunkte für eine Schenkung nach § 516 BGB nicht gegeben sind. Die Münzsammlung steht somit nicht A 2, sondern der Erbengemeinschaft zu.

II. Demzufolge wird die Erbengemeinschaft von A 2 die Herausgabe der Münzsammlung verlangen.

1. § 2018 BGB

A 2 könnte als Erbschaftsbesitzer nach § 2018 BGB zur Herausgabe der Münzsammlung verpflichtet sein.

a) A 2 hat etwas, nämlich die Münzsammlung, aus der Erbschaft des E erlangt.

b) Voraussetzung für den erbrechtlichen Herausgabeanspruch ist weiterhin, dass A 2 die Münzsammlung aufgrund eines ihm in Wirklichkeit nicht zustehenden Erbrechts an sich genommen hat. A 2 war der Auffassung, dass ihm die Münzsammlung nach dem Tode des E zustünde, weil diese ihm von E versprochen worden sei. Damit hat er die Münzsammlung aufgrund eines vermeintlichen Erbrechts[11] erlangt, war also Erbschaftsbesitzer iSv § 2018 BGB.

c) Somit kann die Erbengemeinschaft von A 2 nach § 2018 BGB die Herausgabe der Münzsammlung an die Gemeinschaft, also sämtliche Erben gemeinsam,[12] verlangen.

2. § 985 BGB

Der Eigentumsherausgabeanspruch kann sich daneben auch aus § 985 BGB ergeben.

a) Die Erbengemeinschaft hat aufgrund der Gesamtrechtsnachfolge nach § 1922 I BGB an der ursprünglich im Eigentum des Erblassers E stehenden Münzsammlung mit dessen Tode Eigentum erworben.

b) A 2 übt die tatsächliche Sachherrschaft über die Münzsammlung aus und hat diese somit nach § 854 I BGB in Besitz.

c) Ein Recht zum Besitz nach § 986 BGB steht A 2 nicht zu. Daher ist er verpflichtet, die Münzsammlung an die Erbengemeinschaft herauszugeben.

3. § 861 I BGB

Überdies kann der Erbengemeinschaft gegen A 2 ein Anspruch auf Wiedereinräumung des Besitzes nach § 861 I BGB zustehen.

---

10 Zur Gesamtrechtsnachfolge vgl. Staudinger/*Marotzke* (2008) § 1922 Rn. 44–52; Soergel/*Stein* § 1922 Rn. 10 f.; MüKoBGB/*Leipold* § 1922 Rn. 16, 117 ff.
11 Hierzu Erman/*Horn* § 2018 Rn. 2; MüKoBGB/*Helms* § 2018 Rn. 16 f.
12 Zur Geltendmachung von Ansprüchen durch die Miterbengemeinschaft vgl. Erman/*Bayer* § 2039 Rn. 1, 3 f.; Soergel/*Wolf* § 2039 Rn. 3 f.; MüKoBGB/*Gergen* § 2039 Rn. 13 ff.

a) Mit dem Erbfall war der Besitz an der Münzsammlung nach § 857 BGB auf die Erben übergegangen.

b) Dieser Besitz müsste der Erbengemeinschaft durch verbotene Eigenmacht entzogen worden sein. Verbotene Eigenmacht verübt nach der Legaldefinition des § 858 I BGB derjenige, der dem Besitzer den Besitz ohne dessen Willen entzieht. Da eine Gestattung durch die Erbengemeinschaft hier nicht in Betracht kommt, ist von verbotener Eigenmacht des A 2 auszugehen, der somit nach § 861 I BGB verpflichtet ist, der Erbengemeinschaft den Besitz an der Münzsammlung einzuräumen.

4. § 812 I 1 2. Alt. BGB

Ebenso kann bezüglich der Münzsammlung ein Herausgabeanspruch der Erbengemeinschaft gegen A 2 nach § 812 I 1 2. Alt. BGB bestehen.

a) A 2 hat die Münzsammlung, also einen Vermögenswert erlangt.

b) Die Münzsammlung hatte A 2 an sich genommen, also nicht durch Leistung, sondern auf sonstige Weise auf Kosten der berechtigten Erbengemeinschaft erlangt.

c) Die Bereicherung des A 2 erfolgte auch ohne Rechtsgrund. Daher ist er nach § 812 I 1 2. Alt. BGB zur Herausgabe der Münzsammlung verpflichtet.

5. § 823 I iVm § 249 I BGB

Schließlich kann sich der Anspruch der Erbengemeinschaft gegen A 2 auf Rückgewähr der Münzsammlung auch aus § 823 I iVm § 249 I BGB ergeben.

A 2 hat die Münzsammlung an sich gebracht und damit der Erbengemeinschaft den Besitz an dieser entzogen. Dies stellt eine Eigentumsverletzung iSv § 823 I BGB dar. Eine Eigentumsverletzung liegt in jeder Einwirkung auf die Sache, wobei auch bloße Beeinträchtigungen der Nutzungsmöglichkeit erfasst sind.[13] A 2 handelte dabei auch fahrlässig. Die Erbengemeinschaft kann daher gem. §§ 823 I, 249 I BGB die Herausgabe der Münzsammlung verlangen.

C. Rechtslage hinsichtlich des Elektroherds

Fraglich ist schließlich, wer den Elektroherd beanspruchen kann.

I. M ist nicht Erbin und hat daher keinerlei Ansprüche.[14]

II. F darf den Herd behalten, wenn ihr dieser im Rahmen des Voraus des Ehegatten nach § 1932 I BGB zusteht. Danach gebühren dem Ehegatten, der neben Verwandten der ersten Ordnung gesetzlicher Erbe ist, die zum ehelichen Haushalt gehörenden Gegenstände als Voraus, soweit sie nicht Zubehör eines Grundstücks sind und diese zur Führung eines angemessenen Haushalts benötigt werden. Dies ist hinsichtlich des Elektroherds der Fall. Das Eigentum hieran fällt zunächst nach §§ 1922, 2032, 1932 II BGB an die Erbengemeinschaft. Gegen diese hat F sodann einen Anspruch auf Überlassung des Elektroherds nach §§ 1932 II, 1939, 2147, 2176, 2181 BGB.

---

13 Palandt/*Sprau* § 823 Rn. 7; Erman/*Schiemann* § 823 Rn. 25.
14 Vgl. oben A. II. 3.

Zur Vertiefung: *Baldus,* Probleme der Testamentsauslegung, JuS 2004, 130; *Belling,* Einführung in das Recht der gesetzlichen Erbfolge, Jura 1986, 579; *Büdenbender,* Rückgewähransprüche im Bürgerlichen Recht, JuS 1998, 38; *Büdenbender,* Rückgewähransprüche im Bürgerlichen Recht, JuS 1998, 325; *Ebenroth,* Die Übertragung des Besitzes vom Erblasser auf den Erben, JuS 1996, 794; *Gerhards,* Ergänzende Testamentsauslegung und Formvorschriften/»Andeutungstheorie«, JuS 1994, 642; *Hanau,* Übersicht und Grundfälle zu § 985, JA 1987, 113; *Harder,* Gibt es gesetzliche Vermächtnisse ?, NJW 1988, 2716; *Helms,* Klausur Zivilrecht – »Drei Hochzeiten und ein Todesfall«, JA 1997, 757; *Medicus,* Ansprüche auf Herausgabe, JuS 1985, 657; *Olzen,* Die gesetzliche Erbfolge, Jura 1998, 135; *Olzen,* Der Erbschaftsanspruch, JuS 1989, 374; *Schreiber,* Verfügungen von Todes wegen, Jura 1996, 360; *Simon/Werner,* 22 Probleme FamR/ErbR, 3. Aufl. 2002; *Smid,* Probleme bei der Auslegung letztwilliger Verfügungen, JuS 1987, 283; *Wolf,* Der nicht formgerecht erklärte Erblasserwille und die Auslegungsfähigkeit eindeutiger testamentarischer Verfügungen, JuS 1983, 663.

22. Fall: Lebzeitige Wohltaten

Sachverhalt

Als der verwitwete Unternehmer E in den Ruhestand tritt, besitzt er neben einem umfangreichen Geldvermögen eine Reihe von Kunstwerken. Ein Teil der Sammlung ziert das Anwesen des E, weitere Gemälde bewahrt er in der Galerie seines Freundes X auf.

Als E schwer erkrankt, bittet er X zu sich. Ihm sagt er, seine Kinder seien »Kunstbanausen«. Er wolle die von ihm liebevoll gesammelten Kunstwerke in den Händen von jemandem wissen, der ihren künstlerischen Wert auch zu schätzen wisse. Deshalb solle X mit seinem Tod alle Bilder der Sammlung des E als sein Eigentum behalten dürfen. X ist angesichts des ihm entgegengebrachten Vertrauens hoch erfreut. Man einigt sich, dass die im Haus des E befindlichen Bilder nach dessen Tod von seiner Haushälterin H dem X in dessen Galerie übergeben werden. So geschieht es auch. Nachdem E kurze Zeit später stirbt, ohne ein Testament zu hinterlassen, werden auch die im Haus verbliebenen Bilder zu X gebracht.

Die beiden einzigen Kinder des E, K1 und K2, sind hierüber erbost. Sie sehen sich als Alleinerben ihres Vaters und verlangen von X die Bilder heraus. Zu Recht?

Abwandlung:

Anders als im Ausgangsfall wird E von seiner Frau F überlebt. Ohne dass diese zuvor davon wusste, besteht für E ein Sparkonto bei der Bank B, das ein Guthaben von 20.000 EUR aufweist. Im Vertrag mit der B hatte E für den Fall seines Todes die F als Verfügungsberechtigte bezeichnet und B beauftragt, das Guthaben auf Wunsch der F an diese auszuzahlen. Diese Benennung der F war zeitlebens widerruflich. Wegen eines späteren Zerwürfnisses hatte E seine Frau danach zwar testamentarisch von der Erbfolge ausgeschlossen und seine beiden Kinder wirksam zu alleinigen Erben bestellt, nicht aber die postmortale Verfügungsberechtigung der F über das Konto geändert. Nach dem Tod des E informiert B die F über das Bestehen des Kontos. Diese ist zwar völlig überrascht, lässt sich aber angesichts ihrer angespannten finanziellen Lage den Betrag auszahlen. Daraufhin verlangen K1 und K2 von F Zahlung in Höhe von 20.000 EUR. Zu Recht?

Lösungsvorschlag[*]

A. Ausgangsfall

I. § 2018 BGB

Die Erben K1 und K2 könnten gegen X einen Anspruch auf Herausgabe der Bilder aus § 2018 BGB haben.

1. Ein Anspruch aus § 2018 BGB steht nur wahren Erben zu.[1] Da E kein Testament hinterlassen hat, gilt die gesetzliche Erbfolge der §§ 1924 ff. BGB. Seine Ehefrau ist vorverstorben. Die beiden einzigen Kinder K1 und K2 sind deshalb die gesetzlichen Erben des E erster Ordnung und bilden bis zur Erbauseinandersetzung eine Erbengemeinschaft.

2. Schuldner des Anspruchs ist der Erbschaftbesitzer, also derjenige, der Sachen aus dem Erbe in Besitz hat und sich auf ein ihm tatsächlich nicht oder nicht in voller Höhe zustehendes Erbrecht beruft.[2] X ist bewusst, dass er nicht zum Erben berufen ist. Vielmehr muss er davon ausgehen, E habe ihm die Bilder durch lebzeitige Verfügung übereignet. Die Voraussetzungen für einen Anspruch gegen einen Erbschaftsbesitzer bestehen deshalb nicht.

II. § 985 BGB

K1 und K2 könnten gegen X einen Anspruch auf Herausgabe der Bilder aus § 985 BGB haben. Voraussetzung hierfür ist das Bestehen einer Vindikationslage.

1. X übt über die Bilder tatsächliche Sachherrschaft iSv § 854 I BGB aus und ist unmittelbarer Besitzer.

2. K1 und K2 müssten Eigentümer der Bilder sein.

Eigentümer war ursprünglich der Erblasser E. K1 und K2 könnten aber durch den Anfall der Erbschaft im Wege der Universalsukzession nach § 1922 BGB ipso iure (Von-Selbst-Erwerb)[3] in die Rechtsstellung des Erben eingetreten und das Eigentum erworben haben. Indes fallen nur Rechtspositionen in den Nachlass, die nicht zuvor aufgrund lebzeitiger Verfügungen aus dem Vermögen des Erblassers ausgeschieden sind.

a) Das Eigentum an den Bildern in der Galerie könnte X durch Verfügungen nach § 929 S. 2 BGB (»brevi manu traditio«) erlangt haben. Hätte E bereits zu Lebzeiten wirksam über die Bilder verfügt, wäre das Eigentum bei seinem Tod nicht auf K1 und K2, sondern auf X übergegangen.

aa) E und X haben sich darauf verständigt, dass das Eigentum an den Bildern mit dem Tod des E auf X übergehen sollte. Hierin ist eine dingliche Einigung unter einer

---

* Für seine Unterstützung bei der Konzeption dieser Aufgabe danke ich meinem Mitarbeiter, Herrn *Marius Klotz.*

1 Palandt/*Weidlich* § 2018 Rn. 3; MüKoBGB/*Helms* § 2018 Rn. 11.
2 BGH FamRZ 2004, 537 (538); MüKoBGB/*Helms* § 2018 Rn. 14; Hk-BGB/*Hoeren* § 2018 Rn. 3; Palandt/*Weidlich* § 2018 Rn. 4.
3 Bamberger/Roth/*Müller-Christmann* § 1922 Rn. 18.

Zeitbestimmung[4] iSv §§ 163, 158 I BGB zu sehen. Mit dem Tod des E ist der Termin eingetreten. Die Einigung war auch bestimmt genug. Zwar bezeichneten E und X die Bilder nicht im Einzelnen, weil aber »alle« Bilder von der Einigung umfasst sein sollten, ist eine klare Bestimmung derjenigen Sachen, über die verfügt wird, ohne Weiteres möglich.[5]

bb) Die Bilder befanden sich zum Zeitpunkt der dinglichen Einigung bereits im Besitz des X (§ 854 I BGB).

cc) E war bis zur Vollendung des Rechtserwerbs, also bis zu seinem Tod, auch Eigentümer und somit verfügungsberechtigt.

dd) X hat daher mit dem Tod des E Eigentum an den Bildern erworben, die sich bereits in der Galerie des X befanden.

b) Die Bilder im Haus des E könnten X von diesem nach § 929 S. 1 BGB übereignet worden sein.

aa) Auch bezüglich dieser Bilder bestand zwischen E und X eine wirksame dingliche Einigung über den Rechtsübergang. Diese müssen K1 und K2 als Erben des E gegen sich gelten lassen.[6]

bb) Die Bilder müssten X übergeben worden sein. Die Übergabe nach § 929 S. 1 BGB erfordert völligen Besitzverlust des Veräußerers sowie die Erlangung (auch mittelbaren) Besitzes durch den Erwerber auf Veranlassung des Veräußerers.[7] Zu einer Besitzübertragung ist es zu Lebzeiten des E indes nicht gekommen. Deshalb haben K1 und K2 zunächst Erbenbesitz nach § 857 BGB erlangt.

Die tatsächliche Sachherrschaft und damit den unmittelbaren Besitz hat X erst nach dem Tod des E erlangt, allerdings aus der Hand der H und nicht auf Veranlassung der Erben. Fraglich ist, ob das dem Eigentumserwerb des X entgegensteht. E hatte jedoch die Übergabe durch H bereits zu Lebzeiten in die Wege geleitet. Einer vom Willen des Erblassers getragenen Verfügung soll § 857 BGB aber gerade nicht entgegenstehen. Deshalb müssen sich die Erben eine lebzeitige Veranlassung durch den Berechtigten entgegenhalten lassen.[8] Die Bilder wurden somit wirksam iSv § 929 S. 1 BGB an X übergeben.[9]

cc) Die dingliche Einigung bestand ungeachtet des zwischenzeitlichen Todes des E bis zum Rechtserwerb fort (§ 130 II BGB).

dd) E verfügte als verfügungsberechtigter Eigentümer. Sein Tod und die Universalsukzession ändern hieran nichts. Die Befugnis des Erblassers, als Berechtigter über

---

4 Das von dem mit Sicherheit eintretenden Todestag abhängige Geschäft ist mangels Ungewissheit kein bedingtes, vgl. nur Erman/*Armbrüster* § 163 Rn. 1.
5 Hierzu Hk-BGB/*Schulte-Nölke* § 929 Rn. 5.
6 So bereits RGZ 83, 223.
7 MüKoBGB/*Oechsler* § 929 Rn. 52 ff.; Palandt/*Bassenge* § 929 Rn. 11 ff.
8 MüKoBGB/*Musielak* § 2301 Rn. 25; *Leipold* ErbR Rn. 575. Die gegenteilige Auffassung vertrat noch das RG im Bonifatius-Fall (RGZ 83, 223).
9 Indem H die Bilder an sich nimmt, verletzt diese den Erbenbesitz nach § 857 BGB. Die Bilder sind deshalb abhandengekommen. Den Rechtserwerb des X hindert das gleichwohl nicht. Abhandenkommen steht lediglich dem Rechtserwerb vom Nichtberechtigten im Weg. X erwirbt aber vom berechtigten Schenker E, MüKoBGB/*Musielak* § 2301 Rn. 25.

Sachen aus seinem Vermögen zu verfügen, besteht nach § 130 II BGB gerade über den Tod hinaus fort.[10]

3. Damit ist X Eigentümer sowohl der Bilder geworden, die bereits beim Tod des E in seiner Galerie hingen, als auch der übrigen Bilder der Sammlung des E. K1 und K2 haben deshalb keinen Anspruch auf Herausgabe nach § 985 BGB.

III. § 812 I 1 1. Fall BGB

K1 und K2 könnten gegen X einen Anspruch auf Herausgabe und Rückübereignung der Bilder aus § 812 I 1 1. Fall BGB haben.

1. Dann müsste X etwas erlangt haben. Insoweit kommt jeder Vorteil in Betracht,[11] insbesondere der Erwerb einer Vermögensposition.[12] X hat Eigentum und Besitz an den Bildern der Sammlung des E erlangt.

2. § 812 I 1 1. Fall BGB erfordert die Erlangung des Vorteils durch Leistung, also durch bewusste und zweckgerichtete Mehrung fremden Vermögens.[13] E wollte seine Gemälde dem X zuwenden und so dessen Vermögen mehren.[14] Eine Leistung liegt vor.

3. Fraglich ist, ob diese Leistung des E ohne Rechtsgrund erfolgte.

a) Als Rechtsgrund kommt eine Schenkung nach § 516 ff. BGB in Betracht. E und X haben sich nicht nur über den dinglichen Rechtserwerb geeinigt, sondern diesem auch (konkludent) einen Schenkungsvertrag zugrunde gelegt.

b) Der Schenkungsvertrag dürfte auch nicht wegen eines Formmangels nach § 125 BGB nichtig sein.

aa) Schenkungen erfordern nach § 518 I BGB zur Wirksamkeit grundsätzlich eine notarielle Beurkundung (§ 128 BGB). Diese ist nicht erfolgt. Ein solcher Formverstoß könnte aber durch Bewirken der Leistung mit der Übereignung an X gem. § 518 II BGB geheilt worden sein.

bb) Abweichend von § 518 I BGB könnten hier aber die erbrechtlichen Formvorschriften nach § 2301 I 1 BGB zu berücksichtigen sein. Danach finden auf Schenkungsversprechen, die unter der Bedingung erteilt werden, dass der Beschenkte den Schenker überlebt, die Vorschriften über Verfügungen von Todes wegen Anwendung, wenn nicht die Schenkung bereits zu Lebzeiten »vollzogen« worden ist (§ 2301 II BGB). Überdies muss es sich nach hM um eine Schenkung handeln, die erst nach (oder mit) dem Tod des Schenkers wirksam werden soll.[15]

---

10 *Westermann* SachenR S. 596.
11 Bamberger/Roth/*Wendehorst* § 812 Rn. 38.
12 *Looschelders* SchuldR BT Rn. 1018.
13 BGHZ 58, 184 Rn. 21; Palandt/*Sprau* § 812 Rn. 3.
14 Zu denken ist auch an die Anwendung von § 812 I 2 2. Fall BGB (condictio ob rem). Bei der Schenkung ohne vorherige, notariell beurkundete Einigung leistet der Schenker streng genommen nicht aufgrund einer Rechtspflicht (solvendi causa), sondern »zum Zweck der Schenkung« (donandi causa).
15 MüKoBGB/*Musielak* § 2301 Rn. 2.

(1) Die Schenkung der Bilder sollte erst nach Ableben des E und auch nur für den Fall wirksam werden, dass X den E überlebt. Damit handelt es sich um ein Schenkungsversprechen von Todes wegen, ohne dass jegliche Form eingehalten wäre.

(2) Die Wirksamkeit der Schenkung hängt deshalb nach § 2301 II BGB davon ab, dass diese bereits zu Lebzeiten des X vollzogen worden ist. Was unter dem Begriff des lebzeitigen Vollzugs zu verstehen ist, ist seit jeher umstritten. Einigkeit besteht nur darüber, dass ein Schenkungsversprechen vollzogen ist, wenn der dingliche Rechtserwerb bereits zu Lebzeiten des Schenkers vollendet wird, das Geschenk also bereits mit dinglicher Wirkung »aus dem Vermögen des Schenkers ausgeschieden ist«.[16] Gleiches gilt, wenn das dingliche Rechtsgeschäft unter einer aufschiebenden Bedingung getätigt ist und im Übrigen alle Voraussetzungen des Rechtserwerbs vorliegen.[17] Darüber hinaus ist vieles umstritten. Der Gesetzgeber wollte Vollzug annehmen, wenn der Erblasser sein Vermögen »sofort und unmittelbar mindert«.[18] Diesem Gedanken eines gegenwärtigen Vermögensopfers haben sich Teile der Literatur angeschlossen.[19] Teilweise wird gefordert, der Beschenkte müsse ein Anwartschaftsrecht an der zu schenkenden Sache erwerben.[20] Andere vertreten wiederum die Auffassung, es komme darauf an, dass der Schenker bereits zu Lebzeiten alles seinerseits Erforderliche getan habe, damit die Vermögensverschiebung ohne weiteres Zutun eintreten könne.[21]

(a) Hinsichtlich der bereits zu Lebzeiten des E in die Galerie des X verbrachten Bilder ist nach allen Ansichten lebzeitiger Vollzug zu bejahen. Der Rechtserwerb des X hing nur noch vom Eintritt des Todes des E ab, weshalb ein Anwartschaftsrecht des X bestand. Auch hatte E bereits alles seinerseits Notwendige getan, damit X mit Eintritt des Todes Eigentum erwerben konnte. In der Besitzaufgabe zu Lebzeiten liegt außerdem ein lebzeitiges Vermögensopfer.

(b) Mit Blick auf die Bilder, die sich bei seinem Tod noch im Haus des E befanden, kann man lebzeitigen Vollzug hingegen nach keiner dieser Ansichten bejahen. Zwar hat sich E mit X auch dinglich geeinigt und liegt keine bloß schuldrechtliche Verpflichtung vor, das Vermögen des E ist aber insoweit lebzeitig noch nicht gemindert. Eine Übergabe an X hat zu Lebzeiten des E nicht stattgefunden, weshalb X auch kein Anwartschaftsrecht erworben hat. E hat gerade nicht alles seinerseits Erforderliche getan, um den Erwerb des X herbeizuführen.

(3) Die Schenkung der Bilder in der Galerie des X unterlag aufgrund lebzeitigen Vollzugs dem Schenkungsrecht. Der anfängliche Formmangel ist gem. § 518 II BGB durch Vollzug der Schenkung geheilt worden. Bezüglich des verbleibenden Teils der Sammlung des E ist lebzeitiger Vollzug dagegen abzulehnen. Insoweit ist das Formerfordernis des § 2301 I BGB zu berücksichtigen, das auf erbrechtliche (Form)vorschriften verweist.[22] Die hM verlangt zwar nicht allein die Einhaltung der strengen

---

16 MüKoBGB/*Musielak* § 2301 Rn. 18; Jauernig/*Stürner* § 2301 Rn. 4; *Schlüter* ErbR Rn. 1250.
17 BGH NJW-RR 1986, 1133 Rn. 15 ff.; MüKoBGB/*Musielak* § 2301 Rn. 21 mwN.
18 *Mugdan*, Die gesammelten Materialien zum Bürgerlichen Gesetzbuch für das Deutsche Reich V, S. 352.
19 *Brox/Walker* ErbR Rn. 744 f.; *Kipp/Coing* ErbR § 81 III 1 c.
20 MüKoBGB/*Musielak* § 2301 Rn. 19; *Olzen* ErbR Rn. 1188.
21 BGH WM 1971, 1338 Rn. 21; BGHZ 87, 26 Rn. 20; ebenso Palandt/*Weidlich* § 2301 Rn. 10; *Schlüter* ErbR Rn. 1251.
22 Hk-BGB/*Hoeren* § 2301 Rn. 22.

Form des Erbvertrags (§ 2276 BGB), sondern lässt auch die geringeren Formvoraussetzungen des Testaments genügen.[23] Nachdem aber keines dieser Formerfordernisse gewahrt wurde, ist die Schenkung der übrigen Bilder der Sammlung des E nach § 125 BGB nichtig.

c) Gesamtnichtigkeit nach § 139 BGB

Es bleibt zu entscheiden, ob die Teilnichtigkeit nach §§ 125, 139 BGB die Gesamtnichtigkeit der Schenkung zur Folge hat. Bei den beiden Schenkungsabreden müsste es sich dann um ein einheitliches Rechtsgeschäft handeln. Dies ist unter Berücksichtigung der Interessen aller Beteiligter und ihres erklärten Willens mit Rücksicht auf die Verkehrssitte zu ermitteln. Für den »Einheitlichkeitswillen« ist entscheidend, dass die Beteiligten die beiden Rechtsgeschäfte nicht für sich allein gelten lassen wollen, sondern diese miteinander »stehen und fallen« sollen.[24] Hierfür ließe sich anführen, dass es im Interesse der Parteien und insbesondere des E gelegen haben könnte, die Sammlung »als Ganzes« zu verschenken, um ein Auseinanderfallen der Sammlung an verschiedene Eigentümer zu verhindern. Entscheidendes Motiv für die Vereinbarungen von X und E war aber dessen Wille, die Bilder dem Zugriff seiner Kinder zu entziehen. Deshalb wird man davon ausgehen müssen, dass E und X die Schenkungsvereinbarung soweit irgend möglich aufrechterhalten wollten, damit möglichst viele Bilder kondiktionsfest in das Vermögen des X gelangen. Die Voraussetzungen der Gesamtnichtigkeit nach § 139 BGB liegen deshalb nicht vor.

d) Rechtsgrundlos erfolgte damit lediglich die Leistung von Eigentum und Besitz an den Bildern, die sich bis zum Tod des E noch in dessen Haus befanden.

4. K1 und K2 haben gegen X einen Anspruch auf Herausgabe und Rückübereignung der Bilder, die nicht bereits zu Lebzeiten des E in die Galerie des X verbracht wurden.

B. Abwandlung

K1 und K2 könnten gegen F einen Anspruch auf Zahlung von 20.000 EUR gem. §§ 812 I 1 1. Fall, 818 I, 1922 BGB haben.

I. F hat einen vermögenswerten Vorteil in Gestalt eines Auszahlungsanspruchs gegen B erlangt.[25] E hatte mit B einen Sparvertrag geschlossen und F für den Fall seines Ablebens als »Verfügungsberechtigte« eingesetzt. Dies stellt einen echten Vertrag zugunsten Dritter iSv § 329 I BGB dar, der von E in der Absicht geschlossen wurde, das Vermögen der F durch Gewährung eines entsprechenden Anspruchs zu mehren.

1. Dieser Vertrag könnte indes wegen eines Formmangels nach § 125 BGB nichtig sein. Das Rechtsverhältnis zwischen E und B, welches zugunsten der F einen Anspruch im Todesfall begründet, stellt einen Vertrag zugunsten Dritter auf den Todesfall dar (§ 331 BGB) und bildet das Deckungsverhältnis. Als einfacher Sparvertrag

---

23 MüKoBGB/*Musielak* § 2301 Rn. 13; Hk-BGB/*Hoeren* § 2301 Rn. 22; aA *Kipp/Coing* ErbR § 81 III 2 a; der dann formnichtige Erbvertrag wird sich regelmäßig in ein Testament umdeuten lassen, wenn er den dafür bestehenden Formerfordernissen entspricht, *Schlüter* ErbR Rn. 1254.
24 StRspr., s. BGH NJW 2011, 2876; NJW-RR 2007, 396; NJW 2011, 2876 (2876); 1968, 936 (937); 1998, 1778 (1780).
25 BGH NJW 1975, 383; BGHZ 66, 8 (13); früher bereits RGZ 128, 189; aA *Harder* FamRZ 1976, 418 (420).

unterliegt der Vertrag nach hM keiner besonderen Formpflicht.[26] Diese Betrachtungsweise sah sich zT heftiger Kritik ausgesetzt. Vereinzelt wurde vorgeschlagen, den Vertrag zugunsten Dritter auf den Todesfall § 2301 BGB zu unterstellen. Der Vorrang des Vertrags zugunsten Dritter auf den Todesfall vor § 2301 BGB führe sonst zu einer weitgehenden Aushöhlung der erbrechtlichen Formvorschriften. Sie mache es möglich, Zuwendungen auf den Todesfall durch bloßen mündlichen Vertrag zu bewirken,[27] wenn dies nur über das Vermögen eines Dritten geschehen wird. Außerdem widerspreche eine Befreiung von der Form des § 2301 BGB der vom Gesetzgeber gewollten einheitlichen Gestaltung der Erbfolge. Geschäfte, die wirtschaftlich den gleichen Erfolg haben (Vermächtnis und Vertrag zugunsten Dritter auf den Todesfall) würden so aus rein rechtstechnischen Gründen unterschiedlich behandelt.[28] Das Nachsehen hätten Nachlassgläubiger und Pflichtteilsberechtigte.[29]

2. Es ist aber zu berücksichtigen, dass auch bei (formloser) Wirksamkeit des Vertrags den Interessen der Beteiligten hinreichend Rechnung getragen ist. Pflichtteilsberechtigten bleibt die Möglichkeit des Ausgleichs nach §§ 2325, 2329 BGB. Nachlassgläubiger können Verfügungen anfechten (§ 4 I AnfG, § 134 I InsO).[30] Jenseits dessen hat der Wille des Erblassers den Interessen von Erben und Vermächtnisnehmern sowie sonstiger Nachlassgläubiger vorzugehen. Außerdem verkennt die Kritik an der Formfreiheit des Vertrags zugunsten Dritter auf den Todesfall den Unterschied zwischen Deckungs- und Valutaverhältnis. § 331 BGB erlaubt formlos zwar die Zuwendung des Anspruchs gegen die Bank durch Abschluss des Vertrags zugunsten Dritter auf den Todesfall, besagt aber nichts darüber, ob der Begünstigte die Zuwendung auch gegenüber den Erben behalten darf. Hierfür ist allein das Valutaverhältnis maßgeblich. Eine Anwendung von § 2301 BGB kommt daher weder direkt[31] noch analog[32] in Betracht. F hat den Auszahlungsanspruch damit wirksam erworben.

II. Der Anspruch müsste F geleistet worden sein, E das Vermögen der F also bewusst und zweckgerichtet vermehrt haben. Ob und in welchem Verhältnis eine Leistung vorliegt, beurteilt sich aus der Sicht des Zuwendungsempfängers,[33] hier also aus der Perspektive der F. Dieser stellte sich die Gewährung des Anspruchs als Zuwendung ihres Ehemanns E dar. B erfüllte lediglich ihre Verpflichtung gegenüber E als Versprechensempfänger.

III. Eine Leistung erfolgt ohne Rechtsgrund, wenn der mit ihr verfolgte Leistungszweck verfehlt wird. Der Leistungszweck ergibt sich regelmäßig aus einem wirksamen Kausalverhältnis. Als solches kommt hier ein Schenkungsvertrag gem. §§ 516 ff. BGB in Betracht.

1. E und F haben zu Lebzeiten keinen Schenkungsvertrag geschlossen. Ein solcher, lebzeitiger Vertragsschluss scheidet bereits deshalb aus, weil F von dem Bankkonto

---

26 Etwa BGHZ 41, 95 (95 ff.).
27 *Medicus/Petersen* BürgerlR Rn. 398.
28 *Kipp/Coing* ErbR § 81 V 1.
29 *Medicus/Petersen* BürgerlR Rn. 397.
30 MüKoBGB/*Musielak* § 2301 Rn. 37.
31 BGH NJW 2004, 767 (768).
32 BGH NJW 1993, 2171; 2004, 767 (768); aA *Kipp/Coing* ErbR § 81 V; für die analoge Anwendung der Vorschriften über das Vermächtnis *Harder/Kroppenberg* ErbR Rn. 540 und *v. Lübtow* ErbR II Rn. 1237.
33 BGHZ 72, 248 (249).

und der Verfügungsberechtigung, die E der F mit seinem Tod zuwenden wollte, nichts gewusst hatte.

2. Ein Vertrag zwischen E und F könnte aber auch noch nach dem Tod des E zustande kommen, wenn E zeitgleich mit Schaffung der Verfügungsberechtigung die Bank B beauftragt hätte, ein entsprechendes Angebot auf Abschluss eines Schenkungsvertrags als Bote an F zu übermitteln (§ 130 II BGB) und zudem auf den Zugang der Annahme verzichtet hätte (§ 151 BGB). F hätte dann das Angebot spätestens mit Verwendung des Geldes angenommen.[34]

Diese bisweilen als »waghalsig«[35] bezeichnete Konstruktion eines Vertragsschlusses findet Widerspruch.[36] Daran wird insbesondere bemängelt, dass sie zu zufälligen Ergebnissen führen könne. Ob der Dritte die zugewandte Leistung behalten dürfe, hänge nämlich letztlich vom Ausgang eines Wettlaufs zwischen Versprechendem und Erben ab, die das Zustandekommen des Schenkungsvertrags durch Widerruf des vom Erblasser abgegebenen Angebots vor dessen Zugang beim Dritten verhindern könnten (§ 130 I 2 BGB).[37] Die Auslegung der zwischen Erblasser und Versprechendem bestehenden Rechtsbeziehung müsse sich zudem am objektiven Empfängerhorizont (§§ 133, 157 BGB) messen lassen. Danach scheide ein Auftragsverhältnis aber regelmäßig aus, weil es den Interessen des Versprechenden widerspreche, wenn ihm mit dem Auftrag zugleich die Verpflichtung aufgebürdet werde, gegenüber dem Empfänger das Haftungsrisiko der verzögerten Übermittlung des Schenkungsangebots zu tragen.[38]

Dem ist zumindest in solchen Fällen zuzustimmen, in denen es auf Seiten der Bank an der *Erkennbarkeit* des Willens zur Übernahme eines Auftrags fehlt. Ein Vertragsschluss muss hier scheitern. Eine Botenstellung und ein darauf aufbauender postmortaler Vertragsschluss kann aber jedenfalls dann angenommen werden, wenn die Vereinbarung zwischen Erblasser und Bank *erkennbar* Auftragscharakter hat, wenn also der Wille des Versprechenden, sich zur Überbringung des Schenkungsangebots zu verpflichten, objektiv hervortritt. Bedenken gegen die Annahme einer Botenschaft bestehen dann nicht. So verhält es sich im vorliegenden Fall. B hat sich ausweislich der Abrede mit E beauftragen lassen, für die Auszahlung an F zu sorgen. Zwischen E und F kam daher unter Einschaltung der Bank B als Botin eine »postmortale« Einigung zustande.

3. Diese Schenkungsabrede aus dem Valutaverhältnis könnte aber nach § 125 BGB formnichtig sein.

a) Schenkungen unterliegen dem Erfordernis notarieller Beurkundung (§ 518 I BGB). Eine solche ist unterblieben. Eine Heilung des Formmangels würde nach § 518 II BGB den Vollzug der Schenkung erfordern. Dann müsste der Schenker freiwillig das seinerseits Erforderliche vorgenommen haben, um den Schenkungsgegenstand dem Vermögen des Beschenkten zuzuwenden.[39] Nachdem F den Anspruch gegen die Bank mit Eintritt des Todes »von selbst« erworben hat, ist die Schenkung vollzogen und der Formmangel geheilt. Formnichtigkeit nach § 518 I BGB scheidet daher aus.

---

34 Dies entspricht der Argumentation in vergleichbaren Fällen, s. nur BGHZ 41, 95 (97); BGHZ 46, 198 (204).
35 *Harder* FamRZ 1976, 418 (423).
36 Eingehend und mwN *Wall*, Das Valutaverhältnis des Vertrags zugunsten Dritter auf den Todesfall, S. 734 f.
37 *Medicus/Petersen* BürgerlR Rn. 398.
38 *Wall*, Das Valutaverhältnis des Vertrags zugunsten Dritter auf den Todesfall, S. 736 ff.
39 BGHZ 191, 354 mAnm. *Saenger* ZStV 12, 61vb.

b) In Betracht kommt aber Formnichtigkeit wegen eines Verstoßes gegen §§ 2301 I, 2276 BGB. Denn auch für das Rechtsverhältnis zwischen Versprechensempfänger und Drittem, also für das Valutaverhältnis, könnten die erbrechtlichen Formvorschriften vorgehen, wenn es sich um ein Schenkungsversprechen von Todes wegen handelt. Indes ist das Verhältnis von § 2301 BGB und § 331 BGB bis heute nicht hinreichend geklärt.

aa) Nach einer Ansicht stellt § 331 BGB eine Spezialvorschrift gegenüber § 2301 I BGB dar, welche diese erbrechtliche Norm vollständig verdrängt.[40] Der Vertrag zugunsten Dritter auf den Todesfall sei eine vom Gesetzgeber bewusst geschaffene Möglichkeit, Zuwendungen auf den Todesfall außerhalb der erbrechtlichen Form zu gewähren. Hierfür spreche insbesondere der Umstand, dass im Fall des § 331 BGB der Zuwendungsempfänger nicht unmittelbar aus dem Vermögen des Erblassers bereichert werde, sondern aufgrund eines Anspruchs gegen den Versprechenden, gewissermaßen also durch das Vermögen eines Dritten.[41]

bb) Indes geht bereits die Annahme, § 331 BGB und § 2301 BGB stünden miteinander in einem Konkurrenzverhältnis, fehl. Die Normen betreffen unterschiedliche Rechtsfragen. § 331 BGB beinhaltet nur eine Auslegungsregel, wann der Begünstigte einen Anspruch erhält. § 2301 BGB betrifft dagegen die Frage, ob das Valutaverhältnis ein »normales« Rechtsgeschäft unter Lebenden ist oder aber aufgrund seiner Besonderheiten den erbrechtliche Formvorschriften unterfällt. § 2301 BGB entscheidet damit, anders als § 331 BGB, darüber, ob der Begünstigte den durch § 331 BGB erworbenen Anspruch behalten darf.[42] Die Ansicht, § 2301 BGB werde im Anwendungsbereich von § 331 BGB verdrängt, vermag deshalb nicht zu überzeugen. Auch insoweit ist daher das Formerfordernis des § 2301 BGB zu beachten.[43]

cc) Aber auch danach finden im Fall lebzeitigen Vollzugs nach § 2301 II BGB die Vorschriften über Schenkungen Anwendung. Es ist also, wie schon zuvor erörtert,[44] zu fragen, ob das Vermögen des E bereits gegenwärtig und unmittelbar gemindert ist, ob F bereits zu Lebzeiten des E ein Anwartschaftsrecht erworben oder E bereits zu Lebzeiten alles seinerseits Notwendige getan hat, um die Zuwendung an F in die Wege zu leiten.

Die Rechtsprechung bejaht unter Hinweis auf den »Vonselbsterwerb«[45] des Begünstigten in Fällen des Vertrags zugunsten Dritter auf den Todesfall regelmäßig Vollzug nach § 2301 II BGB.[46] Allein ausschlaggebend sei, dass der Erblasser bereits zu Lebzeiten alles seinerseits Erforderliche unternehme, um den Rechtserwerb des Begüns-

---

40 Bamberger/Roth/*Litzenburger* § 2301 Rn. 16; *Schlüter* ErbR Rn. 1264.
41 Bamberger/Roth/*Litzenburger* § 2301 Rn. 16; *Schlüter* ErbR Rn. 1264.
42 *Wall* Das Valutaverhältnis des Vertrags zugunsten Dritter auf den Todesfall S. 64 ff.
43 BGH NJW 2004, 767 (768); *Kipp/Coing* ErbR § 81 V 2.
44 S. zuvor unter 1 a und b.
45 BGH NJW 1984, 480 (481) mwN.
46 BGH NJW 1984, 480; 2004, 767 (768). Teilweise wird angenommen, der BGH interpretiere § 331 BGB als eine § 2301 I BGB vorgehende Spezialvorschrift, sodass man bei der Beurteilung des Vertrags zugunsten Dritter auf den Todesfall stets zur Anwendung des allgemeinen Schuldrechts gelange (*Medicus/Petersen* BürgerlR Rn. 395; *Schlüter* ErbR Rn. 1264; MüKoBGB/*Musielak* § 2301 Rn. 34, 36). Hierauf deuten frühere Entscheidungen zwar hin (vgl. BGHZ 66, 8 [12]). In späteren Urteilen befürwortet der BGH dagegen wohl keine Verdrängung, sondern nimmt – seiner recht weiten Definition folgend – lebzeitigen Vollzug nach § 2301 II BGB an, s. BGH NJW 2004, 767 (768).

tigten zu gewährleisten. Die bereits zu Lebzeiten begründete Berechtigung, im Todesfall aus einem Sparvertrag mit der Bank einen Geldbetrag verlangen zu können, verleihe dem Begünstigten durch das Deckungsverhältnis eine Rechtsstellung, welche ihm die Erben des Zuwendenden nicht mehr einseitig entziehen könnten.[47] Danach hätte E mit Abschluss der Vereinbarung mit B das Schenkungsversprechen vollzogen. Einschlägige Formvorschrift wäre daher § 518 I BGB und der sich daraus ergebende Formmangel durch den späteren Vollzug (§ 518 II BGB) geheilt.

Die Gegenauffassungen machen den Vollzug von weiteren Voraussetzungen abhängig. Wohl vorherrschend ist die Auffassung, wonach eine bereits zu Lebzeiten eingetretene Vermögensminderung beim Erblasser erforderlich ist. Entscheidend sei, wen letztlich die Vermögensminderung treffe, den Erblasser oder den Erben.[48] Behalte sich der Erblasser zu Lebzeiten das Verfügungsrecht über das Vermögen vor, erbringe nicht er das Vermögensopfer, sondern sein Erbe. Deshalb fehle es am Vollzug (§ 2301 II BGB) und griffen erbrechtliche Vorschriften ein.[49] Schließt man sich dieser überzeugenden Argumentation an und berücksichtigt, dass E die Verfügungsberechtigung der F jederzeit widerrufen konnte, ist ein Vollzug der Zuwendung abzulehnen. Die Leistung an F erfolgte somit ohne Rechtsgrund.

IV. Nachdem der Anspruch der F gegen B mit Zahlung der B erloschen ist (§ 362 BGB), scheidet eine Herausgabe in natura aus. F muss gem. § 818 I BGB das herausgeben, was sie als Surrogat für den Bereicherungsgegenstand erhalten hat. Hierzu zählt auch der eingezogene (bzw. gezahlte) Forderungsbetrag.[50]

V. K1 und K2 haben gegen F einen Anspruch auf Rückzahlung der von B an F gezahlten 20.000 EUR gem. § 812 I 1 1. Fall, 818 I BGB.

Zur Vertiefung: *Trapp*, Die post- und transmortale Vollmacht zum Vollzug lebzeitiger Zuwendungen, ZEV 1995, 314; *Schreiber*, Unentgeltliche Zuwendungen auf den Todesfall, Jura 1995, 159.

---

47 BGH NJW 2008, 2702 (2703).
48 *Kipp/Coing* ErbR § 81 III c.
49 *Medicus/Petersen* BürgerlR Rn. 394; *Kipp/Coing* ErbR § 81 III c.
50 Hk-BGB/*Schulze* § 818 Rn. 4.

23. Fall: Die großzügige Großmutter

Sachverhalt

E war Eigentümerin eines Grundstücks. Zur Sicherung für alle Forderungen der Stadtsparkasse S gegen die X-KG und deren persönlich haftenden Gesellschafter G, ihren Schwiegersohn, belastete E ihr Grundstück am 22.1.1998 mit einer Grundschuld iHv 300.000 EUR zugunsten der S. Gleichzeitig belastete ihre Tochter T zwei ihr gehörende Grundstücke zugunsten der S mit Grundschulden iHv 150.000 EUR bzw. 55.000 EUR ebenfalls für den an die X-KG und G gewährten Kredit. Am 10.3.1998 schenkte E ihrer Tochter T die Hälfte, ihren Enkeln X und Y je ein Sechstel des Grundstücks.

Am 3.4.2002 errichtete E ein Testament. Unter anderem vermachte sie darin ihrer Tochter T als Vorausvermächtnis den ihr verbliebenen Anteil von einem Sechstel am Grundstück und beschwerte es mit einem Untervermächtnis zugunsten ihres weiteren Enkels Z iHv einem Sechstel des Verkaufserlöses für den Fall des Verkaufs.

Am 28.3.2003 verstarb E. Kurz darauf fiel die X-KG in Insolvenz. Auf die nicht bevorrechtigten Gläubiger, darunter die S, entfiel keine Quote. Als die S daraufhin wegen ihrer Forderungen von 505.000 EUR mit der Versteigerung der Grundstücke drohte, zahlte T im Jahre 2003 505.000 EUR. S erteilte der T Löschungsbewilligungen, von denen jedoch kein Gebrauch gemacht wurde.

2004 wurde das Grundstück für 1,2 Mio. EUR verkauft. Die Grundschuld wurde nach Errichtung der notariellen Verkaufsurkunde, aber vor der Eintragung der Auflassungsvormerkung gelöscht. Die Verkäufer verweigern Z jegliche Beteiligung an dem Verkaufserlös.

Z fragt an, ob und von wem er Zahlung in welcher Höhe verlangen kann.

Lösungsvorschlag

A. Anspruch des Z gegen T

Z könnte gegen T einen Anspruch auf Zahlung von 200.000 EUR, also einem Sechstel des Erlöses aus dem Verkauf des Grundstücks nach §§ 2174, 2147, 2186 BGB haben.

I. Der Anspruch besteht, wenn T aufgrund einer testamentarischen Verfügung der E sowohl mit einer Zuwendung bedacht, als auch mit einem Vermächtnis zugunsten Z beschwert ist.

1. Voraussetzung hierfür ist zunächst das Vorliegen eines wirksamen Testaments der E. Diese hatte am 3.4.2002 ein Testament errichtet. Von der Formwirksamkeit des Testaments gem. §§ 2064 ff., 2229 ff. BGB ist mangels gegenteiliger Anhaltspunkte auszugehen.

2. Aufgrund des Testaments müsste T mit einer Zuwendung bedacht worden sein. E hatte in ihrem formwirksamen Testament gem. § 1939 BGB ihrer Tochter T als Vorausvermächtnis nach § 2150 BGB den ihr verbliebenen Anteil von einem Sechstel an ihrem Grundstück vermacht, ohne sie, wie sich aus der Auslegungsregel des § 2087 II BGB ergibt, insoweit als Erbin einzusetzen. Damit war ein wirksames Vermächtnis zugunsten der T errichtet worden. Dieses Vermächtnis ist der T mit dem Erbfall nach §§ 2174, 2176 BGB angefallen.

Die Forderung aus dem Vermächtnis entsteht nach § 2180 BGB endgültig mit der Annahme des Vermächtnisses.[1] Eine Ausschlagung des Vermächtnisses ist ab diesem Zeitpunkt nicht mehr möglich. Die Annahme ist, ebenso wie die Ausschlagung, eine empfangsbedürftige Willenserklärung,[2] welche nach § 2180 II BGB gegenüber dem Beschwerten zu erfolgen hat. Beschwerter ist nach § 2147 BGB derjenige, dem die Pflicht auferlegt ist, die sich aus dem Vermächtnis ergebende Belastung zu tragen.[3] Die Annahme des Vermächtnisses nach § 2180 II BGB ist hier zu unterstellen, da T ihren Anteil gegenüber der mit dem Vermächtnis beschwerten Erbengemeinschaft nach E nicht ausdrücklich geltend machte.

3. Weiterhin müsste E wirksam ein Untervermächtnis für Z angeordnet haben. Eine Belastung eines Vermächtnisnehmers mit einem Vermächtnis unterliegt als eine gem. §§ 2147, 2186 BGB zulässige Möglichkeit der Verfügung von Todes wegen den gleichen Formvorschriften wie das Hauptvermächtnis, welches nach § 1939 BGB bzw. § 1941 BGB auf Testament oder Erbvertrag beruhen kann. E hatte testamentarisch T als Vorausvermächtnis einen Anteil von einem Sechstel an ihrem Grundstück vermacht und dieses mit einem Untervermächtnis zugunsten des Z iHv einem Sechstel des Verkaufserlöses für den Fall des Verkaufs beschwert. Damit ist ein Untervermächtnis zugunsten Z wirksam errichtet worden.

4. Das Vermächtnis ist Z angefallen, wenn diesem eine Forderung aus dem Vermächtnis zusteht. Nach §§ 2174, 2176 BGB entsteht das Vermächtnis als schuldrecht-

---

1 Erman/*Nobis* § 2180 Rn. 1; Staudinger/*Otte* (2013) § 2180 Rn. 22; MüKoBGB/*Rudy* § 2180 Rn. 5.
2 Erman/*Nobis* § 2180 Rn. 1 f.; Staudinger/*Otte* (2013) § 2180 Rn. 7; MüKoBGB/*Rudy* § 2180 Rn. 2.
3 Erman/*Nobis* § 2147 Rn. 2; Staudinger/*Otte* (2013) § 2147 Rn. 1 ff.; MüKoBGB/*Rudy* § 2147 Rn. 2 ff.

licher Anspruch des Bedachten[4] grundsätzlich mit dem Erbfall. Vorliegend stellte E in ihrem Testament das Untervermächtnis zugunsten des Z aber gem. § 158 I BGB unter die aufschiebende Bedingung des Verkaufs des Grundstücks, weshalb das Vermächtnis dem Z nicht bereits mit dem Erbfall zugefallen sein könnte.

Würde die Forderung aus dem Vermächtnis auch bei der Verknüpfung mit einer Bedingung bereits im Zeitpunkt des Erbfalls entstehen, so wäre die Bedingung oder eine Befristung unbeachtlich. Damit wäre die vom Erblasser gewollte besondere Bestimmung des Vermächtnisses nicht durchsetzbar, was eine erhebliche Einschränkung der Testierfreiheit zur Folge hätte. Deshalb ist nach § 2177 BGB ausdrücklich die Möglichkeit eines Vermächtnisses unter einer Bedingung oder Befristung vorgesehen. Der Anfall eines so modifizierten Vermächtnisses ist danach von dem Eintritt der Bedingung oder der Befristung abhängig. E konnte somit wirksam das Vermächtnis unter die aufschiebende Bedingung des Verkaufs des Grundstücks stellen. Der schuldrechtliche Anspruch des Z gegen die aus dem Vermächtnis beschwerte T entstand also im Zeitpunkt des Eintritts der aufschiebenden Bedingung mit dem Verkauf des Grundstücks.

5. Z müsste das Untervermächtnis auch nach § 2180 II BGB durch Erklärung gegenüber dem Beschwerten, nämlich der T, angenommen haben. Z hat die Annahme des Vermächtnisses nicht ausdrücklich erklärt. Jedoch sind weder die Annahme noch die Ausschlagung, anders als bei der Erbschaft nach § 1945 BGB, an eine Form gebunden. Vielmehr können diese Erklärungen auch stillschweigend erfolgen.[5] Eine konkludente Annahmeerklärung des Z könnte in der Geltendmachung des Anspruchs auf Auszahlung liegen. Z wollte durch das Zahlungsverlangen zum Ausdruck bringen, dass er das ihm von E zugewandte Vermächtnis annehme.

6. Weiterhin müsste das von E testamentarisch verfügte Untervermächtnis zugunsten des Z fällig sein.

a) Grundsätzlich ist ein Vermächtnis nach §§ 2181, 271, 2176 BGB sofort, also im Zeitpunkt des Erbfalls, fällig, soweit der Erblasser nicht nach §§ 2177, 2178 BGB einen späteren Fälligkeitszeitpunkt bestimmt hat.[6] Ein solcher späterer Zeitpunkt ist hier durch E für die Fälligkeit des Untervermächtnisses festgelegt worden.[7] Die aufschiebende Bedingung ist wegen des zwischenzeitlichen Verkaufs des Grundstücks aber bereits eingetreten, sodass die Forderung des Z zum Zeitpunkt des Zahlungsverlangens fällig ist.

b) Voraussetzung für die Fälligkeit des Untervermächtnisses ist weiterhin auch die Fälligkeit des Hauptvermächtnisses.[8] Eine von der Regelung des § 2177 BGB abweichende Anordnung ist hier hinsichtlich des Vorausvermächtnisses der T durch E nicht erfolgt. Das Vorausvermächtnis ist daher sofort, also mit dem Erbfall, fällig geworden.

---

4 Jauernig/*Stürner* § 2174 Rn. 1; MüKoBGB/*Rudy* § 2174 Rn. 5; Erman/*Nobis* § 2174 Rn. 1.
5 OLG Colmar OLGE 4, 442 (443); Staudinger/*Otte* (2013) § 2180 Rn. 10.
6 MüKoBGB/*Rudy* § 2176 Rn. 4 ff; Bamberger/Roth/*Müller-Christmann* § 2176 Rn. 4.
7 Vgl. oben A. I. 4.
8 Jauernig/*Stürner* § 2186 Rn. 1; MüKoBGB/*Rudy* § 2186 Rn. 4.

c) Nachdem mit dem Erbfall zunächst das Vorausvermächtnis für T fällig geworden war, ist das Untervermächtnis zugunsten des Z mehr als ein Jahr nach dem Erbfall ebenfalls fällig geworden.

7. Demzufolge ist ein Anspruch des Z gegen T auf Zahlung eines Anteils aus dem Verkaufserlös dem Grunde nach entstanden.

II. Mit dem Anspruch des Z auf ein Sechstel des Verkaufserlöses ist der Wert der Forderung jedoch noch nicht eindeutig festgelegt.

Das Vermächtnis zugunsten T war mit einem weiteren Vermächtnis für Z iHv »einem Sechstel des Verkaufserlöses« beschwert. Das Nachlassgrundstück befand sich zum Zeitpunkt der Veräußerung nicht im Alleineigentum der T, sondern diese besaß nur einen Miteigentumsanteil neben X, Y und der Erbengemeinschaft. Beim Verkauf des Grundstücks erhält grundsätzlich jeder Miteigentümer nach §§ 753, 741 BGB einen Anteil des Verkaufserlöses, der sich nach den Bruchteilen bemisst. Insofern könnte sich die Höhe des Anspruchs des Z auf den hälftigen Anteil der T an dem Grundstück zuzüglich des Vermächtnisanspruchs von einem Sechstel beziehen. Von dem Verkaufserlös von 1,2 Mio. EUR stehen T zwei Drittel, nämlich 800.000 EUR zu. Z stünde nach dieser Berechnung ein Sechstel dieses Betrages, also 133.333,33 EUR zu. Andererseits kann allein aufgrund des Wortlauts des Testaments auch in Betracht gezogen werden, den Sechstel-Anteil des Z aus dem Gesamtverkaufserlös von 1,2 Mio. EUR mit 200.000 EUR oder aber lediglich aus dem Sechstel-Anteil des Vermächtnisses für T von 200.000 EUR mit 33.333,33 EUR zu berechnen.

Maßgeblich für die Berechnung des Wertes der Zuwendung ist letztlich aber der Wille des Erblassers.[9] Zu dessen Ermittlung ist das Testament nach § 133 BGB auszulegen, wobei neben dem Wortlaut auch die außerhalb des Testaments liegenden Umstände, die einen gewissen Anhalt in der letztwilligen Verfügung haben müssen, heranzuziehen sind.[10] Insoweit ist zu berücksichtigen, dass die beiden anderen Enkel der E, X und Y, bereits durch Schenkung vor dem Tode der E einen Anteil von jeweils einem Sechstel an dem gesamten Grundstück erhalten hatten. Vor diesem Hintergrund ergibt die Testamentsauslegung, dass E mit der Zuwendung den Z als dritten Enkel ebenso wie die Enkel X und Y bedenken und diesen wirtschaftlich gleichstellen wollte. Infolgedessen ist bei der Berechnung des Wertes der Forderung des Z gegen T von dem gesamten Verkaufserlös von 1,2 Mio. EUR auszugehen.

(Hier ist auch eine andere Auslegung des Vermächtnisses möglich.)

Demzufolge steht Z ein Anspruch gegen T iHv einem Sechstel des Gesamterlöses von 1,2 Mio. EUR aus dem Verkauf des Grundstücks zu, sodass T zur Zahlung von 200.000 EUR verpflichtet ist.

III. Der T könnte aber ein Leistungsverweigerungsrecht nach § 2187 I BGB zustehen. Der Hauptvermächtnisnehmer haftet nämlich nur in Höhe seines Vermächtnisses, um nicht aufgrund einer von einem Dritten getätigten Zuwendung Leistungen aus seinem eigenen Vermögen erbringen zu müssen.[11] Demzufolge besteht das Leis-

---

9 Erman/*Schmidt* § 2084 Rn. 2 ff.
10 BGHZ 86, 41 (47); Erman/*Schmidt* § 2084 Rn. 1, 5; MüKoBGB/*Leipold* § 2084 Rn. 27 ff.
11 OLG Celle ZEV 2000, 200 (201); MüKoBGB/*Rudy* § 2187 Rn. 1; Staudinger/*Otte* (2013) § 2187 Rn. 1 ff.; Erman/*Nobis* § 2187 Rn. 1.

tungsverweigerungsrecht, wenn das Untervermächtnis den Wert des Hauptvermächtnisses überschreitet.

1. Das Untervermächtnis iHv 200.000 EUR umfasst ebenso wie das Hauptvermächtnis an T ein Sechstel des Grundstückswertes.[12] Deshalb ist T von E genau das zugewandt, was Z bei Eintritt der Bedingung erhalten sollte. Danach wäre für ein Leistungsverweigerungsrecht nach § 2187 I BGB kein Raum.

2. Jedoch können die von T an ihren eigenen Grundstücken bestellten Grundschulden von 150.000 EUR und 55.000 EUR mit in ihre Grundschuldhaftung bezüglich des Nachlassgrundstücks fallen, sodass der ihr zustehende Anteil an dem Grundstück wesentlich höher belastet wäre.

Die Grundschulden an den eigenen Grundstücken der T waren ebenso wie die Grundschuld iHv 300.000 EUR am Grundstück der E zugunsten der S für einen der X-KG und G gewährten Kredit bestellt worden. Sämtliche Grundschulden sicherten also eine einheitliche Forderung. Daher könnte es sich hierbei, ebenso wie bei der Bestellung mehrerer Hypotheken für eine Forderung, um eine Gesamtgrundschuld iHv 505.000 EUR gehandelt haben.

Allerdings ist die Hypothek anders als die Grundschuld stets von dem Bestehen einer Forderung abhängig. Aufgrund dieser Akzessorietät ist bei der Bestellung mehrerer hypothekarischer Sicherheiten für eine Forderung notwendigerweise eine Gesamthypothek gegeben.[13] Bei der forderungsunabhängigen Grundschuld besteht diese zwingende Folge hingegen nicht.[14] Vielmehr ist für die Belastung mehrerer Grundstücke für eine Forderung in Form einer Gesamtgrundschuld ein entsprechender Wille der Parteien erforderlich. Die Gesamtgrundschuld bedarf also einer rechtsgeschäftlichen Begründung durch Einigung der Schuldner hinsichtlich der gemeinsamen Haftung.[15] Für eine derartige Einigung bzw. auch nur den Willen der T oder der E, zum Zeitpunkt der Eintragung der Grundschulden im Januar 1998 für sämtliche Grundschulden einzustehen, ergeben sich aus dem Sachverhalt jedoch keine Anhaltspunkte.

3. Jedoch hat T als Vermächtnisgegenstand einen Grundstücksteil erhalten, der mit einer Grundschuld belastet war. Insofern könnte sich der Vermächtniswert verringert haben, sodass die Höhe des Untervermächtnisses die des Hauptvermächtnisses überschreitet und T aus diesem Grund ein Recht zur Erfüllungsverweigerung nach § 2187 I BGB zusteht.

T hat das Untervermächtnis gem. § 2187 I BGB nur insoweit zu erfüllen, als der Wert ihres eigenen Vermächtnisses reicht. Dieser bestimmt sich nach § 2174 BGB. Wie zuvor festgestellt, betrug der Wert des Anteiles 200.000 EUR. Hiervon könnte anteilig die Grundschuldbelastung abzurechnen sein.

a) Das ursprünglich der E gehörende und mit einer Grundschuld iHv 300.000 EUR belastete Grundstück stand aufgrund entsprechender Verfügungen der E bereits vor deren Tod nicht mehr in ihrem Alleineigentum, sondern in gemeinschaftlichem Eigentum von T, X, Y und E. Nach dem Tode der E stand deren Miteigentumsanteil in

---

12 Vgl. oben A. II.
13 Erman/*Wenzel* § 1132 Rn. 1; MüKoBGB/*Eickmann* § 1132 Rn. 5.
14 RGZ 132, 136 (138); BGH WM 1959, 202; Staudinger/*Wolfsteiner* (2009) § 1132 Rn. 65; RGRK/ *Mattern* § 1132 Rn. 12.
15 Staudinger/*Wolfsteiner* (2009) § 1132 Rn. 65.

Höhe des ihr verbliebenen Sechstels der Erbengemeinschaft nach E zu. Diese übertrug den Anteil entsprechend dem Hauptvermächtnis auf T. Innerhalb dieser Miteigentumsgesellschaft entsteht jedoch keine quotenmäßige Belastung der einzelnen Grundstücksteile. Vielmehr ist jeder Anteil mit der vollen Höhe der Grundschuld belastet. Es entsteht eine Gesamtgrundschuld nach §§ 1192 I, 1132, 1114 BGB.[16] Für diese Grundschuld haften die Miteigentumsanteile am Grundstück ohne Rücksicht auf die Größe des Anteils. Der Gläubiger kann sich nach seinem Belieben aus jedem Grundstücksteil in voller Höhe der Grundschuld befriedigen.[17] Der Miteigentumsanteil der T und diejenigen von X und Y von je einem Sechstel waren daher grundsätzlich je zu 300.000 EUR belastet. Demzufolge ergab sich allein aufgrund des Vermächtnisses für T keine Mehrbelastung.

b) Eine Mehrbelastung läge aber vor, wenn jeder Miteigentümer, soweit auf seinen Grundstücksanteil zugegriffen wird, im Innenverhältnis Ausgleich von den übrigen Miteigentümern nach dem Verhältnis der Anteile verlangen könnte. Aus § 426 BGB folgt ein solcher Anspruch nicht, da allein die Stellung als Miteigentümer sowie die Gesamtgrundschuld keine gesamtschuldnerische Stellung von T, X und Y begründen.

c) Ein Ausgleichsanspruch könnte aber aus §§ 1008, 748 BGB folgen. T, X und Y waren Miteigentümer iSv § 1008 BGB. Insoweit ist in diesem Innenverhältnis die Kostentragungspflicht des § 748 BGB anwendbar. Strittig ist, inwieweit die Belastung und folgende Ablösungspflicht bzgl. der Grundschuld den Anwendungsbereich des § 748 BGB eröffnet. Hierzu sind beide Ansichten vertretbar.[18] Allerdings sollen auf dem Grundstück selbst lastende Rechte nicht darunter fallen, da der Lastenbegriff des BGB allgemein nicht die Tilgung erfasst.[19]

d) Subsumiert man hingegen die Ablösungspflicht bzgl. der Grundschuld unter § 748 BGB, so verringert sich der Wert des Vermächtnisses um 1/6 des Wertes der Grundstücksbelastung, also um 50.000 EUR. Das Vermächtnis der T hätte dann gem. § 2174 BGB lediglich noch einen Wert von 150.000 EUR. Gegenüber dem Anspruch des Z aus dem Nachvermächtnis hätte T demnach ein Leistungsverweigerungsrecht iHv 50.000 EUR gem. § 2187 I BGB.

IV. T könnte weiterhin gem. § 1000 BGB ein Zurückbehaltungsrecht gegenüber dem Anspruch des Z geltend machen, soweit sie aufgrund der Zahlung auf die Grundschuld der S einen eigenen Anspruch auf Verwendungsersatz gegen Z erworben hat. Ein solcher Anspruch könnte sich aus einer analogen Anwendung von § 2185 BGB ergeben, soweit man a) eine Analogie auf das Untervermächtnis bejaht und b) die Zahlung auf eine Grundschuld unter den Tatbestand des § 2185 BGB subsumiert. Beide Lösungen sind möglich.[20] Problematisch daran ist, dass hier die Zahlung vor dem Anfall des Untervermächtnisses erfolgte, dieses selbst aber erst nach dem Erbfall bzw. Anfall (Eintritt der Bedingung) angefallen ist und die Stellung als Unterver-

---

16 Palandt/*Bassenge* § 1114 Rn. 3; MüKoBGB/*Eickmann* § 1132 Rn. 20; Erman/*Wenzel* § 1132 Rn. 6 f.; Staudinger/*Wolfsteiner* (2009) § 1132 Rn. 19.

17 MüKoBGB/*Eickmann* § 1132 Rn. 31 (Wahlrecht des Gläubigers); Soergel/*Konzen* § 1132 Rn. 4; Staudinger/*Wolfsteiner* (2009) § 1132 Rn. 50.

18 Verneinend RGZ 66, 316, 319; MüKoBGB/*Schmidt* § 748 Rn. 6 mwN, Staudinger/*Langhein* (2008) § 748 Rn. 3; aA noch Staudinger/*Huber* (12. Aufl.) § 748 Rn. 3, 18.

19 MüKoBGB/*Stresemann* § 103 Rn. 7; vgl. Staudinger/*Jickeli/Stieper* (2011) § 103 Rn. 5 ff.

20 Bejahend BGH NJW 1991, 1736; Staudinger/*Otte* (2013) § 2185 Rn. 1; Palandt/*Bassenge* § 995 Rn. 1.

mächtnisnehmer sonst noch zu ungewiss ist, sodass man eine analoge Anwendung wohl eher ablehnen muss. Soweit bejaht: Verweis auf §§ 994 ff. BGB (wenn Rechtsgrundverweis, dann Ersetzung von Eigentümer und Besitzer durch Beschwerten und Vermächtnisnehmer im vorliegenden Fall, eher denkbar ist aber wohl Rechtsfolgenverweis). Nach dem Vorangehenden besteht dann ein Anspruch von T gegen Z auf anteiligen Ersatz des auf die Grundschuld gezahlten Betrages iHv 50.000 EUR und diesbezüglich ein Zurückbehaltungsrecht gem. § 1000 BGB.

V. Als weitere Lösung bietet sich eine ergänzende Testamentsauslegung an. Die Erblasserin wusste bei Testamentserrichtung von der Grundschuld, allerdings hat sie eine entsprechende Ausgleichungsanordnung nicht mit aufgenommen. Da sie aber die Enkel gleichbehandeln wollte, ist kein Grund ersichtlich, warum die Tochter hier einseitig belastet werden sollte. Es ist daher anzunehmen, dass sich jeder der Beteiligten anteilig im Rahmen des Zugedachten zu beteiligen hat, sodass Z 1/6 zu tragen hat. Im Ergebnis stehen ihm deshalb aufgrund der ergänzenden Auslegung nur 150.000 EUR zu.

VI. Ergebnis

Z kann nach der hier vertretenen Auffassung von T allenfalls Zahlung eines Betrages von 150.000 EUR verlangen.

B. Ansprüche des Z gegen X und Y sind mangels Beschwer durch das Vermächtnis nicht gegeben.

Zur Vertiefung: *Baldus*, Probleme der Testamentsauslegung, JuS 2004, 130; *Belling*, Einführung in das Recht der gewillkürten Erbfolge, Jura 1986, 625; *Bengel*, Rechtsfragen zum Vor- und Nachvermächtnis, NJW 1990, 1826; *Eidenmüller*, Vorausvermächtnis und Teilungsanordnung, JA 1991, 150; *Gerhards*, Ergänzende Testamentsauslegung und Formvorschriften/»Andeutungstheorie«, JuS 1994, 642; *Harder*, Der praktische Fall – Bürgerliches Recht – Witwe Wandas Weinberg, JuS 1991, 216; *Heinrichsmeier*, Der praktische Fall – Bürgerliches Recht – Fußball, Briefmarken und postmoderne Kunst, JuS 2000, 49; *Hohmann*, Gemeinschaftliches Testament – Rechtsfragen zur Erbeinsetzung und zum Vermächtnis, ZEV 1995, 73; *Kemper*, BGB-Erbrecht – Auslegung von Testamenten und Abgrenzung zwischen Teilungsanordnung und Vorausvermächtnis, FamRZ 1987, 475; *Knoll*, Examensklausur Zivilrecht – Fall aus dem Erbrecht, Jura 1979, 256; *P. Koch*, Examensklausur Zivilrecht – Die verunglückte Erblasserin, Jura 1984, 315; *Kummer*, Zur Erfüllung eines Untervermächtnisses, ZEV 2000, 201; *Langenfeld*, Einführung in die Vertragsgestaltung, JuS 1998, 521; *Muscheler*, Examensklausur Zivilrecht – Der vermachte Mercedes (und weitere erbrechtliche Fragen), Jura 1991, 324; *Reimann*, Zuwendung eines einzelnen Gegenstands als Erbeinsetzung oder Vermächtnis, ZEV 1995, 413; *Schreiber*, Verfügungen von Todes wegen – Teil 1 – Begriff, Inhalt, Testament –, Jura 1996, 360; *Schwarz*, Der praktische Fall – Bürgerliches Recht – »Schwiegermutters letzter Wille«, JuS 1999, 569; *Simon/Werner*, 22 Probleme FamR/ErbR, 3. Aufl. 2002; *Strothmann*, Privatautonome Gestaltungsfreiheit im Recht der Verfügung von Todes wegen, Jura 1982, 349; *Stumpf*, Der praktische Fall – Bürgerliches Recht – Ein eifriger Scheinerbe, JuS 1992, 935.

VIII. Vereinsrecht

24. Fall: Verregnetes Sängerfest

Sachverhalt

Der Männergesangverein »Liedertafel Lyra«, ein nicht eingetragener Verein, beschloss in einer Mitgliederversammlung, zur Feier seines 100jährigen Bestehens einen Sängerwettstreit zu veranstalten, zu dem zahlreiche Vereine aus der näheren und weiteren Umgebung eingeladen werden sollten. Die siegreichen Chöre und besten Dirigenten sollten durch Ehrenpreise ausgezeichnet werden. Es wurde beschlossen, zu diesem Zweck acht Pokale zu kaufen. Die hierfür erforderlichen Kosten hoffte man aus den erlösten Eintrittsgeldern bestreiten zu können. Mit der Vorbereitung des Festes wurde ein Ausschuss betraut, in den das Vorstandsmitglied Volz (V) und das Vereinsmitglied Groß (G) gewählt wurden. Außerdem wurde der Gastwirt Hintergruber (H), der dem Verein nicht angehörte, auf dem Fest aber den Ausschank betreiben sollte, mit seiner Zustimmung in den Ausschuss berufen. Groß kaufte namens und im Auftrag des Festausschusses mit ausdrücklicher Billigung des Vorstandes bei dem Sportartikelhändler Kraft (K) acht Pokale für insgesamt 1.200 EUR.

An den beiden Festtagen regnete es in Strömen. Daher wurden kaum Einnahmen aus Eintrittsgeldern erzielt. Die Vereinskasse enthält nur einen geringfügigen Betrag, der zur Begleichung der Kaufpreisforderung des Kraft bei weitem nicht ausreicht.

Kraft nimmt nun die Mitglieder des Festausschusses und ferner das Vereinsmitglied Raffke (R), einen vermögenden Kaufmann, als Gesamtschuldner auf Zahlung in Anspruch. Alle vier bestreiten eine persönliche Haftung. Raffke beruft sich vor allem darauf, dass er, was der Wahrheit entspricht, angesichts der schlechten Vermögenslage des Vereins in der Mitgliederversammlung gegen die Veranstaltung eines kostspieligen Festes gestimmt habe.

Ist das Zahlungsbegehren des Kraft berechtigt?

Lösungsvorschlag

A. Ansprüche gegen R

I. §§ 433 II, 54 S. 1 BGB[1]

Das Vereinsmitglied R könnte nach §§ 433 II, 54 S. 1 BGB verpflichtet sein, den Kaufpreis von 1.200 EUR an K zu zahlen. Voraussetzung für den Zahlungsanspruch aus § 433 II BGB ist das Bestehen eines Kaufvertrages. K hat als Verkäufer eine auf den Abschluss eines Kaufvertrages gerichtete Willenserklärung abgegeben. Hingegen fehlt es an einer solchen Erklärung des R. Dennoch könnte dieser zur Zahlung des Kaufpreises verpflichtet worden sein, wenn zwischen K und dem Verein wirksam ein Kaufvertrag zustande gekommen ist und die Mitglieder des Vereins für die aus diesem Geschäft resultierende Verbindlichkeit persönlich haften.

1. Als nicht eingetragener Verein ist der Männergesangverein »Liedertafel Lyra« ein nicht auf einen wirtschaftlichen Zweck gerichteter sogenannter Idealverein, welcher nach dem überkommenen Wortlaut des § 21 BGB, der die Rechtsfähigkeit nur eingetragenen Vereinen zuerkennt, nicht rechtsfähig ist.

a) Ob der nichtrechtsfähige Verein selbst Träger von Rechten und Pflichten sein kann, ist umstritten.

Besonders ältere Ansichten betonen, dass ein Verein ohne eigene Rechtspersönlichkeit als solcher weder Rechte erwerben, noch mit Verbindlichkeiten belastet werden kann.[2] Das Vermögen steht den Mitgliedern zur gesamten Hand zu, da es keine von diesen losgelöste selbstständige juristische Person gibt.[3]

Nach mittlerweile überwiegender Ansicht ist Träger des Vermögens trotz Nichteintragung im Vereinsregister die teilrechtsfähige Personengruppe, die den nicht eingetragenen Verein bildet.[4] Hintergrund des Streits ist die Regelung des § 54 S. 1 BGB, der auf die Regelungen für die Gesellschaft bürgerlichen Rechts (GbR) nach §§ 705 ff. BGB verweist. Im Wege richterlicher Rechtsfortbildung wurde durch den BGH anerkannt, dass die (Außen-)GbR Träger von Rechten und Pflichten sein kann und damit im Rechtsverkehr als Rechtssubjekt anerkannt ist, ohne selbst juristische Person zu sein.[5] Die eigene Rechtssubjektivität[6] muss dem nichtrechtsfähigen Verein umso mehr zuerkannt werden, als dieser sich als Körperschaft von seinen Mitgliedern verselbstständigt.[7] Der

---

1 **Klausurtipp:** Wegen der insoweit unklaren dogmatischen Grundlage über die Haftung beim nichtrechtsfähigen Verein wird dem Bearbeiter empfohlen, hier noch keine Aussage über die genaue Anspruchsgrundlage zu machen.

2 Palandt/*Heinrichs* bis 60. Aufl., § 54 Rn. 2. Die Rechtssubjektivität des nichtrechtsfähigen Vereins wurde schon vor der Rechtsprechungsänderung zur GbR anerkannt, vgl. BGHZ 50, 325 (329).

3 RGZ 143, 212.

4 Palandt/*Ellenberger* § 54 Rn. 7; Soergel/*Hadding* § 54 Rn. 16, 21 f.

5 BGH NJW 2001, 1056, BGH NJW 2002, 1207; BB 2003, 2706; vgl. zur Entwicklung MüKoBGB/ *Ulmer* § 705 Rn. 296–302.

6 Kritisch zur Anerkennung der Teilrechtsfähigkeit der GbR und des nichtrechtsfähigen Vereins *Beuthien* JZ 2003, 715.

7 Palandt/*Ellenberger* § 54 Rn. 4; *K. Schmidt* NJW 2001, 993 (1002); *K. Schmidt* GesR § 25 II 1a; *Reichert*, Handbuch des Vereins- und Verbandsrechts, 12. Aufl. 2010, Rn. 5092; aA *Lessner/ Klebeck* ZIP 2002, 1385 (1389).

nichtrechtsfähige Verein kann damit selbstständiger Vermögensträger sein. Danach wird aus einem mit der hierfür erforderlichen Vertretungsmacht namens des Vereins geschlossenen Rechtsgeschäft der Verein selbst berechtigt und verpflichtet. Eine primäre Verpflichtung der Vereinsmitglieder besteht dagegen nicht.

b) Fraglich ist, ob G den Verein wirksam verpflichtet hat. G war vom Festausschuss zum Abschluss des Kaufvertrages bevollmächtigt worden. Den Festausschuss seinerseits hatte die Mitgliederversammlung durch Beschluss mit der Vorbereitung des Festes betraut und ihn insbesondere zur Vornahme dieses Geschäfts ermächtigt. Überdies hatte der Vorstand des Vereins den Bedingungen des Kaufvertrages zugestimmt. G war folglich bevollmächtigter Vertreter iSv §§ 714, 164, 167 BGB.

c) Allerdings ist G nicht ausdrücklich im Namen des Vereins aufgetreten. Er hat vielmehr »namens des Festausschusses« gekauft. Allerdings wollte G die vertraglichen Rechte und Pflichten des Käufers für den Verein begründen. Dies war aus den äußeren Umständen auch eindeutig erkennbar. Zum einen deutete schon die Bezeichnung »Festausschuss« an, dass dessen Mitglieder die Vorbereitung des Festes nicht für eigene Rechnung, sondern im Auftrag des Vereins betrieben, zu dessen Jubiläum das Fest stattfinden sollte. Zum anderen lag es auch nach der Art der gekauften Gegenstände und ihrem Verwendungszweck auf der Hand, dass die 8 Pokale nicht zum persönlichen Gebrauch durch die Ausschussmitglieder bestimmt waren. In dieser Situation hatten die von G gebrauchten Worte »im Namen des Festausschusses« nur den Sinn, K zu erklären, aufgrund welcher Legitimation er, G, für den Verein handelte.[8]

2. Bei strikter Anwendung der gesellschaftsrechtlichen Regelungen, auf welche § 54 S. 1 BGB Bezug nimmt, würde R als Mitglied des Vereins nach den Grundsätzen der GbR haften. Die Haftung einer nach außen hin auftretenden[9] GbR war lange Zeit umstritten. Nach der individualistischen Theorie sollten die Mitglieder in ihrer gesamthänderischen Verbundenheit haften, nach der sog. Doppelverpflichtungstheorie[10] wurden die Gesellschafter rechtsgeschäftlich vom Handelnden mitverpflichtet. Nach dem Grundsatzurteil des BGH[11] besteht nunmehr eine akzessorische Haftung der Gesellschafter der GbR für alle Gesellschaftsschulden kraft Gesetzes aufgrund einer Analogie zu § 128 HGB.[12]

a) Dieses Ergebnis erscheint zumindest bei einem Idealverein nicht sachgemäß. Wer einem solchen Verein beitritt, will in der Regel kein über seine Beitragspflicht hinausreichendes finanzielles Risiko eingehen. Die Vorstellung, dass er mit seinem gesamten privaten Vermögen für die Verbindlichkeiten des Vereins haften könnte, wird ihm völlig fehlen. Würde diese strenge Haftung tatsächlich durchgeführt, so wären die nicht rechtsfähigen Vereine, die ebenso wie alle anderen Personenvereinigungen den Schutz des Art. 9 GG genießen,[13] praktisch zur Bedeutungslosigkeit

---

8 Vgl. zur Frage der Legitimation auch RGZ 82, 294 (297).
9 ZT wird sogar eine unternehmenstragende GbR, vgl. dazu *K. Schmidt* NJW 2003, 1897 (1903 f.), oder eine eigene Identitätsausstattung verlangt, vgl. *Ulmer* ZIP 2001, 585 (593 f.).
10 Aufgegeben in BGHZ 142, 315 ff. – GbR-mbH.
11 BGH NJW 2001, 1056.
12 Zur Verfassungswidrigkeit dieser Rechtsprechung *Canaris* ZGR 2004, 69 ff.; dagegen *Altmeppen* NJW 2004, 1563 f.
13 Bis 5. Aufl. MüKoBGB/*Reuter* § 54 Rn. 20.

verurteilt, weil kaum jemand bereit wäre, mit dem Beitritt ein solches Risiko zu übernehmen.[14]

b) Daher ist in Rechtsprechung[15] und Literatur[16] anerkannt, dass bei einem nicht-rechtsfähigen Idealverein die Haftung der Mitglieder auf ihren Anteil am Vereinsvermögen und ihre rückständigen Beiträge beschränkt ist. Über die Begründung hierzu herrscht allerdings Streit.

Teilweise wird vertreten, in der Satzung des nicht rechtsfähigen Vereins sei still-schweigend eine Begrenzung der Vertretungsmacht des Vorstandes enthalten.[17] Andere weisen auf die Unvereinbarkeit der unbeschränkten Haftung der Mitglieder mit der körperschaftlichen Struktur des nichtrechtsfähigen Vereins hin.[18]

Wieder andere verweisen auf den Umstand, dass nicht wirtschaftliche Vereine in der Regel keine umfangreichen Geschäfte betreiben. Soweit Rechtsgeschäfte namens des Vereins abgeschlossen werden, ordnet § 54 S. 2 BGB zusätzlich zur Haftung des gesamthänderisch gebundenen Vereinsvermögens[19] an, dass die handelnden Personen für die aus diesen Geschäften herrührenden Verbindlichkeiten einzustehen haben.[20] Angesichts dessen ist es gerechtfertigt, das Interesse der Gläubiger geringer zu bewerten als den Schutz der Vereinsmitglieder, denen gegenüber die unbeschränkte Haftung, mit der sie bei ihrem Beitritt nicht gerechnet haben, als grob unbillig erscheinen müsste.[21] Da nicht nur Rechtsprechung und Rechtslehre die uneingeschränkte Haftung nach Gesellschaftsrecht ablehnen, sondern auch im Rechtsverkehr niemand mit einer unbegrenzten Einstandspflicht der Mitglieder eines Idealvereins rechnet, kann man insoweit auch von einem entgegenstehenden Gewohnheitsrecht sprechen.[22] Überdies ist die auf das Vereinsvermögen beschränkte Haftung nunmehr in § 111 S. 3 SGB VII gesetzlich angeordnet.

c) Selbst wenn man wegen der gesetzlichen Verweisung in § 54 S. 1 das Haftungssystem der GbR annehmen würde, so sind auch dort Ausnahmen von der akzessorischen Haftung der Gesellschafter anerkannt. Der BGH hat insofern in seiner Entscheidung zu Immobilienfonds ausgeführt, dass Erwerber einer Fondsbeteiligung diese nur als reine Kapitalanlage sehen und weder von ihnen selbst erwartet werden kann noch der Rechtsverkehr erwartet, dass sie in Höhe der gesamten Investitionssumme persönlich haften.[23] Das Argument, dass der Rechtsverkehr nicht von einer Haftung des einzelnen Fondsanlegers ausgeht, ist für nichtrechtsfähige Vereine über-

---

14 RGRK/*Steffen* § 54 Rn. 15; *Wolf/Neuner* BGB AT § 17 Rn. 136; vgl. zur verfassungskonformen Auslegung des § 54 S. 1 BGB RGRK/*Steffen* § 54 Rn. 4.

15 RGZ 74, 371 (374); BGH NJW 1979, 2304 f.; vgl. zuletzt ausdrücklich BGH NJW-RR 2003, 1265; ablehnend *Flume* ZHR 148, 503 (519).

16 Staudinger/*Weick* (2005) § 54 Rn. 49 ff.; Erman/*H.P. Westermann* § 54 Rn. 10 f.; *Enneccerus/ Nipperdey* BGB AT § 116 IV 6 b; *Wolf/Neuner* BGB AT § 17 Rn. 134 ff.

17 RGZ 90, 173 (176 f.); Palandt/*Ellenberger* § 54 Rn. 12.

18 *Medicus* BGB AT Rn. 1141; ähnlich Staudinger/*Weick* (2005) § 54 Rn. 51 f.

19 **Hinweis:** Die gesamthänderische Haftung wird allerdings heute nur noch von der älteren Ansicht vertreten.

20 **Hinweis:** Problematisch an diesem Ansatz ist, dass bei Vorgesellschaften von juristischen Personen die Handelndenhaftung gerade nicht dazu dient, die Haftung der Gesellschafter auszuschließen.

21 RGRK/*Steffen* § 54 Rn. 21; *Wolf/Neuner* BGB AT § 17 Rn. 136.

22 RGRK/*Steffen* § 54 Rn. 15; Soergel/*Hadding* § 54 Rn. 21; *Wolf/Neuner* BGB AT § 17 Rn. 136.

23 BGHZ 150, 1 (4 ff.).

tragbar. Ebenso sollen Gesellschafter gemeinnütziger GbRs nicht persönlich haften.[24] Man wird insoweit eine teleologische Reduktion der Haftungsgrundsätze der GbR bejahen können.[25] Infolgedessen ist auch nach diesem Ansatz eine persönliche Haftung der Mitglieder des nichtrechtsfähigen Vereins ausgeschlossen.

d) Überzeugender ist es indes, mit der modernen Gesamthandslehre darauf abzustellen, dass der nichtrechtsfähige Verein primäres Rechts- und Haftungsobjekt ist. Deshalb braucht nicht die Begrenzung, sondern das Vorhandensein einer persönlichen Mitgliederhaftung neben dem Verein der positiven Begründung.[26] Dies bedeutet, dass es zu einer Umkehr der Beweislast kommt. Die für die GbR gebildete Analogie zu § 128 HGB, welche im vorliegenden Fall zu einer persönlichen Haftung führen würde, bedarf für ihre Anwendbarkeit stets einer sorgfältigen Prüfung. Eine planwidrige Regelungslücke für die Haftung des nichtrechtsfähigen Vereins wird man wegen der fehlenden gesetzlichen Regelung im Recht der GbR annehmen können. Allerdings fehlt es aus den og Gründen an der vergleichbaren Interessanlage. Weder steht beim nichtrechtsfähigen Verein der Gläubigerschutz im Vordergrund noch erwartet der Rechtsverkehr eine persönliche Haftung der Mitglieder, da man sich im Grundsatz einig ist, dass keine Unterschiede zwischen dem eingetragenen rechtsfähigen und dem nichteingetragenen nichtrechtsfähigen (aber doch teilrechtsfähigen) Verein, dem lediglich der Status als juristische Person fehlt, zu machen sind.[27] Beim rechtsfähigen eingetragenen Verein besteht gerade nicht das Dogma der realen Kapitalaufbringung wie bei den Kapitalgesellschaften. Fehlt aber eine positive Begründung für die Haftung der Mitglieder, so bleibt es lediglich bei der Haftung des Vereinsvermögens.[28]

3. Somit kann K nicht nach §§ 433 II, 54 S. 1 BGB Zahlung von 1.200 EUR von dem Vereinsmitglied R verlangen. R haftet vielmehr nur in Höhe etwa noch rückständiger Beiträge, wofür jedoch keine Anhaltspunkte gegeben sind.

II. §§ 433 II, 54 S. 2 BGB

Fraglich ist, ob ein Anspruch des K gegen R auf Kaufpreiszahlung nach §§ 433 II, 54 S. 2 BGB besteht.

Die Anwendung des § 54 S. 2 BGB setzt voraus, dass R selbst gehandelt, also ein Rechtsgeschäft mit K geschlossen hat. R ist jedoch nicht namens des Vereins nach außen aufgetreten. Er hat noch nicht einmal der Anschaffung der Pokale zugestimmt. Daher ist R nicht Handelnder iSv § 54 S. 2 BGB, sodass der Anspruch nicht besteht.

B. Ansprüche gegen G

I. §§ 433 II, 164 II BGB

G ist K gegenüber nach §§ 433 II, 164 II BGB zur Kaufpreiszahlung verpflichtet, wenn bei Vertragsschluss sein Wille, in fremdem Namen zu handeln, nicht erkennbar hervortrat.

---

24 *Ulmer* ZIP 2003, 1113.
25 Kritisch zu einer einzelfallbezogenen Reduktion MüKoBGB/*Ulmer* bis 4. Aufl.§ 714 Rn. 62.
26 *K. Schmidt* GesR § 25 III 2 a; Bamberger/Roth/*Schöpflin* § 54 Rn. 34.
27 Im Übrigen gelten auch hier sinngemäß die unter A. I. 2. b) angeführten Argumente.
28 **Klausurtipp:** Anders wäre wie schon bisher für den nichtrechtsfähigen wirtschaftlichen Verein zu entscheiden, für den die Haftungsgrundsätze der GbR gelten, vgl. dazu BGHZ 146, 190 ff.

G hat im Namen des Festausschusses und damit im Namen des Männergesangvereins »Liedertafel Lyra« den Kaufvertrag mit K geschlossen.[29] Daher ist G nicht nach §§ 433 II, 164 II BGB zur Kaufpreiszahlung verpflichtet.

II. §§ 433 II, 179 I BGB

G handelte auch als bevollmächtigter Vertreter des Vereins.[30] Daher haftet er nicht als Vertreter ohne Vertretungsmacht nach § 179 I BGB.

III. §§ 433 II, 54 S. 2 BGB

In Betracht kommt jedoch ein Anspruch des K gegen G auf Zahlung des Kaufpreises von 1.200 EUR unter dem Gesichtspunkt der Handelndenhaftung nach §§ 433 II, 54 S. 2 BGB.

1. G hat namens des Vereins einen Kaufvertrag mit K abgeschlossen. Er ist folglich Handelnder iSv § 54 S. 2 BGB. Insoweit ist es unbeachtlich, ob G Kenntnis von der Eingehung einer eigenen Verpflichtung hatte, da es sich um eine gesetzliche Haftung handelt.

2. Jedoch könnte beim Idealverein auch die Haftung des Handelnden gem. § 54 S. 2 BGB auf den Anteil am Vereinsvermögen und die rückständigen Beiträge beschränkt sein.[31] Hiergegen spricht jedoch, dass im Rechtsverkehr die Möglichkeit fehlt, sich in Bezug auf nicht eingetragene Vereine rasch und zuverlässig über die Vertretungsverhältnisse und das Vereinsvermögen zu informieren. Deshalb soll sich der Geschäftspartner eines solchen Vereins darauf verlassen dürfen, dass ihm jedenfalls der im Namen des Vereins Auftretende persönlich haftet.[32] Nur diese strenge Einstandspflicht des Handelnden ermöglicht es, die Haftung der übrigen Vereinsmitglieder auf das Vereinsvermögen zu beschränken. Der Grund für diese Haftungsbeschränkung entfiele, wenn man auch die Haftung des Handelnden einschränkte.

Zudem ergäben sich große Schwierigkeiten, wenn ein Nichtmitglied, etwa ein Angestellter des Vereins, in dessen Namen handelte. Demzufolge ist allgemein anerkannt, dass die Handelndenhaftung des § 54 S. 2 BGB auch für Außenstehende gilt, soweit es sich nicht um bloße Boten handelt.[33] Es ist nämlich nicht ersichtlich, nach welchen Maßstäben die Haftung solcher Personen begrenzt werden könnte, die am Vereinsvermögen nicht beteiligt sind. Würden diese überhaupt nicht haften, widerspräche dies dem Zweck des § 54 S. 2 BGB. Diese Gesichtspunkte verbieten es, bei Idealvereinen auch die Haftung des Handelnden gem. § 54 S. 2 BGB zu beschränken.[34]

---

29 S. oben A. I. 1. c).
30 Vgl. A. I. 1. b).
31 So *Denecke* JR 1957, 418 f.
32 BGH NJW-RR 2003, 1265, mzustAnm. *van Look* EWiR 2004, 5; MüKoBGB/*Reuter* § 54 Rn. 49 ff.; Soergel/*Hadding* § 54 Rn. 26; Staudinger/*Weick* (2005) § 54 Rn. 57.
33 BGH LM Nr. 11 zu § 31 BGB; RGRK/ *Steffen* § 54 Rn. 21; Soergel/*Hadding* § 54 Rn. 27; Bamberger/Roth/*Schöpflin* § 54 Rn. 40.
34 BGH LM Nr. 11 zu § 31 BGB; *Enneccerus/Nipperdey* BGB AT § 116 IV 6 a; *Schumann*, Zur Haftung der nicht rechtsfähigen Vereine, 1956, 31 f.

3. Die persönliche Haftung des Handelnden kann allerdings durch Vereinbarung mit dem Gläubiger ausgeschlossen werden.[35] Für die Annahme eines solchen Haftungsausschlusses fehlt hier jedoch jeglicher Anhaltspunkt.

4. G ist demnach als Handelnder gem. §§ 433 II, 54 S. 2 BGB zur Zahlung von 1.200 EUR an K verpflichtet.

C. Anspruch gegen V aus §§ 433 II, 54 S. 2 BGB

K könnte auch von V Zahlung des Kaufpreises aufgrund der Handelndenhaftung nach §§ 433 II, 54 S. 2 BGB verlangen.

I. V könnte dadurch Handelnder iSv § 54 S. 2 BGB geworden sein, dass er als Vorstandsmitglied intern dem Kaufvertrag mit K zugestimmt hat. Grundsätzlich »handelt« jedoch nur derjenige nach § 54 S. 2 BGB im Namen des Vereins, der im Rechtsverkehr nach außen hin unmittelbar in Erscheinung tritt und die haftungsbegründende Willenserklärung abgibt.[36] Eine rein vereinsinterne Zustimmung, auch wenn sie von einem Vertretungsorgan abgegeben wird, reicht dafür nicht aus.[37]

II. V könnte aber deshalb Handelnder gewesen sein, weil er dem Festausschuss angehörte. Tritt nicht der eigentliche Vereinsvertreter, sondern eine von diesem beauftragte und bevollmächtigte Person nach außen in Erscheinung, so ist die Rechtslage im Hinblick auf § 54 S. 2 BGB zweifelhaft. Stellt man hier nur auf den unmittelbar Handelnden ab, so besteht die Gefahr, dass anstelle der ursprünglich Vertretungsberechtigten andere, vielleicht zahlungsunfähige Personen vorgeschoben werden.[38] Dies spräche dafür, den mittelbar Handelnden, also den Vollmachtgeber, nach § 54 S. 2 BGB haften zu lassen. Andererseits ordnet § 54 S. 2 BGB die Haftung des unmittelbar Handelnden gerade im Interesse der Rechtsklarheit und der sicheren Rechtsverfolgung durch den Gläubiger an, dem die Aufdeckung der Vertretungsverhältnisse erspart bleiben soll. Zumindest in Fällen wie dem vorliegenden, in denen der unmittelbar Handelnde, hier der G, nicht nur namens des Vereins auftritt, sondern seinen Geschäftspartner auch darüber aufklärt, dass er seine Vertretungsmacht von einem anderen Vereinsvertreter, hier dem Festausschuss, ableitet, dürfte es unter diesen Gesichtspunkten angebracht sein, neben dem unmittelbar Handelnden auch dessen Auftraggeber der Haftung des § 54 S. 2 BGB zu unterwerfen.[39]

Auch wenn nur G mit K in Verbindung getreten ist, trifft die Haftung aus § 54 S. 2 BGB somit doch ebenfalls die übrigen Mitglieder des Festausschusses. Demzufolge ist V zur Zahlung von 1.200 EUR verpflichtet.

---

35   Erman/*H.P. Westermann* § 54 Rn. 15; Bamberger/Roth/*Schöpflin* § 54 Rn. 46. Indes kommt ein stillschweigender Ausschluss nicht in Betracht.

36   So die hM, vgl. nur Soergel/*Hadding* § 54 Rn. 28; Staudinger/*Weick* (2005) § 54 Rn. 59 ff.; Palandt/*Ellenberger* § 54 Rn. 13.

37   BGH LM Nr. 11 zu § 31 BGB; *Enneccerus/Nipperdey* BGB AT § 116 IV 6 a; *Reichert*, Handbuch des Vereins- und Verbandsrechts, 12. Aufl. 2010, Rn. 5240.

38   *Schumann*, Zur Haftung der nicht rechtsfähigen Vereine, 1956, 28 f.; Bamberger/Roth/*Schöpflin* § 54 Rn. 40.

39   So *Schumann*, Zur Haftung der nicht rechtsfähigen Vereine, 1956, 28 f.; vgl. ferner RGZ 82, 294 (297); RGRK/*Steffen* § 54 Rn. 21; *Enneccerus/Nipperdey* BGB AT § 116 IV 6a; aA *Reichert*, Handbuch des Vereins- und Verbandsrechts, 12. Aufl. 2010, Rn. 5242.

D. Anspruch gegen H aus §§ 433 II, 54 S. 2 BGB

Als Mitglied des Festausschusses haftet auch H dem K für die Kaufpreisverbindlichkeit nach §§ 433 II, 54 S. 2 BGB.[40] Dass H kein Vereinsmitglied ist, schließt seine Haftung als Handelnder nach § 54 S. 2 BGB nicht aus, weil dies dem Zweck des § 54 S. 2 BGB widersprechen würde.[41]

E. Ergebnis

K kann von V, G und H Zahlung des Kaufpreises iHv 1.200 EUR nach §§ 433 II, 54 S. 2 BGB beanspruchen. Nach §§ 54 S. 2 2. Hs., 421 ff. BGB haften V, G und H als Gesamtschuldner. R haftet nicht.

Zur Vertiefung: *Beuthien,* Zur Begriffsverwirrung im deutschen Gesellschaftsrecht, JZ 2003, 715; *Flume,* Der nichtrechtsfähige Verein, ZHR 148, 503; *Grundmann/Terner,* Vereinsrecht – ein Überblick, JA 2002, 689; *Hoffmann,* Grundfälle zum Recht der Stellvertretung, JuS 1970, 179, 234, 286; *Kempfler,* Nichtrechtsfähige Vereine aktiv parteifähig?, NZG 2002, 411; *Petersen,* Das Vereinsrecht des BGB, Jura 2002, 683; *Reichert,* Handbuch des Vereins- und Verbandsrechts, 12. Aufl. 2010; *Schöpflin,* Der nicht rechtsfähige Verein, 2003; *Stöber/Otto,* Handbuch zum Vereinsrecht, 10. Aufl. 2012; *O. Werner,* ARD Ratgeber-Verein, 2. Aufl. 2003.

---

40 Vgl. zuvor C. II.
41 S. hierzu oben B. III. 2.

Sachverzeichnis